KB151423

자해
상담 및 심리치료
실무지침서

Barent W. Walsh 저
이동훈 성균관대학교 외상심리건강연구소 역

Treating
Self-injury:
A Practical Guide

박영story

감사의 말

책을 쓰는 일은 저자와 그 주변의 이들의 희생을 요구한다. 나는 내가 홀로 앉아 컴퓨터 자판을 두드리며 많은 시간 부재하는 동안 내게 힘이 되어준 나의 부인, Valerie 그리고 나의 아이들, Ben과 Anna에게 깊이 감사한다.

이 책의 새로운 8장 중 4장에 공헌해준 Jennifer J. Muehlenkamp, Michael Hollander, Amy M. Brausch 그리고 Kenneth L. Appelbaum에게 특별한 감사를 표한다. 또한 정신약리학에 관한 그의 기존 집필을 개정해 준 Gordon P. Harper에게도 감사 인사를 전하고 싶다. Leonard A. Doerfler와 Ariana Perry는 내가 장(章)을 쓸 때 공동으로 집필해 준 두 인물이다. Len Doerfler는 내가 속한 기관인 The Bridge of Central Massachusetts에서 연구 보조에 힘을 쏟았을 뿐만 아니라, 이사회의 일원으로 활동해 왔기 때문에 특별한 인정을 받을 가치가 있다.

나는 또한 The Bridge에 계신, 내 평생의 동료들 모두에게 감사한다. 그들은 내가 정신 건강 또는 발달상의 어려움이 있는 사람들을 위한 40여 개가 넘는 프로그램들을 훑어보는 것을 도우면서 이러한 노력에 대한 지지와 공헌을 보여주었다. 특히, 나는 헌신적인 경영 팀의 Fred Battersby, Nancy Biship, Carol Tripp-Tebo, Erica Robert, Milt Bornstein, Steve Murphy, Donna Bradley, Tina Wingate, 그리고 Doug Watts 유능한 서비스 부서장들, Jen Eaton, Kerrin Westerlind, Margaret Crowley, Pam Hanam, Jennifer Megas, Jil Macarelli, Kelli Durocher, 그리고 Marcia Almeida 또한 이사회 회장인 Charley O'Neill에게 감사를 전하고 싶다.

나는 또한, The Bridge에 많은 방식으로 도움을 주신 주요 기금 제공자들에게 감사한다. 이들은 메사추세츠 정신 건강 부서의 Susan Wings, Susan Sprung, Ted Kirousis, Babs Fenby, Sue Sciaraffa, Jack Rowe 그리고 Richard Breault, 메사추세츠 발달 서비스 부서의 Terry O'Hare와 Margaret Grey, 중앙 메사추세츠 건강 재단의 Jan Yost 그리고 메트로웨스트 지역 건강 관리 재단의

Marty Cohen이다.

　나의 매일매일의 전문적 작업에 직접적으로 참여한 이들 말고도 많은 다른 사람들이 이 기획에 영향을 주었다. 나는 자해라는 영역에 있는 나의 오랜 동료들에게 그들의 학문과 지혜에 감사하고 싶다. 이들은 Paul Rosen, Wendy Lader, Karen Conterio, Tracy Alderman, Jane Hyman, Caroline Kettlewell, Daphne Simenon, Armando Favazza, Kate Comtois, Milton Brown, Sarah Shaw, Efrosini Kokaliari, 그리고 Jan Sutton이 되겠다. 나는 또한, 더욱 최근의 연구를 통해 주요한 공헌을 해준 이들, Matthew Nock, Daid Klonsky, Janis Whitlock, Karen Rodham, Nancy Heath, Mary Kay Nixon, Jason Washburn, Mitch Prinstein, Peg Andover, Kim Gratz, Alex Champman, 그리고 Paul Plener에게 감사의 말을 전한다. 나는 특히, 공동 작업을 한 두 명의 일본 학자, Yoshitomo Takahashi와 Toshihiko Matsumoto에게 감사드린다.

　또한, 내가 마음챙김을 배우는 것에 도움을 주신 Marsha Linehan, Charlie Swenson, Zindel Segal, 그리고 Cindy Sanderson 에게 감사드린다. 나는 특히, 나의 명상 선생님들, 소토 선(Soto Zen)의 승려 Issho Fujita, 그리고 티벳의 승려인 the Venerable Lobsang Phuntsok에게 많은 도움을 받았다.

　자기-파괴적 행동이라는 주제에 대한 글쓰기에서 나에게 가장 큰 영감이 되어준 사람은 천재적인 거장, 자살 연구가 Edwin Shneidman이다. 말하자면 그는, 자학이라는 주제에 대해 내가 평생에 걸쳐 알아가야 할 모든 것들을 이미 다 겪어낸 사람이다. 같은 맥락에서, 현존하는 가장 영향력 있는 자살 연구가로 불릴만한, Thomas Joiner의 깊이 있는 영향에 감사를 표하고 싶다. 또한, 미국 자살학 협회(the American Association of Suicidology)의 총괄 감독자인 Lanny Berman에게 내가 협회의 연중 회의에서 여러 해에 걸쳐, 자해에 관하여 발표할 수 있도록 해주셨음에 감사한다.

　내가 자해에 관하여 또 이야기하고 또 이야기하는 것을 들어주며 누구보다 깊은 인내와 관심을 보여주었던 나의 두 친한 친구들에게 감사를 표하는 것 또한 매우 중요한 일이다. Michael Addis와 Effie Malley에게 감사의 말을 전한다.

　마지막으로, 나는 나에게 자해에 관하여 가장 많이 가르쳐준 사람들, 즉 자해로 고통받고 있는 사람들에게 감사하다. 자해를 이해하고 치료하는 비밀에 가장 첫 번째이자 제일 중요하게 개발되어질 능력은 경청이다. 자해하는 사람들에게 비(非)판단적인, 존중 그리고 동정어린 접근법을 적용하는 것이야말로 누군가로 하여금 그들로부터 무언가 배울 수 있도록 한다. 그러한 배움을 기반으로, 치료자는 성장, 문제 해결 그리고 회복을 도모할 수 있다. 이러한 사람들에게 치료자의 기본적인 역할은 일종의 중재자이다. 그들은 내가 그동안 알아온 가장 영감을 주는 사람들 중 하나이다. 그들 중 다수가 더 나은, 더 강한 곳으로 나아가기 위해 많은 것을 극복하며 열심히 작업해왔다. 그들이 나에게 보내준 많은 배움에 감사의 말을 전한다.

역자 서문

이 책에 대한 공부와 번역 작업을 함께 해준 성균관대학교 외상심리건강연구소의 강은진, 강민수, 서현정, 김시형, 김진주, 조은정, 김윤지, 최준섭, 김보라, 이화정, 김미현, 권은비, 이덕희, 이민영, 양하나, 이수연, 최수정, 신지영, 양모현, 정보영, 김예진, 이도영, 양순정, 오현승 연구원에게 감사드린다. 또한 교정을 함께 해준 김영두, 정하영, 김예원 연구원에게도 감사드린다. 본 책은 총 3개의 파트와 25개의 장으로 구성되어 있다. 자해의 정의와 맥락, 평가와 치료, 자해 관련 다른 전문화된 주제들을 다루고 있다. 최근에 청소년의 자해문제가 갈수록 심각한 사회적 문제가 되어가고 있다. 이 책이 자해문제를 이해하고 개입하는 데 조금이나마 도움이 되길 바란다.

2019년 1월
이동훈

저자 서문

이 책은 구체적인 개입의 목록이 필요한 내담자들을 보조하기 위해 "단계별-관리 모형"을 적용했다. 이제는 넓은 범위의 개입들이 자해 치료에 사용될 수 있기 때문에 단계별-관리 접근법이 적절하다. 단계별-관리 접근법은 임상가들과 내담자들이 각 개인별 수요에 따라 어떤 치료가 최선일지 결정하는 것에 도움을 준다.

단계별-관리 모형의 주요 핵심은 각 내담자가 필요로 하는 것이 개입의 강도 수준과 조화되어야 하고 필요하다면 치료를 "한 단계 올릴 수" 있도록, 내담자의 결과는 신중하게 관찰되어야 한다는 것이다. 단계별-관리 접근법에서는, 내담자들이 대개 더-강한 강도의 개입을 받기 전에 덜-강한 개입들로부터 진행한다. 단계를 높여 진행하는 것은 일반적으로 행동적 위험, 개입의 강도 그리고 이러한 서비스를 제공하는 데 드는 비용 등이 증가하는 연관을 보인다.

마지막으로, 이 책은 임상가들과 프로그램 직원들이 그들의 내담자들과 사용할 수 있는, 많은 복사-가능한 양식들을 포함한다. 구매자들은 The Guilford 출판사 웹사이트에서 이 책에 있는 것 보다 더 확장된 판을 다운받을 수 있다.

나는 전문가들, 자해하는 사람들 그리고 그들의 가족들에게 이 책을 제공할 수 있게 되어서 기쁘다.

Barent W. Walsh

차례

 RART I **자해에 대한 정의와 맥락**

 RART II **평가와 치료 단계별-관리 모델**

전문적인 주제들

PART I

자해에 대한 정의와 맥락

개관

이 책의 Part I은 6개의 장으로 이루어져 있다. 1장에서는 자해를 정의하고, 자살행동으로부터 자해를 구분하는 시간을 갖는다. 2장에서는 자해와 자살 간의 관계가 얼마나 복잡한지를 알아본다. 최근 연구는 이 두 행동이 여러 방면에서 구분됨에도 불구하고, 자해가 자살 시도의 중요한 예측변인임을 나타내고 있다. 이러한 결과에 대한 임상적 함의는 Part I 에서 논의한다.

3장은 직접적이고 간접적인 자해 행동의 전(全) 범위를 검토한다. 이 장에서는 자해하는 내담자의 모든 자해 행동에 관해 심층적으로 평가해야 함을 강조한다. 4장은 비임상적 모집단에서 나타나는 예기치 못한 자해의 출현에 대해 논의한다. 다양한 형태의 자해는 (예를 들어, 칼로 베기, 화상, 쥐어뜯기, 때리기) 현재 지역사회 집단, 특히 중학생, 고등학생, 대학생 집단에서 흔하게 나타난다. 이 장에서는 집단 내 자해를 다룬 최근 연구에 대해 검토하고 오늘날 젊은 세대 사이에서 자해가 이렇게 흔해진 이유를 추론한다.

5장은 문신, 피어싱, 불에 달군 쇠붙이로 낙인찍기(brandings), 절단(scarifications)과 같은 신체 변형에 대해 논의한다. 이러한 행동은 대개 일반적인 자해 행동이 아니라, 문화적 영향과 자기표현과 관련되어 있다. 이 장에서는 자해의 영역에 속하는 피어싱이나 문신과 같은 예외를 중점적으로 논의한다.

6장에서는 간단하고, 경험에 가까운 생물심리사회적 이론의 응용을 통해 자해에 대해 논의하는 것으로 Part I을 마무리한다. 이 책은 무엇보다도 실용적인 안내서가 되고자 한다. Part I의 모든 주제는 자해의 이해와 치료법에 대한 실제적 유용성과 연결된다.

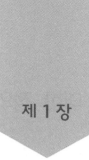

제 1 장

자해의 정의와 자살과의 구분

1장에 들어가기 앞서 자해는 '난제'라는 점을 미리 밝혀 둔다. 다양한 방면에서 자해는 자살과 구분되며, 다르게 다루어져야 한다. 그러나 자해는, 또한 자살 시도의 중요한 위험 요인이기도 하다. 이 장에서는 자해를 정의하고 그것을 자살 행동으로부터 구분하였다. 다음 장에서는 가장 극단적이고 자기 파괴적인 모든 행동들을 예방하는 방법에 대한 구체적인 제안과 함께, 자살 시도의 위험요인으로서의 자해를 논의할 것이다.

용어(Terminology)

스스로 칼로 베기, 긁기, 화상, 타박상, 찰과상과 같은 행동들을 의미하는데 사용된 언어는 1990년대 중반 이래로 변화되어 왔다. 이러한 것들은 이전에는 "자상(self－mutilation)"으로 언급되었지만, "자해(self－injury)" 또는 "비자살적 자해(nonsuicidal self－injury)"가 보다 보편적이고 유명한 용어가 되었다. 자해하는 사람들과 그들을 치료하는 사람들 모두 "자상(self－mutilation)"이 매우 극단적이고 경멸적인 용어라고 반발했다(Hyman, 1999; Connors, 2000; Simeon &

Favazza, 2001). 이에 대해 지지자들은 자해하는 대부분의 사람들은 심리적 고통을 다루기 위한 대처 기제로서 이러한 행동을 사용한다고 주장했다. 따라서, 자해 행동은 적응적인 특징을 가지고 있다. 더욱이 그들은, 스스로 자초한 (self-inflicted) 상처의 대부분은 어떤 장기간의 상처도 거의 남기지 않으며, 단지 미미한 신체적 피해만을 포함한다고 정확하게 명시해왔다. 그 상처들은 신체의 "손상(mutilation)"을 야기하지는 않는다. 메리엄 웹스터 영영사전(The Merriam-Webster Dictionary, 1995)은 "손상되다(mutilate)"를 "불완전하게 만들기 위해 자르거나 극단적으로 바꾸는 것" 그리고 "불구로 만드는 것, 심각한 손상을 입히는 것"(p. 342)으로 정의한다. 이 책에서는 그 행동에 대해 언급함에 있어, "자상 (self-mutilation)"이라는 용어가 비난적이고, 낙인을 찍으며 심지어 자극적이라는(Simeon & Favazza, 2001) 주장에 동의하여 "자해(self-injury)"라는 용어를 사용했다.

형식적 정의(Formal Definition)

이 책에서 자해는 다음과 같은 방식으로 정의된다.

"자해"는 사회적으로 받아들여지지 않는 현상 중 의도적이고, 자기 효과를 지니며, 덜 치명적인 신체 손상으로, 이것은 심리적 고통을 알리고 혹은 그것을 줄이기 위해 행해진다."

이 정의의 구성요소들은 약간의 설명을 필요로 한다. 앞에서 설명한바와 같이, "자해"라는 용어는 설명적이고 비경멸적이다. 또한 비약적이지 않다. "의도적"이라는 단어는 자해가 계획적임을 명시한다. 이것은 의도에 있어서 우연이거나 애매모호하지 않다. 자해는 또한 "자기 효과"를 지닌다. 이 용어는 많은 수의 사람들이 타인의 도움으로 인해 자해를 하기 때문에, "자초한, 자기 스스로 행하는" 대신에 선택되었다. (특히, 청소년들 사이에서) 이것은 드물지 않은데, 둘 혹은 그 이상의 사람들이 서로 번갈아 혹은 동시에 상처를 줄 수 있다. 꽤 많은 사람들에게 자해는 대인 관계적 경험이다.

다음으로 정의에 나오는 용어는 "덜 치명적인(low-lethality)"이다. 정의에 따르면, 자해는 신체에 미미한 상처를 입히고 생명에 거의 혹은 전혀 위험을 가하지 않는 형태의 자해를 포함한다. 이 장의 후반부에서 구체적으로 논의하겠지만 자살과 자해의 구별은 명확하고 중요하다.

자해는 주로 "신체적인 위해(bodily harm)"에 관한 것이다. 이 행동은 세포 조직 손상으로 말미암아 다른 사람을 불안하게 만든다. 개인이 자해에 관한 이야기 혹은 계획을 표현할 수 있지만, 그 또는 그녀가 적극적으로 신체를 손상시키는 선을 넘을 때까지, 그것은 자해가 아니다.

"사회적으로 받아들여지지 않는 현상(of a socially unacceptable nature)"이라는 구절은 사회적 맥락을 강조하기 위해 정의에 포함된다. Favazza(1996)는 전 세계에서 발생하는 다양한 신체 변형에 대해 광범위하게 기술해왔다. 대부분의 문화에서, 신체 변형은 상징적인 의미를 지니고 있고, 문화적으로 지지되었다. 이것은 심오한 종교적 의의를 지녀왔던 것일 수 있고 복잡한 통과 의례의 한 부분일 수도 있다. 이것은 흔한 자해에 대한 사례가 아니다. 비록 그것이 자해하는 사람들에게는 많은 의미가 있을지라도, 일반적인 문화에서 인정받지는 않기 때문이다. 물론, 자해는 종종 청소년들이 가지는 불안과 소외감에 대한 표현의 일부분으로 보일 수 있다. 10대들 사이에서, 그 행동에 대한 상당한 사회적 강화가 있을지도 모른다. 그러나 이를 둘러싼 체계적이고, 문화적으로 받아들여지는 의식들이 없다. 자해는 사회적으로 인정되는 어떠한 통과 의례와도 연관되어 있지 않다.

정의의 마지막 구절은 "심리적 고통을 알리고 혹은 그것을 줄이기 위해 행해진다"이다. 자해는 심리적 불편감을 조정하고 감소시키는 기능으로 인해 주로 발생한다. 이것은 대개 즉각적이고 상당한 효과가 있기 때문에 자주 반복된다. 이 행동은 죽고자 하는 것은 아니지만, 심리적인 자극을 받은 것이다. 자해는 생리적인 메커니즘 하나만으로는 설명될 수 없는 행동이다. 그보다 자해는 자기의식적이고 자기의도적인 형태의 정신적 고통 감소를 위한 행위이다.

보다 낮은 수준의 자해는 또한 종종 대인 관계적인 특징을 보인다. 자해는 고통을 알리거나, 다른 사람들이 그들의 행동을 바꾸도록 영향을 미치거나 혹은 용기나 강인함을 증명하는 것과 같은 대인 관계적 기능을 수시로 제공한다.

이 책의 후반부에서 논의되는 것처럼, 사회적 확산(social contagion) 또한 자해의 발생에 있어서 중요한 역할을 할 수 있다.

자살과 자해 구별하기

이 부분은 자해와 자살의 11가지 차이점에 대해 논의한다. 이러한 점들은 자해와 자살이 다르게 이해되어야 하고, 다루어져야 하며 치료되어야만 한다는 주장을 입증하기 위해 제시되었다. 너무 잦은 자해는, "자살적"으로 부적절하게 분류되며, 이는 결과적으로 불필요한 정신과 입원과 그 밖의 제대로 설계되지 않은 개입을 야기한다. 여기에 제시된 11가지 차이점은 자기 파괴적 행동이 자살 시도인지 자해인지를 가리기 위한 실질적인 로드맵을 제공한다. 이러한 구분은 이후의 모든 평가와 치료에 대한 중요한 함의를 가진다. 11가지 차이점 중 10가지에 대한 간결한 요약이 표 1.1에 제시되었다(아래 논의된 첫 번째 차이점인 유병률은 그것의 중요성이 임상적이라기 보다는 통계적이기 때문에 표에서 제외하였다).

유병률(prevalence)

자살 대 자해에 대한 유병률은 매우 다르다. 진행 중인 역학 연구들을 통해 미국 인구의 자살 유병률이 잘 규명되어 있다. 자살은 100,000명 당 11.5명의 비율로 발생한다(American Association of Suicidology[AAS], 2008). 대조적으로 자해로 인한 유병률은 알려져 있지 않다. 대규모 표본 집단에서의 역학 연구가 아직 실시되지 않았기 때문이다. 추정치는 100,000명 당 대략 400명(patison & Kahan, 1983)에서 1,000명에 이른다(Favazza, 1998). 비록 낮은 추정치가 정확하다고 할지라도 (그리고 지역사회 표본에서 증가하고 있는 유병률을 고려해 볼 때, 이것은 가능성이 매우 낮다), 자해의 비율은 자살로 인한 사망 비율보다 약 40배 더 높다.

표 1.1. **자살 시도와 자해 구별하기**

평가의 초점	자살 시도	자해
그 행동에서 표현되거나 표현되지 않은 의도는 무엇인가?	고통에서 벗어나기 위해, 의식의 종결	불쾌한 영향(긴장, 분노, 공허함, 무감각)으로부터 완화
신체적 손상과 잠재적 치사성의 수준은 어느 정도인가?	심각한 신체적 손상, 치명적인 방법의 위해	약간의 신체적 손상, 비치명적 방법의 사용
만성적이고, 반복적인 자해 행동의 패턴이 있는가?	드물게 만성적인 반복, 몇몇은 반복적으로 중독됨	빈번하게 만성적, 높은 비율의 패턴
시간이 지남에 따라 자해 방법이 다양해졌는가?	보통 한 가지 방법	대개 시간이 지날수록 하나 이상의 방법
심리적 고통 수준은 어느 정도인가?	견딜 수 없는, 끊임없이 지속되는	불편한, 간헐적인
인지의 수축이 있는가?	극도의 수축, 유일한 탈출구로서의 자살, 편협한 시야, 최후의 해결책을 추구	약간의 또는 전혀 없는 수축, 다양한 선택지가 있음, 일시적인 해결책의 추구
절망감과 무력감을 느끼는가?	절망감과 무력감이 핵심적	낙관주의와 약간의 통제력 사이의 기간
그 행동직후 불편감이 감소되었는가?	즉각적인 개선은 없음, 개선을 위해 치료가 필요	빠른 개선, 일반적인 인식과 영향으로의 신속한 복귀, 성공적인 "의식의 변화"
수단의 제한	중요한 것, 종종 생명을 구함	비현실적, 종종 부주의한 도발이 있음
핵심 문제는 무엇인가?	우울, 피할 수 없음, 견딜 수 없는 고통에 대한 분노	신체 자각으로부터의 소외; 임상 집단에서 특히 형편없는 신체에 대한 인상이 나타남

의도

자해와 자살을 임상적으로 구분하는 근본적인 기점은 의도라는 주제이다. 임상의는 내담자가 행동을 통해 무엇을 성취하고자 하는지를 알아야 한다. 자기 파괴적인 행동에 담긴 그들의 목표는 무엇인가? 어떤 이들은 그들의 자해

(self-harming) 행동의 의도를 상당히 통찰력 있고 분명하게 설명한다. 그들은 임상의들에게 그들의 행동에 대한 명확하고 간결한 설명을 전달한다. 예를 들어, 몇몇 자해하는 사람들은 다음과 같이 말한다. "나는 기분이 나아지기 위해 스스로를 베어요. 나는 죽고 싶지 않아요. 나는 단지 분노를 표출하고 싶을 뿐이에요." 비슷한 방식으로, 자살하고 싶어 하는 개인들은 그들의 동기를 매우 분명하게 말한다. 그들은 아마도 다음과 같이 말할 것이다. "내가 나의 삶에서 그 관계를 가질 수 없다면, 사는 건 아무런 가치도 없어요. 내 삶은 끝났어요. 그게 바로 내가 약을 과다복용을 했던 이유예요." 두 경우 모두, 의도는 더 이상 분명할 수 없다.

그러나 임상의들은 더 많은 경우에, 의도에 대한 명확한 표현을 끌어내는 것에 어려움을 느낀다. 자기 파괴적인 사람들은 감정적으로 압도되어 있으며, 자주 그들 자신의 행동에 매우 혼란스러워한다. 그들에게 왜 자기 파괴적으로 행동하는지 물었을 때, 많은 사람들은 "나는 왜 내가 과다복용을 했는지 확실하게 알 수 없어요. 그것은 단지 그렇게 해야 하는 것처럼 보인 거예요."와 같은 애매모호한 답변을 내놓았다. 다른 사람들은 다음과 같이 상당히 모호한 말을 한다. "나는 지금 저 자신을 칼로 베지는 않을 거지만, 그때는 그것을 해야만 했어요." 그리고 더 이상 말하는 것을 거절하거나 말할 수 없다고 한다.

"한 순간, 나는 나의 팔을 내려보았어요. 피가 많이 보였고, 어떻게 이런 일이 일어났는지 아무것도 떠오르지 않았어요."와 같이, 몇몇 사람들은 스스로를 상처 입힐 때 의식적인 사고과정으로부터 단절되어 있는 것처럼 보인다. 또 다른 점은, 왜 자기 파괴적인 행동을 하는지 물었을 때, 심리적 과정에 대해 "나도 몰라요."라고 대답하며 전형적인 방어적 태도를 보이는 청소년들을 만나는 것이 너무나 흔하다는 것이다.

자살하는 사람과 자해하는 사람 모두로부터 의도를 성공적으로 이끌어낼 수 있다. 하지만 그 과정에는 종종 깊은 이해와 지속적인 연구의 통합이 요구된다.

자살 의도

Shneidman(1985)은 자살의 정의라는 그의 대표적인 논문에서 자살과 자해를 구분하는 몇몇 가지 핵심 요소들을 밝혀냈다. 그중 첫 번째는 의도이다.

Shneidman은 자살하고 싶어 하는 사람의 의도는 일반적으로 신체를 죽이는 것이 아니라고 주장했다. 그보다, 그들의 의도는 "의식을 차단하는" 것이다. 자살하는 사람들은 심리적인 고통을 멈출 수 있기—Shneidman(1993)이 "극심한 정신적 고통"(psychache)이라고 명명한 것으로부터 벗어나기—를 원한다. 자살하고 싶어 하는 사람은 그 고통을 영구적으로 사라지게 할 수만 있다면 그 것이 무엇이든지 간에 행할 것이다.

자해 의도

대조적으로 자해하는 사람의 의도는 의식을 차단하는 것이 아니라, 그것을 조정하는 데 있다. 자해하는 사람들 중 압도적 다수는 그들이 고통스런 감정들을 완화시키기 위해 스스로를 상처 입힌다고 보고한다. 그들이 완화되기를 원하는 정서적인 고통의 유형은 두 가지의 기본 범주로 나뉜다. 자해하는 사람들 중 대다수는 너무 많은 감정을 완화하기 위해 스스로를 상처 입히는 것이라고 보고한다(Favazza, 1987; Walsh & Rosen, 1998; Brown, 1998, 2002; Brown, Comtois, & Linehan, 2002; Klonsky, 2007, 2009; Nock, 2010). 소수는 해리 상태나 매우 경미한 정서를 경감하기 위해 스스로를 상처입힌다고 보고한다(Conterio & Lader, 1998; Shapiro & Dominiak, 1992; Simeon & Hollander, 2001). 너무 많은 정서적 고통을 보고한 이들은 그러한 감정들이 다음과 같다고 확인하였다.

- 화
- 수치심 또는 죄책감
- 불안, 긴장 또는 공황
- 슬픔
- 좌절감
- 경멸

연구들은 이러한 불편한 감정들의 순서에 대한 의견의 차이를 보인다. 자해에 선행하는 정서들을 다룬 연구의 철저한 검토를 위해 Brown(2002)과 Klonsky(2007)의 연구를 살펴보라.

자해하는 사람 중 보다 낮은 비율의 사람들은 매우 경미한 감정을 느끼는 것으로 보고되었다. 그들은 "공허한", "좀비와 같은", "죽어있는", 또는 "로봇 같은" 느낌을 받는다고 진술한다. 이들은 이런 감정의 부재를 완화시키기 위해 자해한다. 언젠가 젊은 성인 여성은 나에게 다음과 같이 말했다. "내가 나 자신을 베어 피를 보면, 여전히 살아있는 나를 볼 수 있기 때문에 매우 안심이 돼요." 이들 중 많은 사람이 자해 직전에 해리 상태를 경험할 수 있다.

의도의 중요한 핵심은 자살하고 싶어 하는 사람들이 영원히 의식을 제거하기를 원한다는 것이다. 자해하는 사람들은 또 다른 날을 살아가기 위해서, 정신적 고통을 경감시키고, 의식을 조정하기를 원한다.

신체적인 손상에 관한 방법과 수준 그리고 잠재적 치사성

내담자로부터 명확하게 표현되는 의도를 끌어내는 데 어려움이 있다면, 임상가들은 정확한 평가를 위해, 종종 자해(self-harm) 행동에 초점을 맞추어야만 한다. 다행히도, 자해에 선택된 방법은 종종 자기 파괴적인 사람이 가지고 있는 의도에 대해 많은 것을 말해준다. 특정한 행동들은 자살하려는 의도를 전달하며, 다른 것들은 자해하려는 동기를 암시한다.

자살 방법

자살로 인해 사망한 사람들은 보다 치사성이 높은 방법들 중 몇 개만을 사용한다는 연구들이 반복적으로 나오고 있다. 예를 들어, 미국질병관리예방센터(CDC; Center for Disease Control and prevention, 2010)의 통계는 자살에 의한 죽음이 6가지 기본적인 방법들에 의해 발생하고 있음을 보여준다. 총기의 사용(50.7%), 목매달기(23.1%), 약물이나 독극물 섭취(18.8%), 높은 곳에서 뛰어내리기(1.6%), 날카로운 도구의 사용(1.7%), 자동차, 기차, 버스와 같은 차량과 관련된 죽음(1.1%). 주목할 점은 자해의 가장 흔한 형태(칼로 베기 또는 날카로운 도구의 사용)가 결과적으로 죽음에 이르게 한 비율은 자살로 사망한 사람들 중 단지 1.7%라는 점이다. 즉, 미국에서 자살로 사망한 사람들 가운데 98.3%가 칼로 베기보다 다른 방법을 사용한 것이다. 더구나 칼로 베기로 사망한 사람들은 매우 구체적이고 드문 방법들을 사용한다. (1) 목에 경동맥 또는 경정맥을 끊기, (2)

심장 관통, (3) 할복(CDC, 2010). 팔이나 다리를 칼로 베는 자해의 가장 흔한 형태는 자살자의 죽음을 초래한 방법으로 열거되지 않았으며 아래 나열된 일반적인 자해의 여러 방식들 또한 목록에 나오지 않았다.

만약 자살에 의한 죽음의 원인에 대한 통계가 15~24세의 연령 집단을 대상으로 검토된다면, 칼로 베기에 의해 사망한 사람의 비율은 훨씬 더 낮아진다. 15~24세는 자해가 가장 흔한 연령 집단이다. 칼로 베기/찌르기에 의해 죽는 15~24세의 비율은 0.6%이다(CDC, 2010). 따라서, 자살에 의해 사망하는 청소년 중 99.4%는 칼로 베기 외의 다른 방법을 사용하는 것이다. 자살 방법은 자해 방법과는 매우 다르다.

자해 방법

자해 방법에 대해서는 비교할만한 대표본(large sample) 데이터가 없다. Favazza와 Conterio의 연구(1988)는 The Phil Donahue Show의 자해를 다룬 특집에 응답한 편의 표집을 활용하였다. 발송된 설문지를 완성해 보내달라는 쇼의 요청에 250명의 사람들(이 중 여성이 96%)이 응답하였다. 그 결과, 응답자들이 다음과 같은 자해 방법들을 사용했음을 보여주었다. 베기(72%), 화상(35%), 때리기(30%), 상처 치료 방해하기(22%), 머리카락 뽑기(발모벽; 10%), 그리고 뼈 부러뜨리기(8%).

1990년대 후반에 내가 수행했던 소규모 표본 연구(Walsh & Frost, 2005)를 통해 자해의 유형에 관한 몇몇 추가적인 데이터를 사용할 수 있다. 이 연구 표본은 특수 교육 또는 주거 프로그램에서 집중적인 치료를 받고 있는 70명의 청소년으로 구성되었다. 이 중 34명이 다양한 형태의 간접적인 자기위해(self-harm)(위험감수, 약물 오용, 섭식장애 포함), 뿐만 아니라 자살 시도와 반복적인 자해 내력을 가졌다. 이 청소년들은 그들의 자해가 다음의 형태를 보인다고 보고했다. 칼로 베기(82.4%), 신체에 인각 새기기(64.7%), 머리 찧기(64.7%), 딱지 떼기(61.8%), 긁기(50%), 화상 입히기(58.8%), 때리기(58.8%), 스스로 피어싱하기(적절하게 소독한 장식용 피어싱 제외)(52.9%). 이 청소년들에게서 나타난 비교적 덜 흔한 형태의 자해는 스스로 새긴 문신(47.1%), 깨물기(44.1%), 머리카락 잡아당기기(38.2%)였다. 비록 이러한 행동 중 대다수가 걱정스러운 것이지만, 그 어느 것도 생명에 위협이 되지는 않는다는 점이 중요하다. 또한 주목할 점은 베기, 긁기, 조각하기의 범주들을 종합한 신체에 상처내기(91.2%)가 이 표본 집단에서 가장 주된 자해 방법이라는 것이다.

　　Whitlock, Eckenrode, Silverman(2006)은 대학생들을 대상으로 한 그들의 연구에서 다소 다른 결과를 보고했다. 2,800명이 넘는 학생들의 표본 중 17%의 자해를 했던 사람들은 아래와 같이 구성되었다.

손톱이나 도구로 피부에 피가 날 정도로 심각하게 긁거나 꼬집기	51.6%
멍든 부위나 피가 나는 부위를 도구로 때리기	37.6%
베기(cut)	33.7%
멍든 부위나 피가 나는 부위를 주먹으로 때리기	24.5%
피부를 찢거나 뜯기	15.9%
피부에 단어나 상징을 새기기	14.9%
상처의 치료를 방해하기	13.5%
화상 입히기	12.9%
유리나 날카로운 물체를 피부에 문지르기	12.0%
머리카락을 뽑는 데 몰두하기	11.0%

　　Whitlock 등의 연구에서 칼로 베기와 몸에 인각새기기를 종합했을 때, 이 새로운 범주는 긁기와 꼬집기 다음으로 빈도가 높다. 분명한 점은 자해를 다룬 선행연구를 통틀어 가장 흔한 자해 방법들은 아래 나열된 것과 같다는 것이다 (Favazza, 1987; Walsh & Rosen, 1988; Alderman, 1997; Conterio & Lader, 1998; Brown, 1998; Briere & Gil, 1998; Simeon & Hollander, 2001; Klonsky, 2007; Nixon & Heath, 2009; Nock, 2010).

- 칼로 베기, 긁기, 신체에 인각 새기기
- 상처를 긁어내기
- 때리기(Self-hitting)
- 스스로 낸 화상
- 머리 찧기

- 스스로 새긴 문신
- 기타(예를 들어, 스스로 물어뜯기, 찰과상 입히기, 이물질 섭취, 물체의 삽입, 스스로 뚫은 피어싱, 머리 잡아 뜯기)

비록 정확한 순서는 연구마다 다르지만, 이것들은 일반적인 빈도 순서에 따라 제시되었다. 칼로 베기는 가장 흔하게 보고된 형태이다.

가장 극단적인 상황들 (예를 들어, 극히 드문 행동이자 자기희생의 형태를 띄는 분신자살)을 제외하고, 이러한 행동 중 어떤 것도 결과적으로 죽음에 이르게 하지 않음을 강조하는 것이 중요하다. 만약 칼로 베는 행동들이 죽음을 초래하지 않는 것 같다면, ─특히, 가장 흔한 형태인 팔, 손목, 다리를 칼로 긋기─ 이 행동은 일반적으로 자살보다는 다른 어떤 것에 대한 것이라고 결론 내리는 것이 더 합리적이다. 만약 자해가 일반적으로 한 사람의 생을 끝내려는 시도에 대한 것이 아니라면, 무엇을 위한 것이겠는가? 이것은 이 책의 나머지 부분에서 다루고자 하는 질문이다.

3장은 직접적인 자기위해의 넓은 범주를 설명한다. 자기위해는 자살과 자해이라는 두 개의 그룹으로 나뉘어질 수 있다. 내담자들이 총 쏘기, 목매달기, 음독, 높은 곳에서 뛰어내리기, 목을 베기, 심장을 관통하여 찌르기, 할복과 같은 방식을 사용하려는 계획을 논의할 때(또는 실제로 이용할 때), 그들의 시도는 자살이라고 결론짓는 게 적절하다. 이러한 것들은 주로 죽음을 초래하는 치사성이 높은 행동이다. 반대로, 만약 내담자들이 스스로에게 칼로 베기, 찰과상 입히기, 때리기, 화상, 또는 물어뜯기와 같은 행동들을 하려고 하거나 실제로 수행한다면, 이는 대개 자살보다는 자해 행동으로 보는 것이 적절하다.

행동의 빈도

자살과 자해를 구분하는 또 다른 점은 행동이 발생하는 빈도이다. 일반적으로 자해는 자살 시도보다 훨씬 더 높은 비율로 발생한다. 자살을 시도하는 사람들 중 대다수는 이를 반복하거나 빈번하게 하지 않는다. 가장 흔한 유형은 사람들이 그들의 삶에서 특히나 스트레스가 심한 시기에, 한 번 또는 두 번 자살을 시도하는 것이다(Nock & Kessler, 2006). 대부분의 사람들에게 이러한 위기의 기간이 지나가고, 그들은 계속 그들의 삶을 살아간다. 대부분의 개인들은 회복력이 있거나 전문적인 도움을 얻으며, 다시 자살을 시도할 가능성이 낮다.

그러나 자살을 장기간(몇 년 또는 심지어 수십 년)에 걸쳐 반복적으로 시도하는 −소수의− 사람들이 있다. 이러한 사람들은 대부분 심각하고 만성적인 정신질환(예, 주요 우울, 양극성 장애, 경계선 성격 장애[BPD])을 가지고 있다. 대부분의 경우, 자살을 반복적으로 시도하는 사람들이 약물 과다복용을 그들의 방법으로 이용하는 것으로 나타났다. 이 사람들은 처방받은 약물이나 약국에서 구매할 수 있는 약물을 얼마나 복용해야 복용한 이후에도 여전히 살아남을 수 있는지 알고 있는 것으로 나타났다. 또는 그들은 치사량을 복용할 수 있지만, 그들의 행동을 타인에게 빨리 알림으로써 보호적인 개입을 야기한다. 그러나 심지어 이러한 개인들에 대해, 그들의 자살 시도율은 많은 사람들에게서 나타나는 자해율에 미치지 못한다.

자해하는 사람들 중 많은, 아마도 대다수가 빈번하게 자해 행동을 한다. 자해하는 내담자에 의해 보고된 가장 흔한 빈도는 다년동안 20−100회이다(Walsh & Rosen, 1988). 심지어 10대 초반인 청소년들 조차 많게는 1년에 20−30회의 횟수를 포함한, 수 년간의 자해를 묘사하였다. 예를 들어, 나의 임상적 경험 중에는, 단지 일주일 만에 150회 넘게 스스로를 베었던 2명의 14살 청소년과 만난 적이 있다! 자해가 빈도 높은 행동이 되는 일은 매우 흔하다.

때때로 몇몇 내담자는 자해 빈도를 세기 어려워 할 수 있다. 다음의 예를 보아라.

Eloise가 가장 선호했던 자해 형태는 그녀의 왼쪽 팔뚝에 여러 평행선들을 정교하게 긋는 것이었다. 그녀는 그녀의 손목 근처에서 시작해서 팔꿈치 안쪽에 닿을 때까지 팔뚝 위로 순차적으로 베었을 것이다. 어느 시기에, 행동 평가의 한 부분으로서, 우리는 한 번의 자해 시도 동안 분명하게 그어진 베인 자국의 정확한 수를 세어 보았다. 그 수는 대략 78개였다. 또한, 이런 자해를 가하고 며칠 뒤, Eloise는 반복적으로 "결을 가로질러" 면도날로 긁음으로써 상처를 다시 여는 경향이 있었을 것이다. 이러한 유형의 자해는 횟수를 세기 불가능하다.

많은 사람들이 여러 번 (심지어 수백 번) 자해를 한다. 대체로 그만큼의 비율로 자살을 시도하는 사람은 없다.

다양한 방법들

　　자살과 자해를 구별하는 또 다른 점은 행위자가 다수의 방법들을 사용하는 지의 여부이다. 연구는 반복적으로 자살을 시도하는 사람들은 같은 방법을 사용하는 경향이 있음을 보여준다(Berman, Jobes, & Silverman, 2006). 비록 이러한 사람들에 대한 정확한 통계가 없지만, 임상적인 경험은 이중 대다수가 시간이 흐름에 따라 한 가지의 방법을 고수함을 알려주는데, 그것은 바로 약물 과다복용이다. 이에 반해, 자해하는 사람들의 대부분은 한 가지 이상의 방법을 사용한다. 위에서 언급했던 청소년을 대상으로 한 나의 소규모 표본 연구를 보면, 70%가 넘는 응답자가 자해에 한 가지 이상의 방법을 사용하였다. 위에서 인용한 Favazza와 Conterio(1988)의 연구에서는, 응답자 250명 중 78%가 다수의 방법들을 사용해왔다. 그리고 Whitlock, Muehlenkamp, Eckenrode(2008) 또한 젊은 성인을 대상으로 한 그들의 지역사회 표본에서 다수의 방법들을 사용하는 비율이 78%라고 보고했다.

　　하나 이상의 방법의 사용은 적어도 2가지 요소와 관련이 있을 수 있다. 그것은 선호도와 주변 환경이다. 자해하는 사람들 중 많은 이들이 자해를 할 때 다양한 방법을 사용하는 것은 그들이 그렇게 하는 것을 선호하기 때문이라고 진술한다. 예를 들어, 자해하는 사람들 중 몇몇은 그들이 불안할 때 자신을 칼로 긋고, 화가 날 때에는 몸에 화상을 입힌다고 말한다. 다른 사람들은 그들이 해리 상태에 있을 때 몸에 칼을 대고, 화가 날 때에는 스스로를 때린다고 진술한다. 정서적인 괴로움의 유형과 자해의 형태 간의 관련 범위는 거의 무한하다. 자해의 평가와 치료에서 중요한 세부사항은 개인이 하나 이상의 방법을 사용하는지를 밝혀내는 것이고 그리고 만약 그렇다면 그 사람이 어떻게, 어떤 시점에, 어떤 구체적인 방법을 결정하는지를 밝히는 것이다.

　　때때로 자해 방법의 결정은 개인의 선호보다는 주변 환경과 더 관련이 있다. 예를 들어, 공동 수용 시설이나 입원환자시설에 머무는 청소년들은 철저한 직원의 감독 때문에 몸을 베기 위한 면도칼을 구하는 것에 어려움을 겪을 수 있다. 비록 베기가 그들이 선호하는 방법일지라도, 그들이 선호하는 도구를 사용할 수 없기 때문에 긁기, 때리기, 또는 물어뜯기를 사용할 것이다.

심리적 고통의 수준

Shneidman(1985)은 "견딜 수 없는, 지속적인 고통"이 자살 위기로 몰아간다는 점을 강조한다. 자살하고 싶어 하는 사람의 고통은 매우 심오하고, 깊고, 괴로워서 살 수 없을 정도로 견디기 힘들다. 더욱이 고통은 그 사람을 지치게 하고 심각한 정신적 피로를 야기하면서 지속된다. 이 고통에 대한 현상학적 경험을 고려해보면, 자살하고 싶어 하는 사람이 영원한 도피를 생각하는 것은 놀라운 일이 아니다. 대다수의 자살하고 싶어 하는 사람들에게, 이러한 극심한 고통의 경험은 상당한 인지적 정서적 왜곡이 따른다. 그럼에도 불구하고 자살을 하려는 사람들의 사고방식 속에는 도피를 위한 자살의 방향으로 그들을 몰아가는 특정한 논리가 있다.

대조적으로, 자해는 다른 유형의 심리적 고통으로 특징지어진다. 자해하는 사람들의 고통은 극심하며 불편하지만, 자살 위기의 수준에는 도달하지 않는다. 그러한 심리적 괴로움은 지속적이고 불변하기보다는 중단 가능하고 간헐적이다. 이렇게 차이가 발생하는 한 가지 이유는 자해는 그 자체로 고통을 중단하거나 줄이는 방법을 제공하여 고통을 일시적이고 부분적으로 만들어준다는 점이다.

Muehlenkamp와 Gutierrez(2007)는 청소년을 대상으로 자살을 시도했던 사람들과 자해하는 사람들을 비교하는 대상 연구를 수행했다. 그들은 자살을 시도하지는 않았지만 자해를 한 사람들이 자기 스스로를 죽이려고 시도했던 사람들보다 더 낮은 수준의 절망감을 가지고 있고, 삶에 대한 더 발전적인 추론, 더 강한 미래지향성 그리고 자살에 대해 더욱 두려움을 가지는 것을 발견했다. 이러한 중요한 발견들은 자기위해(self-harm)의 두 가지 형태에 따라 심리적 고통 수준이 달라진다는 임상적 결과를 뒷받침한다.

인지의 수축

자살 위기의 또 다른 핵심 특징은 인지적 수축이다. Shneidman(1985)는 "수축", "좁은 시야" 그리고 "이분법적 생각"을 포함한 이런 사고방식을 설명하는 몇 가지 용어들을 사용해왔다. 그것들은 모두 근본적으로 같은 것을 의미한다.

자살을 하려는 사람에게 삶은 양자택일의 문제로 이어진다. 그러한 사람은 극단적으로 좁고 경직된 방식으로 생각한다. 구체적으로 흔한 예는 "나는 이 사람과 이 관계를 맺어야만 해. 그렇지 않으면 죽어야 해."라는 믿음이다. 하지만 그 외에도 많은 시나리오가 있다. 여기 임상적인 장면에서 만났던 몇 가지 다른 예들이 있다.

> "내가 재산을 잃는다면 나는 죽어버릴 거야."
> "이 질병이 치료할 수 없는 거라면, 내가 끝내버릴 거야."
> "나는 낮은 성적을 받는 걸 견딜 수 없어. B에 불과하다면, 나는 약을 먹을 거야."
> "이 직업을 다시 얻을 수 없다면, 내 상사를 죽이고 나도 죽을 거야."
> "내가 아이들에 대한 양육권을 가질 수 없다면 아무도 가질 수 없어."

(마지막 2가지는 살인-자살 시나리오임에 유의해라.) 그러나 내용의 다양성에도 불구하고, 이 모든 예들은 공통적으로 경직된 사고를 가지고 있다. 기본 공식은 "X가 발생해야만 해. 그렇지 않으면 난 죽을 수밖에 없어."이다.

자해는 이분법적 사고로 특징지어지지는 않는다. 좀 더 빈번하게, 자해를 하고 있는 개인들의 사고 과정은 협소하다기보다는 혼란스럽다. 그들은 그들의 삶을 양자택일의 곤경으로 몰아넣지 않는다. 오히려 그들은 여전히 자신의 삶에서 스스로가 선택권을 가지고, 고를 수 있는 선택지가 있음을 인식하고 있다. 이러한 선택지 중 하나가 -최고의 선택은 아니지만- 자해인 것이다. 자해하는 사람들에게 자신을 베거나 화상 입히는 선택은 이상하게도 불안을 없애 준다.

무력감과 절망감

자살 연구는 무력감과 절망감, 이 두 가지를 우울과 자살 행동의 중요한 요인으로서 오랫동안 규명해왔다(Beck, Rush, Shaw, & Emery, 1979; Seligman, 1992; Milnes, Owens, & Blenkiron, 2002). "무력감(Helplessness)"은 통제력의 상실을 뜻한다(Seligman, 1992). 무기력하다고 느끼는 사람들은 자신의 상황에 대해서 그들에게 실제적인 영향력과 통제권이 없다고 믿는다. 그들은 본인들의 삶에 영향을 미치거나 자신의 삶을 개선하기 위해 자기가 할 수 있는 것이 없다고 확신한다. 그같은 인지적 비관주의는 자살을 수반하는 "포기"를 하도록 크게 조장한다.

"절망감(Hopelessness)"은 무력감과 대응 관계에 있다. 사람이 절망감을 느낄 때, 그들은 자신들의 고통이 끝이 없고, 영원할 것이라 믿는다. 그들에겐 미래가 없는 것이다. 자살의 위기에 놓인 사람들은 무한하고 그들이 통제할 수 없을 것처럼 보여 견딜 수 없는 고통을 느낀다. 이토록 암울하고 비관적인 신념 내에서, 사람들이 남아있는 선택으로 자살을 고려하는 것은 놀라운 일이 아니다.

자살을 원하는 사람의 무력하고 절망적인 세계관을 설명하는 또 다른 방식은 "우울의 인지적 부정적 3축 체제(cognitive negative triad of depression)"에 관한 것이다(Beck et al., 1979). 이러한 관점 내에서, 자살 충동이 있는 사람들은 "나는 좋지 않아[자기(self)], 내 주변에 모든 것들이 끔찍해[세계(world)]. 그리고 아무것도 변하지 않겠지[미래(future)]."라고 생각한다.

반대로 무력감과 절망감은 자해의 상황적 특징이 되지 못한다. 자해를 하고 있는 사람들은 대개 자신의 심리적인 고통에 대해 통제할 수 없다고 느끼지 않는다. 사실 자해라는 선택지는 핵심적인 통제감을 제공한다. 대부분의 자해하는 사람들은 그들의 정신적 고통을 줄이기 위해 필요하면 언제든지 칼로 베기, 태우기, 또는 다른 어떤 다른 형태의 자해를 할 수 있다는 사실이 그들을 안심시켜준다는 것을 안다. 자해가 제공하는 통제감은 절망감과 상반된다. 자해는 종종 긴장감소의 메커니즘으로 작동하기 때문에 미래는 끝없이 도망칠 수 없는 고통 중 하나가 아닌 것이다. 물론, 자해하는 사람들은 그들의 삶에 매우 많은 불편이 포함된다는 것에 때때로 비관적일 수 있고 절망을 느낄지도 모른다. 하지만 그들의 정신적 고통은 자살 위기에 핵심적인 불가피성(inescapability)과 영원성(permanency)에 대한 감각이 부족하다.

자기-위해 사건의 심리적 후유증

자살 행동의 후유증 또한 자해의 후유증과는 다르다. 자살 시도에서 살아남은 사람들 중 대부분은 자살 시도 이후에 기분이 더 나아지지 않는다고 보고한다. 대신에, 그들은 흔히 기분이 오히려 더 나빠졌음을 보고한다. 그들은 "나는 이것 조차 완전히 망쳤어. 나는 패배자 같아." 또는 "나는 스스로 죽는 것 조차 제대로 못했어."와 같이 지독하게 자기 비판적인 발언들을 할 수 있다. 다른 진술들로는 "나는 죽을 용기도 없어, 하지만 다음 번에는 성공할 거야." 또는 "심지어 약을 먹기 전보다 지금 더 기분이 나빠졌어"가 있다. 이들은, 자살 시도에도 불구하고, 심리적인 고통과 스스로를 죽이려는 의도를 감소시키는 어떠한 방법도 갖지 못한 사람들이다. 다음 사례는 자살 시도로 인한 후유증의 분위기와 내용을 꽤 잘 전달한다.

> 17살 Erin은 우울 및 약물 과다복용으로 반복적인 자살 시도를 한 이력이 있다. 그녀는 최근에 안전할 것이라 여겨졌던 정신 병동에서 퇴원을 했는데, 엄마가 그녀를 비난했을 때 Erin은 분개하고 낙담하게 되었다. 몹시 추운 겨울에 Erin은 다리 가까이에서 걷다가 30 피트 상공에서 물 속으로 뛰어들었다. 비번이었던 경찰이 사고를 보고 그녀를 꺼냈기 때문에 그녀는 살아남을 수 있었다. 병력 확인이 끝난 후, Erin은 바로 정신과 폐쇄 병동에 배정되었다.
>
> 다음날 병동 내 인터뷰에서, Erin은 그녀의 기분이 좀 더 나아졌는지 질문을 받았다. 냉소적이고 빈정대는 목소리로 그녀는 다음과 같이 대답했다. "단지 한 가지 후회되는 게 있다면 더 높은 곳에서 더 딱딱한 곳으로 뛰어내리지 못한 거예요!"

이 일화는 자살 시도의 후유증에서 나타나는 흔한 특징을 짚어준다. 자살 시도자는 종종 오히려 자살 시도 후에도 지속적이고, 강렬한 심리적 고통과 높은 치사성을 가진 의도를 보인다.

자해 행동의 여파는 대개 자살 시도 후에 따라오는 반응과 완전히 반대된다. 일화에서 나타나는 자해의 "매력"은 정서적 고통을 감소시켜 주는 효과이다. 더욱이, 자해를 통해 얻게 되는 정서적 완화의 정도는 즉각적이다. 자해하는 사람들은 자해로 인해 얻게 되는 정서적 완화의 중요성과 효과의 접근성을 강조한다. 그들은 다음과 같이 말한다.

> "내가 칼로 베자마자, 모든 분노가 빠져나가는 것 같았고, 기분이 매우 좋아졌어요."

"내가 팔이나 다리를 칼로 베고 나면, 내 몸의 모든 긴장이 풀리고 나는 잠들 수 있어요."

"내 스스로 화상을 입힐 때, 나는 나의 분노를 바깥에서 볼 수 있었어요. 그래서 더 이상 내 안에 분노가 있다고 느낄 필요가 없었어요."

임상가들은 내담자들이 자해가 더 이상 기대되는 결과를 만들어내지 않는다고 보고할 때를 특히 경계해야 한다. 자해가 평상시의 "치료적" 효과를 제공하는 데 실패할 때, 정서적 완화를 위해 자해에 의존하던 사람들은 무력감과 절망감을 느끼기 시작할 수 있고, 고통이 도망칠 수 없는 것이라고 느끼면서 공황에 빠질 수도 있다. 도피의 상실은 이러한 사람들을 자살 위기로 내몰 수 있다. 고통은 더 이상 감당이 되지 않고, 그들의 통제 안에 있지 않다. 이런 고통이 증가함과 동시에 그들이 고통을 줄일 수 없게 되면서 자살 위기의 상태가 발생할 수 있으며, 보호적인 개입이 필요할 수 있다. 이와 같은 사례에 나타나는 사람들은 자해와 관련된 방법을 자살 행동과 연관된 방법으로 바꿀 것이다.

수단의 제한

자해와 자살 간의 또 다른 핵심적인 차이는 수단의 제한과 관련이 있다. 자살 행동에 있어서 수단의 제한은 종종 생명을 구하기도 하는 중요한 것이라는 점은 오랜 시간 수립되어 왔다(Jacobs, Brewer, & Klein-Benheim, 1999; Berman et al., 2006). 예시로는 총기와 알약을 압수하는 것, 다리 위에 보호 장벽을 설치하는 것, 영국에서 난방 연료로 사용되는 석탄 가스를 천연가스로 바꾼 것이 포함된다(Kreitman, 1976). 모든 대학원생은 자살을 평가하는 데 있어 기본적인 것은 내담자(그리고 중요한 타인들)에게 치명적인 수단에 접근하는 것에 대해 물어보는 것임을 배웠다. 그리고 만약 대답이 긍정적이라면, 행동의 첫 과정은 그 수단들을 제한하는 것이다.

반대로, 수단을 제한하는 것이 자해에 대처함에 있어서 효과적인 전략인지는 전혀 분명하지 않다. 사실, 나의 경험을 비추어 보면 제한은 종종 역효과를 낸다. 자해하는 사람들에게서 수단들을 제한하고자 하는 시도에는 2가지 주요한 문제가 있다. 첫째로, 이것은 비현실적이다. 자해의 모든 수단들을 제거하는 것은 사실상 불가능하다. 종종 강하게, 심지어 치열하게 자해를 막기 위해 전념하는 정신 병동이나 주거 프로그램의 직원들을 만나왔다. 비록 그들의 의도는 좋았지만, 그 결과는 대개 효과적이라고 할 수 없었다. 이러한 환경에 있는 직원들에게 자문을 해줄 때, 나는 종종 다음과 같은 요점을 말한다. "당신이 자해 예방에 사명을 다하려거든, 내담자의 손톱, 주먹, 치아를 제거하는 것을 잊지 마세요. 그리고 주변 환경에서, 모든 스테이플러, CD 케이스, 단단한 바닥 또는 벽을 제거하는 것도 잊으면 안 돼요." 즉, 이와 같은 안전과 예방을 제공하는 것은 불가능하다.

강압적이고 권리 침해적인 관리 감독 방법들의 사용으로 인한 두 번째 문제는 그들이 종종 자해하는 사람들을 의도치 않게 도발한다는 점이다. "날카로운 것" 또는 "무기"를 찾기 위해 누군가의 신체, 공간, 소지품을 뒤지는 것은 엄청난 문제를 촉발시킬 수 있다. 자해를 "예방하려는" 일개의 과정이 역설적으로 자해를 발생시킬 수 있다. 자해 예방에 보다 효과적인 전략은 자해를 대체하기 위한 기술에 관한 내담자와의 협동적인 교육을 강조하는 것이다. 이 접근은 11장에서 구체적으로 논의할 것이다.

핵심 문제

자살 충동이 있는 사람이 가지는 핵심 문제는 보통 우울, 슬픔, 참을 수 없는 고통의 주요한 근원에 대한 분노의 어떤 조합이다. Maltsberger(1986)는 자살 위기로 몰아가는 절망은 단지 슬픔, 외로움, 고립감에 대한 것만이 아니라, "살인적인 증오(murderous hate)"라는 요소를 포함한다고 강조해왔다. 이러한 증오는 자살 행동을 위한 많은 에너지를 제공하고, 대개 자신과 타인, 둘 모두를 향한다.

그러므로, 자살하고 싶어 하는 사람들을 돕는 것에 있어 어려운 점은 그 견딜 수 없는 고통의 근원을 밝혀내고 그것을 줄이는 것이다. Shneidman (1985)은 전문가가 자살하려는 사람의 이분법적인 사고에 대한 제3의 용어(a third term)를 추가할 수 있다면, 자살 위험이 줄어들 것이라고 주장했다. 예를 들어, 그와 같은 사람이 가지고 있는 경직된 생각이 "나는 그 관계를 맺어야만 해. 그렇지 않으면 나는 죽어 버릴 거야."라고 할 때, 제3의 용어(a third term)를 추가하는 것은 관계에 초점을 둔 상담이라는 선택지를 소개하는 것을 의미할 수 있다. "그것이 일어나야만 해, 그렇지 않으면 죽을 거야."라는 이분법적인 시나리오는 제3의 용어(a third term)를 추가함으로써 다음과 같이 확장된다. (그리고 동시에 치사성 또한 희미해진다). "그것이 일어나야만 해, 그렇지 않으면 난 죽을 거야, 그렇지 않으면 나는 상담에서 관계를 다룰 거야."

자살을 원하는 사람과 함께 작업함에 있어서, 견딜 수 없고, 도망갈 수도 없는 고통의 구체적인 근원을 밝히는 것에 초점을 두어야 한다. 그 근원이 더 세심하게 정의될수록, 이 작업은 더 효과를 거둘 수 있을 것이다. 전반적인 것(예를 들어, "내 삶의 모든 것이 끔찍해.")으로부터 특정한 것(예를 들어, "나는 직장에서 상사로부터 모욕당하는 것이 진절머리나.")로 이동시키는 것이 이 치료적 작업의 핵심이다.

대조적으로, 자해하는 많은 사람의 핵심 문제는 종종 그들의 신체 이미지와 관련이 있다. 그들의 신체에 반복적으로 상처를 입히는 많은 사람들은 종종 그들의 신체에 관하여 특히 부정적인 태도를 보인다(Walsh & Rosen, 1988; Alderman, 1997; Hyman, 1999). 많은 사람에게서 나타나는 신체 자각으로부터의 소외 또는 신체 혐오의 극심한 감각은 그들이 자해를 하게 만든다. 자해의 치료에서 중심 초점이 되는 핵심적인 질문들은 "왜 당신은 반복적으로 당신의 몸에 해를 입히는가?" 그리고 "당신의 신체와의 이러한 관계의 원인은 무엇인가?"이다. 신체 자각으로부터의 소외와 자해 간의 관계는 15장에서 상세히 논의될 것이다.

그러나 자해하는 사람들 중 최근 생겨나고 있는 한 집단은 뚜렷한 신체 이미지 문제를 가지고 있는 것 같지 않다. 이 집단은 지역사회 표본에서(임상적인 표본과는 상대적으로) 더 건강한 사람들로 구성되어 있는 것으로 드러났다. 그 사람들은 겨우 1990년 후반 이후에서야 자해 현상으로 표면화되었다. 이러한 사람들의 핵심문제는 극심한 스트레스, 부적합한 자기 위로 기술들, 자기 폄하적인 사고와 자해를 지지하는 또래의 영향의 조합으로 나타난다. 이러한 사람들이 자해를 하게 만드는 어려움은 4장에서 검토할 것이다.

결 론

이 장에서는 이 책의 나머지 부분들에 대한 기초를 닦았다. 자해의 공식적인 정의가 규정되고 설명되었다. 추가적으로, 11개의 핵심적인 특징을 통해 자살과 자해를 구별하였다.

- 유병률
- 의도
- 신체적인 손상과 잠재적인 치사성의 수준
- 빈도
- 다양한 수단의 사용
- 심리적 고통의 수준
- 인지의 위축
- 무력감과 절망감
- 심리적 후유증
- 수단 제한의 유용성
- 전반적인 핵심 문제

다음 장은 자살 시도에 대한 위험 요인으로서 자해를 다룬다.

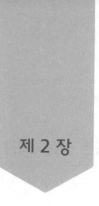

제 2 장

자해와 자살 간의 관계

　수년 동안, 나를 포함하여 Favazza(1996, 1998), Conterio와 Lagder(1998), Alderman(1997)과 같은 자해 전문가들은 자살과 자해가 분리되고 구분되는 것으로 간주되어야 한다고 주장해왔다. 빈번하게 우리와 타 분야의 전문가들은 자해의 형태가 자살 시도로 간주되어 부적절하게 입원했었던 내담자들을 많이 보았다. 미국 대중문화의 근거 없는 믿음 중 하나는 손목 긋기가 자살 행동이라는 것이다. 제1장에서 강조했듯이, 자해의 일반적인 형태는 대개 죽음에 대한 열망보다는 정서 조절과 사회적 영향과 관련된다.

　흔하고 치사성이 낮은 자해를 보인 사람을 입원시키는 것의 영향은 상당하다. 첫째, 정신과 입원환자 체류는 모든 행동 건강개입 가운데에서 가장 비용이 많이 든다. 둘째, "정신 병원"에 입원하는 것은 내담자와 가족 모두에게 두렵고 낙인이 되는 일이 될 수 있다. 셋째, 입원 병동의 분위기에 몰입하게 되면 개인이 입원하지 않았더라면 접하지 않았을 광범위한 역기능적 행동에 노출된다. 이러한 노출은 부가적인 의료원성 효과를 야기할 수 있다. 넷째, 입원환자 체류는 학교, 직장, 또는 기타 주요 활동에 있어서 대단히 심각한 결과를 야기할 수 있다. 자해를 자살 행동으로 오진하지 않는 것이 매우 중요하다.

자해를 자살 시도와 연관 짓는 최근 연구

그러나 최근의 연구들은 자해와 자살 간의 관계가 우리가 생각한 것보다 훨씬 더 복잡할 수도 있다는 것을 보여준다. 이러한 연구들은 자해가 자살로부터 구분될 수 있지만, 또한 자살 시도의 주요 위험 요인인 것을 시사한다(그러나 완전한 자살에 대해서는 자해가 반드시 주요 위험요인이 아니다). 예를 들어, 89명의 청소년 입원환자를 대상으로 한 연구에서, Kock, Joiner, Gordon, Lloyd-Richardson과 Prinstein(2006)은 최근 자해를 한 연구참여자들의 70%가 그들의 일생에서 자살 시도를 한 번은 했던 것으로 나타났다. 이에 더해 55%는 여러 번 자살 시도를 했던 것으로 보고했다.

비슷한 맥락에서, Klonsky와 May(2010)는 다른 세 집단에서의 자해, 자살 사고, 자살 시도 간의 관계를 보고했다. 첫 번째 집단은 전화를 통해 무작위로 접촉한 미국 성인 442명으로 구성되었다. 이 집단에서 6%는 자해 경험이 있다고 보고하였고, 17%는 자살 사고를 경험하고 있으며, 3%는 자살 시도를 했던 것으로 보고하였다. 추가적인 통계분석에서는 자살 사고와 자해 둘 다 특유의 형태로 자살 시도의 예측에 기여하는 것으로 나타났다.

Klonsky와 May의 두 번째 연구는 고등학생 428명으로 구성된 지역 사회 샘플에 초점을 맞추었다. 이 청소년들 가운데 21%는 자해 경험이 있는 것으로 보고했으며, 16%는 자살 사고를 경험하고 있는 것으로 보고했다. 5%는 자살 시도를 한 것으로 밝혔다. 특히 놀라운 결과는 자살 시도는 자살 사고와 가장 강한 상관이 있었으며(.51), 뒤이어 자해(.39)와 강한 상관이 있었다는 점이다. 양극성 장애의 진단(.29), 정서조절 장애 문제(.22), 고독감(.20), 충동성(.11)보다 자살 시도(.55)가 자해와 강한 관계가 있었다.

Klonsky와 May의 세 번째 연구는 171명의 청소년 입원환자를 대상으로 하였다. 이 가운데 58%는 자해 경험이 있는 것으로 보고했고, 60%는 자살 사고를, 40%는 자살 시도를 한 것으로 보고했다. 고등학교 학생 연구와 마찬가지로, 자살 사고가 자살 시도와 가장 강한 상관이 있었으며(.55), 자해(.50)가 그 뒤를 따랐다. 양극성 장애, 정서조절 장애, 충동성, 고독감과의 연관성은 상대적으로 상당히 약했다.

따라서 지역사회와 입원환자 표본 모두를 포함한 Klonsky와 May(2010)가 수행한 세 연구들에서는 자해가 자살 시도의 가장 큰 두 가지 예측요인 중 하나인 것으로 나타났다. 이러한 발견과 기타 연구 결과들은(예, Muehelkamp & Gutierrez, 2007; Jacobson & Gould, 2007) 자해와 자살 간의 관계에 대해 진지하게 고려해야 함을 명백히 나타낸다.

Joiner의 자살과 자해의 대인관계 이론

Thomas Joiner가 주장한 "자살의 대인관계 이론"을 통해서 자해와 자살 간 관계를 다른 방식으로 설명할 수 있다. 그의 중요한 저서인 '사람은 왜 자살로 죽는가(Why People Die by Suicide, Joiner, 2005)'는 단언컨대 '자살의 정의(Definition of Suicide, Shneidman, 1985)' 이후 자살학에 가장 중요한 공헌을 했을 것이다. Joiner는 철저한 실증적 연구가이자, 활동하고 있는 임상심리학자이자, 자살 생존자(아버지가 자살로 사망함)로서, 그의 이론을 주장하기에 충분한 자격이 있다.

Joiner는 자살이 발생하는 데에는 3가지 필요충분조건이 있다고 주장한다.

1. 고통의 습관화(Habituation to pain)
2. 짐이 된다는 느낌과 무능감(Perceived burdensomeness and incompetence)
3. 좌절된 소속감(Thwarted belongingness)

나는 간단히 각 개념을 설명하고, 자살의 위험요인으로 여겨지는 자해와 이것들을 연결 지을 것이다. 또한 Joiner의 이론의 차원에 맞는 개입법을 제안할 것이다.

고통의 습관화

Joiner는 자살을 극단의 행동이라고 정의한다. 그는 충동적인 자살이란 없다고 주장했으며, 대신 자살이 발생하기 위해서는 많은 습관화가 요구된다고 주장했다. 그는 사람들이 자살을 저지르기 위해서는 그 능력을 시간에 걸쳐 습득해야 한다고 제안한다. 이러한 과정은 수많은 준비와 담대한 행동들을 거쳐 발생한다. 고의적인 자해 행동 또는 반복된 폭력, 정맥주사를 통한 약물 사용, 섭식장애, 위험감수행동과 같은 다른 극단적인 경험들은 사람들이 자살을 저지르기 위한 "용기"또는 "담대함"을 습득하게 한다(Joiner, 2005, p.52). 이러한 연습들은 자기보전에 대한 본능을 "깨부수기 위해(beat down)" 또는 무시하기 위해 필요하다.

　　Joiner는 고통의 습관화는 사람들이 신체적 불편감과 정신적 고통에 단련되도록 만드는 어떤 행동에 의해서 촉진될 수 있다고 강조한다. 자해는 그러한 한 예이다. 이와 같이 Joiner의 이론은 자해가 어떻게 자살 시도와 강력한 연관이 있을 수 있는지를 설명한다. 반복되는 자해, 특히 광범위하고 오래 지속되는 자해는 Joiner가 설명한 고통의 습관화를 발생시킨다. 자해는 특히 자기보호와 보전을 깨버리기 좋은 방법이다. 왜냐하면 (1) 의도적인 조직 피해를 수반하고 (2) 빈번하게 발생하는 경향이 있어 많은 "연습"을 하게 된다. 이러한 결과는 자해가 패턴으로 확립되기 전, 초기에 개입하는 것에 대한 중요성을 시사한다. 성공적인 치료는 자살을 수반하는 습관화를 막을 수 있다.

　　습관화는 행동적으로뿐만 아니라 인지적으로도 일어날 수 있다. Nock와 Kessler(2006)는 국가 동반질병조사 데이터 분석에서 자살을 그들의 자해 "이유"라고 말하는 사람들은 (정서 조절 또는 대인관계 기능과 대조적으로) 궁극적으로 자살에 의해 죽을 가능성이 더 큰 것으로 보고했다. 그러므로 임상가들은 자해를 하고 그 동기로서 자살 의도를 나타내는 개인에게 특별히 주의를 기울여야 할 것이다. 이러한 개인들은 자해에서 자살로 나아갈 위험성이 더 크다. 이러한 변화는 자살에 대한 인지적 습관화와 예행연습이 발생한다는 논리를 통해 이해될 수 있다.

　　Joiner는 자해와 연관될 수 있는 습관화의 다른 측면을 설명한다. 그는 "반복을 통해 강한 자극의 효과는 약화되고, 반대의 효과 또는 반대의 과정은 증폭되고 강화된다(Joiner, 2005, p.59)"는 "대립과정이론(opponent process theory)"에 대해 논했다. 대립과정이론의 하나의 예시는 궤도이며, 이것은 자해에서 자주 발견된다. 대부분의 사람들이 자해에 대해 처음 고려할 때 꽤 양가감정과 두려움을 느낀다. 드물지 않게, 그들은 자기 자신에게 "이것이 아플까?", "효과가 있을까?", 또는 "다른 사람들이 나를 비난할까?"를 묻는다. 하지만 시간이 지나며 처음의 두려움은 간절히 열망하는 어떤 것으로 바뀐다.(다시 말하면, 대립과정이 발생한다.) 이러한 사람들은 "자해하기 위해 빨리 집에 가고 싶은" 또는 자해가 너무 즐거워 고대하는 사람들이다. 이러한 중대한 변화가 자해 과정 안에서 (within) 일어날 수 있지만, 또한 자해에서 자살로 나아가는 과정에서도 보일 수 있다. 다시 말해서, 충분한 반복, 지지, 기대와 함께 자해는 자살을 매력적이고 매혹적인 것으로 전환시키도록 도울 수 있다. Joiner는 "자살에 임박한 사람들은 죽음을 매우 색다른 방식으로 바라보는데, 말하자면 죽음이 어떤 방식으로든 생명을 주는 것으로 이해한다."라고 말하며 대립과정의 극단적인 예를 언급했다.

짐이 된다는 부담감과 무능감의 자각

Joiner에 따르면 자살의 두 번째 필요충분조건은 짐이 된다는 느낌의 자각이다. 그는 자살 충동을 느끼는 사람들은 종종 근거 없는 인지 왜곡을 가진다는 점에서 "지각된(Perceived)"이라는 단어를 강조했다. 그는 자살에 대해 고려하는 사람들은 자기 자신이 타인과 사회에 짐이 된다고 믿는다고 제안했다. 이러한 신념은 꽤 자주 "내가 죽는다면 내 사랑하는 사람들이 더 나아질 것이다."와 같은 진술의 형태를 띤다. 이러한 걸림돌이 된다는 느낌과 절대적으로 무능력하다는 자기 폄하적 감각이 결합되는 것이다. 예를 들어, 자살 충동을 느끼는 주요우울을 가진 나의 내담자는 그 자신을 "사회에 짐이다. 나는 정말이지 아무런 공헌을 하지 않으며, 세상은 내가 없으면 더 나아질 것이다."와 같이 설명한 적 있다.

특히 흥미로운 것은 우울한 사람들은 실제로 "짐이 되는(burdensome)" 존재가 될 수 있다는 것이다. Joiner는 우울한 사람들이 "더 느리고 더 작게 말하며, 더 작은 목소리 변화로, 누군가가 그들에게 다가올 때, 반응하는 것이 더 오래 걸린다(Joiner, 2005, p.104)."는 몇몇 연구 결과를 검토했다. 이와 같이 우울한 사람들은 그들이 상대하기 힘들다는 은근한 피드백을 받을 수 있으며, 이것은 그들 스스로 자각한 짐이 된다는 느낌을 뒷받침하는 것이다.

이러한 Joiner이론의 구성요소는 자해하는 사람들에게 있어 자기 비난 또는 자기 폄하가 갖는 중요한 역할에 초점을 맞춘 Nock(2010)과 Klonsky와 Glenn

(2009b)의 자해에 대한 최근 연구와 일치한다. 이러한 관점은 Joiner의 짐이 됨과 무능함의 개념으로 가득하다. 우리가 자해하는 사람들을 자살로 향하는 과정으로부터 보호하려면, 그들의 자기폄하 사고를 목표로 두는 것은 매우 중요할 수 있다. 이러한 치료의 측면은 제12장에서 다룰 것이다.

좌절된 소속감

Joiner는 자살의 세 번째 필요충분조건으로 좌절된 소속감(Thwarted belongingness)을 주장했다. 그는 죽음에 대한 열망이 연결감의 부재와 타인으로부터 소외되었다는 느낌으로부터 기인한 것이라고 설명한다. 그는 "좌절된 소속감은 단순한 외로움보다 더한 것이다. 그것은 지속적인 연결감이 없어진 느낌이다(Joiner, 2005, p.120; my emphasis)."라고 강조한다. 그는 습관화와 짐스러움이 두드러지게 보일 때라도, 소속감은 위험성을 경감시킬 수 있다고 덧붙였다. 같은 이유로, 관계에 대한 기본적인 인간의 욕구가 좌절될 때, 위험성은 현저히 증가한다.

Joiner는 일단 개인이 고통 또는 극단적인 상황에 습관화되면 그것은 돌이킬 수 없다는 점을 지적한다. 사람은 일생 습관화된 채로 남는다. 그것들은 주요한 정신적 고통을 다시 나타나게 하는 이러한 경험들을 기억하고 상기하는 것과 연결된다. 예방과 개입의 기회는 특히 자살에 있어서 주요 보호 요인인 소속감의 영역에 달려있다. 이러한 관점은 자해하는 사람들에 있어서 사회적 연결의 중요성을 지적한다. 이는 현실에서의 일상적 관계들을 독려하는 형태로 나타날 수 있다. 또는 심리 치료적 관점에서 사회적 기술 훈련이나 가족치료와 같은 개입법은 내담자의 사회적 연결감을 강화시키고, 고립을 감소시킬 수 있다. 이러한 치료의 측면에 대해서는 제11장에서 대안기술훈련 그리고 제13장에서 가족치료에 대해 설명할 때 소개된다.

자살과 자해 간의 관계에 대해서 무엇을 해야 할까

Joiner의 이론을 포함하여 여기에서 살펴본 연구들은 자살과 관련된 자해 관리에 대한 전략개발의 중요성을 시사한다. 훌륭한 임상 실무는 다음의 가이드라인을 제안한다.

- 자해하는 내담자의 치료를 시작함에 있어 자살 생각, 자살 계획, 과거 행동을 동시에 평가하는 것이 중요하다.
- 자해 치료를 하는 동안, 시간이 지남에 따라 자살과 관련된 내용이 긴 기간 동안 부재했을지라도, 지속적으로 자살 경향성을 평가하는 것은 여전히 중요하다. 습관화가 한번 발생하면, 지속된다.
- 제1장에서 강조했듯이, 자해는 높은 빈도의 행동이 되는 경향이 있는 반면 자살 시도의 빈도는 낮다. 행동이 드물다고 해서 자살 위험에 대해 잊지 않는 것이 중요하다.
- 근거들은 반복적인 자해 병력을 가진 사람들이 자살 시도의 위험이 더 크다는 증거를 시사한다(Nock et al., 2006). 치료 성공은 하나의 문제를 해결하는 것뿐만 아니라 또한 다른 문제를 예방하는 것이기 때문에 우리는 자해의 발달 초기에 그것을 완화하기 위해 노력해야 할 것이다.
- 증거들은, 또한 자해를 하고, 그 동기가 자살임을 나타내는 사람들에게 과각성이 있음을 제안한다. 이러한 설명은 정서 조절과 사회적 영향을 포함한 의도보다 훨씬 드물다. Nock와 Kessler(2006)은 이러한 자해하는 개인들은 자살로 인해 죽을 가능성이 상당히 있다는 증거를 제시한다.
- 우리는 자해가 "더 이상 효과가 없다"고 보고하는 개인들에게 주의를 기울일 필요가 있다. 이러한 개인들은 만약 그들이 그들의 고통을 "견딜 수 없고, 탈출할 수 없는 것"으로 지각할 때 더 치명적인 방법(예, 총기, 과다복용, 목매달기, 뛰어내리기, 교통)으로 전환하는 경향이 있다(Shneidman, 1985).
- 우리는 또한 자해하는 방법을 그들에게 있어 이례적인 방법으로 바꾼 개인들에게 주의를 기울일 필요가 있다. 이것은 자해의 효과성이 약화되었다는 또 다른 신호일 수 있다.
- 마지막으로 우리는 미국자살학협회(American Association of Suicidology: AAS)에서 제시한 자살의 주요 위험 신호에 대해 경계할 필요가 있다. AAS는 다음을 나타내는 두문자어인 IS PATH WARM을 쓴다.
  ○ Ideation: 관념
  ○ Substance abuse: 약물 사용
  ○ Purposelessness: 목적이 없음

○ Anxiety: 불안

○ Trappped: 함정에 빠진

○ Hopelessness: 무망감

○ Withdrawal: 사회적 침잠

○ Anger: 분노

○ Recklessness: 무모함

○ Mood changes: 기분 변화

AAS의 웹사이트(www.suicidology.org)는 이러한 용어의 전체적인 설명을 제시하고 있다.

결 론

자해와 자살 간의 관계에 대한 전반적인 메시지는 다음과 같다.

• 자해는 자살과 상당히 다르다.
• 그렇지만 자해는 자살 시도의 주요 위험 요인이다.
• 좋은 임상적 실제는 우리가 해야 하는 것들을 제안한다.
　○ 행동을 구별하여 이해, 관리, 치료하라.
　○ 신중하게 상호 감시하고 서로 의존하여 평가하라.

제 3 장

직접적·간접적 자해의 개관

이 장에서는 자해와 자살에 관한 논의로부터 모든 형태의 자해까지 살펴볼 것이다. 자해를 평가하는 임상가는 (1) 자해를 자살과 구별할 수 있을지 봐야 하며(제1장에서 논의한 것과 같이) (2) 자살 위험성을 평가해야 하며(제2장에서 살펴본 것과 같이) (3) 약물 남용, 섭식 장애, 위험 감수, 복용 중단과 같은 다른 자기파괴 행동을 평가해야 한다. 유능한 임상적 평가는 앞으로의 임상적 도전을 완전히 이해하기 위해 자해의 모든 형태를 봐야 한다.

직접적·간접적 자해에 대한 범주 도식

Farberow(1980)이 제시한 자기 파괴적 행동의 고전적 형태는 오늘날에도 여전히 유의미하다. 자기 파괴적 행동의 전체 범주에 대한 그의 논의에 따르면, 그는 직접적·간접적 자해를 구분했다. Pattison과 Kahan(1983)은 이러한 차이에 대해 상세히 말했으며, 그중 최고의 범주 도식을 제안했다. 이러한 체계에 따르면 직접적·간접적 자해의 개념은 치명성의 차원과 삽화의 수로 이루어져있다. 나는 Pattison과 Kahan의 범주도식 수정판을 적용했는데, 이는 자기 파괴적 행동의 전체 범주에 대해 조직된 정보에 관련한 훌륭한 틀을 제공하기 때문이다(그림 3.1 참고). 그림 3.1의 도식은 환경 또는 내담자와는 상관없이 자기 파괴적 행동의 평가를 수행하는 데 손쉽게 사용될 수 있다. 이러한 개념적 모델에 기반을 둔 체크리스트는 그림 3.2에 제시되어 있다.

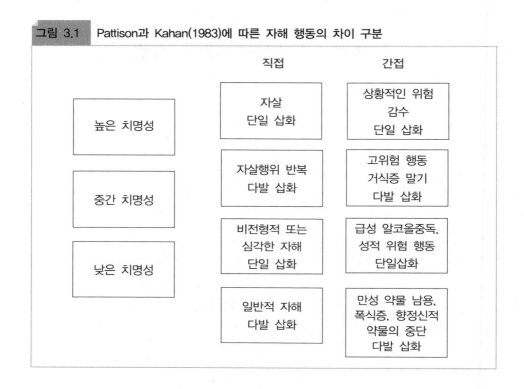

그림 3.1 Pattison과 Kahan(1983)에 따른 자해 행동의 차이 구분

	직접	간접
높은 치명성	자살 단일 삽화	상황적인 위험 감수 단일 삽화
중간 치명성	자살행위 반복 다발 삽화	고위험 행동 거식증 말기 다발 삽화
낮은 치명성	비전형적 또는 심각한 자해 단일 삽화	급성 알코올중독, 성적 위험 행동 단일삽화
	일반적 자해 다발 삽화	만성 약물 남용, 폭식증, 향정신적 약물의 중단 다발 삽화

직접적 자해

도식의 첫 번째 차원은 직접적 자해와 간접적 자해 간의 구분이다. "직접적 자해"는 일반적으로 의도가 분명하고, 즉각적인 조직 손상을 야기하는 행위를 일컫는다. 직접적 자해의 범주는 의도적이고 명확하게 자기 자신을 해한 사람들에게 적용되며, 가해진 손상이 즉각적이다. 그림 3.1에 나타나있듯, 직접적 자해의 주요 유형은 자살 행동, 비전형적 또는 심각한 자해, 일반적 자해이다. 이러한 것들의 범위는 높은 치명성의 행동(자살), 중간 치명성(반복되는 자살 시도와 비전형적 또는 심각한 자해), 낮은 치명성 행동(일반적 형태의 자해)에 걸쳐있다. 그림 3.1에 나타나있듯 자해 행동은 단일과 다발 삽화 각각을 포함할 수 있다.

그림 3.2	직접적·간접적 자해 행동 체크리스트

내담자가 한 번이라도 한 적이 있다고 보고한 경우 체크하시오.

<table>
<tr><td align="center">직접적 자해</td><td align="center">간접적 자해</td></tr>
</table>

직접적 자해

___ 자살 시도(예, 약물 과다복용, 목 메달기, 높은 곳에서 뛰어 내리기, 총기을 사용)

___ 심각한 자해(예, 자가적출, 자기거세)

___ 비전형적 자해(예, 얼굴, 눈, 성기, 가슴 훼손 또는 다중 봉합을 포함한 손상)

___ 자해의 전형적 형태(예, 손목, 팔, 다리 긋기, 분신, 자기 구타, 찰과상)

간접적 자해

약물 남용
___ 알코올 남용
___ 마리화나 사용
___ 코카인 사용
___ 흡입제 사용(접착제, 가솔린)
___ 환각제, 엑스터시 등
___ 정맥내 약물 사용
___ 기타: (   )

섭식장애 행동
___ 신경성 식욕부진증
___ 신경성 식욕항진증
___ 비만
___ 완화제 사용
___ 기타: (   )

___ 신체적 위험감수(예, 경사진 지붕 걷기 또는 과속 운전)

___ 상황적 위험감수(예, 낯선 사람과 차에 동승, 위험한 지역 혼자 걷기)

___ 성적 위험감수(예, 낯선 사람과 성교, 보호장치 없이 항문 성교)

___ 허가없이 향정신성 약물 중단

___ 처방받은 향정신성 약물의 오남용

___ 기타: (   )

※ Walsh(2012)에서 인용. Guilford Press에 저작권 있음. 이 그림의 사진복사 허가는 개인적 사용 목적하에 책의 구매자에게 보장됨(더 자세한 내용은 저작권 페이지 참고). 구매자는 이 페이지에 있는 그림의 확대 버전을 Guilford Press 웹사이트에서 다운로드받을 수 있음.

간접적 자해

약물 남용과 섭식 장애

"간접적 자해"는 손상이 일반적으로 즉각적이라기보다는 축적되는 (또는 지연되는) 행동이다. 나아가 간접적 자해는 그 의도가 매우 모호하다. 간접적 자해의 일반적인 예는 신체적 건강에 해를 입히는 약물 남용과 섭식장애 유형이다. 이러한 두 가지 유형의 행동 모두, 신체적 위해는 그 특성상 대개 즉각적이기보다 누적되어 나타난다(급성 알코올 또는 약물 과다복용은 예외). 이에 더해, 약물을 남용 또는 섭식 장애를 가진 개인들은 자기 파괴적 의도를 부정하는 경향이 있다. 약물 남용을 하는 사람들은 그들이 "단지 취하는 것을 좋아하는" 또는 "파티를 즐기는" 것이라고 말하며 자신들의 행동을 정당화할 수 있다. 섭식장애를 가진 사람들은 그들의 행동을 그들이 "너무 뚱뚱해서" 또는 "몸매가 엉망이어서"라고 말하며 그들의 행동을 정당화할 수 있다.

다음은 간접적 자해의 예이다. 묘사된 인물은 생명을 위협하는 정도에 달하는 섭식장애를 가지고 있으나, 그녀는 자기 파괴적인 의도를 단호히 부정하였다.

Alyssa는 신경성 식욕부진증으로 인해 힘겨운 10대 시절을 보냈다. 그녀는 위험할 정도로 낮은 몸무게, 불안정한 건강 상태, 기타 건강 관련 문제로 인해 섭식장애 전문 병동에 수차례 입원했다. 그녀가 18살이 되었을 때 호전된 것처럼 보여, Alyssa는 근처 지역에 있는 대학에 다니기 위해 집을 떠났다. 그녀가 학교로 떠났을 무렵, 그녀는 40kg으로 간신히 양호한 몸무게였다(키 5피트 2인치에).

3주 뒤, Alyssa는 완전히 변해서 치료 미팅에 돌아왔다. 그녀가 치료사의 사무실에 걸어 들어왔을 때, 그녀의 외모는 강제수용소의 희생자의 그것과 같았다. 그녀의 얼굴 피부는 두개골을 따라 팽팽하게 당겨져 있어 그녀를 해골처럼 보이게 했다. 그녀의 양손과 팔다리의 피부는 뼈들 위로 팽팽하게 긴장되어 있었다. Alyssa의 외모에 충격을 받은 치료사는 그녀가 즉시 응급실에 가야 한다고 주장했다. 병원에서는 그녀의 건강 상태가 매우 불안정하고 그녀의 몸무게가 32kg인 것으로 밝혀졌다. 그녀는 집중 케어 병동에 즉각 입원했다.

며칠 뒤, 치료사는 병원에서 Alyssa를 인터뷰했다. 치료사가 그녀에게 왜 자신을 죽이려고 하는지 꽤 직접적으로 물어보자, Alyssa는 분개하며 대답했다. "나는 나 자신을 죽이려 하지 않았어요! 나는 너무 뚱뚱해요!"

Alyssa의 딜레마는 간접적 자해의 고전적인 예이다. 그녀의 거식증이 생명을 위협하기까지는 몇 년이 걸렸다. Alyssa가 대학에 갔을 때, 그녀는 처음으로 가족 또는 전문가의 감독에서 벗어나게 되었다. Alyssa의 거식증은 타인으로부터의 감독 없이, 통제 불가능할 정도로 빠르게 악화됐다. 그럼에도 그녀가 자신의 섭식장애가 가지는 잠재적 치명성에 대한 질문을 받았을 때, 그녀는 자기 파괴적 의도를 강하게 부정했다. 그녀의 섭식장애는 간접적 자해의 두 가지 조건을 모두 충족한다. 손상이 본질적으로 즉각적이라기보다 누적적이며, 의도가 매우 모호하다.

약물 남용 또한 건강에 심각한 위험을 초래할 수 있다. 마약 사용은 과다 복용으로 인한 사망 또는 HIV 감염으로 인한 죽음을 야기할 수 있다. 만성적 알코올 중독의 유해한 영향은 간, 심장, 기타 기관의 손상에서부터 Korsakoff 신드롬까지 광범위하게 (기억 상실과 치매와 관련 있음) 잘 알려져 있다. 그럼에도 불구하고 자신의 약물 남용이 자기 파괴적 동기를 가졌다는 것을 인정하는 사람은 극소수이다.

위험 감수

위험 감수 행동은 간접적 자해의 또 다른 주요 유형이다. 위험 감수 행동에는 세 가지 주요 유형이 있다. "상황적", "신체적", "성적". 상황적 위험 감수는 그 자체로는 위험하지 않은 행동들을 포함한다. 그러한 행동들은 잠재적으로 특정 맥락과 관련될 때에만 해롭다. 예를 들어, 산책하는 것은 그 자체로는 위험한 활동이 아니지만, 범죄율이 높은 지역을 밤에 홀로 걷기를 선택하는 것은 잠재적으로 매우 위험하다. 몇몇 사람들은 잘못된 판단을 하거나 혹은 삶에 매우 적은 의지를 보이기 때문에 그 자신을 위험한 길로 모는 경향이 있다(Orbach et al., 1991; Orbach, Lotem-Peleg, & Kedem, 1995). 다음을 상황적 위험 감수의 대표적 예로 살펴보자.

　　Tiku는 자신의 몸을 빈번히 벨 뿐만 아니라 낯선 이와 어울리는 습관을 가지고 있는 심각하게 자기 파괴적인 사람이다. 어느 날, 그녀가 밤늦게 홀로 도시를 걷고 있을 때 젊은 남자 네 명이 타고 있는 차가 옆에 섰다. 그들은 그들의 차에 있는 맥주를 그녀에게 보여주며 그녀가 "그들과 파티"할 것인지 물었다. 그녀는 "재미있겠다!"라고 생각해서, 그 차에 올라탔다. 그 날 늦은 밤, 과음 후, 그녀는 그 네 남자에게 윤간당했다. 성폭행이 끝난 뒤, 네 남자는 헐벗은 그녀를 홀로 내버려 둔 채 그녀의 옷을 가지고 떠났다.

　　Tiku의 부족한 판단과 낯선 사람들에 대처하는 논리적인 예방책 사용의 실패는 상황적 위험 감수의 예가 된다. 어떠한 행동을 위험 감수 행동으로 이름을 붙이는 것이 희생자를 비난하는 것과 다르다는 것을 강조하는 것은 중요하다. Tiku의 사례에서 강간범들은 비난받을 만하며 그들의 폭행에 대한 책임이 있다. 그럼에도 불구하고 이 젊은 여성이 스스로를 보호함에 실패한 것이 이러한 결과에 한 몫을 하였다. 게다가 그녀가 반복적으로 이러한 위험을 감수하는 경향은 자기 파괴적 유형을 상징한다.

　　신체적 위험감수는 이러한 행동의 두 번째 유형이다. 많은 자해 청소년과 성인들은 잘 알려진 신체적 위험을 감수한다(Lightfoot, 1997; Ponton, 1997). 그들은 높은 속도로 주행하는 차량 사이를 걷고, 고층 빌딩의 지붕 가장자리에 앉아 있거나 높은 고도의 열린 계단에 걸터앉고는 한다. 여기서의 위험은 상황적이지 않고 실체적인 것이다. 작은 오산이 심각한 부상 또는 심지어 죽음까지 야기할 수 있다. 많은 청년들은 신체적인 위험들을 감수할 때 매우 들뜨는 기분을 느낀다고 보고한다. 한 청소년이 언젠가 나에게 말했다. "나는 내가 죽음에 덤빌 때 가장 살아있는 기분이에요. 그것은 참 멋져요!".

　　성적 위험 감수 행동은 많은 형태로 나타난다. 몇몇은 짧은 기간 내에 여러 명의 상대 또는 낯선 이와 무방비적 성교를 하는 것과 연관된다. 나머지는 정맥 주사를 통해 마약을 하는 사람 혹은 성병을 가진 사람과 성교를 하는 것을 수반한다. 그리고 또 다른 유형은 취한 상태 그리고 자신의 행동을 인지하지 못하는 상태에서 성교하는 것을 포함한다. 보호장치 없는 구강, 질, 항문 성교는 심각한 위험을 나타낼 수 있고, 특히 파트너의 성적 내력이 불분명한 경우에 그렇다. 개인의 성적 행동은 그들이 자기 파괴적이라고 추정될 정도로 매우 충동적이고 변덕스러울 수 있다. 즉, 신체적 위험의 실제 정도는 그 행동을 하는 당시에는 종종 모호하다. 특정 성적 접촉이 성기 헤르페스, 임질, 매독, 클라미디아, HIV/AIDS를 야기할 수 있을지를 아는 것은 보통 불가능하다. 그러나 몇몇 사람들은 질병 감염과 죽음의 확률까지 현저하게 증가시킬 수 있는 다수의 무분별한 또는 충동적인 성적 접촉을 한다.

의도적으로 HIV/AIDS 또는 다른 성매개질환에 걸리려고 하는 사람은 드물다. 하지만 개인이 반복적으로 그들 자신을 보호하는 데 실패할 때, 그러한 행동은 본질적으로 잠재적인 자기 파괴적 성적 위험 감수로 볼 수 있을 것이다. 개인의 자기 파괴적 의도는 하지 말아야 할 일을 했다기보다는 해야할 일을 하지 않은 것이지만 그 결과는 같다. 다음의 일화는 자기 파괴적 동기를 가진 성적 행동의 예이다.

치료 초기에, Jim은 자신을 "거칠고 미쳤다"라고 묘사했다. 그가 가장 좋아하는 주말 활동 중 하나는 게이바에서 만취해서 여러 명의 파트너와 성교를 하는 것이었다. Jim의 패턴은 구강 성교를 해주고 항문 성교를 받는 것이었고 대개 화장실 칸 안에서 이루어졌다. 그는 파트너가 요구할 때에만 콘돔을 사용했다. Jim은 "콘돔을 사용하는 것은 즉흥성을 떨어뜨린다. 게다가 대부분의 경우 나는 그것들을 잃어버린다."라고 불평했다.

치료가 진행되면서 Jim은 게이라는 이유로 부모님 댁에서 쫓겨나서 우울하다고 했다. 그는 또한 자기가 살든 죽든 신경쓰지 않는다고 말하며, 그래서 "성적 예방책과 같은 것들은 나와 상관없다."고 했다. 이러한 삶에 대한 최소한의 의지는 Jim의 우울과 무망감을 반영한다.

Jim이 몇 달간에 걸쳐 치료를 받은 뒤, 그는 그의 음주와 무방비한 성적행동이 모두 본질적으로 자기 비하적이고 자기 파괴적이라는 것을 이해하기 시작했다. 그는 그의 실제 목표가 지속적이고 안정적인 관계를 갖는 것임을 깨달았다. 그는 또한 가족의 거부와 관련된 그의 고통에 대해 논했다. 결국 그는 가족의 동성애 혐오 때문에 당분간은 타협을 하는 것이 비현실적이라는 사실을 인정하게 됐다.

위험 감수 행동을 평가하기

자기 파괴성에 대한 깊이 있는 평가를 통해 위험 감수 행동의 세 유형 전부를 분석한다. 이것은 아래에 개괄된 것과 같이 매우 기초적인 몇 가지 질문들에 의해 성립될 수 있다.

상황적 위험 감수

"도시의 위험 지역을 밤늦게 홀로 걸은 적이 있습니까?"

"모르는 사람의 차에 탄 적이 있습니까?"

"혼자 히치하이킹한 적이 있습니까?"

"위험한 상황으로 몰아간 적이 있습니까?"

신체적 위험감수

"빠른 속도의 차량 사이를 걷거나 지붕의 가장자리에 서는 것과 같이 신체적으로 위험한 상황을 감수한 적 있습니까?"

"터널 안의 기차 철로를 걷는 것과 같이 위험한 일들을 한 적 있습니까?"

"신체적으로 위험한 활동을 통해 스릴을 느낍니까?"

성적 위험 감수

"거의 모르는 사람과 성교한 적이 있습니까?"

"만취한 상태여서 이후에 기억이 없거나 거의 나지 않는 상태에서 성교한 적이 있습니까?"

"피임 기구를 사용하지 않고 항문 성교를 한 적이 있습니까?"

"작년에 몇 명의 성적 파트너가 있었습니까?"

"당신의 성적 행동 중 어떤 것이 위험하다고 생각하는 것이 있습니까?"

어떤 개인들은 이러한 행동들을 즐기는 것으로 표현하며 위험 감수에 대한 질문에 꽤 열심히 응답한다. 위험 감수에 있어서 높은 비율을 보고하는 사람들이 가지는 동기들은 복잡하다(Lightfoot, 1997; Ponton, 1997). 많은 경우, 위험 감수와 연관된 아드레날린 분출에 따른 보상을 즐기는 것처럼 보이지만 동시에 자신을 비하, 또는 파괴하려는 열망을 탐닉하는 것이다. 상황적, 신체적 또는 성적 위험 감수의 반복적인 형태는 높은 치명성을 가지는 자살 행동만큼 확실히 잠재적인 생명 위협으로 간주되어야 한다.

위험 감수 행동에 대한 일련의 질문을 하는 것은 충분한 관심과 온정이 함께 행해져야 한다. 치료적 동맹은 대개 믿을만한 정보를 얻기 전에 잘 수립되어야 하며 특히 성적 행동과 관련이 있을 때 그렇다. 이러한 행동들에 대한 질문은 지지적이고 편견없는 태도로 이루어져야 한다. 내담자들은 그들의 도덕성에 대해 평가를 당한다고 느끼지 않아야 한다. 목표는 그들의 자기 파괴성에 있어 나타나는 모든 징후를 평가하는 것이다. 간접적 자해의 이러한 주요 유형의 존재는 현저한 스트레스와 중요한 대처 기술의 부족을 나타낸다. 두 가지 모두 치료의 목표가 되어야 한다.

약물 중단 또는 남용

지금까지 나온 것들에 이어 간접적 자해의 또 다른 형태는 처방받은 약물의 허가되지 않은 중단 또는 남용이다. 많은 사람들이 약물 복용 요법을 온전하게 준수하지 않는다는 것은 잘 알려져 있다. 예를 들어, 박테리아 감염에 대한 항생제를 처방받은 상당한 비율의 사람들은 전체 투약과정을 마치는 데 실패한다. 이것은 여기에서 자기 파괴적으로 여겨지는 약물 중단의 유형이 아니다.

자해하는 많은 사람들은 항우울, 항불안, 항정신병 또는 기분 안정제와 같은 향정신제를 복용한다. 불행히도 많은 내담자들은 이러한 약물을 일회적으로 중단 또는 남용한다. 처방 약물에 대한 불이행은 몇몇 개인에게 있어 되풀이되는 자기 파괴적 패턴의 한 부분이 될 수 있다. 다음 예를 살펴보자.

치료의 과정에서 Erika는 그녀의 자해 행동에 선행하는 많은 핵심 단계를 알게 되었다. 그녀는 어떤 종류의 관계에서의 실망이 대개 악순환을 촉발하는 것을 알았다. 한번 이러한 일이 발생하면, 그녀는 술 또는 마리화나 흡연을 과하게 하기 시작했다. 오래가지 않아, Erika는 그녀가 복용하던 항정신병제를 그녀의 의사에게 말하지 않고 갑자기 끊었다. 이러한 결정은 편집적 생각과 불안의 증가

로 빠르게 이어졌다. 그녀의 인지적, 정서적 스트레스가 증가함에 따라, 그녀는
점점 더 "해결책"에 집중하게 되었다. 며칠간 그녀가 진정됨을 느끼게 하는 그
해결책은 그녀의 팔뚝과 다리를 스스로 베는 것이었다.

처료의 과정에서 Erika는 약물을 지속적으로 복용하는 것이 중요하다는 것
을 인지했다. 그녀의 복용중단에 대한 충동은 베는 행동에서 누적된 자기파괴적
패턴의 한 부분이었다. 그녀는 베는 것을 멈추려면 그녀가 약을 다시 지속적으로
복용하고 과한 음주와 마리화나 흡연을 피해야겠다고 생각했다. 그녀는 또한 그
녀의 빈번한 실망감을 줄이기 위해서 관계 기술 작업을 하기로 했다.

Erika는 알코올과 마리화나 사용, 처방 약물의 중단 등을 포함하여 간접적
자해 행동의 여러 형태를 포함했다. 세 가지 행동은 모두 베기를 유발하는 자해
의 망(web)의 한 부분이다. 이러한 망을 푸는 것은 그녀에게 그녀가 스스로 베
는 행동을 감소하게 하고 동시에 새로운 기술을 작업하는 것을 가능하게 한다.

간접적 자해(self-harm)과 자해(self-injury)의 공존

철저함은 직접적·간접적 자해의 모든 형태에 대한 평가를 해야 하는 한 가
지 이유이다. 또 다른 이유는 직·간접적 자해의 다양한 형태가 동시에 일어나
는 것이 빈번하게 발견되기 때문이다. 직·간접적 자해 간의 관계성은 그 범주
의 안에서, 그리고 범주에 걸쳐서 모두 보고되고 있다. 더 구체적으로, 제2장에
서 상세히 다루었듯이, 자해가 자살 행동과 연결되어 있음이 빈번하게 밝혀졌
다. 자주 자해하는 사람은 자해가 효과적인 정서 관리 기술으로서의 작용을 못
하게 될 때 자살로 옮겨갈 수 있다.

자해는 또한 간접적 자해의 주요 유형과 연관되어 있음이 자주 발견된다.
52명의 자해 청소년에 대한 초기 연구에서(Walsh, 1987), 자해의 첫 번째 예측
요인은 섭식 장애의 존재여부였다. Favazza, DeRosear, Conterio(1989)는 65명
의 자해 내담자 표본의 50%가 과거 혹은 현재 섭식장애가 있다고 했다.
Favazza 등(1989)의 표본에서, 15%는 그들의 섭식장애가 신경성 식욕부진증,
22%는 신경성 식욕항진증, 13%는 둘 다 있는 것으로 밝혔다. Paul, Schroeter,

Dahme와 Nutzinger(2002)는 섭식장애를 치료받고 있는 376명의 입원 여성 표본에서, 34.4%가 그들의 일생 동안 한 번이라도 자해를 한 적이 있는 것으로 보고했다.

내가 1990년대에 수행한 미간행 연구에서(Walsh & Frost, 2005), 복합 자기 파괴적 청소년 34명 표본 가운데 60% 이상은 살을 빼기 위해 구토를 한 적이 있다고 보고했다. Favaro와 Santonastaso(1998), Muehlenkamp, Engel 등(2009), Whitlock 등(2006) 또한 섭식 장애와 자해 간의 연관성을 보고했다.

또 다른 중요한 관계는 자해와 약물 남용 간의 관계로 보고되었다. 위에 인용된 미간행 연구(Walsh & Frost, 2005)에서, 34명의 복합 자기 파괴적 청소년들 중 다수는 약물 남용과 관련된 주요 문제를 가진 것으로 보고했다. 77%는 접착제 흡입, 53%는 빈번한 알코올 섭취, 85%는 마리화나 사용, 32%는 코카인, 42%는 LSD를 사용한 적이 있음을 보고했다.

다른 출판물들은 자해와 약물 남용의 공존을 지적했다. Simeon과 Hollander(2001)은 피부 뜯기, 머리 뽑기(발모벽), 손톱 물어뜯기에 대한 연구를 리뷰했고 약물 남용과의 연관성을 보고했다. Greilshemier와 Groves(1979)는 남성 성기 자가 절단에 대한 리포트를 리뷰했고, 많은 케이스에서 급성 중독을 촉진요인으로서 인용하였다.

많은 사람들에게 있어, 약물의 정동 조절 효과는 자해의 긴장 감소 효과를 보조할 수 있다. 정서적으로 조절이 어려운 사람들은 그들의 고통을 감소할 방법을 다양한 방향에서 찾는 경향이 있다. 때때로 그들은 그들의 불안, 화, 슬픔 또는 수치심을 다루기 위해 자해를 할 수 있다. 다른 때에 그들은 같거나 다른 감정들을 다루기 위해 술을 마시거나 약물을 사용할 수 있다. 비교적 적은 수의 사람들이 그들이 약물의 효과하에 있는 동안 자해를 한다고 보고한다. 예를 들어, Linehan(1993a)은 자해하는 사람 119명 표본 가운데 13.4%가 그 행동 직전에 음주를 한다고 보고했다. 이러한 이례적인 시나리오의 예가 아래에 기술되어 있다.

Sarah는 약 3년의 기간 동안 일 년에 몇 차례씩 자해를 해왔다. 그녀는 그녀가 알코올 또는 마리화나에 만취했을 때 스스로를 벤다고 했다. 그녀는 그녀가

"그렇게 하는 것이 정말 싫었다."고 설명했다. 그녀는 그녀가 벨 때 아프고, 그래서 그녀는 그것을 하는 것이 무서웠다고 덧붙였다. 그러나 때때로 "압박감이 단지 너무 심해질 때" 그녀는 "그냥 해야만 했다."고 말했다. 그녀는 만취하는 것이 "용기를 내는 데 도움을 준다."고 했다.

그러나 아직, 자해와 위험 감수 행동 간에 또 다른 관계가 존재한다. Walsh와 Frost(2005)의 연구에서 34명의 복합 자기 파괴적 청소년 표본 가운데 94%가 신체적 위험 감수, 85%가 상황적 위험 감수를 보고했다. 이에 더해 41%는 낯선 사람과 성교를 한 적 있다고 보고 하였다. 15%는 콘돔 없이 항문 성교를, 18%는 만취로 인해 이후에 기억이 없는 성교를 하였다. 그리고 평균 15.81세인 32%는 8명 혹은 그 이상의 성적 파트너가 있다고 보고했다.

결 론

이 장은 자기 파괴적 행동의 스펙트럼을 직·간접적 자해의 범주와의 관계에서 리뷰했다. 다양한 자기 파괴적 행동 간 상호관계 또한 논의하였다. 그림 3.2에 있는 체크리스트는 직·간접적 자해의 주요 유형을 포함한다. 이 체크리스트는 임상가 참고용으로 만들어졌다. 내담자에게 작성하라고 나눠주는 것은 추천하지 않는다. 내담자에게 이 체크리스트를 작성하라고 하는 것은 기폭제가 되어 역효과를 낼 수 있다. 이 체크리스트를 사용하는 임상가들은 내담자를 인터뷰하면서 체크리스트가 쉽게 외워진다는 것을 발견하게 될 것이고 약식으로 시행할 수 있다는 것을 알아차릴 것이다. 체크리스트에 있는 모든 문항에 대해 질문한다면 자기 파괴적 행동 정보에 대한 포괄적 정보를 수집한 것이라는 어느 정도의 확신이 생길 것이다.

체크리스트가 합리적으로 포괄적일지라도, 그것이 완전하지는 않다. 자기 파괴적인 사람들은 창조적이고 종종 자해의 새로운 형태를 떠올린다. 새로운 "합성 마약(Designer Drug)"의 빈번한 출현은 이러한 창조성의 한 예이다. 또 다른 것은 몸을 손상 또는 흉하게 만드는 새로운 방법의 발달이다. 그러므로 "기타" 범주는 체크리스트 내의 여러 부분에서 제시된다.

제 4 장

자해가 발생하는 주요 집단
(Major Groups in Which Self-Injury Occurs)

　　미국에서 자해의 발생률은 현저하게 증가하는 것으로 나타난다. 1980년대 초, Pattison과 Kahan(1983)은 미국 인구에서 그들이 "의도적인 자해"라고 명명한 행위의 발생 비율이 10만 명당 400명이라고 추정했다. 1980년대 말, 이 추정치는 10만 명당 750명으로 늘어났고(Favazza & Cnterio, 1988), 1990년대 후반에는 10만 명당 1,400명까지 증가했다(Conterio & Lader, 1998). 만약 이 추정치가 정확하다면 자해 비율은 15년 동안 250% 증가한 것이다. 이러한 현상을 다르게 설명하자면 자해가 중요한 공공 보건 문제로 부각되었기 때문에 현재 대중의 주목을 받는 것으로 볼 수 있다. 결과적으로 보고가 더욱 정확해졌을 것이다. 또는 자해의 비율이 증가했을 수 있으며, 그 보고가 더 정확해졌다는 두 가지 모두 사실 일 수도 있다. 이러한 설명에 관계없이, 자해에 대한 발병률의 수치는 단지 근사치라는 점은 강조되어야 한다. 자해에 대해 알고자 하는 사람들이 좌절하는 것 중 하나는 지금까지 그러한 행동에 대한 전국적인 역학 연구가 없다는 것이다.

　　자해의 비율을 또 다른 형태의 직·간접적인 자해의 비율과 비교해야 한다. 미국의 자살률은 10만 명당 약 11.5명(AAS, 2008)이며, 알코올 남용 비율은 10만 명당 약 5,600명으로 추산된다(Grant et al., 1994). 자해 비율이 10만 명당 1,400

명이라는 Conterio and Lader(1998)의 추정에 따르면, 사람들이 자해를 할 가능성은 자살을 할 가능성보다 약 120배 높고, 알코올 남용을 할 가능성보다는 약 4배 적다.

임상 집단에서의 자해: 초기 발견

국가적으로 증가하는 자해의 비율은 무엇을 설명하는 것일까? 하나의 설명으로는, 이러한 행동 양식들이 이제는 인구의 더 폭넓은 부분에서 발생하고 있다는 것이다. 과거에는 자해가 주로 다음과 같은 사람들의 그룹에서 보고되었다.

- 심각한 정서장애 또는 정신병을 앓고 있는 외래 환자(Linehan, 1993a, Alderman, 1997, Deiter, Nicholls, & pearlman, 2000)
- 정신과 응급실에 오는 사람(Clendenin & Murphy, 1971; Weissman, 1975)
- 당일 치료 또는 부분 입원 프로그램을 경험했던 심각하고 지속적인 정신병을 보이는 사람(Deiter et al., 2000)
- 심각하고 지속적인 정신 질환을 앓고 있고, 지역사회 기반 주거지에 사는 사람 또는 주거 지원 프로그램을 통한 지원을 받는 사람
- 단기 또는 장기 정신과 재판 과정에 있는 환자(Offer & Barglow, 1960, Phillips & Alkan, 1961, Pao, 1969, Podvoll, 1969, Kroll, 1978, Darche 1990, Lanbehn & Pfohl, 1993; Himber, 1994 Conterio & Lader, 1998; Gough & Hawkins, 2000; Paul et al., 2002)
- 특수 교육 학교에 재학 중이거나, 주거 치료를 받고 있거나 청소년 구금 시설의 청소년(Ross & McKay, 1979; Walsh & Rosen, 1985; Rosen & Walsh, 1989; Chowanec, Josephson, Coleman, Davis, 1991; Boiko & Lester, 2000; Heinsz, 2000, Walsh & Doerfler, 2009)
- 재소자(Virkkunen, 1976; Haines & Williams, 1997; Howard League for Penal Reform, 1999; Ireland, 2000; Motz, 2001)

　물론 이들 그룹은 서로 겹치는 부분이 있다. 예를 들어, 개인은 보호시설(병원 또는 교도소)에서 퇴원하여 거주형의 치료를 받거나 또는 외래 환경에서 환자가 될 수 있으며, 또는 그 반대일 수도 있다.

　위에서 설명한 환경에서 치료받는 사람들은 주요한 정신병 진단들을 받았거나 받을 수 있는 경향이 있었다. 이 중에서는 다른 무엇보다도 먼저, 경계성 인격 장애가 포함되고(Gardner & Cowdry, 1985; Linehan, Armstrong, Surez, Allmon, & Heard, 1991; Linehan, 1993a; Dulit, Fyer, Leon, Brodsky, & Frances, 1994; Zweig—Frank, Paris, & Guzder, 1994; Bohus, Haaf, et al., 2000), 이후에는 순서에 상관없이 외상 후 스트레스 장애(PTSD; van der Kolk, McFarlane, Weisaeth, 1996; Briere & Gil, 1998; Simeon & Hollander, 2001), 해리성 장애(Briere & gil, 1998), 거식증 또는 폭식증(Walsh & Rosen, 1988; Favazza & Conterio, 1988; Warren, Dolan, & Norton, 1998; Favaro & Santonastaso, 2000; Rodriguez—Srednicki, 2001; Paul et al. 2002), 우울증(Ross & Heath, 2002), 일반적인 불안 장애 (Ross & Heath, 2002), 강박 장애(OCD, Gardner & Grandner, 1975, Favaro & Santonastaso, 2000, McKay, Kulchycky, & Danyko, 2000, Simeon & Hollander, 2001), 반사회성 성격 장애(McKerracher, Loughnane, & Watson, 1968, Virrkunen, 1976), 다양한 정신병(Menninger, 1938/1966; Green, 1968; Rosen & Hoffman, 1972; Greilsheimer & Groves, 1979; Favazza, 1987; Walsh & Rosen, 1988)들이 포함되었다.

　1960년대부터 1980년대에 이르는 동안 자해를 한 사람들은 학교 또는 직장에서의 요구를 처리하기 위한 능력의 감소와 사회적 기능의 손상을 포함하는 심각한 정신 장애 및 상당한 기능 장애로부터 시달려 온 사람이라는 가정이 있었다. 이러한 장애 수준은 종종 끔찍한 어린 시절의 경험과 관련되었다. 자해하는 사람들은 다양한 형태의 주요한 가족 기능 장애를 경험한 것으로 나타났다. 이러한 것에는 성적 학대(Walsh & Rosen, 1988; Darche, 1990; Shapiro & Dominiak, 1992; Miller, 1994; van der Kolk et al., 1996; Alderman, 1997; Favazza, 1998; Briere & Gil, 1998; Turell & Armsworth, 2000; Rodriguez—Srednicki, 2001; Paul et al., 2002); 신체적 학대(van der Kolk, Perry, & Herman, 1991; van der Kolk et al., 1996; Briere & Gil, 1998; Low, Jones, MacLeod, Power, & Duggan, 2000), 부모 상실 및 이혼 그리고 가족 폭력, 가족 내 알코올 중독, 가족 내 정신병 및 자살에 노출된 경우

(Walsh & Rosen, 1988; Turell & Armsworth, 2000) 등이 포함된다.

간단히 말해서, 최근까지 자해하는 사람들은 심각한 정신장애가 있고 기능적으로 손상되었다고 여겨졌으며, 심각하게 역기능적인 가족 배경으로부터 비롯된 것으로 간주되었다. 또한 이 사람들은 이러한 특성들에 부합하여 집중적이고 값비싼 장기 치료가 요구되는 것으로 간주되었다.

일반 대중의 자해: 최근의 연구결과

놀랍게도 앞서 설명한 특징들을 보이지 않는 훨씬 더 많은 수의 사람들에게서 자해가 나타나기 시작한 1990년대 후반에 이르러 이러한 패턴은 변화했다. 이것은 자해와 관련 있다고 생각되었던 일반 인구 집단에서 자해가 줄어들었다고 말하는 것이 아니다. 주요 정신질환 진단을 받은 사람들에게서는 높은 비율의 자해가 계속되었다. 하지만 동시에, 자해하는 사람들의 새로운 세대는 임상 환경에서보다 일반 대중에게서 더 많이 생겨나고 있었다.

중·고등학교에서의 자해

새로운 세기의 첫 10년간 중학교 및 고등학교 학생들을 포함한 청소년들로 구성된 집단 표본들의 자해에 대한 연구가 크게 증가했다. 이 문헌에 기여한 중요한 초기 공헌은 캐나다 도시 및 교외의 고등학교의 440명의 자해 학생들을 대상으로 한 경험적 연구였다(Ross & Health, 2002). 이 청소년들이 특수 교육이 아닌 정규 교육 수업을 받는 학생들이었다는 것이 중요하다. Ross와 Heath(2002)는 그 학생들 중 61명(13.9%)의 학생들이 자해를 시도한 적이 있다고 보고했다. 이 중 39명(64%)이 소녀였고, 22명(36%)은 소년이었다. 당시 이것은 매우 놀라운 발견이었다. 처음에는 이러한 결과가 이례적인 것으로 보였다. 그러나 이후의 많은 연구 결과를 통해 일반 공립 학교들에서 자해가 이제는 흔하게 일어난다는 사실이 확인되었다.

한 가지 예는 대규모 무작위 표본으로부터 수집된 매사추세츠 청소년 위험행동 조사 자료에 따른 것이다(Massachusetts Department of Elementary and Secondary Education, 2008). 이 자료는 고등학생의 17%와 중학생의 16%가 작년 한 해 동안 자해를 시도한 적이 있다고 보고했다. 따라서 매사추세츠 주(다른 많은 미국 주와 마찬가지로)에서 이러한 행동 양식은 중요한 공공 보건 문제가 되었다.

중·고등학교에서 자해가 높은 비율로 발생함을 입증하는 다른 많은 연구들이 있다(예를 들어 Rodham, Hawton, & Evans, 2004; Muehlenkamp & Gutierrez, 2007; Klonsky & May 2010). 이러한 연구에 대한 철저한 검토는 Heath, Schaub, Holly, Nixon(2009)과 Rodham and Hawton(2009)을 참조하길 바란다.

다양한 연구에서 보고된 발병률은 다음과 같이 요약 될 수 있다. 지역사회 표본에서 발견된 자해 청소년의 비율은 13−45%에 이른다(Nock, 2010). 평균적으로 지역 사회 표본에서 청소년은 15−20%의 발병률이 있다(Heath et al., 2009). 전체적인 관점에서 이러한 발견들로 볼 때, 자해로 추정되는 평생 발병률은 거식증 및 폭식증(2% 미만), 공황 장애(2% 미만), 강박 장애(3% 미만), 경계성 인격 장애(2% 미만) 등을 포함한 다른 많은 중요한 임상적인 문제의 비율을 초과하는 것으로 나타나고 있음을 고려해야 한다(Nock, 2010, p.345).

청소년의 지역사회 표본에서 자해에 관한 다른 중요한 세부 사항은 다음과 같다.

- 발병의 평균 연령은 12−14세이다(Nock, 2010).
- 임상 표본에서 남성보다 더 많은 수의 여성이 자해를 보고하는 반면, 지역 사회 표본에서는 대개 성에 따른 차이가 없다(Heath et al., 2009).
- 자해는 유럽계 미국인이나 게이, 레즈비언, 양성애자, 트랜스젠더 청소년들 사이에서 더 흔하게 볼 수 있다(Heath et al., 2009).
- 여성은 자르거나 뽑는 것을 할 가능성이 더 높다. 남성은 스스로를 때리거나 벽을 칠 때와 같이 보다 공격적인 방법을 선호 할 수 있다(Laye-Gindhu & Schonert-Reichl, 2005).

위에서 검토 한 연구 결과 외에도 두 개의 간단한 사례는 중학교 및 고등학교 환경에서 마주치는 새로운 형태의 자해 청소년을 대표할 수 있다.

Amy는 여학생을 위한 작은 사립학교에 다니는 7학년 학생으로 13살이다.

그녀는 B+ 성적을 받는 학생으로 훌륭한 예술가이며 학교 오케스트라에서 첼로를 연주하는 재능 있는 음악가이다. Amy는 논리정연하고 매력적이다. 그녀는 약간 저체중으로 가끔씩, 특히 그녀의 친구가 그녀의 사이즈에 대해 아무렇게나 이야기할 때 폭식 후 토해내는 증세에 빠지기도 한다. Amy는 매주 주말마다 만나는 가까운 친구들이 있다. 그녀는 편모 가정으로, 그녀의 엄마에게 어떠한 훈육적인 문제도 없다고 생각한다. 최근에 학교 친구들은 Amy가 6개월 동안 한 주에 1~2회 정도 스스로를 베었다고 폭로했다. 그녀는 시험에 대한 압박이 증가하거나 곧 다가올 첼로 연주회가 있을 때 베려는 경향이 있었다. 그녀는 베는 행위가 자신을 편안하게 해주며, "대수롭지 않은 일"이라고 보고했다. Amy는 보통 면도날을 사용해서 왼쪽 팔뚝에 자상을 가한다. 그러한 자상은 피가 나지만 봉합을 필요로 할 정도는 아니며 영구적인 흉터를 남기지 않을 것으로 보인다.

　　Sean은 대도시의 공립 고등학교에 다니는 17세의 학생이다. 그는 C 성적을 받는 학생이며, 축구부 팀원이다. 대부분의 Sean의 친구들 역시 팀원들이다. Sean은 축구 훈련의 일환으로 매일 역기를 들어 올린다. 그는 외모에 신경쓰는 매력적인 젊은 청년이다. 그는 치료에서 말을 많이 하지 않지만 직접적인 질문을 받을 때는 협조적이고 반응적이다. Sean은 부모님, 남동생과 함께 살고 있다. 그의 자해는 약 1년 전에 시작되었다. 그는 상완(혹은 상박, 어깨에서 팔꿈치까지의 부분)에 면도칼로 그림을 새겨 넣었으며, 담배를 피지 않지만 그것을 가지고 자신의 팔뚝과 다리에 화상을 입혔다. Sean의 자해는 격렬한 분노와 관련이 있는 것처럼 보인다. 그는 부모가 정한 통금시간에 불만이 많았고, 축구 코치의 독재적인 방식에 자주 격분하였다. Sean은 자상 혹은 스스로 화상을 입히는 것이 그가 "사람을 때리지 않는"데 도움이 된다고 보고했다. 그는 만약 자신이 부모님이나 코치와 신체적인 싸움에 휘말리게 되면 자신은 "너무 많은 것을 잃을 것"이기 때문에, 그래서 이를 자기자신의 방식으로 처리한다고 보고했다. Sean은 자신의 삶을 자기가 관리하게 될 대학에 다닐 때까지 기다릴 수는 없다고 말했다.

자해하는 청소년들의 이러한 새로운 세대 중 많은 이가 단단한 교우관계를 가지고 있다. 어떤 경우에는 그들의 친구들 역시 자해를 할 수 있다. 다음은 이러한 유형의 또래 상호작용과 영향에 대한 사례이다.

　　중산층들이 사는 교외의 한 중학교 교장은 자신의 학생들 사이에서 자해가 유행하고 있다는 사실을 발견하고 놀랐다. 더 놀라운 것은 자해에 연관된 특정

학생들이었다. 이 학생들 중 누구도 학교에서 문제가 있었던 적이 없었으며 대부분 학업 성취도가 높았다. 이러한 행동에 주로 참여한 학생은 8명의 7학년 여학생들이었다. 8명 모두가 서로를 알고 있었지만, 단지 절반만 친한 친구였다. 교장은 그 무리의 가장 영향력 있는 두 명의 리더가 자신들의 몸을 가끔은 혼자, 가끔은 함께 베기 시작한 지가 약 9개월이 되어간다는 것을 알아냈다. 다른 학생들은 보다 최근인 지난 6주 이내에 베는 행위를 시작했다. 이 소녀들의 가정생활에 대해 물었을 때, 대다수의 학생들의 부모는 그들을 걱정하고 그들과 함께하는 부모라고 교장은 대답했다. 그 부모들이 그들의 자녀가 자신을 베는 것에 대해 알게 됐을 때, 부모들은 충격받았고 바로 전문적인 서비스를 찾았다고 교장은 말했다. 부모들의 그런 반응은 교장이 바라던 것이었다.

이 새로운 집단의 자해 청소년들은 종종 큰 강점들을 가지고 있음에도 불구하고, 심각한 어려움을 겪고 있다. 중학생 및 고등학생의 자해는 "관심받고자 하는 것" 또는 "유행" 같은 것으로 간과되거나 묵살되어서는 안 된다. 사람들이 자신의 신체에 해를 끼치는 과격한 행동을 가할 때, 이들은 진지하게 받아들여져야 하며, 그들의 스트레스 원인이 다루어져야 한다.

일반적으로 이러한 청소년들은 친구를 통해 자해를 알게 된다(비록 대부분의 청소년이 다른 사람들을 모방한다는 것을 부정할 수도 있지만). 한번 청소년들이 자해를 시도한 후에는 정서적인 고통을 관리하고 줄이기 위해 선호하는 방법으로 자해에 빠르게 의존하게 될 것이다. 거의 항상 이러한 청소년들은 정서적 고통을 이해하고 줄이기 위해 필요한 건강한 대처 기술이 부족하다.

이 새로운 세대의 자해 청소년에 관한 또 다른 흥미로운 점은 그들에게 문제가 아닌 것은 무엇인가라는 것이다. 과거에 나는 신체를 소외시키는 것이 자해를 이해하는 것이 가장 중요하다고 주장했다(Walsh, 1987, 2001; Walsh & Rosen, 1988; 15장 참조). 그들의 이야기를 말하도록 격려하기를 몇 번이고 되풀이했을 때, 1970년대와 1980년대에 자해하는 사람들은 외상 경험, 특히 성적 또는 신체적 학대의 과거 경험을 말했다. 아주 일관되게, 학대를 당한 사람들은 외상에서 파생된 신체적 증오 또는 소외를 깊이 느끼고 있다고 보고했다. 이 사람들은 다른 사람들의 손이나 신체기관으로부터 큰 고통을 겪으며, 그들의 몸을 오염되고, 더럽고, 부서진 것처럼 바라보았다. 그들은 학대에 대해 몇몇 방식으로 자신을 (비합리적으로) 탓했고, 과거의 외상 경험속에 자신의 신체를 범인이나 공모자로 비난하는 것 같았다.

자해하는 새로운 집단 내의 많은 사람들은 성적, 신체적 학대를 높은 비율로 보고하지 않는다(Heath, Toste, Nedecheva, & Charlebois, 2008). 게다가 신체 이미지에 대한 자세한 질문을 요청받을 때 그들은 규범적인 태도들을 보인다. 많은 사람들이 신체에 대한 소외를 보이지 않는다. 즉, 그들은 자신의 몸을 혐오하지 않으며, 외상으로 인한 해리 경험을 보고하지 않는다. 자해하는 개개인들과 관련해 이전 그룹과 새로운 그룹들 사이의 경계는 신체에 대한 부정적인 태도를 보이는지 여부에 달려있다(이 주제에 관한 확장된 토론과 몇 가지의 경험적 자료는 15장 참조).

이러한 청소년들 중 많은 수가 심리적으로 비교적 건강하며, 가족, 또래, 학교 등의 영역에서 강점을 가지고 있음을 고려할 때, 그들이 또한 자해 행동을 더 빨리 포기하는 경향이 있다. 몇 년에 걸쳐 자해를 하기도 하는 임상 집단의 사람들과는 달리, 이러한 청소년들의 상당수는 6개월 후에서 2년 사이에 자해를 중단한다. 치료는 이러한 사람들이 자해를 멈추게 하는 데 종종 중요한 역할을 한다. 치료 중에 이러한 내담자는 매우 반응적이고 협조적이며, 동기 부여가 될 수 있다. 그들은 대부분 스스로를 진정시키는 새로운 기술을 배우는 것에 대해 꽤 수용적이며, 열심히 연습할 것이다.

또래의 영향 또한 중요하다. 만약 작은 규모의 친구들이 자해를 멈추면 개인은 치료의 유무와 관계없이 자해를 그만둘 수도 있다. 친구들 간의 상호 지지 또한 자해하는 청소년들이 그것을 그만두도록 돕는 데 꽤 도움이 될 수 있다. 이런 튼튼한 또래 요소가 이런 청소년들이 실제로 고통에 빠져 있지 않다는 것을 의미하지는 않는다. 그들이 성숙해지고 다른 방법을 통해 감정적인 고통을 보다 효과적으로 처리할 수 있을 때까지 그들은 극심한 고통 속에 있으며 도움을 필요로 한다.

이 새로운 자해 청소년 집단의 세계를 이해하는 또 다른 방법은 Caroline Kettlewell의 「Skin Game(1999)」을 읽는 것이다. 이 책은 "Cutter's journey"에 관한 자전적 회고록이다. Kettlewell은 그녀의 아버지가 관리자로 있던 버지니아 입시준비 학교의 캠퍼스에서 자랐다. 그녀는 온전한 가정에서 살았고, 학대를 당하지 않았다. 그녀는 7학년 때 처음으로 그녀 자신을 베었다. 그녀는 20대가 될 때까지 전문적인 치료를 거의 받지 못했으며, 치료는 베는 행위보다는 관계적인 문제에 더 관련되어 있었다. 젊은 시절 내내, 그녀의 정서적 혼란과 지속적인 자해에도 불구하고, 그녀는 Williams College(미국에서 학문적으로 경쟁력 있는 대학 중 하나)에 입학하고 졸업하는 등 우수한 학생이었다. 그녀는 Williams에서 영문학을 전공한 후 George Mason University에서 작문 석사 학위를 받았다. Kettlewell은 뛰어난 작가이며, 아마도 자해 행위 묘사에 있어서는 가장 예리하면서도 가슴 아픈 목소리를 들려줄 것이다. 자해 경험을 분명하게 표현할 수 있는 그녀의 능력에 관한 사례가 아래에 제시되어 있다.

> 나는 내 안의 무언가를 죽이려 했는데, 이것은 내 신경을 따라 회충이 움직이는 것 같은 끔찍한 느낌이었다. 그래서 그 면도칼을 발견했을 때, 네가 나를 믿는다면, 베는 것은 희망에 대한 나의 몸짓이었다. 내가 열두 살 때 있었던 그 첫 번째 경험은 일종의 기적과 같은 계시였다. 그 면도날은 뜨거운 칼이 버터를 관통하는 것처럼 고통 없이 내 피부를 쉽게 미끄러졌다. 번개가 치는 것처럼 순수하고 빨랐으며, 그것은 전과 후 사이에서 절대적이고도 근본적인 분열을 일으켰다. 모든 혼돈, 소리와 분노, 불확실성과 혼란과 절망, 이 모든 것이 순식간에 증발해버렸고, 나는 그 순간을 바탕으로 일관성 있고, 완전하게 되었다. 여기 그 이상 작아질 수 없는 자아가 있다. 나는 내 신체의 살과 피를 내 지배하에 둠으로써, 그것이 내 것임을 분명한 한계를 정하고 표시하였다(Kettlewell, 1999, p.57; emphasis in original).

Kettlewell은 자해, 특히 종종 매우 유능하고 뛰어난 새로운 자해 청소년 집단에 대한 중요한 대변인이다. 그녀는 현재, 남편 그리고 아들과 함께 버지니아에 살고 있다. 그녀는 더 이상 자해를 하지 않지만, 자해 경험에 대해 고통을 묘사하고 그것을 공유하는 그녀의 능력은 매우 특별하다.

대학에서의 자해

자해하는 중·고등학교의 청소년들은 점차 성장하고 집을 떠나게 된다. 일부는 근로자가 되어 살아간다. 몇몇은 일반 대중 집단에 들어가고 다른 일부는 대학에 간다. 청소년기에 자해를 한 적이 있는 청소년들은 성인기에 자해를 계속하거나 다시 시작할 수 있다. 대학에 다니는 사람들은 종종 대학 보건 시설에 다시 의뢰되거나 나타나기 때문에 전문가들의 관심을 끌 가능성이 더 높다. 물론 일부 청소년들은 대학 때까지 자해를 시작하지 않는다. 한 연구에서, Favazza와 Rosenthal(1990)은 대학 연령 표본의 12%가 자해를 한 적이 있다고 보고했다.

Shaw(2002)는 질적 연구에서, 광범위한 자해 경력을 가진 여대생 6명의 표본에 대해 논했다. 이 여성들의 나이는 18세에서 21세 사이였다. 그들은 1년에서 5년 동안 자해를 했던 적이 있다. 그들의 자해와 관련된 신체적 손상 수준의 범위는 매우 경미한 자해부터 심각한 자해에 이르렀다. 이 여성들의 자해 건수는 약 10건에서 50건이 넘기까지 다양했다. 치료에 대한 그들의 참여 또한 크게 달랐다. 한 명은 반복적으로 입원했었으며, 다른 세 명은 광범위한 외래 치료를 받아왔었다. 그러나 여섯 명 중 두 명은 아무런 치료도 받은 적이 없었다.

Shaw의 연구에 참여한 여성들은 새로운 유형의 자해를 하는 대학생의 좋은 사례로 보인다. 6명 모두는 대학생활 환경에서 적절하게 기능하고 있었고, 일부는 학문적으로 뛰어났다. 대부분은 진지한 연인 관계에 빠져 있었다. 특히, 흥미로운 것은 6명 모두가 자해를 중단했다는 것이다. 이 여성들은 그들의 삶에서 상당한 정서적 고통을 경험하고 있는 중이었으며, 정서적 고통을 다루고자 과거에 자해를 반복적으로 사용했었다. 그럼에도 불구하고 그들은 상당한 강점을 가지고 있었으며, 치료, 그리고 자신의 내부 자원 및 자연 발생적인 외부 지원들의 활용을 통해 자해를 중단할 수 있었다.

Whitlock 등(2006)은 대학 학부생들에 대한 특히 영향력 있는 경험적 연구를 수행했다. 그들은 두 곳의 매우 경쟁력 있는 아이비리그(Ivy League)의 학교인 코넬(Cornell)과 프린스턴(Princeton) 대학에서 약 3,000명의 학생 표본을 모집했다. 매우 놀랍게도, 17%의 학생들이 자해를 경험한 것으로 나타났고, 11%는 반복적으로 자해를 한다고 보고했음을 발견했다. 더 나아가 Whitlock과 동료들은 8개 대학의 11,000명 이상의 학생들이 참여한 연구 프로젝트에서 이 연구를 재현했다(Whitlock, Eells, Cummings, & Purington, 2009). 이번 연구에서 연구자들은 참여자의 15.3%가 생명을 위협하지는 않는 수준의 평생에 걸친 자해를 보고했으며, 29.4%는 10회 이상의 자해를 보고했음을 발견했다.

일반 성인들의 자해

수십 년 동안, 자해는 청소년과 젊은 성인에게서 발견되는 행동 유형으로 묘사되었다. 임상가들은 중년이 될 때까지 스스로 자해를 지속하는 사람들의 비교적 드문 몇 가지 사례만을 알고 있었다. 이들은 성인 정신 건강 돌봄 시스템에 속해 있는, 심각하고 지속적인 정신질환을 가진 사람들인 경우가 많았다.

중요한 연구에서, Briere and Gil(1998)은 "등록된 자동차 소유자 및 전화번호부에 실려있는 전화 소유자의 지리적 위치를 바탕으로 한 미국의 계층별 무작위 표본"을 추출하기 위해 국가적인 샘플링 서비스를 이용했다. 그 결과로 얻은 표본은 동등한 성비를 나타내는 927명의 성인으로 구성되었다. 연구팀은 33건(4%)의 표본이 최소한 가끔씩 자해를 겪고 있으며, 3건(0.3%)은 종종 그 행동에 관여한다고 보고하였음을 발견했다. 자해를 보고한 참가자들은 표본의 성인 특성을 분명히 보이고 있었으며 평균 35세였다. 또한 33명의 자해 참가자들에게는 어떤 중요한 성별의 차이도 없었으며, 여성의 4%와 남성의 3%가 자해를 보고했다. Briere와 Gil은 그들의 표본에서 자해가 4% 비율로 나타난 것을 고려하면, 자해는 "일반 대중들에서 비교적 드문 경우"라고 결론을 내렸다. 비록 어떤 그룹에서는 4%가 높은 비율로 보이지 않을지라도, 국가 인구 조사를 고려한다면 우리는 다른 결론에 도달할 수 있다. 미국 인구조사국(2010)은 미국에 20세에서 44세 사이 연령대에 약 104,492,000명의 사람들이 있다고 보고했다. (참고로, 이 책에서는 성인에게 있어 보다 자해가 많이 일어날 것 같은 이 연령대를 선택하였다. 사실 일반 성인 대중 인구의 자해에 대해 논의하기에는 이 연령대는 너무 좁은 범위일 수도 있지만, 간단히 하기 위해 여기에서 이 연령대를 사용했다.) 만약 우리가 Briere와 Gil의 발병률을 사용하면 미국의 20세에서 44세 인구 중 4%가 4,179,680명이다. 따라서 Briere와 Gil(1998)의 연구를 바탕으로 우리는 자해를 경험한 미국의 일반 대중들이 4백만 명을 넘는 것으로 추정할 수 있다. 만약 우리가 Briere와 Gil의 보고서에서 "자주" 자해했다고 말한 사람들만 고려하면 그 비율은 표본의 0.3%로 떨어진다. 이 비율(0.3%)은 자주 자해하는 20세에서 44세 사이의 미국인

약 313,476명으로 산출된다. Briere와 Gil의 연구 결과는 일반 성인 대중들의 자해 문제에 대한 사실적인 범위를 제시하기 시작했다.

많은 다른 연구들이 성인의 자해에 초점을 맞추고 있다(Favazza et al., 1989; Klonsky, Oltmanns, & Turkheimer, 2003; Nada-Raja, Skegg, Langley, Morrison, & Sowerby, 2004). 일반적으로 지역 사회 표본에서는 성인의 2~4%가 자해하는 것으로 보고하는 반면, 임상 표본에서는 19~25%가 자해하는 것으로 나타났다 (Nock, 2010).

성인의 자해 문제에 접근하는 한 가지 방법은 역학 및 임상 연구를 통한 것이고, 다른 하나는 질적 연구 방법이다. Hyman(1999)의 책은 성인의 자해에 대한 혁신적이고 유익한 질적 연구이다. 그녀의 연구는 수 년간 자해를 시도해 왔고, 자신들의 이야기를 매우 상세하게 말하고자 하는 15명의 여성에 초점을 맞추었다. 여성들의 연령대는 26세에서 51세까지이며, 평균 연령은 36.9세였다. 따라서 Hyman 집단의 연령대는 자해가 오로지 청소년기와 젊은 성인만의 문제일 뿐이라는 생각을 더욱 떨쳐버리게 한다.

Hyman이 알아가며 이야기를 쓰게 된 그 여성들은 평탄한 삶을 살아오지 못했다. 15명 모두가 아동기 시절 성적 학대를 당했고, 한 명을 제외하고는 모두 부모나 양부모에 의해 반복적으로 성적 학대를 당했다. 트라우마는 그들 삶의 중점이 되어 지속되었고, 그들의 긴 자해의 역사에 있어서 핵심적인 선행 사건이었다. 이 여성들의 삶에 대해 특히 유익하고 고무적인 것은 탄력성 그리고 그것과 관련된 기능 수준이다. Hyman(1999)은 그녀의 책 첫 머리에서 가명 및 나이, 직업으로 각 여성들을 식별할 수 있도록 했다. 이 목록은 본래적으로 공개되었기 때문에 반복하여 나타난다.

- Edith, 51세, 물리치료사
- Karen, 49세, 복지 사업 종사자
- Elizabeth, 25세, 타이피스트
- Jane, 39세, 회계담당자
- Erica, 43세, 작가 겸 편집자
- Peggy, 34세, 복지 사업 종사자

- Mary, 47세, 통신 회사 기술 관리자
- Esther, 40세, 중앙 보안국 근무 및 매장 영업 사원
- Jessica, 46세, 사회 복지 대학원에서 아르바이트를 하고 있는 사회 복지사
- Rosa, 30세, 엔지니어링 및 건축 회사 설계사
- Meredith, 26세, 사회 복지 대학원에서 아르바이트를 하고 있는 사회복지사
- Caroline, 30세, 사무실 직원 및 음악 학교 재학생
- Helena, 28세, 프리랜서 교열 및 교정자
- Sarah, 27세, 약학대학원에서 일하고 있는 아르바이트생

Hyman의 목록은 성인기까지 자해하는 사람들은 상당한 기능 장애로부터 고통스러워하고 방해받는다는 자해에 대한 또 다른 근거 없는 믿음을 불식시켜 준다. Hyman의 저서에 소개된 15명의 여성들은 직장에서 인상적인 성취 수준을 보여주고 있다. 또한 대부분은 지속적인 연인관계를 유지하고 있었으며, 의미 있는 사회적 관계를 맺고 있었다. 비록 Hyman의 연구에 참여한 여성들의 이야기에는 극심한 괴로움과 심적 고통이 가득 차 있었지만, 그럼에도 불구하고 그들은 결정적으로 희망과 회복의 중요한 메시지를 전달한다. Hyman은 그의 저서 「자해와 함께 살아가는 여성들」의 마지막 부분에서 15명의 여성 중 9명과의 연구 이후 후속 만남에 대해 설명했다. 그 여성들과의 대화 및 서신 교환은 첫 인터뷰 이후 1년 반에서 5년 사이 이루어졌다.

> 나는 기존의 인터뷰에서 자주 언급되었던 수치심, 불안, 정신적 고통과 대비되는 완전하고 명랑하게 들리는 목소리로부터 회복과 개선에 관한 이야기를 종종 들었다. 내 연구와 관련한 정보 제공자 중 2명은 자해가 감소하였고, 5명은 자해를 완전히 중단했으며, 이 5명 중 4명은 역시 자해의 필요성을 느끼지 않았다. (Hyman, 1999, p.177)

증가하는 자해 발병률에 대한 설명

횡문화주의, 페미니스트, 현대의 초기 관점

왜 현대 사회에서 자해가 현저하게 증가했는가? 미국, 캐나다, 유럽, 일본, 뉴질랜드 및 대만의 국민 가운데 더 건강한 집단들에서 자해 행동이 나타나는 이유는 무엇인가? 이와 같은 문제를 검토하기 위해서 우리는 반드시 심리에 관한 개인주의적 접근을 넘어서서 사회 문화적 요인들에 대해 이야기해야 한다. Favazza(1996)는 횡문화적 관점에서 자해를 설명하였다. 그는 전세계에서 나타나는 스스로 유발하는 신체 변형의 관행을 검토했고 이를 종교적 전승, 사춘기의 통과 의례, 샤머니즘적인 마술 그리고 자연적이고 영적인 세계를 뛰어넘는 권력에 대한 신화와 같은 주제와 연관시켰다. 그는 아래와 같이 말했다.

그들의 고집과 사회에 의해 그들의 몫으로 돌려진 "깊은" 의미들 때문에, 자신을 훼손시키는 의식은 우리에게 사회생활의 기본적인 요소에 대해 알려준다. 의식들에 대한 조사 결과 … 그것들은 기본적인 목적, 즉 지역 사회를 위협하는 불안정한 상태의 수정 혹은 예방에 도움이 되는 것으로 나타났다. 불안정한 상태의 몇 가지 예로는 질병, 분노한 신, 영혼 또는 조상, 그들이 성숙해짐에 따라 성인으로서의 책임감을 받아들이는 것에 대한 소년, 소녀의 실패, 모든 종류의 갈등, 예를 들어, 남성과 여성, 세대 간, 계층 간, 부족 간의 갈등, 분명한 사회적 역할 구별의 흐려짐, 집단 정체성 및 차별성의 상실, 부도덕한 또는 죄 많은 행동, 생태학적인 재앙이 있다.
자기를 훼손시키는 의식(및 일부 관행들)은 이러한 상태의 발병을 예방하고, 이를 교정하거나 "완치"하는 역할을 하기 위해 나타난다. 의식은 치유, 영성 및 사회 질서를 증진시키는 것으로 작동한다.(Favazza, 1996, p.226)

Favazza의 전세계적인 현상에 대한 논의로부터 우리 자신의 상황에 들어맞는 여러 측면을 골라내는 것은 어렵지 않다. 이것들은 세계 경제 침체, 질병(예를 들어, 에이즈 및 젊은이들의 성적취향에 대한 영향), 성별, 세대, 계급 간의 갈등, 사회 질서에서의 응집력 상실, 도덕 질서와 관련된 혼란 그리고 광범위한 생태학적인 재앙에 관한 문제들을 포함한다. 게다가 만약 우리가 Favazza(1996)의 3

차원을 이용한다면, 우리는 자해의 현대적 유형이 치유의 측면(역설적으로 신체를 고통스럽게 하는 것을 통해), 영성(또는 적어도 의식의 변화), 사회적 질서의 촉진(사회연결망에서 응답을 유도함으로써)을 수반한다고 말할 수 있다. 따라서 오늘날의 자해는 과거의 문화적으로 승인된 신체 변형과 크게 분리될 수 없다.

페미니스트 작가들은 자해에 대한 다른 설명을 발전시켜 왔다. Shaw(2002)는 자해 행동에 관한 페미니스트 공식에 대해 훌륭한 요약을 제공했다. 그녀는 자해와 여성을 부당하게 이용하기 위하여 이들에게 부과되는 "여성의 아름다움"에 관한 문화적 기준 사이의 관련성을 강조했다. Shaw는 다음과 같이 작성했다.

여성들은 서구적 미(美)의 이상들을 추구하기 위해 문화적으로 인정된 고통스럽고 신체-파괴적인 절차를 자발적으로 겪는다. 이러한 행동은 병적이거나 이상한 것으로 해석되지 않는다. 여성은 털을 뽑고, (허리 등을) 조이고, 독성 물질을 주입하고, 허벅지에서 셀룰라이트를 흡입해 제거한다. Dworkin은 다음과 같이 주장했다, "여성의 신체 중 손이 닿지 않은, 변하지 않은 곳은 한 군데도 없다. 이목구비나 신체 말단 부분조차도 예술, 또는 개선을 위한 고통으로부터 남아나지않는다"(1974, p.113). "통증은 미용 과정의 필수적인 부분이다. … 아름다워지고 싶은 여성들에게 그것은 너무 비싸거나, 그 과정이 너무 혐오스럽거나, 너무 고통스러운 작업이 아니다"(Dworkin, 1974, p.115). (Shaw, 2002, p.32)

페미니즘 관점에서 자해는 신체에 대한 권한 부여 및 권리 탈환의 행위로써 간주될 수도 있다. Shaw는 다음과 같이 말했다.

자해는 문화가 소녀들과 여성들에게 무엇을 해왔는지를 반영하기 때문에, 이것은 이들에게 독특한 고통을 준다. 그것이 의식적 과정이든 아니든, 소녀와 여성들은 침묵하기를 거절하는 것으로써, 침해와 억압이라는 그들의 경험을 자기 팔과 다리에 문자 그대로 새기고, 베고, 불태우는 것으로써 자신들의 신체에 대한 소유권과 주관성을 주장한다. 그들은 자신들이 경험한 것들이 참된 것이라고 포기하고 물러나는 것을 거부한다. 이것은 급진적이고 위협적인 행동일 수밖에 없는 이유는 가부장제에서 뿌리내리고 있는 한 부분이 바로 소녀와 여성들의 침묵이기 때문이다.(2002, p.35)

그러나 Shaw와 같은 페미니스트들의 공식화가 가지고 있는 한 가지 문제는 그들이 남성의 자해에 관해서는 설명을 하지 못한다는 것이다. 자해가 두 성별 모두에게서 증가하고 있음을(그리고 지역 사회에서 표본은 동등하게 분포됨) 고려하면, 페미니스트의 학설은 단지 대략 절반의 문제만을 설명한다. 흥미롭게도 Fakir Musafar의 관점은 성별 차이에도 불구하고, 페미니즘 관점과 밀접하게 일치한다. Musafar는 신체 변형의 "현대 원시 운동"의 창시자(아마도 유일한 창시자)이다. 그는 자신의 몸 거의 모든 곳에 피어싱과 문신을 하였고, 코르셋을 입고, 매달았으며, 허리를 단단히 조이고, 들어올렸다. 그는 1980년대 후반에 등장해 오늘날까지 계속되고 있는 피어싱과 문신의 인기에 영향을 준 Modern Primitives (Vale & Juno, 1989)이라는 출판물에 소개되었다. Murafar는 이러한 다양한 형태의 신체 변형과 자극은 통증과 고문이 아니라 그와 다른 사람들에게 "은혜로운 상태"를 만들어 낸다고 보고했다(Musafar, Favazza, 1996, p.325). Musafar는 그와 그의 동료들의 신체 변형에 대한 전념에 대해 다음과 같이 썼다.

> 우리는 신체의 사용과 소유권에 대한 서양의 문화적 편견을 거부해왔다. 우리는 우리 몸이 우리 것이라고 믿었다. 우리는 우리 모두가 대상이 되어왔던 강력한 유대교적 또는 기독교적인 신체 프로그래밍과 감정적인 조절을 거부했다. 우리 몸은 아버지, 어머니나 배우자의 것 또는 국가, 군주, 통치자, 독재자 또는 군대, 교육, 교정, 의료 기관의 것이 아니다. 그리고 우리의 행동("자해")을 묘사하는 데 사용된 그러한 언어는 그 자체가 부정적이며, 통제의 해로운 형태이다 (Cited in Favazza, 1996, p.326).

비록 나는 자해에 관한 페미니스트와 "Musafarian"의 공식화에서 흥미와 통찰력을 발견했지만, 나의 견해는 좀 더 "경험에 가까운" 심리 치료적 관찰에서 비롯된다.

자해 발생률이 증가한 이유에 대한 추측

내담자의 일상생활에 직접적인 영향을 미치는 광범위한 문화적 영향이 사실 임상가로서 나와는 크게 관련되어 있지 않다. 그러나 많은 요인들이 그들의 자해 결정에 중요한 역할을 한다. 이러한 요소들은 (1) 환경적 영향, (2) 직접적인 매체의 영향, (3) 또래 집단 차원, (4) 내적 심리적 요소의 4가지의 넓은 범주로 나뉜다. 이 목록은 자해가 가장 빠르게 증가하는 것으로 보이는 청소년 및 젊은이들과 특히 관련이 있다. 단, 이 목록이 일련의 추측이나 가설에 지나지 않는다는 점에 주의해야 한다.

환경적 영향

- 학교와 직장 환경은 높은 스트레스로 가득 차 있다.
- 멀티태스킹 생활 방식은 지속적으로 낮은 수준의 스트레스와 불안을 조장한다.
- 학교와 직장에서의 경쟁에 대한 지나친 강조는 고립과 불신을 증진시킨다.
- 대중 매체는 기분 전환, 원하는 감정 상태에 도달, 수면 유도 등을 위해 처방전이 필요한, 또는 처방전 없이 살 수 있는 약물에 대한 의존을 조장한다. 매체는 감정 조절, 자기-진정 기술과 활동에 관심을 기울이지 않는다.
- 의식의 개선은 알코올이나 길거리 마약의 복용을 통해 신속하고 합리적으로 도달될 수 있는 것으로 간주된다.
- 많은 청소년과 성인은 축하 행사에 알코올에 취하는 것이 필요하다고 믿는다.
- 가족, 학교 및 또래들은 건강한 자기-진정 기술을 거의 가르치지 않는다.
- 문화는 삶의 질보다 물질적 상품의 획득을 강조한다.
- 부모들이 모두 일하기 때문에 하루의 대부분의 시간을 자녀는 혼자 있는다. 부모가 집에 있을 때, 그들은 정서적 교감을 하기 힘들 정도로 자주 지쳐있다. 자녀들은 부모와 함께 마음을 진정시키는 시간을 충분히 갖기 힘들다.
- 50%의 이혼율은 아이들뿐 아니라 독신 부모, 탁아소 직원, 교사 및 기타 많은 사람들에게 스트레스를 준다.
- 정신적 고통 속에 있는 사람들을 돕는 지역사회 및 사회적 지지에 관한 의식이 전반적으로 감소하고 있다.

- 유행하고 있는 문화는 외모를 지나치게 강조하고, 젊은이에게 불가능한 미의 기준을 제시한다(체중, 가슴 크기, 근육 형태 등과 관련하여). 이와 같이 달성할 수 없는 것은 쉽게 부정적인 자기 귀인이 될 수 있다.

직접적인 대중 매체의 영향

- 많은 인기 TV프로그램과 영화는 자해를 선정적으로 다루고 묘사한다(예를 들어, Girl Interrupted; Thirteen; Intervention).
- 뮤직 비디오는 자주 자해 행위를 묘사하고 이를 미화한다.
- 매체에서 유명한 사람들이 공개적으로 자해에 대해 토론했다(예를 들어, Angelina Jolie, the late Princess Diana, Johnny Depp, Shirley Manson, Christina Ricci) (Whitlock, Purington, & Gershkovich, 2009).
- 대부분의 텔레비전 토크쇼에서 자해를 주제로 다루었다.
- 많은 인터넷 채팅방은 자해를 주제로 개설되어있다.
- 많은 웹 사이트가 자해에 중점을 두고 있다. 매우 많은 이러한 사이트들은 시, 삽화, 심지어 자해 행위, 상처, 혹은 흉터를 묘사하고 그린 사진의 예들을 제공한다.
- YouTube에서 "자해"라는 용어를 검색하면 실제로 자해를 한 개인들의 동영상을 찾을 수 있다(자세한 논의를 위해서는 Lewis, Heath, St. Denis, & Noble, 2011를 참조해라).

청소년 또래 집단 차원

- 청소년은 일상적으로 강력한 감정을 경험하는 반면, 그것을 관리할 수 있는 대처 기술이 부족하다.
- 청소년 또래 집단들은 지나친 약물사용을 일반적인 통과의례 정도로 본다.
- 약물 사용은 종종 어린 나이, 심지어는 초등·중학교(11~18세가 다니는)에서 시작된다.
- 약물 사용은 규범적인 문제 해결과 건강한 자기-진정 기술의 함양을 방해한다.
- 청소년들은 또래와 성인에 의해 "아주 별난 아웃사이더"로 간주되는 것에 높은 가치를 둔다.

- 또래 집단 응집력은 성인이 비난하거나 두려워하는 행동에 의해 강화된다.
- 청년들은 행동지향적이다. 자해는 극적이며, 대개 눈에 잘 띄고, 즉각적인 결과를 낳는다.
- 청소년들은 피어싱, 문신, 낙인 및 흉터에 대한 또래 집단의 지지 때문에 자해에 대해 민감해 하지 않는다.
- 자해는 신체 예술이나 변형의 대중적인 형태들과 "별반 다르지 않은 것"처럼 여겨진다.

내부적인 심리적 요소
- 자해는 다음과 같이 기능한다. 자해는 (일시적으로) 긴장을 줄이고, 심리적 평형감각을 회복시킨다.
- 자해는 강력한 의사소통 측면을 가지고 있다.
- 자해는 통제와 권한에 대한 인식을 제공한다.

물론 위에 나열된 것보다 더 많은 내부적인 심리적 요소들이 있다. 이러한 추가적인 요소들은 이 책의 Parts Ⅱ 및 Ⅲ 에서 상세하게 논의된다. 우리는 이제 신체 변형이 자해로 간주되어야 하는 경우의 주제로 돌아가 보자.

결 론

이 장에서 다뤘던 주요 사항은 다음과 같다.

- 자해는 수십 년 동안 입원 환자 단위, 기숙 학교, 공동 주거 시설 및 교정 시설과 같은 환경의 임상 인구 집단에서 보고되었다.
- 1990년대 이후, 자해는 미국 및 다른 많은 선진국의 일반 인구 집단에서 높은 비율로 보고되었다. 많은 연구를 통해 중학교, 고등학교 및 대학교 학생들의 표본에서 높은 자해 비율(예를 들어, 6-25%)을 발견했다.
- 일반 인구집단 내 청소년들에게서 자해가 눈에 띄게 증가하는 이유에 관한 추측들은 높은 스트레스와 경쟁이 있는 환경, 낮은 수준으로 발달된

감정 조절 기술, 부모의 부재 그리고 또래들의 사회적 연쇄 파급의 영향과 같은 요인들을 포함한다.

• 자해의 확산은 또한 자해에 대한 인터넷 상의 자극적인 콘텐츠(웹 사이트, 게시판, 대화방, YouTube 등)와 관련될 수 있다.

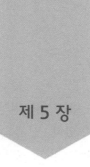

제 5 장

바디 피어싱, 문신, 낙인,
난절법 문신 및 기타 형태의 신체 변형

1980년대 후반부터 국제적으로 주목할 만한 문화적 현상이 나타났다. 신체 피어싱, 전문적인 문신, 난절법 문신, 낙인 및 다른 형태의 신체 변형의 인기가 증가했다. 임상가들은 종종 "신체 예술"로 불리는 이러한 형태가 자해하는 것으로 간주되어야 하는지에 대한 여부를 묻는다. 이 질문에 대한 답은 단순하지 않다.

이 문제에 접근하는 한 가지 방법은 제1장에 제공된 자해의 정의를 참조하는 것이다. 신체 피어싱, 전문적인 문신, 난절법 문신과 낙인은 언뜻 보기에 이 정의의 일부 요소를 충족시키는 것 같다. 예를 들어, 문신과 피어싱은 그들이 일부러 전문가에게 찾아가서 하기 때문에 의도적이고, 자기 스스로 초래한 것으로 볼 수 있다. 이러한 신체 변형 형태는 일반적인 살균 절차가 적용될 경우 치사율이 매우 낮다.

문신, 신체 피어싱 및 기타 신체 변형이 자해의 정의를 충족시키는 것인지에 대한 논의는 정의의 나머지 요소의 경우에 보다 복잡한 결정으로 이루어진다. 문신과 피어싱을 "신체적 상해"의 한 형태로 간주해야 하는가(따라서 자해인가)? 이러한 판단은 보는 사람에 따라 다를 것이다. 전문적인 타투를 선택하고 시술받는 대부분의 사람들은 타투가 외모를 크게 개선하고 매력적이라고 여기기 때문에 그것을 받고자 한다. 많은 전문적인 문신 예술가들은 매우 숙련되고 뛰어난 신체 예술을 만들어내고 있다. 신체 피어싱의 경우에도, 외관을 손상시키는 것으로 여기지 않아도 되는 이유가 악세서리를 위해 만든 그 구멍을 귀걸이 장식 등에 사용하지 않고 오래도록 방치할 경우 다시 완전히 치유되고 채워지기 때문이다. 낙인과 무늬가 있는 난절법 문신은 디자인이 영구적이기 때문에 또 다른 문제가 있다. 그러나 그것들을 하려는 사람들은 어떤 집단(예를 들어, 팀이나 친목회의 축구 선수, 또는 범죄조직의 단원)의 소속을 선언하기 위해 실행하는 경우가 많다. 후자의 경우, 신체 변형은 상징적으로 의미 있고 영향력 있는 사회 집단으로 보증된다.

사회적 맥락과 신체 변형

21세기 초반의 국제 문화에서 문신과 피어싱(그리고 보다 적게는 낙인과 난절법 문신까지)은 다양한 사회적 맥락에서 널리 받아들여지고 있다. 1980년대 후반에 내가 전문적인 청중에게 정교한 문신과 신체 피어싱 슬라이드를 보여주고 이것들이 자해의 예라고 생각하는지 물었을 때, 80-90%는 그렇다고 답했다. 2000-2010년에 비슷한 청중에게 동일한 슬라이드를 보여줬을 때, '그렇다'라는 응답은 5-10%로 떨어졌다. 신체 변형이 규범적 또는 심지어 사회적으로 바람직한 행동으로서 수용되는 데 중요한 변화가 있었다. 따라서 사회적 지지에 따라 이러한 신체 변형이 자해로 간주되는 것은 부적절한 것으로 보인다. 신체 예술에서의 조직 손상은 상징적으로 의미 있거나 또는 아름다움을 다루는 것 또는 둘 다로 간주되기 때문에 많은 경우 자해하는 행동과 구별된다.

의도와 신체 변형

심리적 고통을 줄이기 위해 문신이나 피어싱을 했다고 말하는 사람은 거의 없다. 어떤 이들은 "잉크 중독"이나 피어싱에 대해 이야기하지만 이는 문자 그대로가 아닌 비유적으로 말하고 있는 것처럼 보인다. 따라서 만약 이러한 행동이 심리적 고통이나 위기를 관리하기 위해 추구하는 것이 아니라면, 신체 변형은 자해와는 분명히 구별될 수 있을 것으로 보인다. 그리고 이것은 이 이야기의 결말인 것처럼 보일 것이다.

물론, 그렇게 단순하지는 않다. 왜냐하면 전문가에게 의뢰하지 않고 자기 스스로 하는 문신, 피어싱, 흉터, 낙인 등의 문제가 있다. 이것들은 거의 항상 전문가의 솜씨보다 미적으로 뒤쳐진다. 또한, 어떤 경우에는 이러한 행동이 고통을 다루는 것과 연관이 있다. 임상 장면에서의 두 가지 사례가 이 점을 강조하고 있다.

나오미는 집단 수용시설에 살고 있는 16세 소녀이다. 그녀는 약물 과다복용을 통한 반복적인 자살 시도와 여러 번의 자해 사건들(손목, 팔, 다리 긋기)로 인해 의뢰되었다. 한번은 나오미가 자신의 생식기를 훼손했다. 집단 수용시설에서 나오미는 그녀의 우울증과 격한 분노를 다루기 위한 방법으로 변증법적 행동치료(DBT) 기술들을 배우기 위해서 열심히 노력하였다. 그녀는 그녀의 친구들과 엄마를 방문하기 위해 주말 외출권을 받는 것에 있어서 특히 적극적이었다. 외출권을 받기 위한 조건 중 하나는 그 전 일주일동안 그녀의 자해 사건이 없어야 한다는 것이었다.

한동안은 나오미가 특히 불안하고 안절부절 못하는 것처럼 보였다. 한 직원은 나오미의 룸메이트로부터 그녀가 몸을 뚫었을 수도 있다는 사실을 알게 되었다. 그 뒤에, 간호사 직원은 나오미가 그녀의 젖꼭지를 뚫기 위해서 바늘을 사용한 것을 발견하였다. 검사상으로 상처는 감염 초기 단계로 보였다. 나오미는 요즘 모든 사람들이 피어싱을 하기 때문에 자신이 자초한 피어싱의 경우에는 부정적인 조치가 없어야 한다고 주장하였다. 직원은 주말 외출을 위한 나오미의 요청을 거절하면서 살균된 상태에서 진행되는 전문적인 피어싱은 비살균적인 자해 부상과는 다르다고 말하였다. 직원들은 나오미의 불안과 안절부절 증세를 다루기 위한 대안적인 방법들을 계속 시도하였다.

나오미 사례에서, 직원은 그 행동이 신체변형이 아닌 자해라고 올바르게 판단했다. 나오미의 피어싱은 확실히 심리적 고통과 관련되어 있었으며 또한 의학적으로 안전하지 않다. 나오미는 신체변형에 대해 관대한 현 시대의 상황을 직원이 받아들이도록 시도할 만큼 영악하였으나, 그 직원은 그녀의 피어싱

행동에 대한 세부사항 때문에 그녀의 이유에 수긍하지 않았다.

부모와 살고 있는 18살 이안은 그의 인생에서의 목표는 역대 최고로 유명한 타투 예술가가 되는 것이라고 하였다. 그는 에드 하디, 터틀, 행키 팽키와 같은 유명한 사람들을 뛰어넘을 것이라고 말하였다. 이안의 가족 중 아무도 그의 목표를 문제 삼지 않았지만, 그것을 이루기 위한 그의 계획에 대한 강력한 의구심이 있었다. 이안은 자신이 "선천적인 재능이 있는 아티스트"이며 타투이스트로서 독학할 수 있는 능력이 있다고 하였다. 그는 단호하게 문신의 기술적 예술에 대한 교육이 그에게는 필요가 없으며, 인터넷 또는 책으로 모든 것을 배울 수 있다고 주장하였다. 문제는 이안이 자신의 몸에 작업하기 시작고 가장 하급의 장비를 사용하였다는 점이며, 그 결과도 별로 좋아 보이지 않았다. 이안은 종이에 그렸을 때에는 굉장했던 것이 피부에는 다르게 나타난다는 것을 발견하였다. 이안은 그의 팔에 그려진 볼품없고 엉망진창인 결과를 보고 격분하고 우울해하였다.

그의 인생에서의 목표에 실패한 것에 절망하며, 이안은 마지못해 그의 부모님과 가족 치료사를 보는 것에 동의했다. 치료에서 아무도 이안의 전체적인 계획을 비판하지 않았다. 심지어 2년제 대학을 중퇴하는 것을 포함하여, 협상의 과정 동안 가족은 이안이 그의 목표에 더 가까워지기 위한 방법을 찾는 작업을 하였다. 결국 이안은 유명한 타투샵에서 실습생이 되는 것에 동의하였다. 그가 일을 시작하면서, 이안은 샵의 주인이 그의 팔에 한 실수를 매혹적인 전문 타투로 가릴 수 있다는 사실에 안도하였다.

이안의 사례에서 문제는 아주 큰 심리적 고통보다는 부족한 계획과 충동성이었다. 가족이 보여준 약간의 창의적인 행동은 자해로 보일 수 있는 행동을 몇 가지 약속과 더불어 진로 계획으로 변화시켰다.

신체변형과 정신건강 상태

Favazza(1998)는 심하게 피어싱과 문신을 한 개인들이 일반 대중들보다 더 정신병이 있을 수 있다고 말하였다. 이 가설을 지지하거나 부정하는 데이터들이 많지는 않지만, 한 연구에서 문신은 장점과 단점을 둘 다 가질 수 있다고 하였다. Drews, Allison, Probst(2000)는 문신이 있는 대학생들과 없는 대학생들의 차이점을 연구하였다. 235명의 표본집단에서 문신을 한 학생들이 안 한 학생들보다 그들 자신을 더 대담하고, 창의적이며 예술적이라고 평가하였다. 문신을 한 학생들 또한 자기 자신을 더 위험을 감수하는 경향의 사람으로 보았다.

그리고 Drews와 그 외(2000)는 그들의 결과를 성별에 따라서 분석하였다. 그들은 문신을 한 남성들은 스스로를 더 매력적으로 보았으며 더 많은 성적파트너가 있음을 보고하였다. 이러한 남성들은 체포된 경험의 비율이 더 높으며 바디 피어싱을 했을 확률도 높았다. 이 표본에서 문신을 한 여성들은 알코올 외에 마약을 사용하고, 절도를 해봤으며, 귀 이외에 몸의 다른 부위에 피어싱을 한 경우가 더 많았다.

이러한 결과로부터 무슨 결론을 내릴 수 있을 것인가? 아마도 이 표본에서 학생들이 타투에 관련된 강점과 약점의 조합을 가진다는 것이 전부일 것이다. 타투를 한 젊은이들이 자기 자신을 더 창의적이고, 자유로운 영혼을 가졌으며, 매혹적이고, 성적으로 활발하다고 하였다. 이러한 것들이 장점으로 보일 수 있다. 하지만 그들은 타투를 하지 않은 다른 학생들보다 불법적이며 위험한 행동을 한 경우가 더 많았다. 이러한 점들은 단점으로 보일 수 있다.

신체변형이 자기 파괴적임을 판단하는 기준

피어싱이나 문신을 한 사람에 대해 논의하는 것은 흥미로운 방향일 수 있지만, 이 내용은 자해에 대한 책에서 다뤄져야 하는 현실적인 임상적 문제이기도 하다. 신체변형이 자해적 동기에 기인한 것인지를 평가하는 방법들 중 한 가지는 직접적 또는 간접적인 자해 분류체계 범주를 참고하는 것이다. 직접적 또는 간접적인 자해를 평가하는 체크리스트는 3장(그림 3.2 참고)에 제공되어 있다. 임상가는 아주 많은 타투, 피어싱, 또는 다른 방식의 신체변형을 한 내담자와 이야기할 때 이 체크리스트를 쓸 수 있다(비공식적 약식으로). 경험상 유용했던 규칙은 다음과 같다. 개인이 여러 방식의 직접 또는 간접 자해를 보인다면, 임상가는 신체변형과 관련된 자기 파괴적 동기를 의식해야 한다. 그렇지 않다면, 내담자가 단지 문화적인 현상인 신체 예술과 자기표현의 방식으로 즐기고 있는 것일 수도 있다. 후자의 경우, 그 행동을 병리적으로 보는 것은 실수가 될 것이다. 임상적인 만남으로 얻은 두 가지 예는 신체변형의 역기능과 일반적인 신체변형 사이의 차이점을 깨닫게 해 줄 것이다.

유지나는 15살의 10대 소녀로 그녀의 자해 문제 때문에 부모님한테 이끌려 치료를 받으러 왔다. 약 6달 동안, 그녀는 팔뚝과 다리를 레이저 날로 그었다. 유지나는 학교에서 친구들과 싸우거나 남자친구와 헤어졌을 때 자해를 하였다고 보고하였다. 그녀는 자신의 관계들이 격렬하며 오래 지속되지 못한다는 것을 인정하였다. 자해의 다른 유형들에 대해 물었을 때, 유지나는 거의 매일 대마초를 피우고 종종 신체적인 위험을 감수한다고 하였다. 그녀는 자살 생각 또는 자살 시도에 대해 부정하였다.

치료사는 유지나가 양쪽 귀의 바깥 연골에 많은 피어싱이 있는 것을 발견하였다. 이것에 대해 질문했을 때, 유지나는 몇 개는 전문적으로 뚫었지만, 다른 몇 개는 직접하였다고 했다. 그녀는 종종 자해에 대한 대안으로 귀를 뚫었다고 하였다. 촉진 요인은 강하고, 불쾌한 기분이었고, 결과는 감정적인 안정이었다. 치료자는 유지나가 가끔 귀 피어싱을 통해 자해적인 행동을 하였다고 결론을 지었다. 그는 유지나와의 치료 기간 동안 자상과 신체 피어싱을 모두 살펴보기로 결정하였다.

유지나의 사례에서, 신체변형은 자해 행동의 변형된 형태로 여겨졌다. 다음 사례에서는 결론이 달랐다.

평범한 사람들은 버즈와 처음으로 만났을 때 놀랄 수 있다. 버즈는 30살이며 원시적인 문신이 그의 얼굴을 덮고 있다. 그는 또한 3인치 크기의 뼈 같은 융기가 콧구멍 아래 부분의 연골을 뚫고 있으며, 그의 눈썹, 볼, 그리고 이마에 대칭적인 피어싱을 하였다. 버즈는 심리적인 치료의 필요성을 못 느끼면서도, 그는 그의 평범하지 않은 외모를 흥미로워하는 누구와도 오랫동안 대화를 할 것이다. 버즈는 전문적인 타투 예술가이며 바디 피어서(Piercer)다. 그는 자기 얼굴의 커다란 문신과 피어싱이 그가 보수적인 주류 사회와 소통하는 것을 더욱 불가능하게 한다는 것을 알고 있지만, 그는 괜찮다고 하였다. 그는 대부분의 시간을 그의 샵에서 일하며 보냈고, 오토바이를 타는 사람들과 바에서 맥주를 마시거나 비슷하게 신체변형을 한 사람들과 어울렸다. 버즈는 사회에서의 그의 지위와 직업을 상당히 마음에 들어하였다. 그는 친구들이 있으며, 안정적인 직업을 가지고 있고, 자기 파괴적으로 여겨지는 행동을 거의 또는 아예 하지 않았다.

연속 선상의 최극단

우리는 정말 많은 타투와 바디 피어싱을 한 개인들에 대해 어떻게 해석해야 할까? 전문가로서, 우리는 얼굴, 몸, 또는 생식기에 많은 피어싱을 한 사람들을 어떻게 바라보아야 하는가? 그리고 다수의 피하 장식, 낙인, 난절 그리고 온몸에 타투를 한 사람들은 또한 어떻게 보는 것이 좋을까? 몇몇의 개인들은 강렬한 신체 감각을 위해 무거운 물체를 그들의 젖꼭지 또는 생식기에 매달아 늘어뜨린다. 다른 이들은 성적 접촉 시 추가적인 자극을 위하여 음경 또는 입술에 보석으로 장식된 다수의 피어싱을 한다.

이러한 개인들은 신체 예술과 신체변형의 경계에 있는 별난 모험가들이며, 그들에게 많은 것을 배울 수 있다. 그들의 몸을 한계까지 밀어붙이는 사람들은 다른 사람들이 가늠할 수 없는 아주 오래된 심신 관계 딜레마에 대한 견식이 높을 수 있다. 주류는 종종 극단으로부터 배우고 영감을 받는다. 신체변형의 한계를 시험해 본 사람들은 대부분 심리적인 치료를 받는 상황에 처하지 않는다. 그들은 진찰실을 적절한 자원이라고 보지 않으며, 그렇기에 심리치료사에게 이들은 고려하거나 도전해야 할 대상이 아니다.

결　론

신체변형은 전반적으로 자해와 다르다. 이 장에서 다룬 요점들은 아래와 같다.

- 현재 미국에서는 전문적으로 받은 타투와 피어싱과 같은 몇몇의 신체변형이 유행이다. 불필요하게 병리적으로 간주하거나 자해의 형태로 다뤄서는 안 된다.
- 자해는 대부분 개인에 의해 행해지지만, 타투와 피어싱과 같은 신체개조

는 대부분 교육을 받은 전문가들에 의해 행해진다.

• 자해는 일반적으로 감정 조절과 스트레스 감소에 대한 것이다. 신체 개조는 자기표현과 신체 개선에 대한 것이다.

• 몇몇의 행동들은 자해인지 신체개조인지 모호할 수 있다. 자해적인 행동인지를 결정할 수 있는 핵심 질문들은 다음을 포함한다. 그때 당시 감정 조절이 되지 않았는가? 자해를 포함하는 자기 파괴적인 이력이 있었는가? 살균은 했는가? 상처에 대한 사후 치료를 하는가?

• 세부사항에 대한 주의 깊은 관심은 그 행동이 근본적으로 문화적인 지지 때문인지 자기 파괴적인 이유 때문인지를 명확하게 해줄 것이다.

제 6 장

자해에 대한 생물심리사회 모델

자해는 이 책에서 생물심리사회적 현상으로 개념화된다. 이 틀에 기반하여, 평가와 치료 시 권장되는 접근법은 생물학적−인지적−행동적 접근이다. 이 장에서 소개된 간단하고, 간소화된 모델은 사용하기 쉽게 설계되어 있으며 권장되는 평가방법과 다음 장에서 다루어질 치료 기술과 직접 연결된다. 자해에 대한 훨씬 더 복잡하고, 종합적이며 이론적인 설명은 Linehan(1993)의 생물사회적 모델이며, 이 모델은 Brown(2002)에 의해 독점적으로 자해에 추가되고 적용되었다. Nock(2009a, 2009b, 2010)은 다른 복잡한 공식을 제안하였다.

자해는 생물심리사회적 현상으로 다섯 가지의 상관 관계적인 차원을 포함한다.

1. 환경적
2. 생물학적
3. 인지적
4. 정서적
5. 행동적

행동의 인과관계학은 이 다섯 가지의 차원들 사이의 상관성에 주의를 기울이면 이해할 수 있다. 대다수의 사람들에게 이 다섯 가지 차원은 자해의 출현과 반복에 영향을 미친다. 차원들의 혼합은 개개인마다 독특하다. 일부 내담자들의 경우에는, 환경적 그리고 생물학적 차원이 가장 중요할 수 있다. 다른 이들에게는 인지적, 정서적 그리고 행동적 차원이 지배적일 수 있다. 평가 작업은 무엇이 치료에 가장 중요한지를 확인하고, 그것을 치료과정 동안 우선순위로 두는 것이다. 물론, 궁극적으로는 모든 상관이 있는 차원들이 다뤄져야할 것이다.

자해에 대한 생물심리사회 모델의 다섯 가지 차원은 다음 섹션에서 논의될 것이다.

환경적 차원

자해의 발생에 영향을 미치는 환경적 차원은 가족의 역사적 요소, 내담자의 역사적 요소 그리고 현재의 환경적 요소라는 세 가지 범주를 포함한다 이러한 요소들은, 맥락적으로 또는 환경적으로, 어떤 뜻으로는 개인의 "외적"인 부분이지만, 개인과 개인의 자해의 유형에 핵심적인 영향을 미친다.

가족의 역사적 요소

"가족의 역사적 요소"라는 용어는 관찰되기는 하지만 직접적으로 경험하지는 못한 핵가족, 대가족, 또는 대리가족의 핵심적인 역사적 측면을 말한다(가족을 제외한 관계가 아이에게 핵심적인 영향을 미칠 수 있지만, 그러한 관계들은 일상생활 환경보다는 덜 중요하게 여겨진다). 예를 들어, 가족 내 폭행 또는 가족의 약물 과다복용을 목격하는 것은 자신이 폭행을 당하거나 약물을 복용하는 것과는 다르다. 전자는 매우 강력한 간접적 영향을 미칠 수 있다. 후자는 엄청난 직접적 영향을 미친다. 가족 역사의 많은 측면은 시간이 지난 후 나타나는 자해의 출현에 대한 경험적 연구와 연결되어 있다. 여기에는 가족 내의 정신 질환, 약물 남용, 폭행, 자살 그리고 자해와 같은 변수들이 포함된다(e.g., Wlash & Rosen, 1998; Shapiro & Dominiak, 1992; Favazza, 1996, 1998). Nock(2009b)은 가족 내 적대감 또한 자해의 잠재적인 위험 요소라는 것을 확인하였다.

평상시에 가족 환경은 모델링, 강화, 처벌 그리고 소거를 통하여 아이들에게 행동을 가르친다. 예를 들어, 가족 구성원이 감정을 폭발적으로 표현한다면,

아이는 폭발적으로 행동하는 것을 배울 것이다(또는 현저하게 억제된). 가족 구성원이 심한 약물 사용을 통해 스트레스를 푼다면, 아이는 이 행동 패턴을 습득할 수 있으며 미래에 똑같은 행동을 이행하게 될 수도 있다. 임상가들은 부모님이 가진 중독의 영향을 보고 자신은 절대 알코올 또는 마약을 사용하지 않을 것이라고 맹세하는 잠재연령기 아이들을 잘 알고 있다. 그로부터 몇 년 후, 마치 자동조종장치와 같이, 현재 청소년이 된 아이(now-adolescent)는 자신의 과거의 신념을 무시하고 약물남용을 하기 시작한다.

가족 환경 내에서의 특히 불길한 패턴은 자기 파괴적 행동이다. 부모 또는 다른 가족 구성원이 자살 시도 또는 자해와 같은 자기 파괴적인 행동을 보여준다면, 이러한 행동들은 아이들에게 매우 중요한 영향을 미친다. 이러한 행동을 관찰하는 것은 아이에게 많은 함축적인 의미가 있다. 가족 구성원들의 자기 파괴적인 행동을 목격하는 것은 다음과 같은 메시지들을 전달할 수 있다.

"인생은 고통스러워."
"인생은 살 가치가 없어."
"자기 파괴적으로 행동함으로써 고통을 해소할 수 있어."
"다른 사람은 나의 고통에 아무런 도움도 줄 수 없어."
"나의 고통은 내가 다른 사람들에게 가지는 책임감을 없애줘."

이것들은 아이들이 가족 구성원이 자기 파괴적으로 행동하는 것을 봄으로써 할 수 있는 해석들 중 단지 몇 가지에 불과하다. 가족 내의 이러한 행동들이 따뜻한 관심과 함께 이해되고 반응되어야 하지만, 아이들에게 미치는 장기적인 영향은 무시할 수 없다. 자기 파괴적인 행동을 하는 가족 구성원과 함께 사는 아이들은 인생에서 힘든 일을 경험하였을 때 하나의 선택사항으로 자해를 고려하는 것을 습득한다. 자살을 시행하는 것은 자해의 행동 중 가장 치명적이다. 자살이 가족과 중요한 타인에게 끼치는 장기적이고 극심한 부정적 영향과 관련한 증거가 많다(AAS, 2011). 이러한 영향들로는 세대에 걸친 우울증, 절망, 고립, 약물 남용 그리고 반복적인 자기 파괴적 행동들이 포함된다.

내담자의 역사적 요소

"내담자의 역사적 요소"는 관찰된 것과는 상반되는, 직접적으로 경험한 개개인의 개인적인 내력 요소들을 포함한다. 부모 또는 다른 보호자의 죽음은 경험상 자해와 관련된 것으로 드러났다. 별거, 이혼, 또는 외부 취업으로 인한 부모의 부재 그리고 방치나 정서적, 신체적, 성적 학대의 경험(Walsh & Rosen, 1988; Shapiro & Dominiak, 1992; Miler, 1994; van der Kolk et al., 1996; Alderman, 1997; Favazza, 1998; Briere & Gil, 1998; Turell & Armsworth, 2000; Rodriguez-Srednicki, 2001; Gratz, Conrad, & Roemer, 2002; Paul et al., 2002). Nock(2009b)은 반복되는 부모의 비난이 자해의 잠재적인 위험 요소다.

Gratz와 그 외의 연구(2002)에서는 자해와 관련된 가족 경험들에 대한 몇몇 새로운 통찰을 제공하였다. 인종적으로 다양한 133명의 대학생들을 포함하는 비임상 샘플에서, 놀랍게도 표본의 38%가 직접적인 자해를 했었던 내력을 보고하였다. 또한 평생 동안의 자해의 발생에 대한 자기 보고가 여성보다 남성들에게 조금 더 높게 나왔으며 이것은 매우 드문 결과였다. 실제로, 36%의 여성과 41%의 남성이 자해를 했었다고 보고하였다.

Gratz와 그 외의 연구(2002)는 자해가 방치, 신체적 학대, 성적학대, 분리, 상실 그리고 이와 연관된 애착 문제들을 포함하는 다양한 혐오적 가족 경험과 관련이 있을 것이라는 가설을 세웠다. 그들은 또한 이러한 부정적인 가족 경험은 그 후의 자해를 예측할 수 있는 분리 경험과 관련이 있다고 예측하였다. 그들은 가족 경험과 관련하여 중요한 성별 간의 차이를 발견하였다. 해당 표본 내의 여성들 사이에서 자해의 예측 변인은 중요한 순서대로 보았을 때, 해리, 불안전한 부모 애착, 아동기 성적 학대, 어머니의 정서적 방치 그리고 아버지의 정서적 방치였다(중요한 역전관계가 있었다). 그에 반해서, 표본 내 남성의 자해의 예측변인으로는, 중요한 순서대로 어린 시절의 분리(seperation)(특히 아빠로부터), 해리(dissociation) 그리고 신체적 학대가 있었다. 따라서 연구 결과들은 방치, 신체적 학대, 성적 학대, 분리 그리고 상실을 포함하는 아동기 동안의 몇몇의 혐오적 경험은 자해 평가에서 중요시 되어야 한다는 것을 암시한다. 또한, 성별 간 차이의 가능성에 대해 신중하게 고려해야 한다.

정서가 무시되는 가족 내 환경

Linehan(1993a)와 Miller, Rathus와 Linehan(2007)은 어느 정도의 미묘한 가족 선행사건에서부터 자해 내력을 논의하였다. 그들은 BPD(경계성 인격장애)로 진단받은 개인이 가지는 가족 경험에서의 "정서가 무시된 환경"을 묘사해왔다. 그들은 많은 가족 내에서 아이들의 정서적인 경험이 자주 외면 당하고, 차단되고, 비웃음을 당하거나 비난받는다고(즉, "무시된다고") 주장하였다. 이러한 경험들은 흔히 아이가 그들 자신의 내적 감정 상태의 정확성에 대한, 심지어 자신의 존재 자체에 대한 의심을 하는 결과를 초래한다. 이러한 환경은 별도로 가장 극단적인 정서적 반응들만을 강화시킬 수 있다. 예를 들어, 한 아이가 미묘한 방식으로 자신이 스트레스를 받고 있다는 것을 나타낼 때, 정서가 무시되는 환경은 그러한 대화를 무시할 것이다. 그 아이가 극한 감정적 행동(예를 들어, 울화행동)을 보였을 때에만 아이는 반응을 얻을 수 있다. 이 전체적인 유형은 적응적 행동을 소멸시키며, 동시에 부적응적인 행동을 촉진시킨다. 이러한 패턴이 몇 년에 걸쳐 셀 수없이 반복된다면, 최종적인 결과는 정서적으로 조절이 안 되는 사람이 되는 것이다. 이러한 사람들은 정서적인 스트레스를 감당해야 할 때 자해와 같은 자기신의 정서가 무시되는 행동에 의존하게 될 수 있다(Linehan, 1993a; Miller et al., 2007).

가족과 환경적 강점과 자산

보통 자해하는 개인의 가족에 대한 논의를 할 때 간과되는 점은 이들의 강점에 대한 검토이다. 심지어 가장 역기능적인 가족도 확인되고 강화되어야 할 강점을 가지고 있다. 많은 사례에서, 자해하는 청소년의(4장 참조) "새로운 세대"의 가족들은 큰 자산을 가지고 있다. 한 사람이 자해를 한다는 것은 그가 뚜렷한 역기능을 가진 가족에 속해 있다는 것을 의미하지는 않는다. 경험적 연구에서 종종 설명된 가족들과는 달리, 자해하는 사람의 가족은 흔히 수긍적이고, 무관심하지 않으며, 폭력적이지 않을 수 있다. 더 긍정적으로 말하자면, 자해하는 사람의 가족들은 종종 다정하고, 헌신적이고, 연민어리며, 문제해결에 있어 뛰어나다. 임상가는 역기능을 단정해서는 안 된다. 그보다 임상가는 주의 깊게 각각의 가족의 강점에 기반한 분석을 해야 한다. 평가되어야 할 분야는 아래와 같은 강점들이 포함되어야 한다.

- 집과 대가족
- 이웃이나 관련 있는 인간관계
- 학교와 직장 분야
- 재원과 관리
- 문화적 정체성과 자원
- 여가활동과 취미
- 종교적·영적 신념과 제도적 지원

가족 내의 강점은 자해의 위험을 완화하는 역할을 한다. 가족 내에서 지탱할 수 있는 강점이 많을수록, 자기 파괴적인 행동을 감소시키는 데에 더욱 긍정적인 영향을 준다. 자해하는 구성원의 스트레스의 근원이 종종 가족일 수 있지만, 모든 구성원이 존중받으며 치료적인 협력자로 참여한다면, 문제에 대한 해결책 또한 제공할 수 있다.

현재의 환경적 요소

"현재의 환경적 요소"는 자해를 유발하는 현재의 상황들을 말한다. 많은 환경적 조건이 자해 행동을 유발시킬 수 있다. 흔한 예로는 관계에서의 상실 또는 갈등을 경험하는 것, 현재의 보호자 또는 배우자로부터 당하는 학대, 또는 자해하는 또래들 사이에 노출되어 있는 것 등이 있다. 학교, 직장, 운동, 또는 기타 교외 활동에서의 기능적 분야의 수행 문제 또한 중요 요소가 될 수 있다. 가족 내에서 그리고 개인적인 역사적 요소에서 혐오적 환경을 경험한 사람은 특히 현재에서의 비슷한 문제들에 있어서 예민하다. 예를 들어, 아동기 때 부모의 상실을 경험한 개인은 청소년기 동안의 또래 관계에서의 상실에 특히 더 반응적일 수 있다. 비슷한 맥락에서, 아동기 때 신체적으로 학대를 당하거나, 성적인 폭행을 당했던 사람은 현재의 학대 또는 폭행의 위협에 매우 예민하다. 그들은 또한 타인의 정상적인 성적 접근에서조차 반응적일 수 있다. 놀랄 것 없이, (poly-self-destructive) 다중-자기 파괴적인 사람은 보통(poly- abuse) 다중-

학대 내력에서 기인한다. 개인의 역사적 맥락이 더 혐오적이고 복잡할수록, 그는 현재에서 더 부정적인 경험을 하는 데에 있어서 더 취약하다.

생물학적 차원

생물학적 관점에서 자해 행동을 이해하는 것은 뇌 영상법 연구의 발전이 이루어지면서 변화해 왔다. 수 년간 임상가들은 "인체적인 장애"와 "기능적인 장애"의 차이를 받아들였다. 지금의 그러한 차이는 그 시대의 평가기술의 한계에서 발생하였다는 것이 분명하다. 예를 들어, Emil Kraepelin 시대 당시, 일반적인 부전마비(제3기 매독)와 같은 몇몇의 정신질환은 뇌 구조의 변화와 관련이 있었으며, 그 당시 현미경으로 관찰이 가능하였다. 정신분열증 또는 조울증으로 사망한 환자의 뇌조직의 관찰을 통해 뇌의 외관으로는 건강한 대조 대상과의 차이가 없다는 것을 알아냈다. 따라서 "인체적인 차이" 대 "기능적인 차이"는 20세기 대부분의 기간 동안 발생했고(arose) 지속되었다.

지난 25년 동안, 빠르게 발전하는 뇌 과학 분야의 발견과 함께 이러한 차이들은 더 이상 쓸모가 없어졌다. 뇌 영상법 또는 대사연구를 통해 사후의 뇌뿐만 아니라 살아있는 대상에게서 뇌구조와 기능의 변화를 살펴봄으로써, 이전에는 "기능성"으로 간주되었던 몇몇의 장애(강박 장애 또는 자폐증과 같은)들이 갑자기 범주에서 제외되었다. 강박장애는, 사실 가장 자극적인 결과를 제공하였다. 초기의 연구에서의 개입은 통제 환자에게서 보이는 패턴의 방향에서의 뇌영상의 이상을 "바꾸는" 것이었다. 약물학적, 인지행동적 개입 모두에서 이러한 치료적 변화들이 가장 두드러지게 나타났다.

과거의 기능적-인체적 차이는 지금의 신경영상법에 비춰봤을 때뿐만 아니라 원칙적으로 불완전하였다. 모든 행동은 뇌에서부터 발생한다. 과거의 대조는 다른 장애들을 근본적으로 구분하지 않고, 우리가 뇌에서의 차이를 측정하지 못했던 것들로부터 측정할 수 있었던 것들만의 차이를 구별하였다.

생물학과 자해 간의 복잡한 관계는 경험적 연구에서 최근에 떠오르는 중요 관심분야이다. 자해와 관련된 몇몇의 정신의학적인 진단들은 조울증, 우울증, 양극성장애, 정신분열증을 포함하는 생화학적 요소들이 있는 것으로 나타났다.

많은 극단적인 유형의 자해는 보통 정신분열증과 다른 정신병과 관련이 있는 것으로 드러났다(Simeon & Hollander, 2001; Grossman, 2001; Large, Babidge, Anrews, Storey, & Nielssen, 2008). 일반적으로 자해와 관련 있는 다른 생리적 문제들은 신체적인 질병(예를 들어, 당뇨, 천식, 정형외과 질환), 수면 장애, 섭식 장애 그리고 신체적 증상으로 전환하는 경향을 포함한다.

자해의 생물학적 차원에 대한 철저한 논의는 나의 전문성 그 이상의 것이다. 하지만 두 개의 최근의 종합적 논평을 살펴볼 수 있다(Osuch & Payne, 2009; Sher & Stanley, 2009). 또한, 자해에 대한 정신 약물학적 논평들은 Gordon Harper(이번 권 14과), Plener, Libal, 그리고 Nixon(2009)로부터 쓰였다. 이어지는 내용에서 생물학적 자해에 대한 세 가지의 주요 가설을 다루고자 한다.

세로토닌 수치 기능장애

자해를 생물학적으로 이해하는 데에 있어서 유망해 보이는 한 분야의 연구는 뇌의 세라토닌 수치에 관한 것이다. 몇몇의 경험적 연구들은 충동적 공격성과 자해를 세로토닌 수치의 감소와 연관시켰다. 연구에 대한 보고서를 보려면 Osuch와 Payne(2009), Sher와 Stanley(2009)의 자료를 참조할 수 있다. 다양한 보고서에서는 자기 파괴적인 사람들의 세로토닌 수치를 측정하였으며 수치가 평균보다 낮은 것을 발견하였다. 연구자들은 그러한 수치가 자해를 촉진시킬 수 있다고 결론을 지었다. 선택적 세로토닌 재흡수 억제제(SSRIs, 예를 들면, Prozac, Zoloft, Paxil, Celexa)의 사용은 가장 효과적으로 존재하는 (하지만 감소하는) 세로토닌 수치를 이용하여 신체를 보호하기 위해 고안되었다(medinfo.co.uk/drugs/ssris.html). 자해로 이끄는 세로토닌의 역할에 대한 가능성을 다루는 몇몇의 간접적 근거는 선택적 세로토닌 재흡수 억제제를 사용하는 몇몇의 개인들의 우울증, 충동성, 자해의 감소를 통하여 지지받았다(Grossman & Suever, 2001).

내인성 오피오이드(아편향) 체계 역기능

자해에 대한 또 다른 생물학적 해석은 내인성 오피오이드 체계(EOS)에 관한 것이다(Osuch & Payne, 2009; Sher & Stanley, 2009). 자해하는 많은 내담자들은 실행에 옮길 당시에 통증이 없다고 보고하였다(Favazza, 1996, 1998; Alderman,

1997; Conterio & Lader, 1998). Grossman과 Siever(2001)이 언급한 것과 같이, "많은 해들이 통증 지각, 특히 스트레스 유발 무통각증에서 내인성 오피오이드 체계가 개입한다는 것을 보여준다." 다수의 연구자들은 향상된 내인성 오피오이드 체계 활동이 자해를 유도할 수 있다는 가설을 세웠다. 비전문가들의 용어로 말하자면, 누군가가 자신의 신체에 해를 끼친다면, 뇌가 정서적인 스트레스로부터 평온하며 즐거움을 경험하게 하는 아편과 비슷한 자연유래 화학물질(예를 들어, 엔돌핀)을 분비할 것이라고 하였다.

Grossman과 Siever(2001)에 의하면, 내인성 오피오이드 체계와 자해의 연관성에 대한 두 가지의 주요 가설이 있다. "중독 가설", "통증 가설"이다.

중독 가설은 근본적으로 정상적인 내인성 오피오이드 체계가 존재하며, 이것은 불쾌감을 완화시키기 위한 목적의 잦은 자해 행동(SIB)에 의해 만성적으로 과다 자극되어 왔다고 가정한다. 개개인은 내인성 오피오이드의 분출에 대한 내성을 발달시키며, 주기적으로 금단 반응에 시달리며, 이것은 충동적인 자해 행동(SIB)이라는 방법을 통해 그 이상의 내인성 오피오이드 체계에 자극을 유발한다(p.125).

통증 가설은 통증 민감성이 감소된다는 것과 같이 환경에 의해 드러나는 내인성 오피오이드 체계(EOS)의 체질적·구조적 이상을 제안한다. 이것은 내인성 오피오이드 체계(EOS)의 부정적인 피드백에 대한 부족함, 내인성 오피오이드의 과다생성을 포함할 수 있다. 이렇게 고조된 아편과 유사한 상태는 결국 무감각과 해리와 같은 불쾌한 경험으로 이어질 수 있다. 자해 행동(SIB)은 환경, 정신 내적 스트레스원에 의해 자기소외적 해리성 상태로 가는 자극제가 될 수 있으며, 결국 자해하는 사람들의 감각이 다시 돌아올 수 있게 한다(p.125).

중독 가설에 대한 몇몇 근거는 원래는 물질 남용을 하는 사람들 중 오피오이드의 "고조"를 막기 위한 약물인 날트렉손을 통해 자해를 치료했다는 몇몇의 성공적인 보고에 의해 간접적으로 제공된다(Plene et al., 2009 참조). 자해 환자들에게 날트렉손을 사용하는 것은 내인성 오피오이드 분비와 관련된 긍정적인 감각들을 차단하기 위해서이다. 이 가설은 내인성 오피오이드 시스템(EOS)

반응을 차단하는 것은 보다 "중독된" 개인들이 자해를 통해 얻는 생화학적 "보상"을 제거할 수 있다는 것이다. 우리는 날트렉손이 제대로 작동하지 않는다면, 이러한 사람들에게는 통증 가설이 더 정확할 수 있다는 것 또한 추측할 수 있다.

감소된 통증 민감성

또한, 자해를 행하는 몇몇의 개인들은 신체적 고통에 대한 반응이 감소하였다는 경험적 근거가 있다(Osuch &Payne, 2009; Sher &Stanley, 2009). Bohus, Limberger과 그 외(2000)는 자해하는 사람의 60%가 그 행동 당시에 고통이 없었다고 보고하였다고 하였다. Russ와 그의 동료들은(Russ et al., 1992; Russ, Roth, Kakuma, Harrison, & Hull, 1994) 자해 당시 무통을 느끼는 사람들, 자해 당시 통증을 느끼는 사람들 그리고 자해를 하지 않는 사람들 간의 신체적 통증 내성을 비교하는 실험을 실시하였다. 고의로 유발된 신체적인 통증을 유심히 측정하는 실험에서, Russ와 그의 동료들은 "통증을 느끼지 않은" 참여자들에게서 확연하게 감소된 신체적 불편감을 보고하였다.

Bohus, Limberger과 그 외(2000) 또한 조울증을 가지며 자해하는 사람들의 통증 감각이 감소한 것을 발견하였다. 그들은 조울증을 가졌으며 자해 당시 통각 상실을 보고한 12명의 자해하는 여성들과 19명의 "건강한" 여성들을 비교하였다. 그들은 한냉압박테스트와 압박통증테스트를 시행하여 연구 참여자들의 신체적 통증에 대한 지각력을 측정하였다. 참여자들은 그들이 평온할 때와 그들이 크게 스트레스를 받았을 때를 모두 실험을 실시하였다. 통증 민감성에 미칠 수 있는 정신과 약물의 영향을 제어하기 위해, 약물요법을 받고 있는 환자들 없이 구성하였다. Bohus, Limberger과 그 외(2000)는 이렇게 보고하였다.

비록 자신이 평온하다고 보고하였더라도, 두 가지 실험 모두에서 건강한 참여자와 비교하였을 때 조울증을 가진 환자들은 통증 지각이 상당히 감소한 것으로 나타났다. 자기보고된 진정 상태와 비교하였을 때, 스트레스 상황에서 조울증 환자들의 통증 지각력이 훨씬 두드러지게 감소하였다. 이러한 결과는 자해 당시 무통을 느끼는 조울증을 가진 자해 환자들이 스트레스가 없을 때에도 통증에 대한 높은 역치를 가졌음을 시사한다(251쪽).

Russ, Bohus와 그 외의 연구에서 해리 또는 통증 내성에 대한 심리적 가설, 그 이상의 생리학적 실험을 행했다는 점은 특히 더 흥미롭다. 분명, 자해의 생물학적 토대에 대한 일련의 증거들의 출현이 있다. 이러한 결론은 자해를 치료하는 데에 있어서 약물요법을 유망한 수단으로 지목하였다. (이 주제는 14장에서 다룬다.) 하지만 Grossman과 Siever(2001)에 의해 언급된 것과 같이, 약물의학 그 자체로는 충분한 치료가 될 수 없다. 대개 상호 보완적인 심리적 개입이 함께 요구된다. 그들은 다음과 같이 주장했다.

　　　　성적학대 내력과 다른 트라우마, 혼란 경험은 보통 이러한 환자들의 발달 시기에 생겨난다. 적절한 대인관계 경험의 부족과 신뢰, 자존감, 기분 조절 그리고 자기 진정 분야에서의 수행되는 갈등의 부족은 약물로 해결될 수 없다. 적절한 약물 치료는 특정 경험의 강도를 감소시킬 수 있으며, 심리치료와 장기적인 기질적, 행동적 변화 시 더 좋은 환경을 조성할 수 있다(128쪽).

이러한 내용들은 자해의 인지적, 정서적 그리고 행동적 차원을 논의할 적절한 전환점이라고 할 수 있다.

인지적 차원

자해와 관련된 인지적 차원은 두 가지 기본적인 범주로 나뉜다. 환경적 사건에 대한 인지적 해석과 자기 자발적 인지이다. 환경적 사건들은 오직 자해를 행하는 사람이 그것들을 혐오적이고, 고통스럽고 혼란스럽게 해석했을 때 문제가 된다. 일부의 환경적 상황들은 너무나도 압도적이어서 매우 강렬한 인지적 영향을 미칠 수 있다. 신체적 또는 성적인 학대를 받는 입장이 된 후 문제적이고 자기 방어적인 사고를 하게 되지 않는 경우는 매우 드물다. 그렇지 않은 사람을 만난 적이 있었는데 1991년 걸프전 동안 전쟁 수감자로 성폭행을 당했던 사람이었다. 그녀는 그녀가 당한 그러한 행동들을 중요하지 않은 일처럼 넘겼다. 왜냐하면 "그 당시 내 주위의 죽음과 말살들은 훨씬 더 심각"했기 때문이다. 그녀는 성폭행을 당한 것이 그 이후에 별다른 영향을 미치지 않았다고 말하였다. 하지만 성적인 학대를 받은 대부분의 사람들은 그들의 경험에 대해 복잡한 사고와 판단을 하게 된다. 가장 흔한 현상은 "그 학대를 멈추기 위해 내가 무언가를 했었어야 됐어." 또는 "나는 그 일이 일어나기를 바랐던 것이 틀림없어." 와 같은 비합리적인 자기비판적 사고를 하는 것이다. 내담자가 그러한 비합리적이며 자기 비판적 인지를 그만두도록 돕는 것은 흔히 트라우마를 겪은 자해 환자들을 위한 치료의 핵심이다.

다른 역기능적 사고는 덜 영향력 있는 환경적 상황에서 야기되므로, 도전하고 수정하는 개인의 즉각적인 힘에 달려있다고 할 수도 있다. 예를 들자면, "나는 이번에 모든 시험에서 A를 받아야만 한다." 또는 "나는 항상 나의 모든 친구들과 어울려야 한다. 그렇지 않으면 완전한 외톨이가 될 것이다."라고 생각한다. 그들의 도달 불가능한 완벽주의 때문에 이러한 인지들은 꾸준히 개인에게 고통과 불쾌감을 야기할 수 있다.

자기 발생적 인지는 외부 사건 및 환경과는 반대로 내적 신호에 의해서 유발된다. 잠에서 깨어날 때, 내담자가 다음과 같은 생각을 가지고 하루를 시작할 수도 있다. "또 다른 끔찍한, 텅 빈 하루. 어떻게 이렇게 살아가지?" 이것은 상상 가능한 환경적 계기가 없을 수도 있는 인지이다. 방금 하루가 시작되었고, 혐오적인 환경적 사건이 일어날 만한 시간이 없었다. 몇몇의 자해하는 사람들은 아주 방대한 목록의 불편감과 고통말고는 예상할 수 없는 사고와 판단을 수반한다. 이렇게 반복되는 부정적 비관적 인지에 대한 평가는 심리치료로 가는데에 있어서 매우 기본이 된다. 내담자가 더 많은 성공을 경험하고 더 적은 고통을 느끼고 싶다면 이러한 인지들은 식별되고 수정되어야 한다.

또한 자해를 행하는 사람들은 자해 행동을 촉발시키는 광범위한 인지를 생성한다. 이러한 사고들을 식별하는 것은 평가에 있어서 또다른 핵심 단계이다. 자해 행동에 앞서 나타나는 전형적인 생각들은 "나는 무엇인가 해야 한다" 또는 "나는 이렇게 해도 마땅해" 또는 "나는 내 몸을 너무나 혐오해" 또는 "이렇게 함으로써 사람들이 내가 진짜 비참하다는 것을 알거야", "이게 내가 이 문제를 다룰 수 있는 유일한 방법이야" 등이 있다. 이러한 생각들을 대안적인 행동들을 고려하는 생각들로 대체하는 것은 자해하는 삶으로부터 멀어지는 데에 있어서 핵심적이다.

자해와 관련된 인지적 차원은 9장과 12장에서 더 자세히 다뤄진다.

정서적 차원

정서적 차원은 인지적 차원과 밀접한 관련이 있다. 감정은 그 전의 비논리적이고, 자기 비난적이며, 왜곡된 인지로부터 나타난다. 감정은 흔히 자해의 평가와 치료에 핵심적으로 중요하다. 대부분의 개인은 정서적인 스트레스를 감소시키거나 제거하기 위해서 자해를 한다. 1장에서 언급했던 것과 같이, 자해하는 사람은 자해를 시행하기 전에 분노, 불안, 긴장, 슬픔, 우울, 수치감, 걱정, 그리고 경멸을 포함하는 광범위한 감정들을 보인다(Favazza, 1987; Walsh & Rosen, 1988; Alderman, 1997; Conterio & Lader, 1998; Brown, 1998; Simeon & Hollander, 2001; Klonsky,, 2007, 2009; Nock, 2010). 긍정적인 감정이 자해를 유발했다고 보고하는 사람은 없다. 아무도 "나는 나 자신을 칼로 그었습니다(혹은 태웠어요, 등) 왜냐하면 너무 안정되고 행복했기 때문입니다"라고 하지 않을 것이다. 자해는 부정적인 감정에 관한 것이다.

평가는 매우 명확하게, 각각의 개인에게 가장 중요하며 반복되는 정서적 계기를 확인해야 한다. 결과적으로 치료는 자해에 의지하지 않고 강한 감정 상태를 견뎌내고, 관리하고, 감소시키는 기술을 가르쳐야 한다.

행동적 차원

행동적 차원은 자해 행동에 즉각적으로 선행하고, 동반하며, 이후에 나타나는 명확한 행동들로 구성되어있다. 이러한 행동들은 자해 행동과 강하게 그리고 반복적으로 연관되어 있는 행동이다. 보편적으로 선행되는 행동적 사건은 가족 또는 또래와의 갈등, 고립, 어떤 활동에서의 실패, 성적 행동, 물질 남용, 또는 섭식 장애 행동들을 포함한다. 행동적 차원은 자해할 물리적 장소를 정하는 것, 개입을 막기 위해 이를 숨기는 것 그리고 도구를 선택하는 것과 같은 자해를 준비하는 행동들 또한 포함한다. 다른 행동적 요소는 자해직후에 동반하는 행동들로, 자가처치를 할 것인지의 여부, 도구를 버리거나 숨기는 것, 다른

사람들과 소통하는 것 등을 말한다. 자해의 후유증을 평가하는 것은 매우 중요
하다. 몇몇의 개인은 자해 이후 바로 잠에 든다고 보고하였다. 다른 이들은 일
상생활로 돌아온다고 하였다. 몇몇은 계속 불안한 상태로 있으면서 다른 해소
방법을 찾는다고 하였다. 자해의 행동적 "결과"는 왜 이 행동이 반복되는지에
대한 많은 정보를 제공한다.

다섯 차원의 통합

이 장의 초반에 언급했듯이, 이 생물심리사회 모델의 다섯 가지 차원들은
별개로 기능하지 않는다. 그들은 전적으로 밀접한 관계가 있으며 심지어 상호
의존적이다. 예를 들어, 생물학적 취약성은 개인의 환경적 상황에 대한 반응에
영향을 준다. 생물학적으로 위태로운 개인은 체질적으로 강한 개인보다 환경
내의 혐오적 경험으로부터 더 부정적인 영향을 받을 것이다. 반대로, 반복되는
트라우마 경험이 뇌화학적(vander Kolk et al., 1996) 변화를 포함하는 생리학적
영향을 지속시킨다는 근거도 있다. 환경적 상황들과 생리학은 긍정성, 부정성,
자기효능감 면에서 인지에 주요한 영향을 미친다. 인지는 결과적으로 감정을
촉발시키고 "재발화"시키며, 감정은 상호적으로 미래의 인지에 영향을 준다.
인지와 감정은 그것들의 결과에 따른 행동을 촉발시키며, 차후의 신념과 느낌
에 영향을 준다. 표 6.1에서 다섯 차원의 표 요약이 제시되어 있다.

표 6.1.   자해에 대한 생물심리사회 모델

환경적 차원
- 가족 내력 요소(예: 가족 내의 정신질환, 폭력, 물질 남용, 자해, 자살)
- 내담자 내력 요소(예: 방치, 애착 문제, 부모 상실, 신체적 그리고 성적 학대)
- 정서가 무시된 가족환경
- 가족 및 환경적 강점과 자산
- 현재의 혐오적 환경 요소(예: 상실, 관계적 갈등, 학대, 자해하는 또래)

생물학적 차원
- 세로토닌 수치 기능 이상?
- 내인성 오피오이드 체계 기능 이상?
- 감소된 통증 민감성?

인지적 차원
- 환경적 요소에 대한 해석, 특히 부정적, 비관적 사고, 평가, 신념(예: "나의 모든 대인관계는 나쁘게 끝이 난다", "아무도 나를 이해하지 못해", "나는 혼자야")
- 자신과 자해에 대한 자기 생성 인지(예: "나는 이것을 해야만 해", "자해만이 날 도울 수 있어", "나는 이렇게 해도 마땅해", "나는 내 몸을 증오해", "내가 얼마나 괴로운지 아무도 이해하지 못할 거야")
- 트라우마와 관련된 생각, 이미지, 회상

정서적 차원
- 빈번하고 극심하게 지속되는 감정들에 대한 민감성
- 부정적 감정은 자해를 촉발한다. 특히 분노, 불안, 긴장, 수치심, 우울, 슬픔, 경멸, 격정
- 감정 또는 분열은 트라우마적 생각, 이미지, 회상과 관련이 있다

행동적 차원
- 다른 사람들과의 갈등, 물질 남용, 고립과 같은 주요 행동적 선행사건
- 장소를 정하는 것, 도구를 획득하는 것, 비밀보장을 확실히 하는 것과 같은 자해를 위한 준비
- 활동으로 돌아가는 것, 잠에 드는 것, 자해에 관해 다른 사람들과 이야기 하는 것 같은 자해 후 행동)

결 론

이번 장에서는 평가와 치료에 관한 Part Ⅱ를 위한 기초를 설정했다. 자해에 대한 철저한 평가를 시행하기 위해서 임상가들은 자해에 대한 아래 차원들의 세부사항을 자세히 이해해야 한다.

1. 환경적
2. 생물학적
3. 인지적

4. 정서적

5. 행동적

또한 자해 행동에 영향을 미치고, 촉발시키며, 유지시키게 하며, 치료를 제공할 때 꼭 다뤄져야 하는 다섯 가지 주요 차원들을 살펴보았다. 이 다섯 차원의 "혼합"은 개인마다 색다르다. 따라서 치료 전략은 각각의 자해 환자의 필요에 응하기 위해 개인화되어야 한다.

PART II

평가와 치료 단계별-관리 모델
(A Stepped-Care Model)

개관

이 책의 가장 많은 분량을 차지하는 Part II는 평가와 치료에 대해 다룬다. Part II에서는 "단계별-관리 모델(Stepped-care model)"을 이용하여 자해에 대한 개입을 논의하고자 한다. 단계별-관리 모델들은 정신건강 서비스를 제공하는 과정을 통해 점점 더 많이 사용되고 있다(Bower & Gilbody, 2005; New Zealand Ministry of Health, 2009: Earl, 2010). 이 모델들에 기본이 되는 원리들은 아래와 같다(New Zealand Ministry of Health, 2009, p.5).

- 환자들에게 각기 다른 강도 수준의 개입이 가능하다.
- 환자들의 요구가 그 개입의 강도 수준과 일치한다.
- 환자의 성과들이 조심스럽게 관찰되고, 이는 필요시 치료의 "단계 향상"이 가능하게끔 한다.
- 환자는 대개 필요시 더 집중적인 개입들을 받기 전에 강도가 덜한 개입부터 진행한다.
- 단계를 올려나가는 것은 전반적으로 더 높은 행동적 위험, 개입의 강도 그리고 비용과 연관된다.
- 개입의 다른 수위들 사이에는 명확한 의뢰 과정들이 존재해야 한다.
- 자립성을 지원하고 건강관리 서비스에 대한 요구를 관리하기 위하여, 기술 훈련을 통한 환자의 자기-돌봄이 강조된다.

그림 II.1은 자해에 대처하는 단계별-관리 모델이다. 이 모델은 자해가 존재하지 않고 예방이 우선적인 개입인 기저선(단계 0)에서 시작한다. 그 다음 네 단계들은 자해의 증가하는 수위들을 다룬다. 흔히, 짧은 기간 동안 행해지는 낮은 치사율의 자해(거의 없거나 미약한 부수적 문제들을 일으킨다)는, 단계 1과 2에서 볼 수 있듯이, 개입들이 지속기간과 강도에 있어서 단순하다. 대조적으로, 반복적이고 만성적인 그리고 흔치 않은 자해(자살경향성, 분노, 섭식장애, 약물남용 그리고 위험감수 행동들과 같은 관련 상태를 동반한다)는, 단계 3과 4에서 볼 수 있듯이, 그 개입들이 복잡하고, 중다양식을 취하며, 강도가 높다. 이 책에서 이와 관련된 장들은 그림 II.1의 4 단계의 각 개입들을 인용한 것임을 알아두길 바란다.

단계별-관리 모델에서, 환자들과 임상가들은 협력자가 되어야 한다.
환자들은 이러한 사안들을 결정한다.

- 어느 정도의 치료를 원하는지
- 지불할 용의가 있는 비용은 얼마인지
- 어떠한 빈도로 작업할 것인지
- 회기 동안 그리고 그 사이에 그들이 어느 정도의 작업을 맡을 용의가 있는지
- 그들이 단계를 상향 또는 하향 조정하고 싶은지

교대로, 임상가와 다른 전문가들은 이러한 사안들에 대해 결정한다.

- 개입의 분량, 빈도, 기간
- 얼마나 다양한 개입들이 복합되어 제공되는지
- 회기 사이에 환자들과 나누는 연락의 빈도
- 그 개입을 제공하기 위해 필요한 전문지식과 훈련의 정도
- 그 서비스를 제공하는 데 필요한 직원 충원의 유형
- 환자들을 다른 전문가들 또는 서비스에 의뢰할 시기

비록 이 책이 그림 II.1에 포함된 모든 개입들을 총망라하는 것은 아닐지라도, 자해 치료들에 관한 종합적인 검토를 합리적으로 제공한다. 이 책에서 다루지 않은 그림 II.1의 치료들은 다른 곳에 인용구 전체와 함께 참조가 제공되므로 독자들은 그것들을 검토해볼 수 있다.

그림 II.1. 자해 치료를 위한 단계적 – 관리 모델

자해 관련 문제의 유형	단계	개입
반복적인 자살경향성, 이물질 섭취 그리고 다른 상태들 (예를 들어, 분노, 약물 남용, 심각한 섭식 장애, 위험 감수, 자기보호의 실패)과 나타나는 만성적/반복적/이례적/심각한 자해	단계 4 단계 3, 추가로	• 다수의 자해 행동을 위한 변증법적 행동 치료(DBT)나 회복지향 질병관리(IMR) 와 같은 치료 (17장) • 거주형 치료 (18장) • 지원주택/파견활동, 사례 관리, 주간 치료, 집회회관, 회복 프로그램, 기타.
다른 상태들 (예를 들어, 자살 사고와 시도들, 외상 후 스트레스 장애 증상들, 신체 소외, 섭식 장애, 약물 남용)과 나타나는 지속적이고 이례적인 자해	단계 3 단계 2, 추가로	• 신체 이미지 작업 (15장) • 노출 치료 (16장) • 외상 후 스트레스 장애를 위한 인지적 재구성 (16장) • 보호적 입원/일시 위탁 서비스
반복적, 보통의, 낮은－치사율의 자해	단계 2 단계 1, 추가로	• 대치 기술 훈련 (11장) • 인지 치료 (12장) • 가족 치료 (13장) • 정신약리학적 치료 (14장)
초기 자해 사례	단계 1	• 초기 반응(억제된, 감정에 치우치지 않는 태도, 공손한 호기심)(7장) • 정식 평가 (8장) • 인지－행동 평가 (9장) • 수반성 관리 (10장) • 평가 후, 자해가 보통/낮은－치사율일 경우 단계 2로 간다. 만약 자해가 이례적이거 심각하다면 단계 3으로 건너뛴다(3장과 9장).
자해 교육과 예방	단계 0	• 젊은이 사이의 자해 전염 관리와 예방 (20장과 21장) • "기절 놀이"와 그와 관련된 현상에 관한 예방과 교육 (22장)

치료: 1단계

제 7 장

초기 치료 대응

단계별—관리 모델(99쪽의 II.1 참고)을 제공하는 데에 있어서의 첫 번째 요소는 초기 치료 대응으로 구성된다. 자해에 대한 초기 임상 응답은 이후의 평가와 치료 과정의 기초가 된다. 초기의 능숙한 대처는 내담자로부터 신뢰를 이끌어내고, 극심한 스트레스를 겪는 가족 구성원들을 안심시키며, 자해의 특이점을 올바르게 기술할 수 있게 한다. 반대로, 자해에 대한 초기 대응이 제대로 이루어지지 않으면 장기적으로 부정적인 파급 효과가 있을 수 있다. 오진은 그 행동을 자살행동으로 확정지음으로써 불필요한 정신 병원 입원과 그로 인한 낙인 효과를 불러일으킨다. 이 장은 자해에 대응하는 데 있어서 언어를 전략적으로 사용하는 것과 적절한 대인 태도를 취하는 것에 대해 다룬다.

자살 전문 용어의 사용 자제하기

1장에서는 자해와 자살의 주요 차이점들을 강조했다. 이것과 일관되게, 내담자(의뢰인)가 그들의 자해에 대해 이야기할 때, 자살과 관련된 언어 사용을 피하는 것이 중요하다. 많은 전문가들은 자해를 언급하는 데 있어서 '자살 표현' 혹은 '자살 시도' 등의 단어를 사용한다.

'자살 제스처'라는 용어의 사용은 오해의 소지가 있을 뿐만 아니라 대개 역전이를 일으킬 수 있으며(Maltsberger, 1986) 치료 방해(Linehan, 1993a)를 야기한다. '표현'은 경미한 움직임으로, 어떤 행동의 작은 부분, 사건의 큰 그림에 있어서 중요하지 않은 행동이다. 전문가들은 '자살 표현'이라는 용어를, 그 행동이 '진짜 자살 시도'가 아니라는 것을 전달하고, 그렇기에 심각한 걱정을 요하지 않다는 것을 말하기 위해 사용한다. 종종 '표현'이라는 용어에 있는 추가적인 의미는 그 행위가 '조작 가능'하다는 것이다. 자해는 중요하지 않은 것도 아니며 조작 가능한 것도 아니다. 이 행동은 중요하고, 그런 만큼 완전한 집중과 협력을 수반하는 치료적 전략을 요한다. 자해는 무시되거나 과소평가되어선 안 된다. 이는 그저 표현이 아니며, 이것은 '중요한' 행동이다.

비록 '자살 시도'라는 동일하게 흔한 용어는 역전이의 영향을 받지 않지만, 자해 행동과 관련하여 이 용어를 사용하는 것은 종종 혼란을 야기한다. 1장과 2장에서 논의했듯이, 자해는 자살과 실질적으로 다르다. 그러나 자해가 자살 시도의 주 위험 원인 중 하나인 것은 맞다(그러나 반드시 자살 행위로 인한 죽음에 대해서는 아니다). 좋은 임상치료는 우리가 (1) 두 종류의 행동을 다르게 이해하고, 다루고, 치료하는 것뿐만 아니라, (2) 조심스럽게 그것들을 상호−감시하고 상호의존적으로 분석해야 한다고 제시한다. 우리는 우리의 내담자들을 돕기 위해 '자해'와 '자살'이라는 용어를 정확하게 사용해야 한다. 이 정확도는 사용된 방법에 대한 세부 사항들을 통해 이루어질 수 있다. 자살은 총기, 목매달기, 약이나 독 복용, 뛰어내리기와 같은 행동을 포함한다. 반대로, 자해는 자르기(긋기), 화상, 뽑기, 때리기와 같은 행위를 포함한다. 두 종류의 행동 양식 사이의 치명도의 차이에 주목해라. 자해를 '자살 시도'로 치부해 버리는 것은 명료함이 필요한 시기에 거대한 진흙탕을 만드는 것과도 같다.

자해를 언급하는 데에 빈번히 사용되면서도 논란의 소지가 있는 또 다른 용어는 '자살극'이다. 이는 Norman Kreitman(1977)에 의해 처음 쓰인 용어로, 다른 많은 연구자들 사이에서 광범위한 자기파괴 행위를 언급하는 데에 사용되어 왔다. Linehan(1993a)는, 예를 들어 피부를 뚫는 것에 실패한 종이 클립으로 팔을 긁는 것부터 죽음으로까지 이어지지는 못한 치명도가 높은 자살 시도(총을 쏘아 자살 시도를 했으나 머리에 부상만 입은 경우)까지 많은 다른 행동들을 포함한다. 이렇게 광범위한 자기 파괴적 행위들은 너무 다른 종류의 것들로 이루어져 있기 때문에, 이들을 하나의 단일 용어 아래로 포함시키는 것은 유용하지 않다.

보통의 치료사는 이러한 보통의, 덜 치명적인 머리 잡아뜯기와 더 치명적인 시도인 목매달기 등의 다른 행동들을 언급하는 데에 똑같은 단어를 쓰는 것을 곤혹스러워한다. 그 이상의 설명이 없다면, 우리는 '자살극'이 덜 혹은 더 치명적인 행위 중 어떤 것을 이야기하는 것인지 고민할 수밖에 없어진다. 자기 파괴적 행위에 대한 정보를 정리하는 데 훨씬 더 유용한 방법은 3장에서 소개된(그림 3.1 참고) Pattison과 Kahan(1983)의, 직·간접적 자해를 고려한 다차원 도식이다. 이 모델은 의도, 치명도, 빈도에 있어서 단계적 차이를 제공한다. 이 도식은 사망할 수도 있는 위험이 아예 혹은 거의 없는 행위들을 훨씬 치명적인 행위들과 결부시키지 않는다.

내담자의 언어를 체계적으로 사용하기

　　만약 '자살 표현', '자살 시도' 그리고 '자살극'이라는 용어가 자해를 논하는 데에서 기피되어야 한다면, 어떠한 용어가 사용되어야 할까? 특정한 예외도 있겠으나, 대개는 자해 내담자 자신들이 사용한 그 언어를 사용하는 것은 종종 큰 도움이 된다. 자해하는 사람들의 대부분은 그들의 자해에 대해 말하거나 쓸 때 그 행동을 구체적으로 묘사하는 언어를 사용한다. 그들은 이것을 '자르기', '할퀴기', '깎기', '태우기', '꼬집기', '때리기' 등의 언어로 언급할 것이다. 만약 치료자가 이러한 언어들을 사용해 내담자에게 대응하면, 명확한 이점이 있을 것이다. 먼저, 이는 내담자의 용어를 사용하여 함께 연결되는 전략이다. 이는 또한 내담자가 자신의 언어를 받아들일 수 있도록 존중해주는 것과도 같다. 치료자로부터 받을 수 있는 내재된 메시지는 '나는 이 행동들에 대한 너의 시각에 정중한 주의를 기울이고 있으며, 이것을 논하기 위해 당신의 언어를 사용하고 있다'이다.

　　내담자의 언어를 그대로 사용하는 것에 대한 또 다른 이점은 이것이 개인의 심리적 영역에 들어가는 것에 대한 예비 단계가 된다는 것이다. 이러한 심리적 접근은 자해를 경험한 개인을 이해하고 돕는 데에 중요하다. 타인의 말하기를 반영하는 언어는 공감적 행동의 가장 기초이자 확인이다.

　　그러나 이 법칙에 대해서 예외들도 있다. 자해 내담자의 언어를 사용하는 것이 잘 작용하지 않을 때도 있다. 이러한 예외들은 두 가지 종류의 언어를 포함한다. '축소' 와 '극도로 주관적인' 언어다. 축소의 언어는 개인이 자신의 신체에 상당한 해를 가하는 행동임에도 불구하고, 그 언어는 그만큼의 손상을 반영하지 않고 있을 때를 말한다.

예를 들어, 나는 두 팔에 아주 많은 영구적인 흉터를 가진 30대 여성과 일한 적이 있다. 흉터는 들쭉날쭉하고, 무작위였으며, 굵은 흰 색의 켈로이드였는데 이는 15년간 이어진 자상의 기록이었다(그 손상은 자해 이상의 것이었다). 그녀의 흉터 중 많은 부분은 그때그때 봉합되지 못한 상처들로부터 생겨났다. 그러나 그녀는 상처들을 혼자 신경쓰면서 그것들의 규모와 영속성이 더 악화되게 내버려두었다. 이 여성이 처음 치료를 시작했을 때, 그녀는 그녀의 자상을 '할퀴기' 혹은 '꼬집기'로 표현했다. 나는 그녀의 흉터들의 규모를 보았을 때, 이 언어가 꽤 축소적이라는 것을 알았다. 게다가 이 흉터들은 타인에게 보였을 때 낙인찍힐 만한 것이었다. 사람들은 그녀의 팔에 엉망으로 얽힌 흉터들을 보았을 때 움찔하고 그녀를 피할 것이었다.

내가 내담자와 긍정적인 동맹 관계(신뢰)를 쌓고 나서, 나는 그녀의 언어 사용에 부드럽게 맞서는 것을 택했다. 나는 그녀를 부끄럽게 하거나 꾸짖는 것을 피하기 위해 매우 조심스러웠으나, 우리의 대화에 현실감을 더해야 할 필요가 있다고 보았다. 적당한 때가 되었다고 생각되었을 때, 나는 그녀의 '자해가 할퀴기나 꼬집기의 수준을 훨씬 넘어선 것 같다'는 나의 의견을 말했다. 처음에는 내 의견에 놀랐지만, 그녀는 언어 사용에 대한 나의 의문을 수용할 수 있었다. 후에, 나는 그녀의 자해에 관련해 어떠한 단어들을 사용하는 것이 더 적절할지에 대해 물었다. 그녀는 우리가 '자르기' 혹은 '마구 베기'를 사용하자고 제안했으며 나는 동의했다. 그녀의 피해의 범위에 대한 시각이 더 정확해지는 것은 치료 과정의 일환이었다. 그녀는 사회적으로 그녀가 치러야 할 것에 대해 이해한 순간부터 그 행동을 줄이는 것에 더 신경 쓰기 시작했다. 그녀는 사회적 파급효과에 대해 걱정될 때마다 다른 이들로부터 그녀의 흉터를 숨기기 시작했다. 그녀가 잘 알고 더 편안함을 느끼는 사람들과 있을 때, 그녀는 이렇게 조심하지 않았다.

언어와 관련된 다른 문제점은 내담자가 그 행동을 과도하게 주관적인 입장에서 표현할 때 생긴다. 가장 빈번하게, 이러한 특이한 언어는 어떤 형태의 정신 질환을 앓는 사람들이 사용한다.

예를 들어, 나는 자신의 얼굴, 머리 그리고 눈을 때림으로써 스스로를 훼손시킨 남자와 몇 년 동안 일했다. 몇 년에 걸친 이러한 자기 학대는 스스로를 시각장애인이 되게끔 만들었다. 이러한 자학 행위에 대한 그의 설명은 해가 지나도 항상 똑같았다. 그의 말에 따르면, 그의 자기 훼손은 매우 확고한 망상과 연관이 있었다. 그는 악한 영혼들이 그의 몸을 점령했고 그의 죄에 대해 벌을 내렸으며 그에게는 자기 학대 행위에 대한 통제권이 없었다고 진술했다. 치료 과정에서, 나는 종종 그의 망상적인 사고들을 탐색했다. 그러나 나는 그것들을 전혀 지지하지 않았으며 내 것으로 만들지도 않았다. 나는 때때로 그가 영혼에 대해 썼던 언어 사용을 모방하긴 했으나, 항상 '나는 영혼들이 이런 자기 학대를 야기했다는 너의 관점을 안다' 혹은 '네 생각에, 너는 오늘 벌을 받은 것 같니?'라는 한정자 (Qualifier)를 덧붙였다. 나는 이를 지지하거나 인정하지 않으면서도, 세상에 대한 그의 경험을 존중하며 그와 긴밀히 작업하려 노력했다.

25장에서 망상적인 사고와 언어에 대해 체계적이고 치료적으로 대응하는 다른 측면들에 대해 다룬다.

대인 태도의 중요성

자해에 대한 초기 대응의 두 번째 양상은 대인 태도의 중요성과 관련이 있다. 사람들은 감정적으로 변화된 행동들로 자해에 대응하는 경향이 있다. 이것들은 다음과 같은 반응들을 포함한다.

- 극도의 걱정과 과장된 지원
- 분노와 두려움
- 놀람, 충격, 회피
- 비난, 조롱, 협박

대부분의 사람들은 자해에 대해 걱정 혹은 지원 등 긍정적인 감정으로 대응한다. 이것들은 자해를 한 사람에게 도움을 주고 보호하고자 하는 열망이 담긴 대응이다. 그러나 시간이 지나면서, 타인으로부터의 긍정적인 반응들은 행동의 부차적 강화 요인이 될 수 있다. 자해에 대한 첫 번째 강화 단계는 정서적인 고통에서 수반되는 안정이다. 극심한 감정적 불안을 현저하고 신속하게 줄이는 것은 매우 강화적이다. 그러나 우연한 사회적 강화는 또한 중요한 부차적 역할을 할 수 있다. 이러한 이유 때문에, 염려와 도움이라는 긍정적인 반응조차 또한 문제가 될 수 있다. 이것은 특히 그 반응이 과도할 때 그렇다. 감정적 반응이 더 강할수록, 우연한 강화의 위험도 커진다.

많은 사람들은 염려와 도움을 넘어서는 행동으로 자해에 반응한다. 분노와 두려움을 포함하는 히스테릭한 행동들은 드문 것이 아니다. 이 예시를 고려해 보자.

열두 살짜리 외동 딸을 둔, 엄마가 치료사에게 전화를 했다. 그녀는 울면서 방금 그녀의 딸이 반 년 넘게 빈번히 자기를 긋는 자해 행위를 해온 것을 발견했다고 말했다. 숨을 쉬는 중간 중간에, 엄마는 자신은 딸을 위해서 살았고 딸이 자살을 한다면 어떻게 살아갈지 모르겠다고 말했다. 그 치료사는 딸이 그녀에게 얼마나 중요할 수밖에 없을지를 표현하면서, 엄마를 진정시키려고 애썼다. 그리고 그는 딸이 그 순간에 무엇을 하고 있는지 물었다. 엄마는 그녀가 밖에서 행복하게 놀고 있었다고 말했다. 딸이 즉각적인 위험에 처하지 않았다는 것을 확인하고, 치료사는 엄마를 안심시키려고 시도했다. 연속된 질문들을 통해, 그는 딸의 자해는 가끔 이루어진, 응급처방이 필요하지 않은 손목 혹은 발목을 긋는 행위들로 구성되어 있다는 것을 알았다. 그리고 그는 엄마에게 자해는 걱정스러운 것이고 치료를 요하지만, 엄마가 언급한 행위들은 자살에 연관되어 보이지는 않는다고 말했다. 엄마는 이 언급에서 현저하게 안정된 모습을 보였다. 엄마와 치료사는 다음 날 약속을 잡았다. 전화를 끊기 전, 치료사는 중간에 어떠한 큰 문제가 생길 것을 대비해 엄마에게 지역 정신 응급 센터의 번호를 주었다.

이 경우, 치료사의 역할은 엄마를 진정시키고 자해에 대한 간단한 교육을 제공하는 것이었다. 히스테릭한 반응은 이 행동에 대한 대응으로는 거의 효과적이지 않다. 그것은 문제 해결을 방해하고 과도한 반응이 타인에게 효과가 있다고 생각하는 사람들의 행동을 무심코 강화할 수도 있다. 특히 빈번하게 무시 당하거나 벌을 받은 사람들에게, 히스테릭한 수준의 보호 반응은 꽤 만족스러 울 것이다.

자해에 대한 다른 흔한 반응으로는 놀람, 충격 그리고 기피의 어떤 조합이 있다. 이러한 경우에, 자해를 마주하는 사람들은 이 행동에 압도되고 감정적인 영역을 벗어나고 싶은 충동을 갖게 된다. 이 상황에서, 대응하는 사람들은 자해 하는 사람들보다 그들 자신을 더 보호하려는 태도를 취한다. 그들은 도움을 주 고 싶어할 수도 있지만, 자해라는 개념이 견뎌내기에 너무 곤란하고 혼란스러 운 행동이라는 생각을 할 것이다. 결과적으로 그들은 자해하는 개인을 저버리 고 더 안전하다고 생각하는 영역으로 도피한다. 심지어 노련한 치료사들조차 때로는 자해에 대해 이러한 방식으로 대응할 때도 있다.

> 21세 남성은 그의 자해에 대한 이전 치료사의 대응에 대해 다음과 같이 말 했다. "그녀는 그것에 대해 이야기하는 것을 전혀 좋아하지 않았어요. 만약 내가 그 이야기를 꺼냈거나 더 심한 경우에 내가 소매 없는 옷을 입은 채 그녀의 사무 실로 걸어 들어가면 그녀의 얼굴은 일그러졌고 그녀는 매우 스트레스 받는 것처 럼 보였죠. 그녀는 의자에서 이리저리 자세를 바꿔 앉거나 정말 긴장한 것처럼 숨을 쉬었어요. 그리고 그녀는 내가 다시는 그렇게 하지 않도록 약속을 하라고 요구하며 이렇게 말했어요, '더 긍정적인 것들에 대해 이야기해 봅시다….'"

회피와 떨림을 동반한 충격을 드러내는 것은 자해를 한 사람들에게 매우 파괴적이다. 너무 많은 이러한 개인들이 그들의 인생에서 다수의 상실과 거절 을 마주해왔다. 그들에게 더 이상의 저버림은 필요하지 않다. 전문가들은 왜 그 들에게 자해가 촉발되는지 분석하고, 이를 극복하기 위해 노력해야 한다. 많은 사람들이 자해라는 행동에 노출되고, 그것에 대해 더 이해하게 되면서 자해로 충격을 받는 경향은 시간이 갈수록 사라진다. 만약 회피적인 반응이 상쇄되지 않는다면, 치료사들에게는 자해 내담자를 다른 곳으로 보내는 것이 최선일 것 이다.

몇몇 개인들은 놀람 혹은 기피의 단계를 넘어선 완전한 적대심을 보인다.

이러한 경우에, 과도한 지지와 공감으로 인한 엄청난 영향과는 정반대이다. 이는 아래 예시에서와 같이 징벌적이며 거부적이다.

　　　자기 딸의 스스로 베고 화상을 입히는 행위에 대해 알게 된 한 아빠의 첫 반응은 그녀를 "바보 같은 멍청이"라고 부르는 것이었다. 그는 게다가 "네가 이런 병적인 행동을 계속 할거라면, 당장 여기서 나가서 정신병원에 들어가버려! 너나 나나 네가 관심을 끌기 위해서 이런 짓을 하고 있다는 것을 알지! 내 눈앞에서 썩 꺼져!"라고도 말했다.

　　폭력의 경우를 제외하고, 아빠의 이러한 반응보다 덜 도움이 되는 반응은 찾기 힘들 것이다. 자해 행위를 마주하는 것 —특히 자해가 예상되지 못한 경우— 이 타인에게 극도의 감정적 반응을 야기하는 것은 놀랍지 않다. 이 행위는 대개의 인간이 마주하기를 꺼리는 것이 이해가 갈 법한, 조직 손상과 출혈을 포함한다. 게다가 이 행위는 자행된 것이기에, 전형적인 사람들이 갖는 자기보호에 대한 기대를 역행하는 것이다. 이러한 행위는 타인으로 하여금 신체의 취약함, 파열에 대한 두려움을 야기하거나, 신체적 완전함에 대한 감각을 위협할 수도 있다. 그들은 자해를 한 사람이 자신을 공격할 수도 있다는 (대부분 비이성적인) 두려움을 가지기도 한다.

절제된, 감정에 좌우되지 않는 태도 활용하기

　　자해에 대응하는 데에 있어서 대안적이고 전략적인 행동 과정의 첫 번째는 절제되고 감정에 좌우되지 않는 태도를 가지는 것이다. 위에서 언급된, 감정에 치우친 반응들은 자해를 한 사람들에게 배로 위험하다. 이러한 반응들은 협조적이든 아니든 그들이 수치와 부끄러움을 느끼게 할 수 있다. 타인의 정서적인 반응들은 그 사람에게 있어서 나중에 그 행동에 대해 소통할 가능성을 줄인다. 또한, 많은 경우에 강한 반응은 의도치 않게 그 행위를 강화할 수 있다 (재발할 가능성을 높인다). 반면에, 돌봐주려는, 과하게 배려하는 반응은 학대받고, 방치되고, 무시 받아온 사람들에게는 즉각적인 만족을 줄 수도 있다. 한편으로는,

특히 성인들로부터 강한 반응을 유발하는 것을 통해 희열을 느끼는 사춘기 청소년들에게 규탄과 기피는 모순적이게도 보상이 될 수가 있다.

이러한 모든 이유 때문에, 자해에 반응하는 데 있어서 절제되고 감정에 좌우되지 않는 태도를 취하는 것이 임상적으로 권유된다. 어떠한 형태의 평정을 찾는 것은 노력을 요하겠지만, 이는 벌써 감정적인 상황에 더 이상의 영향을 끼치지 않고, 치료자가 매우 감소 및 제거시키고 싶어 하는 그 행위를 의도치 않게 강화하지 않을 수 있다는 두 가지의 이점을 갖고 있다.

정중한 호기심

Caroline Kettlewell(1999)은 자해의 대응에 대한 또 다른 효과적인 방법으로 "정중한 호기심"을 제안했다. 그녀는 그녀가 치료사에게 그녀의 자해를 설명할 때에 그러한 반응을 선호했다고 말했다(사적인 대화, 2002). 호기심은 문제가 빠르게 사라질 것을 원하는 것보다는, 그 문제를 더 알고 싶어 하는 태도를 전달한다. 그러나 효과적이기 위해서, 호기심은 조절되어야 하고 정중해야 한다. 호색적이거나 흥분을 즐기는 듯한 인상을 주는 관심은 대개의 자해하는 사람들에게 불쾌할 수 (또는 너무 강화적일 수) 있다. 예외는 20장에서 다루었듯, 전염이 이루어지는 또래 그룹에서 존재할 수 있다.

비심판적 연민

자해에 대한 또 다른 치료적 대응으로는 비판단적 연민이 있다. 종종 자해하는 사람들은 그들의 자해와 관련하여 가혹한 경멸적인 판단을 마주해 왔다. 그들은 정신적으로 아프고, 충동적이고, 폭발하거나, 위험하거나, 그런 것들로 간주되었다. 치료사가 비판단적 연민으로 반응하는 것은 자해를 한 내담자에게 굉장한 위안이 될 수 있다. 이러한 자세는 치료사가 내담자가 많은 부분을 말해 줄 것을 기대하면서 나머지 이야기를 들어 보려고 하는 입장을 취하는 것이다.

매우 타당한 질문은 다음과 같다. 흔히 권장되는 동정심과, 그렇지 않은 과도한 관심 혹은 지지의 차이는 무엇인가? 이러한 종류들의 긍정적인 반응은 쉽게 구분하기 힘들다.

주요한 차이는 톤에 있어서의 미묘한 다름이다. 과도한 염려와 지지는 도움이 되고자 하는 열망과 빠르게 개입하고 보호하고자 하는 욕망 같은, 어떠한 정서적 열렬함을 요한다. 연민은 더 수용 쪽에 가까운데, 내담자에게 즉시 바뀔 것이라는 기대를 하지 않으면서 더 중립적이고 비판단적인 방법으로 함께하는 것이다.

이러한 비판단적, 동정적인 태도 – 묘사하기도 어렵고 달성하기도 어려운 – 의 예시는 초기 치료 과정에서 인용한 다음 대화에서 등장한다.

치료사: 당신의 삶의 자세한 부분에 대해 들을 수 있어서 좋네요. 이제 당신이 여기 왜 왔는지에 대해 이야기할 수 있을까요?

내담자: (쑥스러워 보인다) 그, 저는 항상 제 몸을 그어요….

치료사: (절제된 태도, 동정심을 담은 어조) 얼마나 자주 그러나요?

내담자: 거의 매일이요.

치료사: 그건 꽤 빈번하네요. (축소하지 않으면서) 보통 어디를 그어 왔나요? (존중하는 태도로 호기심을 보이며)

내담자: (심지어 더 당황하여) 제 생각엔, 모든 곳이요.

치료사: 알겠어요. 그을 때 당신이 제일 선호하는 신체 부위가 있나요? (정중한 호기심)

내담자: 네, 제 팔과 다리요.

치료사: 그렇군요. 팔과 다리를 긋는 것이 당신에게 어떠한 역할을 한다고 생각하나요?

내담자: 제 기분을 낮게 해 주고 저를 진정시켜요.

치료사: 그래요. 그것이 당신의 감정을 다루는 데에 가장 효과적인 방법 중 하나인가요?

내담자: (열성적으로) 물론이죠!

치료사: 그럼, 당신이 자주 그러는 것은 전혀 이상하지 않은 거네요, 그렇죠? (비판단적으로)

내담자: 이해해 주셔서 감사합니다. 대부분의 사람들은 제가 멍청하거나 제

정신이 아니라고 생각하는데 말이죠.

이 치료는 희망적인 시작을 했다. 치료사는 내담자에게 자해가 있는 사실 그대로 그리고 동정적으로 이야기될 수가 있다는 것을 전달했다. 과도한 공감, 히스테리, 충격, 떨림 혹은 규탄의 아무런 징조도 없다. 치료사는 심지어 자해가 괴로움을 다루는 데에 있어서 효과적이기 때문에 적응적 특색들을 갖고 있다는 것을 비판단적으로 알아챘다. 내담자는 자신이 우선적으로 이해받고 있다는 기분을 느끼는 것처럼 보인다. 그들은 이제 내담자 자신의 언어를 사용하여 자해에 대해 논의하는 단계로 넘어갈 것이다.

결 론

요약하자면, 자해에 대해 대응할 때 치료사와 다른 사람들이 아래와 같이 행동하는 것이 대개 가장 효과적이다.

- 자살과 관련된 용어 사용을 기피해라.
- 내담자 자신의 서술적 언어를 사용해라.
- 너무 축소되었거나 특이한 언어 사용을 부드럽게 바꿔 보려고 해라.
- 부차적 강화를 야기할 수 있는 우연한 위험 요인들에 대해 자각하고 있어라.
- 절제되고 감정적이지 않은 태도를 취해라.
- 존중에 기반한 호기심을 전달해라.
- 판단하지 말고, 공감해라.

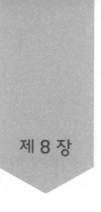

제 8 장

자해에 대한 정식 평가

JENNIFER J. MUEHLENKAMP

단계별－관리 모델의 단계 1의 두 번째 구성요소는 자해에 대한 공식 평가이다. 이러한 행동은 임상가 또는 다른 전문가가 직감 그리고 실무－기반의 지식을 넘어서 더욱 정형화된, 근거－기반의 평가를 하도록 한다. 이 장은 이러한 평가의 중요성을 시사하는 한 사례와 함께 시작하기로 하자. 이 장의 뒷부분에서는 정식 평가의 유용성을 설명하기 위해 이 사례에 사용된 정식 평가에 대하여 서술할 것이다.

Marissa는 16세의 유럽계 미국인 소녀로, 큰 규모의 공립 고등학교 11학년이다. 그녀는 만점을 받는 학생이며 또한 육상 팀의 유망주이다. 그녀는 중산층의 온전한 가족과 긍적적인 또래 집단으로 보이는, 규모는 작지만 꽤 굳건한 친구 무리가 있다. 학생이자 운동선수로서의 그녀의 성공에도 불구하고, Marissa는 그녀의 남동생과 또래 중 많은 이들에게 깊은 열등감을 느꼈다. 그녀는 매우 우울해지기 시작했으나 그녀의 스트레스를 감추기 위해 더 열심이었고 그러한 시도는 꽤 성공적이었다. Marissa는 그녀의 선수 생활을 많이 지원해주신 부모님 두 분 모두를 기쁘게 하려고 분투했다. 지난 몇 달간, 그녀는 주(state) 육상 대회에 나갈 수 있는 자격을 얻기 위해 노력했다. 그 분기의 마지막 육상 미팅에서, Marissa는 2등을 하는 바람에 주 대회에 나갈 자격을 얻지 못하였다. 그날 밤, 그녀의 엄마는 Marissa가 수많은 자해 상처들로 뒤덮인 자기 팔뚝을 수건으로 가린 채 엄마의 도움을 찾으며 우는 작은 소리에 깼다. 자상 중 하나는 그녀의 손목에 문자 F(실패를 뜻하는) 새겨둔 것이었다. Marissa가 상담사를 처음으로 만나기로 한 3일 후에는, 대부분의 상처들이 그녀의 장신구로 쉽게 가려질 만큼 희미해졌다.

Marissa는 현재 증가 추세에 있는 특정 청소년 집단을 대변한다. 그들은 자신을 자해로 몰고가는 극도로 부정적인 내적 상태에 대처할 능력이 부재하고 내적 혼란을 겪고 있지만, 비교적 성공적으로 잘 기능하고 있는 청소년들이다. 경험적 연구들과 일화적인 보고서들은 자해하는 개인들의 수가 증가하고 있고, 셀 수 없이 많은 정신 건강 전문가들이 매우 다양하게 자해하는 내담자(의뢰인)들을 마주한다고 이야기한다. 자해하는 사람들 중 많은 이들이 그들의 경험을 표현하는 데 어려움을 느끼고, 그들의 자해가 어떻게 받아들여질지 두려워하기 때문에, 그들의 자해를 의료 전문가들에게 쉽게 드러내지 않는다(Baetens, Claes, Muehlenkamp, Grietens, & Onghena, 2011; Heath, Baxter, Toste, & McLouth, 2010). 사람들이 자해와 같이 예민한 혹은 수치스러운 행동들을 한다는 것을 보고함에 있어서 면담보다는 자기-보고 측정법을 더 선호하는 경향이 있으므로, 임상적으로 유용한 목록, 선별에 효과적인 질문, 자해 평가 방법을 준비하는 것은 필수적이다. 이 장의 목적은 자해의 초기 공식 평가의 부분으로 사용되며 임상적으로 유효한 자기-보고 측정 도구들에 대한 간략한 리뷰를 제공하기 위함이다.

자해를 평가하기 위해서 표준화되고 검증된 자기-보고 측정법을 쓰는 것은 체계적, 객관적, 고품질의 정보를 신뢰할 수 있는 형식으로 얻는 것으로, 이는 서비스 제공과 관찰 결과를 향상시킬 수 있으며, 또한 비용적으로 효율적인 방법이다. 공식 평가의 한 부분으로서 자해 선별은 그 행동을 초기 감지하는 데 있어서 도움이 되고, 조기 개입을 촉진할 것이다. 이 책의 앞부분에서 강조해왔듯이, 자해는 단일 사고가 반복적인 행동으로 빨리 이어질 수 있기 때문에 조기 개입이 중요하다. 몇몇 자해하는 개인들은 그들의 자해가 갖고 있는 기능에 대해 충분한 이해가 없거나 분명히 표현하지 못할 수 있기 때문에, 사례 개념화와 치료 계획 수립은 자해 사건을 둘러싼 맥락과 자해 행동에 기저한 잠재적 기능을 평가하는 구조화된 질문을 제공하는 척도를 통해 강화된다. 자기-보고 측정으로부터 얻은 정보는 특히 각 내담자의 자해가 그들에게 하는 기능들에 초점을 두고 개발된 개입일 경우 치료적 관계를 형성하는 것을 도울 것이다 (Muehlenkamp, 2006). 또한, 규격화된 측정법은 내담자의 행동을 비교할 수 있는 기준을 종종 제공한다. 규범적 비교 자료는 임상가들이 그들의 내담자의 자해 행동의 심각성을 가늠하는 것을 보조하며, 경험적 연구를 그 내담자의 치료에 적용하고 해석하는 것을 돕는다. 마지막으로, 공식 평가들로부터 얻어진 자료는 또한 치료 과정을 평가하는 데 있어서 신뢰할 수 있는 기저선으로 활용될 수 있다. 이것은 내담자 이탈방지를 강화할 뿐만 아니라, 제3의 기관에 치료 효과를 경험적으로 제시하는 것 등 증가하는 이러한 요구들을 충족시킨다. 그렇기 때문에, 자해에 대한 검증되고 신뢰할 수 있는 측정은 치료 계획 수립과 결과 평가에 중요한 부분을 형성한다.

치료 계획 수립과 결과 평가에서 자기-보고 측정법을 사용하는 것에 관한 지침들이 제정되어왔고(Newman, Rugh, & Ciarlo, 2004), 국립 정신 건강 연구원에 적용되어왔다. 지침은 측정법이 대상 연령에 적합해야 하고 표적 집단에 관련된 것이어야 한다는 조항을 포함한다. 정확한 채점과 일관성을 보이는 객관적 응답 선택지를 포함해야 하고, 서비스 제공에 있어서 유용한 자료를 제공해야 하고, 임상적 현장과 이론들에 호환이 가능해야 하고, 심리 측정의 타당도, 신뢰도, 치료-관련된 변화들에 대한 민감성의 최저 기준을 충족해야 한다. 비록 최근 들어 자해 평가에 사용될 수 있는 척도의 수가 크게 증가하였지만, 많은 척도가 연구 도구로서 목적으로 개발 및 사용되어왔다. 결과적으로, 아래에 검토된 자기-보고 척도들은(자해에 대한 현재까지의 우리의 이해를 바탕으로 봤을 때) 임상적 가용성이 뛰어나고 치료와 집단표본 모두에서 신뢰도와 타당도를 보인 것들이다.

무엇이 평가되어야 하는가?

자해에 대한 기술적 연구들은 평가할 자해 행동의 지배적인 특성과 특색들을 식별하는 것에 대한 경험적인 기초를 제공한다(Nock, 2010). 이러한 특성들은 또한 개정될 「정신 장애진단 통계매뉴얼 5판」(DSM–5; 미국 정신의학회)에 제안된 "비자살적 자해" 장애의 진단 기준과 일치하며, 그렇기 때문에 이 특성들은 자해를 평가할 때 꼭 얻어져야 할 필수적인 정보인 것이다. 설문지는 최소한 자해 행동의 유무, 자각된 심각성 그리고 그 자해 행동이 역할하는 기능들을 평가해야 한다. 이러한 항목들의 포함은 내담자의 자해가 가지는 기본 특성들에 대한 이해를 위한 군건한 기초를 제공하며 변화되는 치료를 측정할 기저선을 제정한다. 이러한 기초적인 자료는 또한 각 내담자 개인의 특정 자해에 대한 추가적이며 격식에 얽매이지 않는 평가를(이 책의 9장을 참조) 위한 기초를 제공한다. 이 장에서 검토되는 척도들은 모두 이러한 특성들에 대한 적절한 평가를 제공한다. 그러나 몇몇은 또한 각 개인을 위한 개별 치료 계획 수립에 도움이 되는 다른 자해 특성들에 대한 더욱 자세한 평가를 제공한다. 이러한 추가적인 특성들은 가장 최근의 사건에 대한 세부사항들, 자해 중의 통증 경험, 자해 욕구의 빈도와 강도, 자해를 피하기 위해 사용된 기술 그리고 잠재적인 습관적 특성을 포함할 수 있다. 이러한 추가적인 영역을 측정하는 척도를 사용할지에 대한 결정은 시간적 제약, 포괄적인 세부사항들에 대한 갈망, 그리고 본인이 덜 형식적인 평가 과정에서 이러한 정보들을 얻어낼 수 있을 지에 대한 임상가 자기 능력에 대한 자신감과 균형을 유지할 필요가 있다.

자기-보고 척도의 검토

자해(self–mutilation)의 기능적 평가

자해기능 평가지(The Functional Assessment of Self–Mutilation, FASM; Lloyd, Kelley, & Hope, 1997)는 정신과 입원환자인 청소년, 지역사회 고등학생, 또는 구금된 젊은이들의 사용을 위해서 개발되었다. 이 평가지는 두 개의 주요 부분들로 구성되어있다. 첫 번째 부분은 내담자에게 11가지 잠재적 자해 행동들에 대한 점검목록을 제공하고, 내담자가 지난 한 해 동안 어떠한 행동들에 관여하였는지 제시하도록 요구한다. "기타"라는 포괄적인 항목은 내담자로 하여금 목록에 기재되지 않은 행동에 관하여 작성하게 한다. 이 척도의 이 부분에 있는 항목들은 두 개의 믿을만한 식별된 영역들, "가벼운"(예를 들자면, 상처 뜯기)와 "중증의/심각한"(예를 들어, 자상) 행동들로 나뉜다. 내담자들은 또한 얼마나 자주 그들이 각 행동에 관여하는지, 그것들로 인해 의료적 치료를 받은 적이 있는지 등을 보여준다. 이 척도의 두 번째 주요 부분은 내담자가 "절대 아니오"부터 "자주"의 범위로 응답할 수 있는, 자해 기저의 잠재적인 기능들을 묘사하는 22 문항의(추가적으로 또 다른 "기타" 항목과 함께) 목록을 제공한다. 이 척도는 또한 자해의 충동적인 본질을 평가할 수 있는 항목들(예를 들어, 자해를 시행하기 전에 내담자가 얼마만큼의 시간동안 고민하는지) 행동의 발생 연령, 통증의 경험 유무, 그 자해 행동중 어느 것이라도 자살의 목적이 있었는지, 자해가 약물이나 알코올의 영향 아래 일어났었는지 등을 포함한다.

　　FASM(자해기능 평가지)은 입원환자와 지역사회 집단 청소년 모두에게서 높은 구조적 타당도를 보여주었다(Lloyd−Richardson, Perrine, Dierker, & Kelley, 2007). 이 척도의 두 주요한 부분들은 각각 적절한 신뢰도, 타당도를 갖는다. 이 척도의 한 가지 한계점은 점검표에 제시되는 행동들의 범위가 한정적이라는 것이다. 다른 것들로는 목록에 제시된 행동들이 대부분 매우 가볍다는 것, 몇몇은 쉽게 오역될 수 있다는 것(예를 들면, '자신을 물다'는 '손톱 거스러미를 뜯다'로 해석될 수 있음), 몇몇은 현재 연구들에서 주로 사용되는 '자해'에 관한 정의들(예를 들어, 머리 뜯기)를 사용하지 않는 것이다. 또한, FASM은 치료 결과에 관한 연구들에서 사용된 적이 없기 때문에, 이 평가지가 치료적 변화들을 감지하는 데 있어서 민감한지 불확실하다. 이 평가지는 성인들을 대상으로 사용된 적 또한 없다. 그러나 FASM은 간결하고(응답 완료하는 데 5분 정도 소요), 자해에 임상적 소견이 필요한지에 대한 포괄적인 선별을 제공하기 때문에, 매우 비용−효율적인 척도이다. 더 나아가, 이 척도는 각 환자(의뢰인)의 자해가 역할하는 다른 기능들의 중요성과 범위의 추정치를 제공할 수 있고 이는 개별화된 치료 계획을 설계하는 것에 도움이 된다. 이 책의 부록 C에서 FASM한 부를 찾을 수 있을 것이다.

Ottawa 자해 척도(Ottawa Self-Injury Inventory)

　　임상적 도구로서의 사용을 목적으로 설계된 Ottawa 자해 척도(Ottawa Self−

Injury Inventory. OSI; Cloutier & Nixon, 2003)는 자해하는 청소년들, 또한 자해하는 내담자들과 작업하는 심리학자들, 정신과 의사들의 도움으로 개발되었다. OSI 는 과거와 현재의 자해 행동들의 특성들을 평가한다는 점에서 특별하며, 그렇기 때문에 어떻게 자해 행동이 첫 발생으로부터 시간이 지나면서 지금 현재의 형태로 진화해 왔는지에 대한 추측을 제공할 수 있다. 이 척도는 개중에 가장 종합적인 것이다. 이는 자해의 특성적인 영역들을 모두 평가하고 또한 습관적 특성들, 자해하는 것을 그만두려는 동기, 보고된 기능들을 달성하는 데에 있어서 자해의 효과성, 자해가 지속되는 이유 그리고 최근의 자해 행동들이 현재 하고 있는 역할 등을 평가하는 하위 구성 요소들을 포함한다. 마지막으로, OSI는 내담자가 지난 6개월 안에 자살을 시도한 적이 있는지 등과 같은 자살적 행동을 평가하는 몇몇의 항목들을 포함한다.

　　OSI의 심리 측정적 속성들에 대한 평가는 여전히 진행되고 있으나, 초기 자료는 이 척도가 2주의 기간에서는 신뢰(r = .52-.74 영역 간)할 수 있으며, 청소년 표본에서는 타당도를 갖춤을 제안한다(Cloutier & Nixon, 2003). OSI의 기본적인 결점들로는 이 척도가 꽤 시간이 걸린다는 점(응답 완료하는 데에 약 20분 소요), 그리고 이 척도가 치료적 변화들에 대해 민감성을 보이는지 불확실하다는 점이다. OSI는 무료로 내려받기가 가능하다(www.insync-group.ca/publications/OSI_clinical_October_20051.pdf).

자해에 관한 문항 척도(Inventory of Statements About Self-Injury)

　　FASM과 비슷하게, 자해해 관한 문항 척도(ISAS; Klonsky & Glenn, 2009a)는 이론적, 경험적인 자해 연구들로부터 많은 영향을 받은 두 영역으로 구성되어 있다. 첫 영역은 12가지 자해 행동들의 관련 특성들과 평생 빈도를 평가한다. 이 영역에 포함된 항목들은 자해의 발생 연령, 통증의 경험, 맥락적 특성들(예를 들어, 혼자 또는 누군가와 함께 자해하는가), 자해하는 것을 멈추고 싶은 갈망 그리고 자해 욕구와 실행 사이에 지연된 시간의 추정치다. 내담자들이 본인의 자해와 얼마나 연관되었는지 매겨볼 수 있는 13가지 잠재적 기능들의 목록이 그 두 번째 영역을 차지한다. 그 기능들이란 실증적 연구를 기초로 하는 포괄적 목록을 대표한다. 이 목록에는 정서 조절, 자기-처벌, 대인관계 영향, 또래 유대감,

감각추구 등이 포함된다.

　ISAS는 가장 최신의 자기-보고 척도이며, 이 척도의 심리 측정적 속성은 자해하는 학부생들을 대상으로 한 단일 표본에서만 평가되었기 때문에 이 척도가 더 어린 청소년들 그리고 임상적 표본들을 대상으로 사용될 경우의 타당도는 알려지지 않았다. 이러한 한계점에도 불구하고, ISAS는 자해하는 대학생들을 대상으로 한 표본 내에서 높은 내적 일관성과 타당성을 보여주었다. 이 척도는 빠른 실행(완료하는 데 약 5-10분 정도 소요)이 가능하며, 자해의 기능들에 관한 평가와 함께 자해의 기본적 특성들에 관한 포괄적인 평가를 제공한다. 그러므로 이 척도는 치료 계획 수립, 또한 내담자의 가장 최근의 자해에 관한 조금 더 자세한 기능적 분석을 하기 위함에 있어서 탄탄한 기초를 제공할 수 있다. ISAS는 요청에 의해서 British Columbia 대학교의 E. David Klonsky 박사로부터 구할 수 있다.

자해 행동 설문(Self-Harm Behavior Questionnaire)

　자해 행동 설문(SHBQ; Gutierrez, Osman, Barrios, & Kopper, 2001)은 간략하며, 4가지 다른 영역들, 자기-손상(예를 들어, 자해), 자살 시도, 자살 사고, 그리고 자살 협박을 넘나드는 행동들에 대한 탄탄한 평가를 제공한다. 각 영영들은 내담자가 그 행동에 관여한 적이 한 번이라도 있는지(예를 들어, "당신은 일부러 자기 자신을 다치게 한 적이 있습니까?")를 묻는 이분법적 문항과 함께 시작한다. 이후의 문항들은 그러한 행동의 빈도, 사용된 방법들, 발생 연령, 의학적 심각성의 필요, 첫 사건의 나이와 가장 최근 사건의 나이, 내담자가 그 행동에 대해 누군가에게 이야기했는지 여부 등을 평가한다. 자살과 관련된 항목들에는 그 행동을 촉진하는 요인들(예를 들어, "당신이 자살하려고 시도했던 그 시절, 당신 인생에는 어떤 일들이 일어나고 있었나요?")을 평가하는 개방형 질문 또한 포함된다. 비록 이러한 질문은 자해 영역에서 나타나는 것이 아니지만, 이것은 이 척도의 심리 측정 속성들을 방해하지 않으면서도 쉽게 더해질 수 있다. SHBQ는 약 5분 안에 완료될 수 있다. 이 척도는 다양한 인종을 아우르는 청소년과 성인들, 치료와 지역사회 표본들을 대상으로 사용함에 있어서 타당성과 신뢰성을 갖추었다(Muehlenkamp, Cowles, & Gutierrez, 2010; Gutierrez & Osman, 2008). 연구들은

SHBQ가 자해와 자살을 구별하는 데 효과적이며, 자살 위험도를 선별하는 데 도움이 되는 임상적 준거 척도가 제공된다는 근거를 제시한다. 자해를 평가함에 있어서 SHBQ의 한계점들은 이 척도가 자살 행동에 더 중점을 둔다는 점, (비록 개별 항목들에 관한 응답들은 쉽게 해석이 가능함에도 불구하고) 실증적 척도 점수를 얻기 위해서는 특정한 채점 과정이 필요하다는 점, 자해의 잠재적인 기능들에 대해서는 직접적으로 평가하지 않는다는 점 등이 있다. 이러한 한계점들은, 서로 관련된 것으로 알려진 자해와 자살(1장과 2장 참조)에 대하여 빠른 측정을 제공하는 이 척도의 비용적-효율성에 의하여 상쇄된다. 추가적으로 이 척도는 개방형 질문들을 제공하기 때문에 내담자들은 그들의 고유한 응답들을 제공할 수 있으며, 나누어진 각 영역별로 연령과 성별에 따른 규범 기준들이 제시할 수 있다. 이 척도의 전문은 Gutierrez 와 Osman의 자료(2008)에서 구할 수 있다.

고의적 자해 척도(Deliberate Self-Harm Inventory)

고의적 자해 척도(DSHI; Gratz, 2001)는 임상적인 관찰들과 경험적 연구들에서 뽑아낸 다른 자해 행동들을 반영하는 17문항으로 구성되어있다. 내담자들은 열거된 각 행동들에 관여할 때 목적을 갖고 임하였는지, 자살의 의도를 가지지는 않았는지를 밝힌다. 다른 문항들은 각 행동 항목에 따라, 그 행동의 빈도, 지속 기간, 최신성, 심각성(만약 그 상처가 의학적인 주의를 요한다면), 발생 연령 등을 묻는다. 이러한 항목들은 개별적으로 또는 두 척도 점수들로 통합되어 사용될 수 있다. 하나는 내담자가 자해한 적이 있는지 그 유무에 대하여 전반적으로 나타내는 이분법적 점수이고, 두 번째 척도는 열거된 모든 행동들을 포함하여 자해 빈도의 축적되어온 합계를 제공한다.

DSHI는 경계선 성격장애를 가진 성인을 대상으로 한 몇몇 임상적 연구들을 비롯하여 대학생과 고등학생들을 대상으로 한 연구에 널리 사용되어 왔다. 이 척도는 자해 행동들의 빈도에 관한 $r = .92$의 검사-재검사 신뢰도, 참여자들을 자해하는지 안 하는지 분류하는 믿을만한 이분법적 척도를 포함한 높은 신뢰도를 보인다. 이 척도의 타당도 역시, 이분법적 척도와 축적 합계 척도 모두 자해와 정신병리적 증상을 측정하는 다른 수단들이 예상한 방향으로 상관한다는 점에서 높다. DSHI의 한계점 중 하나는 이 척도가 자해를 동기화시키는 잠재적인 기능들을 평가하지 않는다는 것이다. 또 다른 하나는 이 척도가 비록 경계선 성격장애를 위한 치료를 받고 있는 성인들의 치료적 변화를 측정하는 데 사용 되었지만, 이 척도가 평생 동안의 자해률을 측정하기 때문에 치료적 변화를 감지하는 데 있어서 덜 민감할 수 있다는 것이다(Gratz, Lacroce, & Gunderson, 2006). 이 설문이 약 5분 안에 시행 완료된다는 점이 이 척도가 내담자들의 자해를 식별하는 것, 자해 행동들의 뚜렷한 특성들에 대한 전반적인 평가를 하는 것에 있어서 효율적으로 만든다. 이 설문지의 원고는 Gratz(2001)의 자료 끝부분에 제공된다.

Alexian 형제의 자해 충동 척도(Alexian Brothers Urge to Self-Injure Scale)

비록 이것이 자해 행동들에 대한 포괄적인 평가는 아닐지라도, Alexian 형제의 자해 충동 척도(ABUSI; Washburn, Juzwin, Styler, & Aldrige, 2010)는 이것이 치료적 결과를 평가하는 데 있어서 임상적으로 매우 유용하다는 점에서 언급될 가치가 있다. ABUSI는 매우 간략한(5-항목) 척도로서 자해 충동들에 저항하는 것이 힘든 정도와 그 전 주(week)에 자해 충동의 전반적 점수 등을 묻는 항목들을 통하여 자해하려는 충동의 빈도, 강도, 지속시간을 평가한다.

ABUSI는 청소년과 성인 정신과 환자들의 복합적인 표본을 대상으로 개발되고 승인되었다. ABUSI의 심리 측정 속성들에 대한 초기 연구들은, 이 척도가 높은 신뢰도와 타당도를 가졌음을 시사한다. 흥미로운 점은 입원 시의 점수가 유의미하게 어떤 환자들이 재입원할지, 퇴원 시기에 자해 빈도가 호전될지 예측하며 치료에 따른 결과에 대해 민감성을 보인다는 것이다(Washburn et al., 2010). 비록 ABUSI 척도가 자해의 특성들에 대한 평가를 제공하지 않지만, 이것은 자해 위험을 관찰하고 자해 행동들에 대한 치료 과정과 결과를 추적하는 것에 있어서 우수한 임상적 유용성을 지닌 것처럼 보인다. ABUSI 척도는 부록 C에서 찾을 수 있다.

구조화된 면접 상담

자기-보고 설문지 보다 임상적 면접 상담을 선호하는 임상가들에게 선택할 수 있는 우선적인 선택지가 두 가지 있다. 첫 번째는 '자살 시도 자해 면담' (The Suicide Attempt Self-Injury Interview, SASII; Linehan, Comtois, Brown, Heard, & Wagner, 2006)으로, 이것은 성인들을 대상으로 과거와 현재의 자살적 혹은 비자살적 자해 행동들을 평가하기 위해 개발되었다. SASII는 자해 행동의 중요한 특성들(예를 들어, 빈도, 기능, 치사율, 의도)를 비롯하여 각 자해 행동을 둘러싼 맥락에 대한 포괄적인 평가를 제공하는 개방형 질문, 점검목록표, 면접관이 매기는 항목들의 혼합으로 구성되어있다. 얻을 수 있는 세부사항이 바로 이 면접상담의 강점이지만 이 또한 면접상담이 시간이 많이 소요되고 복잡하게 만들기도 한다. 그러나 짧은 형식도 가능하다.

SASII는 처음에 경계선 성격장애로 진단받은 여성들에 관한 연구 결과의 한 부분으로서 임상적 치료 장면들에서 사용되었으며, 높은 타당도와 평가자 간 신뢰도를 보여주었다. 임상적 규범들은 응급실 환자들과 치료를 원하는 경계선 성격장애 여성들에게 참고될 수 있었다. 이 면접 상담의 중요한 강점은 이것의 융통성, 임상가들이 관심이 가는 구체적인 변수들(예, 자해의 결과들)을 평가할 수 있다는 것이며 이는 그들이 각 내담자들마다 고유하고 개인화된 치료목표들을 인식하게끔 허락한다. 그러나 SASII는 과거의 자해를 측정하는 것을 목적으로 개발되었으며, 자살 혹은 자해의 미래 위험 부담의 평가 도구로서의 사용은 유효하지 않다.

두 번째 선택지는 자해 사고와 행동 면접상담(The Self-Injurious Thoughts and Behaviors Interview, SITBI: Nock, Holmberg, Photos, & Michel, 2007)으로, 치료와 지역사회 표본의 청소년과 젊은 성인들을 대상으로 한 사용을 목적으로 개발되고 인증된 구조화된 면접 상담이다. 이 면접상담은 자해와 자살 행동들 둘 다에 관하여 5가지 분류된 영역인 자살 관념화, 자살 계획, 자살 제스쳐, 자살 시도, 자해를 통합적으로 평가한다. 시행을 편리하게 하고 요구되는 시간을 줄이기 위해서, 초기 선별 항목들의 행동들 중에서 평생에 걸쳐 나타났었다고 표시된 모형들만 시행된다. 자살 또는 자해 행동의 근본적인 특성들의 평가와 함께, SITBI는 사고와 충동의 빈도와 강도, 행동의 선행사건, 통증의 경험, 사회적인 영향, 충동성에 대하여 질문하며, 또한 내담자가 그 행동이 미래에 발생할 경향에 대하여 추정해보도록 한다. 이 면접 상담은 광범위한 세부사항들을 제공하지만, 상대적으로 시행이 신속하여 대개 약 15분 안에 완료될 수 있다.

SITBI는 높은 구성 타당도를 비롯하여 견고한 평가자 간 신뢰도, 검사－재검사 신뢰도를 보여준다(Nock et al., 2007). 비록 이것이 연구와 치료 장면들 둘 다에서 사용되어 왔으나, SITBI가 치료 변화에 민감한지는 불확실하다. 개인화된 요구에 기초하여, 임상가들로 하여금 평가에 있어서 더 관대한 융통성을 갖도록 허락하는 이 면접상담은 짧은(자해의 기능, 통증 경험 그리고 또래 영향과 연관된 항목들을 제외한)양식, 그리고 원본이 이용가능하다. SITBI 수석 저자의 웹사이트에서 이 양식을 구할 수 있다(www.wjh.harvard.edu/~nock/nocklab/publications.html).

사례: Marissa의 평가

자해에 대한 종합적이고 정확한 평가는, 유용하고 개인화된 사례 개념화와 행동에 대한 효과적인 개입을 설계를 시행하는 데 있어서 필수적이다. 자해에 대한 공식적인 평가를 시행하는 것은 책임감 있는 치료를 위해 빼놓을 수 없는 부분이며, 이것은 또한 내담자의 자해에 관한 대화의 효과적인 도입을 제공할 수 있다. 임상적으로 유용하고 포괄적인 평가를 위해, 임상가들이 이 장에서 검토되었던 간략한 자기－보고 척도 중 하나를 내담자의 자해를 선별하기 위해 기본적인 접수 과정의 한 부분으로서 사용하기를 추천한다. 만약 자해가 식별되면, 임상가들은 그때 구조화된 면접상담 중 하나에서 연관된 부분 혹은 더 포괄적인 자기－보고 설문지 중 하나를 개인화된 평가와 치료 계획 수립을 위해 사용할 수 있을 것이다. 일단 치료가 시작되면, 공식 평가들보다는 자해의 개별적인 사례에 관한 기능적 행동 분석의 사용이 더 적절해진다. 치료 과정 중에 정기적으로 자해 행동 빈도 또는 충동 비율에 유용한 척도(예를 들어 ABUSI)를 시행하는 것은 치료 변화를 추적 관찰하는 것에 있어서 가치가 있고 실무의 기본적인 부분으로서 권고된다. 따라서 자해에 대한 공식 평가들은 Marissa의 사례에서 볼 수 있듯이 이러한 행동의 치료에 있어서 아주 중요한 역할을 한다.

그녀의 첫 치료 회기 동안 접수 면담의 한 부분으로서, 상담사는 Marissa에게 그녀가 자기 자신을 해친 적 또는 자살을 고려했던 적이 있었는지 물었다. Marissa는 그녀가 그녀 자신을 베었던 적이 있으며, 그것이 그녀의 어머니가 그녀를 상담에 데려온 이유라고 보고했다. 상담사는 이어서 현재의 자살 사고에 대한 질문들을 하였으나 Marissa의 자상 기저의 의도에 대해 묻는 것은 실패하였다. 그 상담사가 그 자상이 자살적인 거라고 추정하는 것을 보고서, 그녀는 솔직하게 자살적 사고와 계획들을 부정하였으며 그 상담사가 이해하지 못할 것이라는 두려움에 자상에 대한 그 이상의 논의를 거부하였다. 그 접수 면담은 계속되었고, Marissa는 우울증으로 진단 받았다.

Marissa는 그 치료사가 우울증을 치료하는 것에 중점을 둔, 세 번의 추가적인 회기에 참여했으며, 그녀가 다시 그녀 자신을 베었는지에 관한 질문을 받았을 때, 그녀는 솔직하게 아니라고 하였다. Marissa의 우울증이 좋아진 듯 했고 그녀가 상담을 지속하기를 원하지 않았기 때문에, 그 세 번째 회기를 마지막으로 치료는 종결되었다. 대략 2달 후, 한 친구와 싸우고 시험에서 B를 받은 후, Marissa는 매우 심란해졌고 자기 자신을 비난하기 시작했다. 그녀는 다시 그녀 자신을 베기 시작했다. 그녀의 긋는 행동은 비밀리에 일 년 이상 지속되었고 빈도와 그 심각성이 점점 커졌다. Marissa의 심각해지는 우울증(그러나 자상 말고)은 학교 상담사에게 알려질 정도가 되었고, 그는 Marissa와 그녀의 엄마에게 다른 치료사와 다시 한번 치료를 받아보기를 제안했다.

초기 접수 서류 작업의 한 부분으로서, 새로운 치료사는 자해에 관하여 묻는 선별 척도를 포함하였다. Marissa는 그것에 그녀가 작년 한 해, 50번 이상 그녀 자신을 베었다고 답변하였다. 상담사는 선별적 설문지에 긍적적인 답변을 보았으며, 따라서 Marissa의 엄마와 상담사가 만나는 동안 Marissa가 완료할 작은 평가지 뭉치에 더 포괄적인 자기-보고 척도를 포함시켰다. 그 설문을 통하여, Marissa는 그녀의 자상(어떤 경우에는 그녀가 상처를 꼬매기도 해야 했다는 것을 제시하는 등)의 심각성을 알려왔다. 그녀는 자해의 두 번째 방법(부딪히기/의도적인 멍들기)을 확인시켰으며, 또한 처음으로, 그녀는 자해가 그녀에게 무엇을 주는지(예를 들어, 부정적인 감정들을 방출하고, 자신을 처벌하고, 스트레스를 밖으로 알릴 수 있다) 표현할 수 있었다. Marissa는 또한 그 자상은 절대 자살을 위한 것이 아니었으며 그녀는 때때로 강한 자살 생각을 하였고, 약물 과다복용을 한번 고려한 적이 있다고 보고하였다.

　　이러한 세부적인 정보를 토대로, 그 상담사는 Marissa의 자해에 관한 더 깊이 있는 면담을(SITBI 자해 항목들을 참고하여) 진행할 수 있었다. 그 면담에서 Marissa가 자해에 대한 굉장히 강한 충동을 경험하였으나 대개 낮에는 그러한 충동을 이겨낼 수 있었으며, 잠에 들거나 그녀 자신을 진정시키는 것을 돕기 위해 매일 밤 몇 번씩 그녀 자신을 긋는 유형에 관여하였음이 밝혀졌다. 그녀는 또한 그녀가 자해하는 동안 적은 통증을 느꼈으며, 그로 인해 때때로 그녀는 자해하고 싶은 충동을 참을 수 없었고, 그녀가 "만일에 대비해" 그녀의 학교 사물함에 날카로운 도구를 상비하였음을 보고하였다. 이러한 세부 정보를 바탕으로, 상담사는 Marissa와의 상담에서의 치료 계획을 설계하기 시작했다. 그 계획은 Marissa의 행동 아래 고유한 측면들을 목표로 함으로써 특히 자해에 중점을 두었다. 치료 과정은 매주, 자해 사례의 빈도를 비롯하여 자해 충동의 빈도와 심각성에 대한 평가를 통하여 추적 관찰되었다.

Marissa의 사례는 공식 평가 도구의 사용이 어떻게 정보 수집과 임상적 계획을 강화시키는지 자세히 보여준다. 만약 첫 번째 상담사가 자해에 관한 자기－보고 측정을 사용했었다면, Marissa의 자상 기저의 맥락과 기능들에 대한 추가적인 정보가 그때 감지될 수 있었을 것이다. 이러한 추가적인 정보들을 확인하는 것은 더욱 구체적인 치료 계획(예시, 접근적 대처, 스트레스 포용, 자기－이미지)을 시행할 수 있도록 하였을 것이며, 자해의 첫 사건을 동기화시킨 맥락적 그리고 사회－심리학적 요소들을 목표로 함으로써, 아마도 반복적인 자해의 증가를 막을 수 있었을 것이다.

결 론

이 장의 주 요점과 권고사항들을 요약하면 다음과 같다.

• 자해에 관한 공식 평가는 이것이 자해의 감지를 돕고, 개인화된 치료를 위한 사례 개념화를 강화시키며, 과정의 체계적인 관찰을 가능케 함으로서, 성공적인 임상적 실무를 위하여 필수적이다.

- 자해에 대한 간략한 초기 임상적 평가를 위하여, 나는 자해 기능적 평가지(FASM) 또는 Alexian 형제의 자해 충동 척도(ABUSI)를 사용하기를 추천한다.
- 만약 자해와 자살 모두가 존재하는지에 대한 간략한 초기 평가를 원한다면, 자해 행동 설문지(SHBQ)가 추천된다.
- Ottawa 자해 척도(OSI)는 자해에 관한 더욱 철저한 임상적 또는 연구적 평가에 적극 권고된다.
- 자해와 자살 모두에 관한 더욱 광범위한 임상적/연구 평가라면, 자해적 사고와 행동 면담(SITBI)이 적극 추천된다.

제 9 장

인지-행동 평가
(Cognitive-Behavioral Assessment)

단계별-관리 모델(Stepped-care model) 제1단계의 세 번째 요소는 인지-행동 평가이다. 이 복잡한 활동은 제8장에서 서술된 자해의 공식적인 평가를 기반으로 보완하고 만들어진다. 이 장에서는 제6장에서 논의된 생물·심리·사회적 공식화(biopsychosocial formulation)를 이용하여 자해에 대한 평가를 어떻게 시행하는지를 제시한다. 앞에서 설명한 바와 같이, 생물·심리·사회적 공식화는 우리가 자해를 이해하고 치료하는 것을 도우며 상호 연관된 5가지 차원, 즉 환경적, 생물학적, 인지적, 정서적 및 행동적 측면을 제시한다. 평가는 최초의 자해의 특성을 평가하는 것이 중요하기 때문에 마지막 부분인 행동적인 측면부터 시작된다. 그 다음에 임상가는 행동을 촉진시키고 유지시키는 조건들을 파악할 수 있게 된다.

여기에 제시된 평가 절차는 철저한 행동 분석을 수행하는 원칙을 기반으로 하며, 이는 측정 가능한 데이터와 행동에 대한 선행 사건들, 행동 그 자체 그리고 이후의 결과에 관한 기술적인 정보를 수집하는 3단계 과정을 포함한다(Kazdin, 1944).

자해 행동 평가

자해 일지 사용하기

자해에 관한 정확한 정보를 수집하는 한 가지 방법은 내담자에게 그림 9.1 과 같은 자해 일지를 작성하도록 요청하는 것이다. 외래 환자의 대다수는 매주 심리 치료 회기의 사이에 그러한 일지를 완성하려는 의지와 능력이 있다. 주거 지원 및 주거 프로그램을 통해 거주지를 보조받는 내담자도 일지를 상당히 생산적으로 사용할 수 있다. 이러한 내담자들은 직원에게 도움을 요청하거나, 그들을 통해 혜택을 받을 수 있다.

일지를 사용하여 생성된 정보는 혼자 회상하는 것보다 훨씬 더 신뢰할 수 있다. 본 연구자의 경험에 따르면 자해를 중단시키기 위한 동기를 부여받은 성인들이 일지를 완료하고 회기에 가져 오는 것을 기억하는 것은 신뢰할 수 있다. 반대로, 청소년 내담자는 매우 가변적일 수 있다. 일부는 일지를 잃어버리거나, 완성하는 것을 잊어버렸거나, 회기에 가져 오지 못한다. 일지를 완성하는 것을 잊어 버리는 경향이 있는 내담자에게 치료사는 회기 간에 이메일로 일주일에 1~2번의 과제 업데이트를 요청할 수 있다. 또는 회기 간에 일주일에 1~2회의 즉각적인 연락을 제공할 수 있다. 이 간략한 연락에 대한 동의는 내담자에게 미리 구해야 한다. 내담자가 여전히 숙제를 잊어 버렸을 때, 가장 좋은 방법은 회기에서 그들이 기억할 수 있는 만큼 기록을 완성하도록 요청하는 것이다. 임상가는 이 과정에서 내담자에게 제안 사항을 설명하고 질문을 명확히 해주는 등의 지원을 해야 할 수도 있다.

내담자가 스스로 매일 일지를 작성한다면 그것이 훨씬 더 유용하다는 점을 회기마다 내담자에게 강조해야 한다. 내담자가 그렇게 할 수 있게 되었을 때, 그들은 치료 과정에 중요한 공헌을 한 것에 대해 상당한 인정과 칭찬을 받아야 한다. 일지를 완성하지 못한 이유에 대해서는 자세히 조사해야 한다. 일부내담자는 다른 가족 구성원들이 일지를 발견할까봐 걱정한다. 또한 다른 내담자는 심리치료 회기의 강도로 인해 회복 할 시간이 필요할 수 있기 때문에 며칠 동안 문제 해결에 대한 생각을 하지 않을 수 있다. 가능한 가장 정확한 정보를 얻

| 표 9.1. | 자해 일지(SIB, 자해 행동) |

이름:_____ 날짜:_____

범주	월요일	화요일	수요일	목요일	금요일	토요일	일요일
환경적 선행사건							
생물학적 선행사건							
인지 정서 및 행동적 선행사건							
상처의 수							
SIB 일화 시작하는 시간							
SIB 일화 종료되는 시간							
신체 손상의 범위 (넓이, 길이 등)							
신체 부위							
상처의 패턴 (만약 있으면 어떤 형태인가?)							
도구의 사용 (만약 있으면 어떤 도구를 사용했는가?)							
SIB의 장소							
혼자, 아니면 타인과 같이?							
SIB 끝난 후(생각, 감정, 행위)							
SIB 끝난 후(생물학적인 요소)							
SIB 끝난 후(환경적인 사건)							
당신의 SIB에 대한 타인들의 반응							
기타							

※ From Walsh(2012). Copyright by The Guilford Press. Permission to photocopy this figure is granted to purchasers of this book for personal use only(see copyright page for details). 구매자는 The Guilford Press 웹 사이트에서 이 표의 더 큰 버전을 다운로드할 수 있다.

기 위해서 내담자는 온정적으로 받아들어져야 하지만, 이 부분에서는 단호해져야 한다.

나는 거의 항상 회기 초반에 내담자와 함께 자해 일지를 검토한다. 보통 상처의 수, 일화의 시간 및 신체적 손상의 정도를 묻는 것으로 상담을 시작한다. 무엇보다도 신체에 가해지는 신체적 상해의 정도와 범위를 알고자 하고 그 다음에 행동의 선행사건과 결과를 살펴본다.

내담자가 일지에서 빠트린 행동들이 있는지의 여부를 정기적으로 확인하는 것이 중요하다. 일부 내담자는 팔이나 신체에 절단과 같이 비교적 일반적인 형태의 자해를 기록하지만 유방이나 생식기에 상처를 입히는 것과 같은 비정형적인 형태의 자해는 배제할 수 있다. 내담자가 서면으로 알리기에는 너무 당혹스러울 수 있는 자해 행동에 관한 중요한 정보를 추가적인 행동에 대하여 묻는 것으로 찾아낼 수도 있다.

또 다른 중요한 세부사항은 자해가 없었을 때 내담자가 상처의 횟수에 관한 행동 칸에 0을 넣어 달라고 요청하는 것이다. "0"을 쓰는 것은 내담자가 그 날에 자해를 하지 않았다는 사실을 명백하게 하는 역할을 한다. 성공적으로 자해에 저항했다는 가시적인 증거로 내담자가 일주일 동안 0을 적힌 행을 볼 수 있게 하는 것은 치료에 상당한 도움이 될 수 있다.

자해 일지에 대한 정의

다음은 자해 일지에 포함되는 다양한 항목들에 대한 정의와 관련된 설명들이다. 치료사가 자해 일지를 사용하지 않기로 결정하더라도, 범주들은 철저한 평가의 일부로 비공식적으로 검토되어야 한다.

상처와 일화의 빈도 기저선

자해에 관한 기준 데이터를 수집하는 것은 상처의 수와 일화의 지속 시간을 계산하는 것을 포함한다. 정확한 정보는 내담자로부터만 얻을 수 있다. 치료사, 상담사 또는 중요한 타인이어도 누구든 자해에 관련된 모든 세부 정보에 관여할 수 없다.

- 상처

"상처"는 조직 손상의 각 개별적인 사례로 정의된다. 하나의 상처는 2인치의 긁힌 상처, 10인치의 자상, 하나의 담배 화상 자국, 혹은 스스로 시행한 타투가 될 수 있다.

- 일화

"일화"는 개인이 상대적으로 중단되지 않은 지속적인 자해의 기간으로 정의된다. 하나의 일화로부터 여러 상처를 입을 수도 있다.

내담자는 하나의 일화 중에 발생한 부상의 건수를 집계하고, 일화의 시작과 종료 시간을 가늠해달라고 요청받는다. 다음 예제는 기저선의 두 유형 모두를 포함한다.

직장에서의 안 좋은 하루를 보낸 후, Jaime는 퇴근 후 그의 침실로 쏙 들어가는 습관이 있다. 그는 종종 그의 미술 용품인 X-ACTO 나이프를 꺼내 왼팔에 상처를 만든다. Jaime는 안도감을 느낄 때까지 벤다고 말한다. 때로는 2~3번 베고 나서야 기분이 나아진다. 8~10번이 필요할 때도 있다. Jaime가 자르는 시간은 약 10분에서 30분 정도까지 다양하다. 그러므로, Jaime의 데이터 기저선의 경우에 단일 일화는 10에서 30분 동안 지속되며 2~10개의 상처가 생긴다.

이러한 유형의 기준 데이터를 수집하는 것은 복잡할 수 있다. 일부 상처의 구성은 세기 어렵다. 일부 일화는 시작 및 종료 시점이 모호하다. 다음 케이스에는 모호성의 두 가지 유형이 모두 포함된다.

Nikki의 자해 패턴은 그래프 용지의 눈금과 같이 팔뚝에 자상을 만드는 것이다. 절단 일화는 때로는 3~4시간이 걸린다. 그녀의 꽤 긴 일화 중에 그녀는 종종 중간에 먹거나 심부름을 위해 베는 것을 잠시 멈추고 "휴식"을 취한다. 몇 시간 후 그녀는 눈금 모양으로 팔을 베는 행동을 다시 시작한다. 이러한 경우에 절단 행동이 단일 일화로 봐야할지 또는 다중 일화로 봐야할지 그 여부를 판단하기가 어려웠다. Nikki의 관점에서 한 일화는 그녀가 팔을 베기 시작할 때부터 시작이 되고 눈금의 전체 디자인을 마쳤을 때 끝나는 것이다. 치료사는 한 일화에 대한 이러한 정의를 수용했다.

상처들의 개수를 세는 것 또한 어려웠다. Nikki는 팔에 눈금 무늬의 자상을 새긴 후 며칠이 지나면, 그녀는 그 상처를 벗겨냈다. 이것은 팔의 길이만큼 칼로 긁어내고 상당한 상처 부위를 재개하는 것이었다. 그러한 일화에서 상처의 개수를 정량화하는 것은 본질적으로 불가능했다. 그런 경우, Nikki는 자해 일지에 "많음"이라고 적었다.

정확한 계산이 권장되지만, 그것이 꼭 필요하지는 않다. 자해의 일반적인 빈도와 일화의 길이에 대한 정확한 정보를 얻는 것이 목표이다. 가능한 정확하게 기록할 수 있도록 내담자를 격려해야 하지만, 극단적인 정확함을 필요로 하는 것은 아니다. 모호한 상황들을 처리하기 위해 자해 일지의 "비고"행이 제공된다. "비고"란에 내담자는 일화 또는 상처 개수를 결정하는 데 있어서 모호한 부분을 설명할 수 있는 세부사항을 간략히 제공할 수 있다. 자해 일지의 비어있는 뒷면은 추가적인 정보를 기록하는 데에 사용될 수도 있다.

자해하는 이의 삶에 있어서 자해 일화의 최초 시작 시간은 중요한 요소이다. 이것이 자해 행동의 선행사건들에 대한 중요한 정보를 제공할 수 있기 때문이다. 또한 자해 습관을 막고 대체 행동을 실천하는 중요한 기회를 제공할 수 있다.

나는 하루 중에 자해가 일어나는 시간에 관한 경험적 연구를 알지 못한다. 나의 임상적인 경험에 있어서는 상당한 다양성이 있는 것으로 보인다. 어떤 사람들은 아침에 일어나자마자 자해를 하기 시작한다. 다른 사람들은 스트레스 사건이 발생하거나 불쾌한 감정이 느껴질 때마다 스스로 상처를 낸다. 어떤 이들은 학교나 직장에서 집에 돌아갔을 때 ─그들의 집에 자신들만 있을 때─ 즉각적으로 자해하는 것을 선호하다. 내가 함께 작업해왔던 대다수의 사람들은 저녁때, 잠들기 직전에 스스로 상처를 낸다고 보고했다.

자해하는 사람들 중 대다수에게 취침 시간이 하루 중 가장 선호하는 시간이 된 이유는 무엇인가? 내담자들은 다양한 다른 설명들을 제공한다. 하나는 그 날의 모든 일과가 끝나는 시간에 하루 일과를 총정리를 하는 의미에서 일어난 사건들에 대해 반성하는 경향이 있다는 것이다. 불행하게도 자해하는 많은 사람들이 일상적인 사건들을 부정적으로 대처하는 경향이 있으며 이것은 매일같이 지속된다. 이 사람들은 하루를 실패, 거절 또는 난처한 것으로 간주하는 경향이 있다. 자해는 이들에게 취침 전에 약간의 위안을 제공한다.

일부 사람들에게 취침 시간에 자해하는 것은 성적 취향과 명백한 관련이 있다. 사람들이 쉴 준비를 하면서, 그들은 침실에서 있었던 다른 경험들을 생각하는 경향이 있다. 만약 그들이 특히 침실 상황에서 학대를 당한 외상 생존자인 경우, 그들은 머릿속에 일련의 이미지들 또는 회상들이 떠오를 수 있다. 많은 사람들이 집안에 있는 다른 사람들이 잠들어 있는 밤 중에 학대당했다고 보고한다. 이 사람들에게는 침실에 들어가서 잠을 잘 준비를 하는 시간이 위험하고 고통스러운 기억으로 가득 차 있는 것이다.

다른 어떤 사람들의 경우에, 잠자는 시간은 취약성과 통제력 상실의 시기를 상징한다. 수면은 사람이 경계하지 않을 때 −방어를 내려놓고 감각 기관이 정지할 때이다. 안전과 안정감을 느낄 수 있는 사람들에게 수면은 재생과 휴식의 시간이다. 반면, 만성적으로 안전하지 않고 취약하다고 생각하는 사람들에게 밤은 하루의 빛이 돌아올 때까지 견뎌야 할 시간이다.

Hannah는 종종 치료에서 밤에 느끼는 공포에 대해 이야기했다. 그녀는 자정 무렵 아버지가 그의 일을 마치고 집에 돌아올 때, 복도를 내려오는 아버지의 발자국 소리에 관한 기억을 반복적으로 이야기할 필요성을 느꼈다. 때때로 그는 그녀의 방에 들어와서 그녀를 성추행했다. 다른 때에는 그는 그녀의 어머니의 방으로 가서 Hannah를 건드리지 않았다. 어린 Hannah에게 자정은 그 당시 하루 중 가장 무서운 시간이었다. 20년 후, 그것은 여전하다.

신체적 손상의 범위

"신체적 손상의 범위"는 조직적인 손상의 양 또는 자해를 입은 행위나 일화와 관련된 손상을 의미한다. 신체적 손상의 양은 자해에 대한 행동 분석에서 가장 중요한 요소들 중 하나이다. 내담자가 자해 기록을 완성했을 때, 제일 중요한 세부 사항은 봉합과 같은 의학적 개입을 필요로 하는지의 여부이다. 내담자에게 자해에 대한 의학적 평가를 받는 것을 기대하지 않지만, 그들은 상처의 크기와 봉합을 받았는지의 여부를 기록할 수 있다. 신체적 손상의 정도는 다음에 대한 중요한 정보를 제공한다.

1. 개인이 제시한 위험 수준, 응급 치료, 정신과적인 평가 및 보호 개입이 필요한지의 여부
2. 개인의 스트레스 수준이 상대적으로 안정적인지 또는 단계적으로 상승하는지의 여부
3. 가능한 진단

제6장에서 언급했듯이, 대다수(90 % 이상)의 자해 행위는 약간의 신체적 손상을 초래한다. 자해하는 대다수의 사람들이 주기적으로 낮은 치사율의 방법으로 반복적으로 스스로 베고, 상처를 뜯고, 자기 자신을 때린다. 그들은 또한 자신의 몸에 하는 일을 어느 정도 통제한다. 그들은 스트레스를 겪고 있으며, 신체를 염려스러운 방법으로 해를 입힌다는 것은 맞다. 그럼에도 불구하고, 그들은 봉합이나 다른 의학적 개입이 필요로 하지 않으며 광범위한 영구적인 상처를 입히지 않으므로 자신의 행위에 대해 약간의 통제권을 갖고 있는 것을 시사한다.

자해 행위의 또 다른 특징은 자해하는 사람들이 상처를 입히는 신체 부위에 있어서 다소 선택적이라는 것이다. 가장 일반적으로, 그들은 팔과 다리에 상처를 입히고, 그 후 그들의 상처가 나아감에 따라 상처를 뜯을 수 있다. 이러한 신체 부위들은 긴 소매나 바지로 가려질 수 있으며, 자해의 사회적 반향에 대한 인식을 나타낸다.

그러나 일부 사람들은 그들의 신체에 봉합이 필요하거나 또는 영구적으로 변형되는 자해 행위를 한다. 이러한 형태의 자해(self-harm)는 자해의(self-injury) 기본 시나리오와 다르며 놀라울 정도로 통제하기가 어렵다. 사람들이 자신을 더 깊게 자르거나, 광범위하게 화상 입히거나, 다른 형태의 심각한 상처를 입히면 몸이 심하게 훼손된다. 미용 수술을 통해 제거되지 않는 한 흉터는 평생 동안 존재한다(그리고 심지어는 복원이 부분적으로만 효과가 있는 경향이 있다). 자해로 인한 화상은, 또한 영구적인 흉터를 유발하는 경향이 있다. 예를 들어, 피부에 맺힌 대부분의 담배 화상은 보기 흉하고 외형이 희미한 적색-파란색 원형 흉터를 남긴다.

신체적 손상이 더 심각해지면 치료를 받고 정신 병동 부서를 이용하거나,

병원 전환 프로그램 또는 위탁 간병 서비스와 같은 보호 개입이 필요할 수 있다. "심각함"을 정의하는 것에 대한 일반적인 경험적인 법칙은 봉합 또는 기타 전문적인 의료 개입의 필요성에 관련되어 있다. 또 다른 중요한 규칙은 하나의 일화 동안 많은 상처나 화상을 입히는 것은 상당한 정서적 동요와 고통이 있음을 의미한다. 예를 들어, 한명의 내담자는 2시간의 시간동안 40번 이상 양팔을 모두 자해했다. 그녀는 봉합을 요구하는 수준의 손상을 입지는 않았지만, 많은 양의 자상은 응급실에서의 정신과적인 평가가 필요함을 제시하였다.

신체적 손상의 범위는 또한 심리적 고통의 증가에 대한 중요한 정보를 제공해줄 수 있다. 예를 들어, 개인이 일반적으로 종이 클립으로 간신히 피부를 뚫을 법한 정도의 팔을 긁는 것에서 면도날을 사용하여 더 깊은 상처를 입히기로 전환하는 것은 중요한 발전이다. 신체적 손상의 수준은 여전히 보통일 수 있지만 손상이 증가한다는 것은 더 큰 고통을 뜻하는 것일 수 있다. 이러한 신체적 손상의 증가는 행동 분석의 한 부분으로 자세하게 조사되어야 한다.

사람들이 거대한 외상이나 상처를 스스로 입힐 때, 그들은 보통 극심한 정신병 또는 급성 조증 상태에 있다. 이 경우에, 개인들은 자해를 넘어서서 자기 절단으로 넘어갔을 것이다. 이러한 행동의 예는 인류 역사에서 가장 불쾌한 행동들이다. 이러한 행동들은 자해실명, 자기거세, 자기 자신에 거행되는 식인, 자기절단을 포함한다. 이러한 유형의 극심한 행위를 막는 것은 25장에서 논의된다.

신체 부위

"신체 부위"는 자해가 행해지는 신체의 위치를 뜻한다. 신체 부위 또는 그 영역은 특히 중요한 정보이다. 자해가 가해지는 가장 흔한 두 가지의 부위는 팔과 다리이다. 쉽게 접근할 수 있다는 이유로 팔이 종종 선택된다. 한손에 칼날 또는 뜨거운 물체를 들고 있는 사람은 다른 손목 또는 팔뚝에 매우 쉽게 해를 끼칠 수 있다. 이 신체 부위에 도달하는 데 큰 힘이 들거나 신체적인 불편함이 없다. 또한 일부의 사람들은 상처를 옷 아래에 숨길 수 있기 때문에 팔이나 다리에 자해를 한다고 종종 말한다.

또한 손목에 상처를 내는 것이 자살 암시와 긴밀한 연관이 있기 때문에 손목

과 팔뚝이 보다 잘 알려져 있을 것이다. 이 책과 많은 다른 사람들의 입장은(예:
Ross & McKay, 1979, Favazza, 1987, Walsh & Rosen, 1988, Alderman, 1997, Conterio
& Lader, 1988) 손목에 상처를 내는 것으로 죽음을 초래한 경우는 거의 없지만 그
러한 행동은 절망의 메시지를 전달할 수 있다는 것이다. 스스로를 해치는 사람들
은 종종 상당한 심리적인 고통에 처해 있으며 다른 사람들과 의사소통하기를 원
한다. 비록 그들의 메시지에는 자살의 의미가 포함될 수 있지만 실제 생명의 위
험은 그다지 높지 않다. 그러므로 손목을 긋는 것은 의사소통에 대한 효용성을
지니면서도 생명에 위험이 거의 또는 전혀 없다는 추가적인 이점이 있다.

비록 많은 자해하는 사람들에 대한 몇몇 일반화가 생길 수 있음에도 불구
하고, 각각의 개인을 다시 평가하는 것은 중요하다. 각각의 사람들에게 자해를
하기 위한 특정 신체부위를 선택한 이유를 물어야 한다. 매우 개별화된 응답 유
형의 몇 가지 간단한 예들은 아래와 같다.

25세의 Sarah는 거의 항상 팔뚝을 긋는다. 팔의 파란 혈관을 보는 것을 좋
아했다는 것이 그녀의 이유였다. 그녀는 그녀의 팔에만 피부 아래 투명하게 피가
보인다고 말했다. 칼날의 압박으로 "파란색이던 모든 것이 빨갛게 변할" 때, 그녀
는 "조급"해진다.

22세의 Gina는 여름에 짧은 소매와 짧은 반바지를 여전히 입을 수 있다는
점 때문에 복부를 베는 것을 선호한다고 말했다. 그녀는 복부가 그녀를 위한 영
역이라 생각하고 결코 "수영복 차림으로 사망한 채 발견되지 않을 것"이라고 덧
붙였다.

17세의 Joel은 약 6개월 동안 자해를 해왔다. 지금까지 그는 오로지 오른쪽
과 왼쪽 종아리를 자해했다. 왜 이 두 가지 부위를 일관되게 선택했는지에 대한
질문에, 타고난 희극인인 Joel은 과장된 셰익스피어풍의 목소리로 "의사선생님,
제가 말하기 유감스럽지만 다시 한번 말할게요. 난 모르겠어요!"라고 말했다. 여
러 번 구슬린 끝에, 그는 체육관에서 근력운동을 하는 것을 좋아했으며, 그는 함
께 운동을 하는 친구들로부터 쓸데없는 질문을 받고 싶지 않다고 설명했다. 그래
서 그는 팔을 내버려 두었다. Joel은 항상 다리를 덮기 위해 운동복을 입는다고
덧붙였다.

대부분의 내담자들은 신체 부위를 선택할 때 상징적인 의미와 실제적인 유용성의 조합을 함께 고려한다. 치료사는 각 개인의 이러한 특이한 측면을 알아야 한다. 이렇게 할 때, 치료자는 그 내담자가 자신의 신체와 갖는 관계에 대한 중요한 정보를 얻기 시작한다. 많은 개인들에게 신체 이미지는 신체 소외 및 외상 해결에 관한 장(15장 및 16장)에서 다루었던 것처럼 치료에서 가장 중요한 초점이 될 수 있다.

숨김의 목적으로 신체 부위를 선택한 내담자는 그렇지 못한 다른 사람들보다 일정한 수준의 통제력을 보여주고 있음을 유의해야 한다. 비록 자신을 베거나 화상을 입히는 것이 완전히 통제 불능의 행동처럼 보일 수도 있지만, 옷으로 가려지는 신체 부위에 선택적으로 상처를 입히는 사람들에게는 통제 불능한 행동이 아닐 수 있다. 그들이 고통을 경험하고 있음에도 불구하고, 계속되는 사회적 반향을 염두에 두고 상당한 수준의 통제를 행사하고 있다. 이러한 "미래에 대한 계획"은 좋은 예후의 신호이다. 그렇지만 다른 사람들은 자해는 사회적 영향을 거의 고려하지 않고 훨씬 더 충동적일 수 있다. 다음 예제를 살펴보자.

> Anne은 "내가 심하게 자해하는 시기가 오면, 난 이것이 날 찢어버리게 내버려 두게 돼요. 정말로 통제 불가능할 때 나는 신체의 어떤 부분이라도 그어버려요. 때때로 나는 내 얼굴과 두피를 자른 적도 있어요. 내 왼쪽 유방과 여성 부위를 자른 적도 있어요. 그러고 나서 나는 모든 상처와 쏟아진 피에 놀라지만 나는 자해하는 동안에는 허둥지둥하는 것을 멈출 수 없어요."

내담자가 새로운 신체 부위로 넘어가서 상처를 입힐 때, 평가를 위한 중요한 정보를 얻을 수 있다. 이러한 변화는 일반적으로 내담자의 심리적 변화를 나타낸다. 때로는 정신과적 응급 평가를 요구하는 고통의 악화를 암시할 수 있다. 예를 들어, 내담자가 얼굴, 눈, 가슴 또는 생식기에 해를 끼치는 경우, 즉각적인 정신과적 평가가 필요한 긴급사태로 간주되어야 한다(바로 아래에서 설명할 것이다). 다른 경우에는 이러한 변화는 본질적으로 유사한 것을 말한다. 예를 들어, 내담자가 팔에서 다리로 또는 왼쪽 다리에서 오른쪽으로 교체하는 경우이다. 앞서 언급했듯이 핵심 정보는 세부 정보에서 찾을 수 있으며, 이러한 세부 정보는 인내를 가지고 찾아야 한다.

특히 염려되는 신체 부위

내 경험에 따르면, 다음 네 개의 신체 부위 중 한 곳에라도 손상이 생기는 것은 특별한 걱정거리가 된다. 이들은 얼굴, 눈, 가슴(여성), 성기(남성&여성)이다. 얼굴을 아프게 하는 것은 매우 심상치 않은 신호이며, 개인적인 매력과 사회적 반향에 대한 심오한 결여를 암시한다. 얼굴을 커팅하거나 상처를 입히면 "내가 보는 모습이 싫어, 나 자신이 싫어"라는 메시지가 전달될 수 있다. 그것은 또한 "나는 많은 사회적 맥락에서 배제되어도 나는 상관없다"고 전한다. 얼굴을 해치는 것은 심리적 고통과 사회적 단절의 수준이 모두 심각하다는 것을 의미한다.

눈을 해치는 것은 더욱 심각하다. 시력은 일상생활의 기본이다. 시력을 저하시키거나 제거하는 위험을 감수하는 것은 극단적인 행위이다. 눈 조직은 손상되기 쉽고 치유 능력은 아주 약하다. 영구적인 피해를 쉽게 입을 수 있다.

유방 또는 생식기를 해치는 것은 여러 가지 이유로 우려할 만한 요소이다. 신체의 이러한 부분은 대개 공개적으로 볼 수 없으므로 부상에 대한 사회적인 영향은 문제가 되지 않을 수 있다. 그러나 유방이나 생식기 부위 자해가 가지는 상징적인 의미와 그것이 암시하는 정신적 고통의 수준은 특별한 주의를 요하는 이유가 된다. 유방과 생식기는 신경말단이 있는 부위로서 자극과 통증에 매우 민감한 부위이다. 이러한 영역을 의도적으로 해치려면 그 사람은 일반적으로 생리 통증의 반응을 어떻게든 "꺼"야 한다(Bohus, Limberger, 등, 2000; Russ et al., 1992,1994). 극심한 고통이나 해리는 통증 반응을 중화시킬 수 있고, 이는 사람들이 이러한 신체 부위에 해를 끼칠 수 있게 만든다. 또한 이 부위에 해를 끼치는 것에는 상징적인 의미가 있다. 보통의 경우, 성에 관한 극심한 고통이 발견된다. 심리적 보상 또는 근본적인 외상 재연은 그러한 자해에 관련될 수 있다. 정신병과 주요 자해 사이의 연결은 제25장에서 논의된다. 외상과 자해에 관한 주제는 15장과 16장에서 검토된다.

일반적으로 사람이 얼굴, 눈, 가슴 또는 생식기에 상처를 입을 때는 즉각적인 정신과적 평가가 고려되어야 한다. 그러한 행동에 수반되는 고통 수준은 종종 상당한 수준이며 보호 개입과 세심한 관찰이 필요하다.

육안 검사

신체 부위를 평가하는 것에 관한 마지막 문제는 치료사가 상처를 보기로 선택하는지의 여부이다. 상처를 보는 것은 종종 말로 설명을 듣는 것보다 훨씬 많은 정보를 얻을 수 있다. 그렇기 때문에 나는 보통 상처를 확인할 것을 권장하지만 이를 허락하거나 거절하는 것은 오롯이 내담자에게 달려 있다는 것을 강조하고 싶다. 내 경험에 의하면 내담자에게 정중한 태도로 접근했을 경우, 내담자들은 '아니오'라고 거의 말하지 않는다. 나는 자해 상처를 보는 것이 당신을 이해하고 도와주는 데 더 유용할 수 있다는 설명을 통해 나의 요구사항을 정당화한다. 상처들을 보겠다는 나의 요청의 명확한 예외는 그 신체의 부분들이 평범한 부위를 넘어섰을 경우 —그것은 유방, 허벅지, 생식기 혹은 복부— 이다.

그러나 나는 내담자의 상처들에 응급 상황 같은 주의를 꽤 자주 기울이는 Levenkron(1998) 만큼의 시도는 하지 않는다. 그는 연고와 밴드를 내담자가 상처 낸 부위에 붙여줘야 한다고 하였고 이런 내담자들에게 이 개입이 심리적으로 도움이 될 것이라 믿었다. 그는 상처에 신체적으로 주목하는 것이 성공적인 치료에 결정적이라고 추측하였다(개인적인 대화 중에, 2000).

각각의 치료자는 본인의 한계를 규정해야 한다. 나는 내담자들을 신체적으로 다가가는 것이 익숙하지 않다. 나는 신중함과 존경심을 가지고 내담자들과 거의 신체적 접촉을 하지 않는 심리치료사이다. 이 규칙에 대한 주요 예외는 내가 때때로 긴 시간 다년에 걸쳐 치료한 내담자와의 종결 회기에서 작별인사를 위해 포옹할 때이다. 몇몇 사람들은 이 부분이 너무 냉소적이라고 여길지도 모른다. 또 다른 사람들은 소송이 난무하는 이 시대에서는 일반 상식이라고 생각할지도 모른다. 나는 많은 내담자들은 —특히 신체적 혹은 성적 학대 내력이 있는— 신체적 접촉이 없는 치료에서 안심한다고 생각한다.

상처 유형

"상처 유형"은 단일 일화 동안 발생한 상처의 시각적 배열로 정의된다. 자해하는 사람들은 종종 한 번에 본인들의 신체에 하나 이상의 상처를 가한다. 이런 경우에는 상처들이 혹시 어떤 특정한 유형을 가지고 조직되어 있는지 알아내는 것이 유용하다. 다수의 상처 유형들은 4가지의 일반 범주로 나뉠 수 있다. (1) 불규칙적이거나 무질서한 유형, (2) 조직적인 유형, (3) 상징적인 유형, (4) 언어/숫자 유형. 나의 경험으로는 자해하는 사람들이 가한 대부분의 상처들은 불규칙적이거나 혹은 조직적이다. 상징, 단어 혹은 숫자를 사용하는 것은 훨씬 드물다. 많은 사람들은 식별 가능하지 않은 패턴들의 상처를 가한다. 예를 들어, 한 개인은 한 번에 5개의 상처를 입힐 수 있고 팔뚝이라는 신체 한 부위에 국한된 상처를 입을 수 있다. 비록 그 상처들은 한 부분에 모여 있을지라도 그 상처들은 평행하지도 않고 직각도 아니며 패턴을 가지고 있지 않다. 뚜렷한 형태를 보이지 않는 것이다. 따라서 이러한 구성은 불규칙적이라고 간주할 수 있다.

　　두 번째로 특히 흔한 유형의 상처는 간소한 유형의 구조를 반영하는 것이다. 예를 들어, 어떤 사람은 정확하게 평행 방식으로 팔뚝에 4개의 상처를 입힐 수 있다. 그 상처들은 길이와 폭이 같다. 이러한 실행의 정확도는 대개 우연의 일치가 아니다. 이런 형태를 만들려면 개인은 "딱 적절한 방식, 딱 적절한 정도"의 자해를 가하기 위해서 집중하고 상당한 주의를 기울여야 한다. 그러므로 구조적인 패턴으로 자해하는 사람은 불규칙적이고 무질서한 상처를 가하는 사람보다 자기 행동에 대한 더 큰 통제력을 갖추었을 수 있을 것이다. 후자의 자해 유형은 어떤 종류의 의식이나 적어도 정확하고 초점이 맞춰진 과정을 암시한다. 전자의 유형은 더 불규칙적인 "어떻게 되는지 보자"라는 경험을 말하는 것이다. 어느 유형이든 자해 상처의 패턴의 존재유무가 면밀히 조사된다면 가치 있는 정보를 얻을 수 있다.

　　아이러니하게도 상징 혹은 단어/숫자를 나타내는 상처는 낮은 수준의 통제력과 더 높은 수준의 혼란과 연관되어 있는 경향이 있다. 비록 단순하고 비구상적인 패턴들보다는 상징과 단어들은 세밀한 부분까지 주의를 기울여야 하지만, 이것들은 굉장히 고통스러운 사람들에게서 나타나는 경향이 있다. 많은 예외들이 있을 수 있지만 여기서 내가 공유하고자 하는 것들은 이런 유형의 상처들에 대해서 내가 관찰해 온 것들이다.

　　본인의 신체에 상징으로 상처를 내는 사람들은 십자가, 별, 번개, 꽃 그리고 눈물과 같은 표시들을 사용하는 경향이 있다. 그들은 뾰족한 칼날을 사용하여 패턴이 있는 상처들을 내거나 바늘과 잉크를 사용하여 단순한 문신들을 스스로 새긴다. 나는 본인들의 피부에 디자인을 하는 데 있어서 엄청난 손재주를 가진 자해 내담자를 만난 적이 없다. 내가 만나왔던 본인의 신체에 상징을 새기는 대다수의 자해하는 사람들은 청소년들이었다. 성인들 중에서는 정신병원 혹은 교정시설과 같이 기관에 있는 사람들을 제외하고는 본인의 신체에 그런 도안들을 만드는 사람들은 드물다.

치료자들이 내담자들의 신체에서 자해로 인한 상징들을 마주하게 될 때, 그들은 "정중한 호기심"(7장 참고)을 가지고 그 의미들에 대해서 세세하게 질문을 해야 한다. 나는 내담자에게 모든 가능한 선택지 중에서 어떻게 그 특정 상징을 선택하였는지, 어떻게 됐는지, 지금 그것이 치료되고 있는데 이에 대해서 어떤 느낌이 드는지, 특히 그 상징이 본인들에게 어떤 의미를 가지고 있는지 물어본다. 자해하는 사람들은 이러한 상징의 도안들에 얽힌 가슴 아프고 깜짝 놀랄 만한 이야기를 할 수 있다.

Justin은 14살 남자아이로 자신의 목 밑 부분과 팔뚝 부분에 별 모양을 새겼다. 신체에 왜 별 모양을 새기려고 선택했는지 물어보니 처음엔, "나도 몰라요."라고 대답하였고 이는 완전히 예상치 못했던 대답은 아니었다. 더 이야기 해보라고 다독이자, 그는 여자친구와 같이 각자 신체에 별 모양을 새겼다고 하였다. 그는 소위 "더러운 세상 속에서" 서로를 향한 사랑을 고백하는 별 모양이라고 하였다.

Keekee는 그녀의 신체에 많은 상징, 단어 그리고 숫자가 있었고 대부분 본인이 직접 새긴 문신의 형태였다. 그 도안들은 거꾸로 된 여러 개의 십자가, 눈물(그녀가 눈물이라고 해서 알게 됨), "증오" 그리고 "사랑"이라는 단어 그리고 숫자 666이 있었다. Keekee는 본인이 악마 숭배자라고 이야기하였고, 이것에 매우 자부심을 가지고 있고 세상이 이것을 알았으면 좋겠다고 이야기하였다. 또 한편으로는, 다른 사람들이 무슨 생각을 하든 상관하지 않는다고 이야기하였다. "이것은 내 몸이고 나는 내가 하고 싶은 대로 할 거예요. 어쨌든 몸은 결국 부식되니까!"

Keekee의 경우 상징과 단어, 모두를 가지고 있었기 때문에 특히 흥미로운 예시이다. 단어는 상대적으로 자해 부상의 희귀 범주이고 독특한 것이다. 이것은 누군가가 그 단어를 피부에 새기거나, 문신을 하거나, 그것을 불로 지질 만큼 강조할 필요를 느꼈다는 것을 말해준다. 우리는 모두 대화, 광고, 라디오, 텔레비전, 인터넷, 편지, 전화, 문자, 메일 등을 통해서 많은 단어들을 매일 접한다. 이런 몇천 개의 단어들 속에서 한 단어를 선택하고 신체에 새긴다는 것은 인상적이고 중요한 행위이다. 자해하는 내담자들의 몇몇 경우에서는 열정 혹은 헌신의 의미를 담기 위하여 사랑하는 사람의 이름을 새긴다. 다른 경우에는 내담자들이 추구하고 회복하려고 노력하는 대상에게 깊은 인상을 남기기 위해서 그것을 새긴다. 때때로 그 이름이나 단어는 애도, 분노, 혹은 둘 모두를 표현하기 위해 새긴다.

> Beth는 담배를 이용하여 "엄마"라는 단어와 "증오"라는 단어를 각각 손등에 하나씩 새겼다. 그녀의 의도에 대해서 물어보았는데 Beth는 속상하지 않을 때 하는 냉소적인 말투로 이야기 하였다. "사실, 여러 의도가 있어요. '나는 엄마가 싫어'라는 의미도 있지만 '엄마는 나를 싫어해' 아니면 "엄마=증오" 혹은 "증오=엄마"라는 의미도 있어요. 이건 단지 몇 가지 가능성에 불과하죠!"

Beth는 수 년 동안 성적 학대를 당했고 엄마는 계속해서 Beth를 보호하는데 실패했기 때문에, 엄마와의 관계에서 깊은 슬픔과 큰 분노를 가지고 있었다. 엄마에 대한 Beth의 감정은 "엄마"와 "증오"라는 단어가 그녀의 피부에 영구적으로 새겨져야 할 만하다고 느낄 만큼 복잡하였고 고통스러웠다. 그 어떠한 형태의 말로 하는 표현들 중 이만큼 깊이 있게 날것 그대로 그녀의 감정을 강렬하고, 생생하고 인상적인 것은 없다. Beth는 그녀의 신체에 "사랑"이라는 단어도 한때 새기려고 했다고 이야기했지만 이내 "그 단어는 내 사전에 없는 단어예요."라고 쓸쓸하게 이야기했다.

신체에 단어를 새기는 사람들 중 일부는 정신병을 경험하고 있다. 이런 사람들은 정신적 분열과 대상부전을 겪는 중일 수 있다. 단어를 새기는 것이 이런 사람들에게는 몇 가지 중요한 개념 혹은 자아감을 붙들기 위한 필사적인 시도

일 것이다. 아래에 2가지 예시가 있다.

Cecily는 그녀의 십대 초반부터 자신이 20번째 생일 전에 죽을 것이라 확신했었다. 그녀는 암에 걸리지 않았음에도 불구하고 자신이 암과 같은 육체적 질병으로 죽을 것이라고 느꼈다. 다른 ·때에는 그녀는 자신이 인생의 모든 고통으로 인해 자살할 가능성이 있다고 말했다. 그녀가 20살이 되가면서 그녀는 점점 불안해지고 두려워했다. 다시 한번 그녀는 그녀를 "나쁜 년" 그리고 "걸레"라고 부르는 목소리를 듣기 시작했다. 그 목소리는 또한 그녀에게 "죽어"라는 한 단어의 명령을 하였다. 어느 아침에 그녀는 뾰족한 유리조각을 가지고 그녀의 팔뚝 위쪽에 년, 월, 일을 포함한 그녀가 태어난 날을 새겼다. Cecily는 이 행동이 그녀가 자신의 20번째 생일까지 그리고 그것이 지나서도 자신이 살아있을 것이라는 사실을 받아들이는 것 —실제로 그녀가 그랬듯이— 을 상징적으로 도왔다고 말했다.

Sidney는 좀처럼 가라앉지 않는 지속적이고 심각한 증상이 나타나는, 특히 심각한 경우의 조현병을 앓고 있었다. 거의 매일 매일 거슬리는 환청을 들었다. 또한 그는 그의 신체를 사로잡는 악령들이 자기 파괴적인 행동을 "일으키는" 피해망상에 시달렸다. Sidney의 정신병이 악화될 때, 그는 말을 할 수 없게 되었다. 이런 상황 속에서 그는 때론 그의 신체에 "아니" 혹은 "네" 혹은 "사라짐"이라는 단어를 새겼다. 이러한 경우에, 그의 간병인이 예측할 수 있는 최선은 그가 악화되는 중에서도 필사적으로 언어를 고수하려 했다는 것이다. 그의 신체에 단어를 새김으로써 그는 말을 하는 인간으로서 자신의 능력을 유지하려고 애쓰는 것 같았다.

도구 사용

"도구 사용"은 자해를 가하는 것에 있어서 자신의 신체가 아닌 기구를 사용하는 것을 의미한다. 자해의 다른 세부 사항들과 마찬가지로, 도구나 기구를 사용하는 것은 사람의 정신 상태와 장애의 수준에 관한 많은 정보를 제공한다. 도구 사용 여부와 만약 사용한다면 어떤 유형의 도구인지 물어보는 것이 매우 유용하다. 동일한 도구의 반복된 사용, 그 도구의 세척, 어디서 그것을 구했는지 그리고 사용하지 않을 때 어디에 두는지에 대한 세부사항은 이해를 도울 수 있다.

일반적으로 도구를 사용하지 않고 자해하는 사람들은 더 원초적인 수준의 장해로부터 고통받고 있다. 주먹을 사용하여 스스로를 때리거나 손톱을 사용하고 스스로를 찌르거나 치아로 본인을 깨무는 사람들은 도구를 사용하는 사람들보다 종종 더 충동적이고 폭발적인 상태에 있다. 정신병적 대상부전을 경험하는 사람들 혹은 심각한 지적장애를 가진 사람들은 대개 오직 그들의 주먹, 손가락 혹은 치아만을 사용하여 반복적으로 그들 스스로에게 상처를 입힌다. 도구의 부재는 진단받아야 하고 발견되어야 하는 생물학적 문제를 시사할 수 있다.

그러나 나는 도구를 사용하지 않지만 지적능력이 매우 높은 내담자와도 함께 작업하였었다. 이런 사람들은 가족이 있었고 성공적인 직업을 가지고 있었지만 그들은 그들의 몸을 자주 꼬집어 다양한 부위에 여러 개의 작은 상처들을 내었다. 이런 사람들이 자해를 그만두려 할 때 마주하는 특별한 도전은 그들이 "도구"를 없앨 수 없다는 것이다. 그들의 손가락은 항상 그들과 함께 있다. 그들은 특히 피부가 더 많이 드러나는 여름에 힘들어 한다. 그들의 자해 수준은 심각하지 않지만 그들의 회복은 장기적이고 꽤 많은 재발 상황을 포함한다.

면도날, 작은 칼, 또는 태우는 담배를 사용하는 사람들은 일반적으로 그들이 가한 상처를 더 정교하게 통제한다. 이것은 종이 클립, 주머니 칼 그리고 부탄 라이터의 뜨거운 금속 부분을 사용하는 사람들에게도 동일하게 적용된다. 그러나 이 경험 법칙에 대한 예외가 너무 많아 이 규칙은 잠정적이라고 밖에 간주할 수 없다. 아래에 제시 된 예들은 도구 사용에 관한 3가지 "예외"이다. (1) 환경 요인으로 인해 도구 사용을 안 함, (2) 정확하고 정밀한 상처를 가할 때만 도구 사용을 안 함, (3) 충동적이고 통제할 수 없는 방식으로 도구를 사용함.

Gustav는 오랜 시간 자해를 해왔다. 이것은 그가 공동체 안에서 생활할 때 유일하게 하는 자해의 유일한 방식이였다. 하지만 그가 조증이나 자살 충동으로 입원했을 때, 그는 때때로 스스로를 때리기도 했다. Gustav는 병원에서는 엄격한 경비가 있어서 칼날을 사용할 수 없었다고 이야기하였다. 그는 자신을 때리는 것을 선호하지 않았지만 긴장감이 고조되었을 때, "무언가를 포기해야만 했다."

Tina는 그녀의 머리에 있는 머리카락을 오직 손가락만을 이용하여 뽑았다. 여러 달 후에 그렇게 뽑은 결과로 여러 군데에 흉측하게 탈모가 생겼다. Tina는 머리카락을 뽑거나 스스로를 어느 방법으로든 해하는 데 도구를 사용하지 않았다.

Angela는 평범한 중학교 2학년으로 어느 날 수업시간에 너무 화가 나서 뾰족한 가위를 그녀의 책상에서 꺼내어 다리를 내려치는 것으로 그녀의 다리를 공격하기 시작했다. 가위의 뾰족한 부분은 그녀의 옷을 뚫고 나가 그녀의 허벅지에 봉합이 필요한 정도의 상처를 내었다. Angela는 자해로 인해 결국 병원 신세를 졌다.

도구의 종류는 또한 자해하는 사람의 사고방식 혹은 그들이 살고 있는 환경에 대한 중요한 정보를 전달한다. 예를 들어, 뾰족한 X-ACTO 칼을 사용하는 것은 불붙은 담배를 사용하는 것과는 다른 정신 상태를 보여준다. 클립을 사용하여 얕은 스크래치를 내는 것과 고기 토막을 내는 식칼의 끝으로 똑같은 상처를 내는 것은 매우 다르다. 클립은 나중에 큰 피해를 입힐 가능성이 거의 없지만 식칼은 상당한 잠재력을 가지고 있다. 특정 도구의 선택에 대한 질문은 치료를 돕고 다른 차원의 특수성으로 옮기는 모든 종류의 확장을 제공할 수 있다.

자해를 위한 방 혹은 공간

"자해를 위한 방 혹은 공간"은 자해가 일어나는 물리적인 장소를 말하는 것이다. 대부분의 사람들은 자해 행위를 실내에서 한다. 보고된 가장 일반적인 장소는 그 사람의 개인적인 장소, 대개 침실이었다. 형제 혹은 자매, 배우자, 룸메이트 혹은 애인과 침실을 같이 사용하는 사람은 그 대안으로 자해하는 장소를 화장실로 선택하기도 하였다. 다른 사람들은 선호하는 장소로 지하실이나 차고를 선택하였다. 대부분의 사람들이 중요하게 생각하는 것은 자해하는 동안 방해받지 않은 공간을 찾는 것이다.

대부분의 사람들이 사적인 공간을 선호하는 반면에, 다른 사람들은 자신이 자해하는 중에 발견 되는 것을 신경 쓰지 않거나 별로 주의를 두지 않는다. 장소에 관련된 정보를 얻는 것이 매우 중요한 이유는 내담자의 사회 연결성에 대한 정보를 제공하기 때문이다. 어떤 경우에 자해하는 사람은 발견되는 것을 조심하는 데 있어서 소극적인데 그 이유는 남들이 어떻게 생각하지에 대해 신경 쓰는 것을 그만두었기 때문이다. 발견되는 것을 선호하는 사람들도 있을 수 있는데 그들의 행동에는 의사소통의 기능이 있고 이러한 사람들은 대인 관계 메시지가 전달되기를 바란다.

자해하는 사람에게 어디서 자해를 했고 왜 그 장소를 선택했는지 질문하는 것은 유용하다. 흔히 이야기하는 설명은 실용성의 문제이지만 다음과 같은 두 개의 일화에서 보여주는 것과 같이 장소는 다른 이유를 가질 수 있다.

Stacy가 말하길, "나는 주로 학교에서 자해를 하기 때문에 여름에는 자해를 그만큼 하지 않죠. 나는 학교가 싫어요. 성적에 대한 그 모든 압박, 일진들, 무엇을 입어야 할지 고민하는 모든 것, 시끄러운 농담, 멍청하고 덩치 큰 놈들끼리 시끄럽게 패싸움하는 것. 대부분의 날들은 세상에서 가장 부정적인 압박 덩어리처럼 느껴졌어요. 여자 화장실에 들어가서 제일 좋아하는 칸으로 가서 문을 잠그고 자해를 해요. (내가 제일 좋아하는 게 있다니 믿겨져요?) 누군가 나의 칸에 있으면 화가 나요. 감히 어떻게. 나는 그들이 나올 때까지 기다리고 그들에게 짜증 난다는 눈빛을 보내죠."

Joseph은 주로 숲속 깊은 곳과 같은 실외에서 자해하는 선호했다. 그가 말하길, "나는 주로 우리 가족의 헛간 뒤에서 내 자신에 화상을 입히거나 스크래치를 내요. 나는 평화롭고 조용한 곳으로 멀리 가요. 내 스스로에서 상처를 입힐 때면 바깥 풍경이 그러한 것과 같이 내면도 조용해져요. 그런 다음 나는 기분이 잠시 동안 좋아지는 것 같아요. 그곳은 나의 하나뿐인 평화로운 장소예요."

사회적 맥락

"사회적 맥락"은 자해하는 사람이 혼자 또는 다른 사람들과 함께 하는지의 여부로 정의된다. 이러한 세부 사항은 대개 그 개인의 자해 행동을 유지하는 조건들에 대해 상당히 많은 것을 말한다. 자해의 사회적 맥락은 6개의 범주 안에서 발생하는 것으로 간주된다.

1. 혼자 자해를 하고 이를 다른 사람 모두에게 비밀로 하는 사람
2. 혼자 자해를 하고 이를 몇몇 사람들에게만 공개하는 사람

3. 혼자 자해를 하고 이를 대부분의 사람들에게 공개하는 사람
4. 다른 사람들과 함께 자해를 하고 그 외 모든 사람들에게 비밀로 하는 사람
5. 다른 사람들과 함께 자해를 하고 몇몇 사람들에게만 공개하는 사람
6. 다른 사람들과 함께 자해를 하고 대부분의 사람들에게 공개하는 사람

대부분의 사람들은 2번째 범주에 속한다. 이런 사람들은 자해가 주로 본질적으로 긴장 완화 기능을 갖고 있다. 이 행동을 공개하였을 때 사회적 파장에 대해 우려하고 있고 대상을 선별하여 이에 대해 공개한다. 그들은 또한 약간의 규범적인 사회적 유대 관계를 가지고 있고 자해를 지지하는 소셜 네트워크의 한 부분이 아니다. 그들은 청소년들 혹은 성인들이다. 그들은 그들의 자해에 대해서 알고 그들이 이겨 낼 수 있도록 도와줄 수 있는 몇몇의 친한 친구들 혹은 애인들을 사귀는 경향이 있다.

목록에서 제시하듯이 거기에는 많은 다른 변수들이 있다. 어떤 사람들은 그들의 자해 행동을 모든 사람들에게 끝까지 비밀로 한다. Hyman(1999)는 그녀의 책 「자해와 함께하는 여성들의 삶」(Women Living with Self-Injury)에서 이런 사람들의 예시를 이야기한다. 그녀는 여러 해 동안 배우자, 혹은 함께 거주하는 애인을 포함한 다른 사람으로부터 자신의 행동들을 숨기는 여성들의 예시를 제시하였다.

다른 사람들은 자해 행동 패턴이 반대로 나타난다. 그들은 다른 사람들과 함께 자해를 하고 이런 단체 행동을 자해를 하지 않는 많은 사람들에게 완전히 공개한다. 4번째, 5번째, 6번째 범주에 속한 사람들은 능동적 사회 전염 일화에 참여하는 경향이 있다(20장에 자세히 설명).

6개의 범주를 각각 설명할 필요는 없다. 그 이유는 내용이 자명하기 때문이다. 치료사는 어느 개인의 자해 행동에 있어 중요한 변수로서 사회적 맥락을 평가해야 한다.

자해 선행사건

자해의 세부사항에 대한 평가를 마친 후, 임상가는 이제 해당 행위의 선행사건에 대해 살펴본다. 다시 말하면, 생물심리사회 모델은 5차원(환경적, 생물학적, 인지적, 정서적, 그리고 행동적)을 포함하고 있다.

환경적 선행사건

"환경적 선행사건들"은 자해하는 사람의 주변 환경에서 일어나는 활동이나 사건이 자해 사례를 유발하는 것으로 정의된다. 어떤 개인들은 외부 사건으로 인해 지속적으로 영향을 받고 다른 개인들은 심리 내적 상황에 대한 반응으로 자해를 한다. 어떤 사건이 자해 행동으로 이어지게 했다면, 그게 무엇이었는지 알아보는 것은 매우 중요하다. 그것이 밝혀지면 이런 사건들은 자해를 대신하여 더 건강한 행동을 훈련할 수 있는 기회가 될 수 있다. 내담자가 일반적으로 자해를 유발한다고 선별한 외적 사건들은 다음을 포함한다.

- 관계의 상실 또는 상실의 위협
- 대인관계 갈등
- 수행 압박
- 충족되지 않은 요구에 대한 좌절
- 사회적 고립
- 외상과의 연관성을 유발하는 중립적인 것처럼 보이는 사건들

상실 (Loss)

수십 년의 자해 관련 연구들을 통해서 상실이 자해를 유발하는 요인이라는 것이 밝혀졌다. 상실은 완전하고 영구적인 것(예를 들어, 사랑하는 사람의 죽음)에서부터 미묘한 것(예를 들어, 관계 속에 거의 알아챌 수 없을 정도의 사소한 것)까지 다양한 형태를 취할 수 있다. 저자들은 자해하는 사람들의 내력에는 부모 사망, 부모 이혼, 이혼 등이 포함되어 있고(예를 들면, Walsh & Rosen, 1988) 또한 입양도 포함되어 있다고 지적했다(Walsh & Doerfler, 2009). 자해하는 개인들은 또한

위탁 가정, 정신병원 입원, 교정시설 주거와 관련된 것들을 경험한 비율이 높으며 이 경험들은 관계의 붕괴와 여러 가지 변화와 관련이 있다(Walsh & Rosen, 1988). 자해 연구자들은 신체적 그리고 성적 학대가 관련 요소라고 언급해왔다(Walsh & Rosen, 1988; Shapiro & Dominiak, 1992; Favazza, 1998). 이런 경우, 상실은 심리적 유기 그리고 반복적인 피해의 형태로 나타난다.

　　Linehan(1993a)은 경계선 성격장애(BPD)로 진단받은 사람은 정서 장애 일화를 쉽게 경험할 수 있고 아마도 다시 기저선으로 되돌아가기까지 오랜 시간이 걸린다고 이야기하였다. 이러한 사람들에게는 경멸하는 듯한 표정, 전화 혹은 문자를 다시 하지 않는 것과 같은 비교적 일반적인 상실이 고의적인 모욕이나 무서운 거절로 경험될 수 있다.

　　최근에는 자해가 특히 중학생, 고등학생 그리고 대학생과 같이 심리적으로 건강한 집단에서 주요한 문제로 나타나고 있다(4장 참고). 대개 이런 개인들은 자해와 연관이 있다고 보고된 뚜렷한 상실과 외상에 대한 내력이 없다. 그들은 중요한 사람과의 분리 혹은 죽음을 경험하지 않았을 수 있고 신체적 그리고 성적학대 외상 내력을 가지고 있지 않을 수도 있다. 그럼에도 불구하고 이러한 건강하고 덜 외상적인 경험들을 한 개인들은 대인관계에 민감하게 반응할 수 있고 자신의 심리적 고통을 다루기 위해 반복적으로 자해를 할 수 있다. 어떤 경우에는 보이지 않는 사건이 왜 너무나 고통스러운 상처를 겪는 것처럼 보이는지 이해하는 것은 어려울 수도 있지만 "고통은 고통이다"라는 오래된 말이 있다. 만약 내담자가 친구들의 조롱거리가 되는 것을 압도적인 모욕으로 받아들인다면 이것은 내담자와 동등한 수준의 불편함과 결부된 공감대를 형성하면서 반응해야 한다. 이런 개인들의 심리적 기능에서의 주요 결핍은 그들은 지각된 상실에 대해서 스스로를 위로하는 기술이 부족하다는 것이다. 그러므로 그들은 자해를 이용한다.

　대인 갈등

　　자해하는 많은 사람들은 파트너, 친구 혹은 부모님과 충돌이 발생한 직후 그들 스스로에게 상처를 입힌다고 보고한다. 이 갈등에 대한 그들의 반응은 주로 격렬한 분노와 공격 욕구이다. 이러한 사람들이 자해하게 되는 순서는 다음과 같다.

> 대인 갈등 → 모욕이나 불공평함에 대한 인지적 해석 → 분노의 감정적 반
> 응(혹은 다른 격한 감정) → 분노 행동에 대한 결정 → 자해하기로 결정 →
> 자해 행동

내담자와 상담가가 위와 같은 패턴을 파악할 수 있게 되면 그 치료적 과정은 상당히 직접적일 수 있다. 내담자는 자해가 일어나는 상황을 줄이는 데 더욱 효과적인 대인관계 협상 기능 습득(그렇게 함으로써 대인 갈등 가능성을 줄임) 그리고 분노와 관련한 효과적인 감정 조절 기술 습득(그렇게 함으로써 정서적 조절 장애를 줄임)을 통해 도움을 받을 수 있다. 당연히, 명확한 치료 목적을 파악하는 것이 그 성취가 쉬울 수 있다는 것을 의미하는 것은 아니다.

수행 압박(Performance pressure)

어떤 내담자들은 수행에 관련한 압박을 자해에 대한 주요 요인이라고 이야기한다. 자해와 관련된 외부 압력의 가장 일반적인 형태 중에는 중학교, 고등학교, 대학교 혹은 대학원에서의 학문적 요구이다. 다른 예시들로는 마감 날짜나 직장에서의 생산성 요구, 운동 경기, 무도회 혹은 다른 사회적 행사들에 대한 준비와 같은 것들을 포함한다. 행동 압박에 대한 반응으로 자해하는 개인들은 주로 그들 스스로에 대해 완벽주의적인 기대를 가지고 있다. 수행과 관련된 비합리적이고 도움이 되지 않는 부적절한 기대감은 스스로 지는 부담감을 줄이기 위해 고안된 치료에서 생산적인 성과를 야기할 수 있다.

충족되지 않은 요구에 대한 좌절

충족되지 않은 요구에 대한 좌절은 그 자체만으로 상실을 수반하지 않는다. 오히려 그것은 충족되지 않는 기대를 포함한다. 청소년들의 가장 일반적인 불평들 중 하나는 그들이 오해를 받고 있다는 것이다. 그들은 그들이 원하는 것을 전달하지만 결과적으로 그들이 원하는 것을 얻지 못했다고 말한다. 이는 결과적으로 자해를 통해 분출되는 좌절과 분노로 이어질 수 있다. 효과적인 행동 분석은 자해에 앞서 반복되는 좌절의 근원을 식별하려고 시도한다. 내담자가

원하는 것을 효과적으로 얻도록 도와주고 얻지 못하였을 때 오는 좌절을 다루는 데 도움을 주는 것을 위한 기술을 목표로 할 수 있다. 원하는 목표가 비현실적이 거나, 거창하거나, 잘못된 오해에 근거할 경우, 인지적 재구성이 필요해진다.

사회적 고립

일부 내담자에게 있어서는 고독이 자해의 유발 요인이 된다. 이들은 혼자 있는 것을 피하려고 일을 열심히 하고 고립을 마주하였을 때 심각하게 불안해 지는 사람들이다. 비록 이것은 가장 일반적인 패턴은 아니지만 외상 생존자들 에게서 자주 발견될 수 있다. 이러한 개인들은 혼자 있을 때 공격을 받는 것에 대한 두려움이 있을 수 있고 그들 자신을 보호하기 위해 혹은 적어도 주의를 환기시키기 위해 주변에 사람들을 두는 것으로 위안을 받는다.

중립적인 사건으로 보이는 것

어떤 개인들은 다른 사람에게는 전혀 해를 끼치지 않을 것처럼 보이는 사 건들로 인해 자해를 한다. 자해에 대한 적절한 행동 분석을 통해 어느 치료가도 발견할 것이라고 예상하지 못한 선행 요인들을 발견할 수 있다. 이런 경우 중립 적인 사건은 과거의 외상적 경험들과 짝을 이룰 수 있고, 이로 인해 원래는 해 가 되지 않았을 선행 사건들에 대한 조건 반응을 야기한다. 여기 두 가지 예시 가 있다.

Reanne은 엘리베이터에 탑승할 때 세심한 주의를 기울인다. 그녀는 남자와 단 둘이 타는 것을 피하기 위해서 모든 곳을 살펴볼 것이다. 그녀가 기다리고 있 을 때 만약 남자가 엘리베이터에 접근을 하면 그녀는 압도당한 듯이 보였고 다음 것을 기다렸다. 그러나 만약 그녀가 이미 탑승한 후 목적지까지 한 층 혹은 두 층 정도 남았을 때 남자가 엘리베이터에 탑승한다면 그녀는 엄청난 불안을 경험 했다. 적지 않은 경우, 그녀는 그러한 일 후에 몸에 상처를 냈다. Reanne은 이 렇게 말했다. "아버지와 단 둘이 있었던 너무 많은 기억이 나의 의식을 지배하고 있고 이것을 잘라버려야 해."

이 장에서 전에 언급했던, Beth는 남자들이 고개를 치켜드는 행동과 함께 방향을 가리켜 주는 것을 싫어했다. 이런 행동을 밖에서 경험하고나면 24시간 이

내에 그녀는 스스로에게 상처를 입혔다. 남자가 고개를 드는 행동은 그녀의 어렸을 적 폭력적인 아버지가 고개 드는 것을 강하게 기억나게 하였다. 이런 행동들은 위층으로 가서 성관계를 가지자는 그녀의 아버지의 절대적인 요구를 의미하였다. 시간이 흐른 뒤, Beth가 이런 행동을 식당이나 가게에서 보게 되면 그녀는 그 자리를 떠나야만 했다. 그녀는 남자들이 고개를 드는 행동을 덜 하게 만드는 곳인 단층 건물을 선호하였다. 그녀는 비슷한 행동을 여자들이 하는 경우에는 아무런 반응이 없었다.

생물학적 선행사건

"생물학적 선행사건들"은 만성적인 신체적 문제 혹은 취약성이고 보다 즉각적인 신체적 조건들 둘 다가 될 수 있다. 6장에서 논했듯이 철저한 평가는 자해를 초래할 수 있는 생물학적 취약성을 고려한다. 이러한 것에는 강한 생물학적 요소가 연결되어 있다고 생각되는 우울, BPD, 조울증 그리고 조현병과 같은 정신병의 형태를 포함한다. 행동 평가는 재발을 관리하고 예방하는 목표를 가지고 작업하기 위해 이러한 정신병과 관련된 경고 증상들을 확인하는데 관여한다. 많은 내담자들은 극심한 불안, 비애, 분노, 조병, 혹은 정신 분열의 일화들을 사이클처럼 왔다 갔다 겪는다. 내담자가 자신이 이런 취약성을 가지고 있다는 것을 알아차리게 되고나면 그들은 주요 유발 요인들을 피함으로써 재발을 예방하기 위한 노력을 할 수 있다. 이런 주요 요인들 중 몇몇은 대개 생물학적이다. 단기 재발 요인으로 피로, 불면증, 과식이나 소식, 과도한 운동 그리고 술 혹은 약물 남용을 포함한다. 다른 주요 그리고 보다 즉각적인 생물학적 재발 요인은 처방된 항정신성 약물치료를 따르는데 실패하거나 이런 항정신성 약물을 남용하는 것을 포함한다.

6장에서도 언급하였듯이 특정 생물학적 취약성에 관련된 연구는 자해와 관련이 있다. 변연계 기능저하, 세로토닌 감소, 내인성 오피오이드(아편향) 체계 인자 그리고 물리적 고통에 대한 감소된 민감성을 포함한다. 반복적인 자해하는 내담자들은 다음과 같은 것을 평가받아야 한다.

- 정서 조절장애(Tegretol과 같은 항경련제투약 또는 Depakote와 같은 기분 안정 제에 대한 반응일 수 있음)
- 우울, 불안 그리고 충동적 공격성(SSRI 혹은 선택적 노르에피네프린 재흡수 억제제에 대한 반응일 수 있음)
- 내인성 오피오이드의 분비에 대한 "중독"은 자해와 관련이 있다.(날트렉손 (naltrexone)에 대한 반응일 수 있음)
- 물리적 고통에 대한 감소된 민감성(알려진 약물치료가 없음)

이런 기능 장애 영역의 각 부분은 자해 재발에 매우 중요한 생물학적 원인을 제공할 수 있다. 이런 요소들에 대한 알아차림은 환경적 그리고 심리적 원인 제공요소와 함께 그들이 치료에 대한 목표를 가질 수 있게 한다.

인지적 선행사건

"인지적 선행사건"은 자해 일화를 일으키는 생각과 신념으로 정의한다. Beck (2005, 2011)의 인지 모델에서 자해에 선행하는 인지의 유형은 다음과 같다.

- 외부 사건의 해석
- 자동적 사고
- 중재적 신념
- 핵심 신념
- 외상과 관련된 다른 정신 활동과 인지

자해의 행동 분석을 실행할 때, 인지를 평가하는 것은 매우 중요하다. 세상에 대한 그들의 경험과 내적인 경험들에 대해 사람들이 어떻게 생각하고 믿는지는 자해의 재발 패턴과 깊은 관련이 있다. 사건에 대한 해석, 자동적 사고, 매개 신념 그리고 핵심 신념 그리고 외상 관련 인지는 주로 자해 행동 직전에 일어난다.

사건의 해석

자해에 대한 환경적 선행사건은 전에도 언급하였다. 여기서 강조하는 것은 외적 사건이 무엇이든 간에 그것의 영향과 힘을 결정짓는 것은 그 사람의 그 사건에 대한 해석이다. 자해에 앞서 사건의 해석을 평가하는 것은 그들의 관찰 가능한 세계에 내담자의 주관적 세계를 추가하는 것이다. 어떤 사람들은 끔찍한 상실을 경험하고 그것을 인자하게 해석한다. 다른 사람들은 보통 수준의 도전에 맞닥뜨리고 이것들을 재앙으로 본다. 자해하는 사람들의 인지 사고방식은 대처반응(예, 긍적적 vs 부정적)의 본질에 대해서 많은 것을 알려준다. 불행하게도, 이러한 다수의 개인들은 자기자신, 세계 그리고 미래에 대한 지속적 비관론과 같은 우울의 부정적 인지 삼원 특성으로 인해 고통받는다(Rush & Nowels, 1994; Beck, 2005, 2011). 다음은 자해 행동에 선행된 부정확하고 비관적인 해석의 예시이다:

> Liz는 그녀의 친구들이 식당 옆에 무리지어 모이는 것을 알아차렸을 때 학교에 있었다. 그녀는 친구들이 자신을 보고 웃고 있다고 지각하였다. Liz는 그녀가 입고 있는 것과 그녀의 몸무게에 대해서 친구들이 조롱하고 있다고 추정하였다. 창피하고 매우 화가 나서 Liz는 일찍 하교를 하고 집으로 와서 이번 주 초에 자해한 여러 개의 상처들을 벗겨냈다. 그 다음날이 되서야 Liz는 그녀의 친구들의 대화는 그녀와 상관이 없었다는 것을 알게 되었다.

사건의 해석을 평가하고 중대한 왜곡을 확인하는 것은 인지 평가의 매우 중요한 부분이다.

자동적 사고

"자동적 사고"는 가장 즉각적인 형태의 사고방식이다. 이것은 상황-특이성을 가지고 있다(Beck, 2011). 내담자의 자해에 선행하는 자동적 사고의 예시로는 "남자친구가 이야기한 것은 매우 불공평해서 지금 당장 스스로에게 상처를 내야겠어!"이다.

많은 생각들은 자동적으로 되기 위해 일상화된다. 간단한 비유로 운전하는 것을 배우는 과정이 있다. 처음에는, 운전이란 것은 상당한 양의 자기 지시가 필요하다. 초보운전자들은 "그래, 자 브레이크를 밟자." 혹은 "다음은 왼쪽 깜빡이를 키자."와 같은 자기 지시를 하면서 혼잣말을 한다. 이런 것들이 점차 자동적으로 생각나게 되면서 이런 명시적 자기 지시는 사라진다. 생각들은 아직도 어떤 식으로든 신중하게 행해지고 있지만 완전한 주의를 요하지는 않는다.

어떤 개인들에게 자해는 너무 빈번하게 일어나서 행동에 선행하는 사고가 자동적이게 되었다. "참기 너무 힘들어", "내겐 칼이 필요해", 혹은 "오직 자해만이 해결할 거야"라는 생각들이 본질적으로 의식 없이 행해지면서 아주 흔해지는 것이다.

자해를 평가할 때 임상가들의 숙제는 이런 자동적 인지를 의식적으로 자각하도록 되돌려놓는 것이다. 지속적이고 정중한 질문들을 통해 자해 일화를 즉각적으로 선행하는 생각들과 지지하는 생각들을 탐색 할 수 있다. 아래의 예와 같이 지각하지 못하는 인지를 복원하는 것은 행동 분석의 필수 요소이다.

치료자: 당신의 다리에 화상을 입히기 직전에 당신이 어떤 생각을 했는지 이야기 해주세요.

내담자: 아무 생각도 안 했어요. 그냥 했어요.

치료자: 음. 너무 빨리 지나가서 당신이 자각하지 못한 몇 단계들이 있었을 것 같아요.

내담자: 저는 그렇게 생각 안 해요.

치료자: 남자친구와 통화를 한 후 당신은 낙담해서 전화를 끊었다고 이야기 했죠.

내담자: (비꼬는 투로) 저야 항상 그렇지 않나요?

치료자: 스스로에게 해를 가할 때 스치는 생각이 있었나요?

내담자: 아니요. 그냥 했어요.

치료자: 작은 단계들로 만들어 봅시다. 전화를 끊고 방으로 걸어갈 때 당신의 남자친구에 대해서 스치는 생각이 없었나요?

내담자: 지금 그렇게 언급하니… "그는 다시 한번 나와 헤어지려고 하는구나"라고 생각했죠.

치료자: 그리고 그거에 대해서 어떤 생각이 들었어요?

내담자: 짜증나고 남자친구도 짜증나고 인생도 짜증나고 살아서 뭐하나 해서 내 스스로에게 상처를 내고 싶었던 것 같아요.

중재적 신념

"중재적 신념"은 개인의 사고 과정에 기초가 되는 태도, 규칙, 그리고 추정들을 포함한다(Beck, 2005, 2011). 중재적 신념은 자동적인 생각과 핵심 신념 사이의 연결해주는 역할을 한다. 자해에 선행되는 중재적 신념의 예시는 (1) "난 이런 고통을 받을 만 해"라는 태도, (2) "스스로에게 해를 가하는 것이 그 어떤 것보다 고통을 풀게 해줘"라는 규칙, (3) "항상 이런 식일 거야"라는 추정이다.

핵심 신념

"핵심 신념"은 자기 자신, 세상 그리고 미래에 대한 확고한 신념이다. Beck (2011)이 말했듯이 핵심 신념은 전반적이고, 단호하며 쉽게 수정되지 않는 경향이 있다. 이것들은 종종 어린 시절에 경험한 확언과 지지(혹은 확언과 지지의 부족) 유형으로부터 파생된다. 만성적으로 자해하는 내담자들이 이야기하는 핵심 신념의 예시로는 "나는 사랑받지 못하는 실패자야"가 있다.

자해하는 사람들 중 많은 이들은 지나치게 부정적으로 자기 자신을 평가하는 경향이 있다. Linehan(1993a)은 이 문제가 경계선 성격장애(BPD)를 치료하는데 매우 중요하다고 판단하여 그녀는 명상 훈련의 여섯 가지 구성 요소 중 하나로서 "개인적 판단을 피함"을 포함했다. 자해하는 많은 사람들에게 있어서, 그들의 생각은 반복적이고 과장된 자기비난을 포함한다. 이러한 자기 진술은 만성적이고 비관적이며 잔인하게 자기 모욕적이다.

이러한 부정적인 판단을 실토하게 하는 한 가지 유용한 방법은 내담자들에게 "자신을 내려놓는 방법"을 이야기하도록 질문하는 것이다. 많은 내담자들은 즉각적으로 방대한 양의 비판적 자기 진술을 이야기 한다. 이런 부정적 생각들을 줄줄이 이야기 하는 신속도와 판단은 그것들이 일어나는 빈도와 그들이 가지고 있는 신념을 가리킨다. 아래의 기술 훈련 집단의 축어록을 발췌한 부분에서는 "제일 좋아하는" 부정적 핵심 신념을 이야기하고 있다.

집단리더: 오늘은 판단 내리기에 대해서 이야기했는데 혹시 자신을 깎아내리는 방법 중 가장 좋아하는 방법이 있는 사람 있나요?(7명 중 4명이 고개를 열정적으로 끄덕였거나 "아. 네!"라고 이야기 했다.) 그래요. 매우 중요한 부분이에요. 내려놓는 것에 대해서 이야기해주실 분 있나요?

집단원 1: (확신과 혐오감을 가지며) 저는 스스로에게 아기라고 불러요.

집단리더: 아기요? 어떤 의미예요?

집단원 1: 왜냐하면 저는 미성숙해요. 아무것도 할 수 없어요. 항상 불안해요. 어떤 것도 해결할 수 없어요.

집단리더: 그렇게 내려놓는 것이 버거워서 그런 것 같아요. 기억해요. 알겠죠? 또 이야기해주실 분?

집단원 2: 저는 항상 제가 얼마나 뚱뚱하고, 못생겼고 멍청하게 생겼는지 스스로에게 이야기해요.

집단원 3: (집단원 2에게) 당신이 뚱뚱하다고 생각해요? 저를 보세요. 저는 돼지예요. 게다가 저는 스스로에게 패배자라고 불러요.

집단원 4: 저를 내려놓는 제가 가장 좋아하는 방법은 "너는 사회의 짐이야. 너는 살 자격이 없어!" 라고 이야기해요.

집단리더: 음, 여기에 매우 적절한 판단적인 예시가 있는 것 같네요. 이런 판단적인 것들을 없애보는 기술을 함께 작업해보도록 하죠.

외상에 관련된 인지 그리고 다른 형태의 정신 활동

"외상 관련 인지"는 자해 행동을 선행하는, 외상으로 인한 생각, 인상, 재경험(플래시백, flashbacks), 기억, 꿈이다. 이런 다양한 형태의 정신 활동은 내담자들이 대개 그것들에 대한 통제권이 자신에게 전혀 없음을 경험하기 때문에 특히 도전적이다. 외상 내력이 있는 내담자들은 깨어있을 때 어느 때든 플래시백을 경험하며, 또한 잠잘 때는 외상과 연관된 침습적인 악몽을 꾼다고 이야기 한다. 외상 생존자들이 그들의 과거가 어느 때에든 다시 떠올라 괴롭다는 것은 의심할 여지가 없다. 또한 이러한 정신적 활동들은 시각적 이미지, 촉감, 냄새, 소리, 플래시백 대화 등 많은 형태를 취할 수 있다는 점이 이를 복잡하게 만든다.

자해에 대한 인지적 선행 사건들의 형태를 평가하는 것은 기술적이어야 한다. 왜냐하면 내담자가 외상과 관련된 상세한 공개를 함에 있어서 준비가 되어 있어야 하기 때문이다. 외상 해결에 대해서 언제 작업할지에 대해서는 16장에서 다룬다. 만약 내담자가 준비가 되어 있지 않으면 면밀히 살피는 것이 그 혹은 그녀가 감당하기에 매우 벅찰 수 있고 자해를 더 악화시킬 수 있다. 만약 임상가가 내담자의 자해 패턴이 심각해지는 것을 알아차리게 된다면 행동 분석이 부주의하게 악화시키는 역할을 하고 있는 것은 아닌지 파악해야 한다. 내담자가 외상을 자세하게 이야기하는 데 필요한 기술을 습득할 때까지 캐묻는 것은 잠시 미뤄두는 것이 필요할 수 있다. 이런 경우, 임상가는 인지적 선행 사건 분석을 자해에 관련된 매개 신념, 핵심 신념, 자동적 자기 진술, 사건의 해석 정도로만 국한시켜야할 수도 있다.

자해에 대한 인지적 선행 사건들의 주제는 인지적 치료에 대해서 이야기하는 12장에서 더 자세히 다룬다.

정서적 선행 사건

"정서적 선행 사건"은 자해하기 전에 경험했던 정서들이다. 어떤 경우 이런 정서는 여러 시간 혹은 심지어 며칠에 걸쳐 쌓였을 것이다. 다른 이들의 경우, 이러한 정서는 즉각적으로 나타나는 것이다. 대부분의 사람들에게 자해의 기본적인 역할은 이런 고통스러운 정서의 정도를 줄여주는 것이다. Brown(1998)은 부정적 정서와 자해가 연결되어 있다는 연구들에 대한 철저한 검토를 제공하였다. 대부분의 부정적인 정서들이 자해를 야기한다고 확인되었지만 Brown이 언급한 주요한 것들은 아래와 같다.

- 불안, 긴장 혹은 공황
- 분노
- 슬픔 혹은 우울
- 수치심
- 죄책감

- 좌절감
- 경멸

선행 연구들에서 언급되지는 않았지만, 나는 자해하는 사람들로부터 두려움, 걱정, 창피함, 혐오 그리고 흥분이 그들의 자해 이전에 나타났었다는 것을 들었던 적이 있다.

더 적은 수의 사람들은 너무 약한 정서를 느끼는 것을 피하려고 자해를 한다. 이런 사람들은 "죽음", "공허", "로봇 같은" 혹은 "좀비 같은" 느낌을 보고한다. 자해하는 것은 이런 사람들을 편안하게 해주는데 이는 살아있다는 느낌을 다시 느끼게 하게 때문이다. 이에 대한 예시가 아래에 있다.

> 한 내담자가 다음과 같이 말했다. "어제 내가 자해를 할 때, 아무런 감정도 느낄 수가 없었어요. 나는 내적으로 완전히 죽은 것처럼 느껴졌어요. 아직도 내가 똑같이 보이는지 거울 앞으로 갔어요. 저는 제가 기계나 다른 것으로 변한 것처럼 생각되었어요. 하지만 저는 그대로였어요. 늙고 엉망진창인 나. 내가 스스로를 그었을 때, 난 기분이 훨씬 더 나아졌어요. 그 피가 정말 도움이 되었어요. 제 팔을 내려다 보았고 피를 보았어요. 그리고 난 아무것도 느끼지 못하지만 아직 살아있다는 것을 알게 됐어요."

자해에 선행되는 감정들을 식별하는 것은 매우 중요한데 그 이유는 자해 행동에 대한 근원적인 동기가 불쾌한 감정들을 감소시키는 것이기 때문이다. 가끔 내담자들은 특정 감정을 분별하기 어려워한다. 그들이 할 수 있는 최선은 그들이 극심한 전반적인 불편감을 경험한다는 것을 나타내는 것이다. 이런 사람들에게는 Linehan(1993b, pp.139-152)이 제공한 것과 같은 감정 목록이 도움이 될 것이다. 어린 내담자들 혹은 지적 문제를 가진 사람들에게는 얼굴과 수반하는 감정 이름이 적혀 있는 그림이 정서적 선행사건을 확인하는 데 도움이 될 것이다.

중요하게 고려해야 하는 다른 것은 특정 자해 형태와 연결된 특정 정서가 있는가를 파악하는 것이다. 예를 들어 어떤 내담자들은 불안할 때는 스스로를 긋고 분노할 때는 스스로에게 화상을 입힌다. 다른 사람들은, 긋는 것과 화상에 이르게 하는 정서적 선행 사건은 정반대일 수도 있다. 중요한 질문으로 "당신에게 특정 자해 형태와 특정 감정이 이어지는 때가 있나요?"가 있다. 이에 이어질 연관된 질문으로는 "그러한 연결이 지속적인가요 혹은 때때로 다른가요?"가 될 수 있다.

행동적 선행사건

"행동적 선행사건"은 자해하는 사람들에게서 관찰 가능한, 자해 일화와 관련되거나 그것을 유발하는 행동으로 정의한다. 이런 행동들은 자해로 완결되는 과정의 핵심 요소이다. 예를 들어 어떤 사람들은 대마초를 많이 흡입하였을 때 혹은 술에 취했을 때만 자해를 한다. 어떤 사람들은 그들의 약을 복용하지 않겠다고 결정한 후에만 스스로를 태우거나 긋는 경향이 있으며, 이때 항정신성 약물의 효과는 사라진다. 어떤 사람들은 엄청 많은 양의 음식을 먹은 후, 판단적으로 생각하고 스스로에게 역겨움을 느껴 자해를 한다. 여전히 다른 어떤 사람들은 자신이 창피한 행동을 했다하면 그 후 즉시 자해를 한다. 내가 알았던 어떤 내담자는 자위행위를 한 후 자해하는 경향이 있었다. 그는 자신이 자위 충동을 억누를 수 없다는 것을 알았지만 그 후 즉시 판단적이게 되면서 수치스럽고 그 행동에 대해서 혐오감을 느꼈다. 자해는 "해악"같은 자위행동에 대한 그와 그의 신체에 벌을 주는 것이었다.

반면에 모든 이러한 행동적 선행사건들은 이와 함께 수반되는 생각들과 감정들이 있고 행동 그 자체가 자해를 유발하는 주요 요소가 될 수 있다. 많은 경우, 만약 치료자가 특정 행동적 선행사건들을 모른다면 인지적 그리고 정서적 선행사건들 또한 밝혀질 수 없다. 그러므로 자해하기 이전에 내담자들이 어떤 행동을 하는지 아는 것은 치료자에게 중요하다.

> 치료자: 그 상처들을 다시 건드리기 바로 전에 당신은 무엇을 하고 있었나요?
>
> 내담자: 많은 것을 했죠. 엄청 바빴어요.
>
> 치료자: 그래요. 당신이 스스로를 다치게 하는 방향으로 가게 한 것으로 보

이는 어떤 것들은 없었나요?

내담자: 흠. (생각 중) 음. 제가 좀 초조해지긴 했어요. 그래서 약간의 대마초를 피웠어요.

치료자: 대마초를 피우는 것이 당신 스스로를 다치게 하는 데 어떤 역할을 한다고 생각하나요?

내담자: 그렇게 생각 안 해요. 그 두 가지는 저에게 똑같아요. 모두 긴장을 풀리게 하죠.

치료자: 음. 상처를 잡아뜯어 내거나 스스로를 긋기 전에 얼마나 자주 마리화나를 피나요?

내담자: 사실 거의 대부분의 경우 그러는 것 같아요.

치료자: 이 연결고리에 대해서 어떻게 생각해요?

내담자: 환각에 빠졌을 때는 그것을 할 용기가 생겨요.

치료자: 음. 그럼 그것을 계속하고 싶나요?

내담자: 어려운 질문이네요. 안 그런가요?

자해의 여파 혹은 결과

자해의 여파 혹은 결과는 아래의 요소들로 이야기될 수 있다.

- 심리적 완화 특성
- 자해 이후에 자기 관리 유무
- 자해 이후에 상처를 뜯어내는지의 유무
- 자해와 관련된 의사소통 여부
- 자해를 설명하는 내담자의 태도
- 사회적 강화

심리적 완화(안정적 기질) 특성

"심리적 완화 특성"이라는 용어는 자해에 의해서 제공되는 정서적인 불편을 경함하는 것을 이야기한다. 자해의 주된 이유가 정서적 고통을 줄이는 것이

라고 이 책에서 반복적으로 이야기했지만 행동분석 요소는 그 통찰력을 넘어서
야 한다. 이 부분의 평가 질문으로는 "자해가 제공하는 심리적 완화에는 어떤
특정한 유형이 있는가?"가 있다. 내담자가 자해 이후에 어떤 느낌이 드는지 이
야기할 수 있다면 매우 도움이 된다. 제공된 완화의 종류가 중요한데 그 이유는
치료에서 추구해야 할 긍정적인 대처 행동은 이러한 완화 종류를 "메아리" 치
든지 "모방"해야 하기 때문이다. 예를 들어, 만약 내담자가 자해를 통해 깊은
이완을 느낀다고 하면 비슷한 감정을 느끼게 하는 자기 위로 행동을 가르쳐 주
어야 한다. 만약 내담자가 자해를 통해 편안한 잠을 잔다고 하면 잠을 유도하는
기술이 도움이 될 것 이다. 만약 내담자가 자해를 통해서 분노를 관리 할 수 있
을 정도로 감소가 된다고 이야기하면 분노 관리에 집중하는 것이 중요하다. 행
동 분석은 완화를 하는 일반적인 개념에서부터 완화 유형의 구체적인 세부사항
까지 다루어야 한다.

　　자해의 여파를 분석하는 것과 관련하여 도움이 되는 질문은 "자해를 한 후
당신 신체 어느 부위에 안정감을 느끼는 것 같나요?"이다. 이 질문은 아래의 22
세 여성 내담자의 대화와 같이 예상치 못한 답변을 불러올 수 있다.

치료자: 당신이 스스로를 자해하는 것은 어떤 종류의 위안을 제공하나요?
내담자: 고통을 멈추어 줍니다.
치료자: 심리적 고통을 의미하는 것인가요?
내담자: 그런 종류의 것이지요. 제가 추측하기에는 다른 종류의 고통인 것
　　　　　같아요.
치료자: 다른 종류란 무엇인가요?
내담자: 음. 신체적인 것의 일부이죠.
치료자: 몸의 어느 부분에서 신체적인 고통을 느끼나요?
내담자: (눈에 띄게 불편해하며) 여기 중간 부분의 바로 윗부분이요.
치료자: 어느 곳에서부터 시작하나요?
내담자: (손으로 가리키며) 아래 쪽이요.
치료자: 당신의 성기 부분을 가리키고 있는 것인가요?
내담자: (당황스러워 하며) 예.

치료자: 당신은 성기부분에서 고통을 느끼고 있으며, 팔을 자해하는 것이
　　　그 고통을 가라앉힌다고 말하고 있는 것인가요?

내담자: (조금 안도하며) 예.

이 대화는 내담자의 아버지가 그녀의 성기에 손가락을 삽입한 성적 학대에 관하여 이야기하는 것으로 연결되었다. 10년 전에 발생하여 2년간 지속되었던 그 학대는 그녀가 강한 수치심과 분노를 느낄 뿐만 아니라 상당한 육체적 고통 또한 겪도록 만들었다. 몇 년 후, 그녀는 트라우마와 관련된 증상의 일환으로 성기의 통증을 느꼈을 때, 자해를 시도하였다. 자해 행동은 즉시 신체적인 고통과 함께 학대와 관련된 수치심과 분노의 감정을 경감시켜주었다.

자해 이후 자기 돌봄의 실재-부재(Presence-Absence of Self-Care after Self-Injury)

"자해 이후 자기 돌봄의 실재-부재"는 내담자가 자해행위를 실행한 이후 상처를 치료하는지에 관한 여부를 말한다. 많은 내담자들은 그들의 상처가 감염되지 않도록 하기 위해 기본적인 예방조치를 택한다. 그들은 상처를 깨끗하게 관리하며, 필요하다면 소독제 연고를 바르고 반창고를 붙일지도 모른다. 치료자들은 내담자가 상처가 감염되지 않도록 예방하는 것에 주의를 기울일 때 안심해야만 한다.

그러나, 또 다른 내담자들은 상처를 거의 돌보지 않거나 고의로 감염물질을 상처에 주입하려는 시도를 할 수 있다. 이러한 사람들에게서 자해 이후 상처를 위한 치료의 부족은 다음의 예시와 같이 자해 일화의 연장으로 나타날 수 있다.

　　　5장에서 설명된 것과 같이, Naomi는 그녀의 손목과 팔, 다리를 3년 동안 자해한 내력을 지니고 있는 16세의 인물이다. 특히 그녀가 불안해 할 때마다, 그녀는 자신의 유두에 구멍을 뚫었다. 그녀는 구멍을 내기 위해 사용하는 바늘을 소독하지 않고 이러한 행위를 하였다. 게다가, 그녀는 구멍을 낸 후 소독 연고를 발라 유두를 치료하려는 어떠한 시도도 하지 않았다. 결국, 그녀의 구멍 뚫기는 그녀가 거주하고 있는 공동 주거시설에 있는 간호사의 주의를 불러일으켰다. 간

호사는 Naomi의 자기-돌봄(Self-care) 부재로 인해 그녀의 유두가 감염되었다는 것을 발견하였다.

Naomi와 같은 사례의 자해 일화(Self-Injury Episode)에서는 복합적인 양상이 존재한다. (1) 소독 과정 활용의 실패, (2) 전형적이지 않고 우려할만한 것으로 여겨지는 신체부위에 위해를 가하는 것, (3) 자해 이후 자기-돌봄 활용의 실패. 이러한 세부사항들을 종합해보면 정신과적 입원/전환을 위한 평가가 요구될 만큼의 심각한 수준의 고통이라는 것을 알 수 있다.

자해 이후 긁은 상처의 실재-부재(Presence-Absence of Excoriation after Self-Injury)

"자해 이후 긁은 상처의 실재-부재"는 자해 이후 고의로 다시 상처를 내는지의 여부를 말한다. 상처 관리의 실패는 자해의 수동적인 유형이지만, 상처를 긁거나 뜯는 것은 더 적극적인 자해의 유형이다. 때때로 같은 상처에 다시 상처를 낸다는 것은 내담자에게 상징적인 의미가 있을 수 있다. 놀라운 것은 자해하는 사람들은 항상 상처입지 않은 다른 신체 부위로 옮겨갈 수 있는 선택사항을 갖고 있다는 것이다(비록 그것이 몇 센티미터 떨어져있지 않은 곳이라도 그렇다). 그러나 일부의 사람들은 같은 상처에 다시 상처를 낸다. 이러한 사례에서, 치료자는 이러한 반복적인 행동의 의미를 탐색하여야 할 필요가 있다. 이것이 미해결된 과제나 해결되지 않은 탐색작업, 혹은 더 심층적으로 들어가고자 하는 욕구를 알리는 메시지인가? 정답은 각 개인마다 다를 것이며, 언제나 평가 작업이 중요하다는 것이다.

자해와 관련된 소통의 실재-부재(Presence-Absence of Communication after Self-Injury)

"자해와 관련된 소통의 실재-부재"는 자해를 실행한 이후 자해에 관하여 다른 사람들에게 알리는 것을 선택하는지의 여부를 말한다. 이러한 세부사항은 그 행동이 기본적으로 대인 관계적인 동기를 갖는지, 혹은(적어도 부분적으로) 대인관계의 소통적인 기능을 갖고자 하는 의도가 존재하는지를 결정한다는 점에서 중요한 사항이다. 사회적 맥락에 관하여 설명한 위 부분에서 기술하였듯이, 자해하는 사람들의 다수는 혼자 있을 때 자해하는 한편, 이후 소수의 몇몇 사람들에게 자해한 것을 공개한다. 청소년의 경우 이러한 사실을 털어놓는 대상은 거의 또래들이다. 결국, 이러한 청소년들의 부모나 양육자들은 자해에 관하여 알게 되는 경향이 있으나, 자해 사실의 공개는 종종 지연되거나 혹은 우연 비슷하게 이루어진다. 성인의 경우 이러한 사실을 털어놓는 사람들은 친구들, 배우자, 혹은 심리적 양육자들(psychological caregivers)이다.

자해하는 사람들에게서 가장 비밀스러운 부분은 그 행동이 소통적인 기능을 갖는다는 것이다. 다른 무엇보다도 더욱, 자해 행동은 내적인 심리적 스트레스에 의해 추동될 수 있으나, 이는 또한 이차적으로 다른 사람들에게 무언가 말하고자 의도될 수도 있다. 치료자의 몫은 자해적인 메시지가 의도적으로 향하고자 하는 인물과 메시지의 내용을 찾 알아내는 것이다. 자해의 두 가지 소통적인 기능에 관한 예시가 다음 사례에 잘 나타나 있다.

자해로 나타나는 Amerlia의 메시지는 공격성을 전달한다. 그녀의 패턴은 면도날을 사용하여 두 팔에 들쭉날쭉한 상처를 내는 것이었다. 이후에, Amelia는 이러한 상처를 가리고자 하는 어떠한 시도도 하지 않았다. 대신에, 그녀는 집과 학교에서 짧은 소매의 셔츠를 입었다. 그녀의 부모님을 향한 메시지는 그녀가 강한 정서적 고통 속에 있다는 것을 전달하는 것이었다. 그녀의 부모님이 그녀의 상처를 무시하고 그녀가 "주의를 끌고자 하는 일"이라며 일축하자, Amelia는 더 심하게, 더 자주 자해를 했다. 부모님을 향한 Amelia의 메시지는 분노에 찬 비애이자, 도움을 호소하는 것이다.

Amelia의 자해는 학교에서는 또 다른 소통적 기능을 한다. 학교는 그녀가 몇 년 동안 하찮은 취급을 당하며 조롱을 당한 곳이었다. 그녀는 학교에서 자신의 상처를 숨기려는 시도를 하지 않는 이유에 관한 질문에 사람들이 그녀를 "괴짜" 혹은 "정신병자"라고 부를 때 신경 쓰지 않기 때문이라고 진술했다. Amelia는 학교 현장에서 사회적 유대감을 경험하지 못하고 있었다. 그녀가 상처를 드러내는 것은 일탈적이고 복수심에 찬 메시지를 전달하는 것이다.

자해적 메시지가 의도하는 인물은 대개 내담자의 일상적인 삶에 존재하는 사람이다. 그러나 치료자 또한 자해적 메시지가 의도하는 인물이 될 수 있다. 이러한 사례에서, 치료자는 비의도적으로 이러한 행동을 강화하고 있을 수 있다. 이러한 강화가 발생할 때, 치료자는 그들 자신의 행동에 관한 행동적 분석을 수행하여야 할 필요가 있다.

　　　Inge는 치료에서 그녀가 때때로 상담 회기에 오기 바로 직전에 자해를 한다는 사실을 털어놓았다. 그녀는 치료자가 자해에 관하여 말하는 것을 좋아하는 것처럼 보였고, 그래서 그녀는 그녀가 "지루하지 않다는 것"을 확신시키고자 원했다고 진술했다. 이러한 공개에 대한 반응으로, 치료자는 그가 단지 자해뿐만 아니라, Inge와 관련된 많은 문제에 관하여 이야기하는 것을 좋아한다는 것을 알려주었다. 그는 또한 이후의 몇 번의 상담회기에서 자해에 관한 Inge의 논의에 대하여 의도적으로 반응하지 않았다.

자해를 묘사하는 내담자의 태도(Demeanor of the Client Describing the Self-Injury)

"자해를 묘사하는 내담자의 태도"는 자해하는 사람이 상처를 묘사하거나 드러낼 때 그의 행동을 말한다. 이러한 태도는 자해를 멈추거나 적어도 감소시키고자 하는 내담자의 동기와 자해 행동의 빈도에 관한 많은 정보를 전달한다. 일부 내담자들은 그들이 다시 자해에 빠지게 된 것에 관한 회한을 표현한다. 다른 내담자들은 자해행위를 일상적이고 전반적으로 피할 수 없는 행위라고 생각하여 이를 저지른 것을 대수롭지 않게 여긴다. 여전히 다른 사람들은 외적인 반감에 관하여 드러내 놓고 반항적인 태도를 보이며, 이는 자해행위를 지속하려는 전념을 명확히 나타낸다. 임상가를 위한 최선의 조언은 추정을 제쳐두고 세심한 관리와 더불어 자해하는 사람 개개인의 이야기를 경청하는 것이다. 내담자에게 그들이 특정한 상처나 일화에 관하여 어떻게 느끼는지를 질문하는 것은 꽤 이해를 돕는 작업이 될 수 있다. 다음의 예시는 자해하는 사람으로부터의 예기치 않은 공개(disclosure)를 다룬 것이다.

　　　Betsy는 6개월 동안 자해를 해온 13살이다. 두 번째 인터뷰 과정에서 치료자는 그녀의 팔에 있는 상처를 볼 수 있도록 요청하였다. 그녀는 꽤 순응적으로 따랐다. 그녀가 자신의 왼쪽 팔의 소매를 걷자, 두 종류의 상처를 볼 수 있었다.

5개에서 6개 정도의 상처가 팔뚝에 연속으로 정교하게 수직으로 나있었고, 4개에서 6개 정도의 무분별하고 들쭉날쭉하게 퇴색된 상처들이 그녀의 팔꿈치의 안쪽에 나 있었다. 치료자는 그녀의 팔에 두 종류의 상처가 보인다고 말했다. 그녀는 "나는 매우 긴장될 때면 나를 그어요. 그러나 매우 화가 날 때는 내 손톱으로 계속 찌르곤 하지요."라고 대답하였다.

　　　Betsy가 이러한 말을 할 때, 치료자는 그녀가 상처를 바라보면서 그녀의 얼굴에 더없이 기뻐하는 미소가 피어난다는 것을 알아차렸다. 이러한 겉보기에 어울리지 않는 반응에 관한 호기심으로, 치료자는 그녀에게 자신의 상처를 볼 때 어떤 생각을 하는지를 질문하였다. 그녀는 "나에게 이 상처들은 아름답게 느껴져요. 상처들은 내 인생에서 겪은 모든 아픔으로부터 배우게 된 모든 것들을 상기시켜준답니다."라고 말했다.

사회적 강화(Social Reinforcement)

"사회적 강화"는 자해를 재발하게 만들 가능성을 증가시키는 타인의 일부 행동을 말한다. 자해에 대한 주의를 기울이는 반응이라면 어떤 것이라도 자해 행동을 강화시킬 수 있다. 사회적 강화는 의도적일 수도 있고, 비의도적일 수도 있다. 만약 또래 친구가 자해를 하고 있는 청소년에게 "오, 이 상처들은 무척 멋져 보이는데!" 라고 말한다면, 사회적 강화는 직접적이고도 의도적이다. 그러나 비의도적인 강화는 마찬가지로 강력할 수 있는데, 이는 사람들이 매우 지지적이거나 자해 행동에 대하여 비난할 때와 같은 것이다. 이는 7장에서 자해 행동에 대한 반응을 절제하고, 감정에 좌우되지 않는 태도를 활용하라고 조언한 이유이다. 이러한 전략은 공감적이면서도, 의도하지 않은 사회적 강화를 피하기 위한 시도이다.

　　　사회적 강화를 얻는 것이 자해 행동의 우선적인 동기가 되지는 않는다는 것을 강조하는 것은 중요하다. 그러나 타인으로부터의 사회적 반응은 중요한 이차적 강화인자(secondary motivators)가 될 수 있다. 거의 모든 자해적 행동은 심리적 스트레스의 측정을 요구한다. 사람들은 "단지 주의를 끌고자" 자해를 하지 않는다. 비록 이러한 주장이 빈번하게 제기되지만, 이는 허울만 그럴듯하다. 사람들은 그들의 내적 심리적 욕구를 충족시키고 사회적으로 강화받기 때문에 자해할 수 있으나, 대인적 "보상" 하나만으로 자해 행동을 할 것 같지는 않다.

자해 행동을 단지 그 목적을 위한 수단으로 타당하게 보기에는 "타인의 주의를 끌" 수 있는 다른 수단이 지나치게 많다.

자해에 관한 면밀한 분석은 한 사람이 처한 환경에서 모든 사람의 반응에 집중하는 것에 초점을 맞추고 있으며, 이는 또래 친구, 파트너, 배우자, 학교 친구, 직장 동료, 형제, 부모, 교사, 슈퍼바이저, 다른 치료자들 등등을 포함한다. 7장에 제시되었듯이, 의도치 않게 행동을 강화시키는 사람들은 치료의 일부가 되어야 할 필요가 있을 수 있다. 자해를 감소시키거나 종결짓기 위한 노력을 성공적으로 이끌고자 할 때 그들은 치료에 협력하여야 할 필요가 있다.

평가에서 구성요소의 우선순위 정하기(PRIORITIZING ELEMENTS WITHIN THE ASSESSMENT)

자해에 관한 평가를 수행하는 첫 번째 단계는 내담자에게 몇 주에 걸쳐 회기 사이에 자해 일지(Self-Injury log)를 완성하도록 요청하는 것이다. 평가 과정에서 이러한 단계는 자해와 연관된 환경적, 생물학적, 심리적 사건들의 전체 영역을 고려한다. 이것은 광범위한 접근법을 취하며, 어떠한 특정한 사건들에 처음부터 우선권을 부여하지는 않는다.

두 번째 단계는 표 9.2에 제시된 것처럼 내담자가 간이 자해 일지(Brief Self-Injury log)를 기록하도록 하는 것이다. 간이 자해일지는 표 9.1에 제시된 전체일지의 간이 버전이지만, 우선순위를 매기는 구성요소가 추가된다.

나는 내담자에게 전반적인 평가가 수행되고 신뢰할만한 기저선이 마련된 이후에 비로소 간이 자해 일지를 활용하도록 요청하였다. 비록 각각의 치료자의 실무는 크게 다를 수 있으나, 8~10회기 이후에 간이 자해 일지를 활용하는 것을 선택하는 것은 흔하다.

간이 자해 일지에서 사용되는 언어는 선행사건, 자해와 관련된 사건들, 그리고 사후결과로 일컫는다는 점에서 기존 자해 일지 전문에서 사용되는 언어와 동일하다. 더 나이가 어리거나 지적장애가 있는 내담자의 경우, "촉발사건", "행동", 그리고 "결과"와 같이, 더욱 쉬운 언어로 바꾸어 사용될 수 있다.

간이 일지는 내담자와 임상가가 1~5점 척도로 내용의 우선순위를 매길 수

| 표 9.2. | **간이 자해 일지**(Brief Self-Injury Log) |

이름: _____

차원	선행 사건	자해(SIB) 사건	사후 결과
환경적			
생물학적			
인지적			
정서적			
행동적			

※ 각 열의 항목들은 자해를 발생시키거나 강화시키는 것에 가장 강력한 역할을 했던 순서대로 나열된다. 1=가장 중요함 2=매우 중요함 3=다소 중요함 4=약간 중요함 5=가장 중요하지 않음.

있도록 한다. 우선순위를 매기는 작업은 내담자가 혼자 수행하거나, 임상가가 혼자 수행하거나, 셋 혹은 둘의 협력 하에 함께 수행할 수 있다. 처음에는, 협력적인 접근이 일반적으로 권장되는 과정이다. 추후에 내담자가 그것을 완수하는 것에 대한 온전한 책임감을 갖게 될 수 있다. 간이 자해일지의 활용은 초기에 자해를 촉발시키는 주요한 기본 구성요소에 초점을 맞추도록 한다. 추후에 치료는 덜 중요하지만, 그렇더라도 자해에 영향을 주는 요인으로 이동한다.

표 9.3은 가상 사례로 간이 자해일지가 어떻게 기록될 수 있는지를 보여준다. 이러한 사례에서, "선행사건"에서는 내담자가 상위의 두 가지 우선순위를

(1) 학교에서 또래 친구와 다투고, (2) 슬프고, 공허한 느낌과 공황 상태를 느낀다는 것으로 식별해두었다. 그러므로 치료는 정서조절과 자기−위안 기술을 교육하는 것과 더불어 또래 친구와의 갈등을 감소시키고 사회적 기술을 증진시키는 것을 목표로 할 수 있다.

동일한 방식으로, "자해(SIB) 사건"에서는 내담자가 자해를 예기하는 것에 대한 흥분과 "나는 이것을 해야만 해"라는 주장적인 사고를 우선순위로 정하였다. 치료는 이러한 선행 감정과 인지적으로 부적응적인 사고를 재구성하는 것을 감내하거나 감소시키는 것에 대한 학습을 우선적으로 고려할 수 있다.

"사후결과" 항목에서는 내담자가 안정과 위안의 감정과 "나는 그럴 만 해!"라는 사고에 우선순위를 매겼다. 치료는 대안적인 자기−위안 기술을 내담자에게 교육시키고 자기−처벌과 자기−비난과 관련된 사고를 재구성하는 것을 우선적으로 고려할 것이다.

이러한 간단한 평가 도구는 연속선상에서 활용될 수 있다. 이러한 평가도구는 내담자가 장기간동안 자해를 중단하게 되었을 때만 비로소 사용하지 않게 된다. 재발이 발생할 때, 임상가는 선호하는 평가도구에 따라 자해일지의 전체 내용 혹은 간이 유형을 다시 활용할 것인지를 반드시 결정하여야만 한다.

결 론

요약하면, 자해의 평가에서 임상가들과 다른 전문가들이 다음과 같은 내용을 수행할 때 실질적으로 가장 도움이 된다.

- 가능한 체계적으로 정보를 수집하기 위해 자해 일지를 활용하라.
- 영향을 받은 신체 부위와 신체적 손상의 범위에 특별히 주의를 기울여라.
- 상처의 수, 패턴이나 상징의 활용, 도구의 활용, 실제 위치와 같이 자해에 관한 개인의 특이한 세부사항을 확인하라.
- 자해에서 반복되는 환경적, 인지적, 정서적, 행동적 선행사건을 확인하라.
- 정서적 위안과 같은 자해의 결과를 확인하라.
- 환경에서 사회적 강화물(social reinforcers)에 주의하라.

- 내담자의 조력으로 자해를 촉발시키고 유지시키는 가장 중요한 변수들을 확인하고, 치료에서 이러한 변수들을 목표로 삼아라.

| 표 9.3. | 간이 자해 일지(Brief Self−Injury Log) 기록 예시 |

이름: <u>16세의 여성</u>

차원	선행사건	자해 (SIB) 사건	사후결과
환경적	학교에서 친구와 다툼 1	침실에 숨겨둔 칼을 찾음 4	초반에는 결과가 나타나지 않음, 침실에 홀로 있음 5
생물학적	이미 극도로 지치고 약에 취하지 않은 상태 5	여전히 극도로 지치고 두통이 시작됨 5	두통이 사라짐, 수면을 취하게 됨 4
인지적	"나는 외톨이야. 나에게 친구란 없어." 3	"난 반드시 이 일을 해야만 해!" 2	"나는 이 일을 해야 마땅해! 휴!" 2
정서적	슬픔, 공허함, 공황상태를 경험함 2	흥분되고 기대에 참 1	더욱 평온함을 경험하게 됨, 안도감을 얻음 1
행동적	침실에 틀어박힘, 의도적으로 자신을 고립시킴 4	팔뚝을 4번 자해함, 응급처치가 필요 없는 조직 손상을 야기함 3	자해한 상처를 씻음, 반창고를 붙임 그리고 나서 숙제를 할 수 있게 됨 3

※ 각 열의 항목들은 자해를 발생시키거나 강화시키는 것에 가장 강력한 역할을 했던 순서대로 나열된다. 1=가장 중요함 2=매우 중요함 3=다소 중요함 4=약간 중요함 5=가장 중요하지 않음.

제10장

유관 관리(Contingency Management)

기저선(baseline) 평가가 이루어지고 난 후, 자해를 치료하는 과정에서 개입의 첫 번째 단계는 "유관 관리(Contingency Management)"이다. — 이것은 자해에 있어서, 강화의 비형식적인 제공 또는 체계적인 제공이다. 자해의 비공식적 강화를 관리하는 것은 7장에서 이미 논의된 바 있으며, 나는 자해에 대한 반응의 일환으로 존중을 바탕으로한 호기심과 함께 차분하고 감정에 좌우되지 않는 태도를 취할 것을 권장하였다. 치료적 개입으로서 공식적인 유관 관리는 자해의 빈도를 감소시키는 데 유용하지만, 행동을 완전히 제거할 가능성은 낮다. 유관 관리의 한 가지 이점은 이것이 자해 행동을 멈추려는 동기가 없는 내담자에게 활용될 수 있다는 것이다. 이러한 경우에는 행동을 지속하게 하는 환경적 조건을 분석하고 수정하는 데 초점을 둔다.

유관관리의 준비 과정으로 기본적인 정보(baseline data)를 수집하는 단순한 활동이 때때로 행동의 감소 혹은 소거를 일으킬 수 있다. 이는 "반응성 효과(reactivity effect)"로 일컬어져 왔다(O'Leary & Wilson, 1987, p.27). 다음과 같은 예시를 고려해보라.

몇 년 전, 나는 자해 행동으로 인한 여러 문제를 갖고 있는 내담자와 작업하였다. 그녀는 빈번히 그녀의 팔과 다리, 그리고 배에 상처를 냈다. 게다가, 그녀는 매일 머리카락을 뽑는 데 열중하였으며(발모증), 이는 그녀의 머리에 여러 개의 흉하게 보이는 탈모 자국을 남겼고 그녀의 지속적인 피부 뜯기는 두피의 상처로 이어졌다. 내담자의 자해 행동은 또한 여러 가지의 간접적인 형태로 나타났는데, 예를 들면 약물치료 중단, 위험 감수 행동 그리고 그녀가 착취당하고 존중받지 않았던 동료와의 관계와 같은 것이었다. 그녀의 직·간접적인 자해 유형에 관한 평가를 한 후, 나는 그녀에게 이러한 문제들 중 제일 먼저 접근하고 싶은 것이 무엇이냐고 질문했고, 그녀는 발모 행동이라고 대답했다. 그녀는 발모 행동이 자신을 사회적으로 가장 수치스럽게 만들기 때문에 그 행동을 그만두기를 원한다고 설명했다.

이러한 그녀의 요구에 따라, 우리는 그녀의 발모와 관련 있는 기저선 자료를 수집하기 시작했다. 나는 그녀의 일상적인 발모 행동에 관하여 기록하기 위해 Keuthen, Stein과 Christenson(2001)의 프로토콜을 사용했다. 이는 내담자에게 매일 그녀의 머리에서 뽑았던 머리카락의 수를 가능한 정확하게 세어 간단한 표에 기록하도록 하는 과정을 포함한다. 그녀의 일상생활의 많은 양상이 꽤 혼란스러움에도 불구하고, 내담자는 이러한 요청에 매우 일관성 있게 응하는 모습을 보였다. 3주에 걸쳐, 그녀는 그녀가 뽑았던 머리카락의 개수를 빠짐없이 기록했다. 뽑은 머리카락의 개수는 하루에 0개에서 360개 사이였으며, 평균 185개였다.

이 과정이 끝날 무렵, 내담자는 그녀가 더 이상 그녀의 머리카락을 뽑지 않게 되었다는 말로 치료사를 놀라게 했다. 그녀는 자료 수집과정이 "더 이상 문제로 여겨질 가치가 없는", 매우 귀찮고 시간을 소모하는 작업이었다고 설명했다. 발모벽 행동의 중단이 그 이후로도 몇 개월 동안 유지되었고, 내가 알고 있는 바로는 다시 발생하지 않았다. 또한 주목할 만한 것은 발모에 대한 자료를 수집하는 동안 그녀의 다른 자기-파괴적 행동들이 증가한 어떠한 흔적도 보이지 않았다는 것이다.

이러한 자료 수집 행위가 내담자의 발모 행동을 제거하는데 효과적이었던 이유는 무엇이었을까? 여기에는 다음과 같은 여러 가지 해답이 존재할 수 있다.

1. 자료수집은 회피하고 싶은 자극이며, 그녀는 부적강화(negative reinforcement) 때문에 머리카락을 뽑는 행동을 그만두었다.
2. 자료수집은 만성적인 패턴을 중단시킬 만큼 충분히 극적일 뿐만 아니라 색다르며 반복적이고 시간소모적인 행동이었다.

3. 내담자는 이미 그 행동을 중단시키기 위한 동기가 부여되어있고, 자료 수집은 머리를 뽑는 행동으로부터 그녀의 주의를 돌리거나 그녀가 다른 방식으로 자기 위안하도록 할 것이다. 수를 세는 작업은 그 자체로도 어느정도의 자기 위안을 가져다주었을지도 모른다.

4. 그녀에게 영향을 미친 요인으로 내가 기존에 알고 있던 바를 넘어선, 다른 요인들이 존재할 수 있을 것이다. 예를 들면, 그녀의 외모와 관련된 동료로부터의 추가적인 압박과 같은 것이다.

나는 분변실금(encopresis) 증상을 나타내는 17세의 남성과의 기저선 자료 수집 과정에서 유사한 반응성 효과를 경험하였다. 비록 이러한 행동은 이 젊은 남성에게는 자해이기보다 간접적인 자해의 형태를 나타내는 것이었을지라도, 이 사례는 평가 그 자체에 대한 치료적 효과의 예시로서 여전히 의의가 있다. 이 사례에서, 자료 수집은 일상적으로 이루어졌으며(정량적인 것이 아닌), 단 한 번의 회기만에 이루어진 것이어서 더욱 이 결과를 특히 놀랍게 만든다. 이 젊은 남성은 IQ 140을 지니고 있었음에도 불구하고 스스로 배변을 조절하는 데 큰 어려움을 겪었으며, 매우 오랜 시간 동안 자신의 바지 속에 배설물이 있는 채로 걸어 다니고, 가족이 함께 사용하는 서랍, 옷장, 학교의 물품 보관함 등등에 배설물이 묻어 있는 속옷을 보관했다. 이러한 행동은 이것이 발생하는 모든 장소에서 그가 소외당하게 했다. 이는 또한 그의 엉덩이에 가벼운 조직 손상을 야기하기도 했다.

나는 그의 부모님과 함께 그 젊은 남성의 예비 평가 면접(preliminary assessment interview)를 수행하였다. 이 평가는 내담자에게 배변 조절 실패 행동에 관하여 매우 구체적인 질문을 연속적으로 던지는 것으로 구성되었다. 질문은 다음과 같은 내용을 포함하여 진행되었다.

"얼마나 자주 당신 부모님의 집에 배설물이 묻은 속옷을 놓아둡니까?"
"얼마나 자주 교내 기물에 배설물이 묻은 속옷을 놓아둡니까?"
"화장실을 이용하는 것과 달리, 당신의 바지에 배설물이 있는 상태로 걷기로 하는 결정은 어떻게 내립니까?"
"당신의 바지에 배설물이 있는 것에 대한 신체 감각을 묘사해보세요. 불편한가요? 기분이 좋나요? 혹은 아무런 느낌이 들지 않나요?"

"당신은 배설물에 대하여 항상 혹은 종종 자각하고 있나요?"

"당신은 어떠한 냄새를 자각하고 있나요?"

"당신이 배설물을 계속해서 몸에 지니고 있을 것인가를 결정하는 데 변의 질감이 영향을 미치게 됩니까?"

"당신이 선호하는 배설물의 유형이 있나요?"

나는 이러한 방식으로 40분 이상 동안 절제적이고 공감을 자제하는 태도로 신중하게 진행하였다. 나는 강한 호기심을 가지고 있으며 동시에 비판단적이며 존중하고 있다는 인상을 주었다. 연속적인 질문 과정에서 내담자가 점점 더 불편함을 느낀다는 것은 꽤 분명히 드러났다. 나는 그가 점점 자리에서 가만있지 못하고 꼼지락거리며, 그의 이마에 땀이 나기 시작한다는 것을 알아차렸다. 나는 그의 불편함에 여유를 주고 싶은 마음이 들면서도, 평가과정을 완수하는 것이 매우 중요하다고도 느꼈다. 그는 몇 년 동안 그의 분변실금 문제로 고통을 경험해 왔으며 이 때문에 정신과 병동에서 몇 달을 지냈다. 면접에서 주목할 만한 것은 평가의 종결 이후, 그가 다시는 분변실금 증상을 나타내지 않게 되었다는 것이다.

이러한 증상의 중단에 관하여 기타 여러 설명들이 가능하겠지만 평가과정이 핵심적인 역할을 했다. 상세한 질문은 만성적이고 자기-파괴적인 패턴을 중단시켰다. 그러므로 임상가들은 기저선 자료 수집을 통한 반응성 효과의 가능성에 관하여 알고 있어야만 한다. 그리고 비록 평가과정 동안 자해 행위의 극적인 중단이 이루어지는 것은 매우 드문 일이지만, 행동에서의 미묘한 변화는 꽤 흔한 일이다.

유관 관리 계약(CONTINGENCY MANAGEMENT CONTRACTS)

더욱 전형적으로 나타나는 현상은 기저선 자료 수집이 가치 있는 정보를 제공하지만 즉각적인 치료 효과는 없다는 것이다. 기저선 자료는 자해 빈도를 감소시키기 위해 고안된 간단한 유관 관리 계약을 구성하는 데 활용될 수 있다. 나는 보통 충분한 기저선 자료를 수집하는 것은 적어도 4~5주의 기간을 필요로 한다는 것을 깨달았다. 그러나 자해를 3개월에 한 번씩 하는 등 드물게 하는 내담자들의 경우 훨씬 더 장기적인 시간이 필요하다. 자해를 매우 드물게 하는 내담자들의 경우(예, 6개월마다), 행동계약은 도움이 되지 않을 수 있다. 이러한 경우, 행동의 빈도를 감소시키는 것은 유관 관리보다 인지적 재구조화와 대처 기술 훈련이 더욱 필요할 수 있다. 행동의 감소(reduction)를 주요한 치료 목표로 두기에 이러한 기저선의 빈도는 높지 않다.

높은 비율의 자해 행동을 보이는 내담자들에게는 몇 주간의 기저선이 꽤 적당할 수 있다. 9장에서 기술된 것처럼, 치료자와 내담자는 자해 일지를 활용함으로써 치료를 시작해야만 한다. 자세한 기저선 자료를 얻은 이후, 그들은 간이 자해 일지를 활용하는 것으로 전환할 수 있다. 그제서야 내담자와 치료자는 간단한 자기－보호 계약 형성하기에 적합한 환경을 얻게 된다. 나는 "자기－보호 계약"이라는 용어가 긍정적으로 명명되기 때문에, "자해 계약"보다는 "자기－보호 계약"이라는 용어를 선호한다. 나아가 동일한 계약은 추후에 다른 자기－파괴적이고 자멸적인 행동을 목표로 하는 데 활용될 수 있다.

자기－보호 계약을 활용하는 데 있어서 기본 원리는 내담자가 행동의 빈도를 감소시키는 것에 집중하도록 하는 것이다. 처음부터 행동의 소멸이 목표로 요구될 필요는 없다. "안전을 위한 계약하기"를 이야기하고자 하는 것이 아니라는 것을 염두에 두길 바란다. 이것은 아래에 기술되어 있는 매우 상이한 전략이다. 자기보호 계약은 적어도 다음과 같은 요소들을 포함해야만 한다.

1. 정량적 기저선 자료
2. 명확히 기술된, 측정 가능한 목표
3. 필요되는 대체 기술의 선별
4. 목표에 도달했을 때의 보상에 대한 선별
5. 목표에 도달하지 않았을 때 "보호의(hold harmless)" 진술
6. 서명, 증인, 날짜, 기간을 포함하는 "약속 진술(commitment statement)"

주기적으로 자해가 재발하는 33세의 여성 내담자를 위한 간단한 자기보호 계약의 예시가 그림 10.1에 제시되어 있다. 내용이 작성되어 있지 않은 빈 형태의 계약서는 그림 10.2에 제시되어 있다.

그림 10.1에 나타나 있는 계약은 매우 개별화된(individualized) 것이며, 최근의 기저선 자료와 측정 가능한 목표를 활용한 것이라는 점을 염두하길 바란다. 계약은 내담자가 자해를 막는 데 유용하다고 보고한 자기-위안 기술과 주의 돌리기 기술(distraction skill)을 식별한다. 계약은 서면 서류로, 이는 내담자와 치료자가 공식적이고도 구체적인 계약을 하는 것임을 밝힌다. 또한 이는 그녀가 성공하였을 때 보상을 제공하고 내담자가 성공하지 못했을 때도 내담자를 위험으로부터 보호하는 단기-계약 동의(short-term agreement)(1주)이기도 하다. 내담자를 위험으로부터 보호하는 것이 중요한 이유는 무엇일까? 자해를 공개함으로서 처벌을 받은 내담자는 그 이후에 자해를 숨기려는 선택을 할 수 있다. 이

그림 10.1 33세의 여성 내담자를 위한 자기-보호 계약 작성의 예시

기저선 자료(자해의 빈도): 지난 4주 동안 자해의 비율은 평균 한 주에 3회(episode)이며, 회 당 3~8번의 자해를 했다.

목표(자해의 빈도 감소): 나는 다가오는 한 주 동안 1번씩, 회 당 2~3번의 자해하는 방식으로 자해 빈도를 감소시키려는 시도에 합의하였다.

자해 행동을 대체하기 위해 사용될 기술: 나는 그렇게 하기 위해 내가 분노나 불안을 느낄 때 다음과 같은 자기-위안 혹은 주의 돌리기 기술활용하는 것에 전념한다.
  1. 음악 듣기
  2. 내 고양이의 털을 쓰다듬기
  3. 내 친구 Sam에게 전화하기
  4. 명상 테이프 듣기

목표 달성에 대한 보상: 만약 이러한 계약을 완수할 수 있게 된다면, 나는 나 자신에게 보상하는 기분으로 새로운 헤어스타일을 할 것이다. 만약 이 계약을 완수하지 못하는 경우, 처벌은 없다.

계약:
서명:
증인(치료자, 상담자 등):
날짜:
기간: 부터   까지

러한 위험은 안전을 위해 계약하기(contracting for safety)를 다루는 아래의 부분에서 더욱 자세히 논의된다.

자기-보호 계약이 집단 거주 기관에서 생활하고 있는 청소년 내담자에게 적용되었던 또 다른 예시가 있다(그림 10.3 참조). 이 16세의 남성은 3개월 동안 주거 치료를 받았다. 그는 다른 사람을 향한 폭력과 기물 파손, 반복적인 자해 (흉터 남기기, 칼로 찌르기, 스스로 새긴 문신)로 이 프로그램에 참석하게 되었다. 다른 계약이나 치료 전략들은 그의 공격성을 목표로 하는 데 활용되었고, 주거 지원 치료자(residential staff)는 그의 반복적인 자해를 다루고자 그와 함께 그림 10.3에서 제시된 계약을 진행하였다. 내담자는 면밀한 치료자의 감독에도 불구하고 자해 도구를 얻거나 자해 행동을 하는 데 꽤 능숙한 모습을 보였다.

그림 10.2   **자기-보호 계약(Self-Protection Contract)**

기저선 자료(자해의 빈도):

목표(자해의 빈도 감소):

자해 행동을 대체하기 위해 사용될 기술:
  1.
  2.
  3.
  4.

목표 달성에 대한 보상:

계약:
서명:
증인(치료자, 상담자, 등):
날짜:
기간: 부터   까지

※ Walsh(2012), Guilford Press에 저작권이 있음. 이 책을 구매하는 사람들에 한하여 이 그림의 복사본을 활용하는 것에 대해 허용함(자세한 내용은 저작권 페이지에서 참조할 것). 책을 구매한 경우 Guilford Press website에서 이 책의 페이지에 있는 그림의 확대본을 다운로드 받을 수 있음.

　　내담자가 3개월 동안 치료를 받았고 많은 대체 기술들을 배우고 연습하였기 때문에, 이러한 경우에서의 목표는 더욱 원대해진다(회 당 한 번의 자해). 자기-보호 계약의 다른 요소들은 그림 10.1에 제시되어 있는 것과 동일하며, "보호의(hold harmless)" 제공을 포함한다. 이는 거주 치료 환경에서 흔치 않은 것이다. 18장에서는 이와 같은 거주 치료의 논의에 대해 자세히 제시할 것이다.

그림 10.3　16세 남성의 자기-보호 계약 작성 예시

기저선 기저선 자료: 지난 3개월 동안 자해의 비율은 평균 한 주에 3회(episode)이며, 회 당 2~4번 정도 화상을 남기거나, 4~6번의 긋기를 했다(문신 아님).

목표: 나는 다가오는 한 주 동안 1번으로 자해의 빈도를 줄이려는 시도를 하는 것에 대해 합의했다.

기술: 나는 이를 위해 내가 분노나 불안을 느낄 때, 다음과 같은 자기-위안 혹은 주의 돌리기 기술을 활용하는 것에 전념한다.
1. 역기 운동하기
2. 나의 레지던트 상담자 Jim과 대화하기
3. 깊은 호흡을 연습하기
4. 비폭력적인 음악을 듣기

보상: 만약 이러한 계약을 완수할 수 있게 된다면, 나는 직원의 감독 없이도 프로그램에 들어갈 수 있는 자격을 얻게 된다. (나는 반드시 이 프로그램에서 적정 수준을 달성할 것이다.) 만약 내가 이 계약을 완수하지 못하더라도, 의료적 개입을 요구하는 자해의 수준이 아닌 한 강등되지는 않을 것이다.

계약: [그림 10.1과 동일]

자해와 관련된 안전 계약하기(CONTRACTING FOR SAFETY WITH SELF-INJURY)

　　자해를 치료하는 과정에서 안전 계약을 활용할 것인지 아닌지는 흔한 고민이다. 이러한 전략은 흔히 내담자가 주어진 기간, 예를 들어 하루 혹은 한 주 동안, 자해 행동을 제한하는 것에 대해 약속(commitment)하는 형태를 취한다. 자해에 대한 안전 계약을 활용하는 것은 통원 클리닉이나 정신과 응급실 그리고 단체 주거 기관(group home)과 같은 많은 치료적 환경에서 활용되는 일반적인 전략이다. 안전 계약의 목적은 일반적으로 자해 행동의 재발을 예방하려는 시도이며, 차후 발생할 수 있는 자해의 법적 책임으로부터 치료자를 보호하고자 하는 것이다. Shea(1999)가 밝혔듯이, 안전 계약은 둘 중 어느 쪽이든 목적을 성취하기에는 그리 좋은 역할을 하지 못할 수도 있다. 안전 계약이 억제 기능을 제공한다는 것에 대한 경험적 근거는 거의 존재하지 않는다. 더군다나, 안전 계약을 적용함으로써 법적 책임에 대한 보호는 기껏 해야 보통의 수준에 그치게 된다(Shea, 1999).

일반적으로 자해를 다루기 위한 전략으로서 안전 계약을 활용하지 않기를 추천한다. 왜냐하면 이것에는 이익보다는 위험이 더욱 따르기 때문이다. 이에 대한 주요한 위험은 안전 계약이 부정직(dishonesty)을 조장함으로써 그 행동이 저변에 깔리도록 유발한다는 것이다. 대부분, 내담자들은 그들이 효과적인 대처 기술을 얻기까지 자해 행동을 멈출 수 없다. 그들이 자신의 레파토리와 이러한 기술들을 결합시키기 전까지 그들에게 자해 행동을 포기하도록 요구하는 것은 거의 불가능한 것을 요구하는 것이나 마찬가지이다. 이러한 기대(혹은 요구)는 그들이 자신이 선호하는 관리 기법을 활용하는 것 없이도 보통 수준의 정서적 스트레스(혹은 공허감)을 감내하라는 것이다. 이는 일반적으로 지나치게 많은 것을 요구하는 것이다.

치료자들은 내담자에게 자해를 멈추는 것에 대한 강도 높은 압박을 주는 경향이 있다. 그들은 내담자가 자해행위를 하지 않을 때 과장된 칭찬을 하거나 내담자가 자해 행동을 했을 때, 실망, 낭패감, 좌절, 혹은 비난을 표현함으로써 압박을 줄 수 있다. 내담자들은 오해받았다는 느낌, 분개 그리고 실패감과 같은 감정을 느낌으로써 이러한 압박에 반응한다. 그들은 칭찬을 얻고 비난을 피할 수 있는 방법에 대해 매우 빨리 학습한다. 그들은 사실 자해행위를 했지만, 한 적이 없다고 말함으로써 치료자를(혹은 다른 전문가를) 기쁘게 하려는 시도를 할 수 있다. 이러한 일종의 기만행위가 발생할 경우, 치료적 동맹이 심각하게 위태로워진다. 내담자들은 치료자로부터의 부정적인 반응을 피하는 것을 학습하게 되지만, 정확한 정보를 제공할 기회를 잃게 된다. 그 치료는 이러한 실패로부터 벗어날 수 없을지도 모른다. 잘못된 정보에 기반한 치료는 생산적으로 진행되지 못할 수 있다.

치료자들이 적절치 못하게 안전 계약을 활용한 또 다른 결과는 내담자가 치료자의 기대를 충족시키지 못함으로써 치료자에게(그리고 자기 자신에게) 실패감을 느껴 치료를 중도 하차하게 되는 것이다. 자해하는 내담자들에게 있어서 가장 필요치 않은 것은 또 다른 실패를 경험하는 것이다. 내담자가 치료에서 지나치게 이른 시기에 중도하차할 때는, 그들이 앞으로 치료를 찾을 가능성조차 더욱 낮아질 수 있다. 그러므로 치료에서 지나치게 빨리 자해 행동이 "금지당하는 것"은 여러 역효과들을 낳을 수 있다.

나의 일반적인 경험에 의한 근거는 다음과 같다. 그 자해 행동이 광범위한 조직 손상이나 염려할 만한 신체부위에 해당하지 않는 한, 자해하는 내담자가 준비되기 전에 자해하는 행동을 포기하도록 요구하지 않아야 한다. 이러한 사례들의 경우, 안전 계약들은 요점에서 벗어나 있다. 정신과적 입원 치료 관리를 포함하는 보호적 개입이나 재활 치료 관리가 필요하다.

이는 안전 계약의 활용을 권하지 않는 것이 절대 아니다. 때때로 내담자들은 안전 계약을 활용하는 것을 요청하며, 안전 계약이 자해를 막는 데 도움이 된다고 말한다. 내담자들이 이러한 요청을 할 때는 그들과 기꺼이 안전 계약을 만들며, 그들이 선호하는 특성을 포용하는 것을 확실히 해야 한다.

Shea(1999)은 자살 사고를 경험하는 사람들과의 안전 계약에 대한 매우 중요한 고찰을 제공하였다. 또한 그의 많은 조언들은 자해와 관련된 안전 계약을 구성하는 데 유용하다. 그는 임상가가 안전 계약을 활용한다면 이는 당초에 예방적 개입이 아닌 평가도구로서 고려되어야만 한다고 설명한다. 그는 또한 타당한 안전 계약을 발전시키고자 하는 임상가라면 내담자로부터 좋은 수준의 눈맞춤과 진실한 감정, 중립적이고도 주저하지 않는 목소리 톤을 추구하여야 한다고 주장한다.

Shea에 따르면, 효과적인 안전 계약은 대개 악수와 공식적인 서류에 서명하는 것으로 결론을 맺는다. 일말의 망설임이나 양가감정, 혹은 기만은 다른 전략을 위하여 안전 계약에 관한 추구를 처음부터 다시 시작하게 하거나 포기하는 것을 야기할 수 있다.

　　나와 함께 생산적으로 안전 계약을 활용하였던 한 명의 내담자는 긴 시간동안 자해를 해온 내력이 있는 29세의 여성이었다. 그녀는 나와 함께 안전 계약을 구성하길 원했고, 이전의 다른 치료에서 안전 계약을 통해 도움을 받았던 것을 말했다. 그녀는 그림 10.4에 제시되어 있는 안전 계약을 작성하였고, 나는 그것을 증명하는 의미로 서명하였다.

　　비록 이 계약이 내가 자기-보호 계약에서 확인하고자 하는 모든 기본적 요소들을 다 포괄하지는 않았지만, 나는 내담자가 그녀만의 수단을 고안하기를 원하기 때문에 그것을 수용하였다. 내담자는 결과적으로 이러한 계약이 그녀의 자해 행동을 감소시키는 데 꽤 도움을 주었다고 진술하였다. 그녀는 자신이 자해하고 싶은 충동이 들 때, 그녀가 그녀 자신과 상담자에게 자해를 하지 않겠다고 약속한 것을 스스로에게 상기시켜주었다. 이러한 메시지는 그녀가 자해 행동을 지연시키고 회피할 수 있도록 하는 데 효과적이었다. 시간이 지남에 따라, 안전 계약은 대체 기술과 결합하여, 그녀가 자해를 영구적으로 멈추도록 하였다.

그림 10.4　안전 계약

> 나 (　　　　　)는, 최근 한 달에 2~3번씩 자해를 해왔으며, 이를 멈추고 싶은 마음이 들었다. 나는 나의 자해행위가 나 자신과 나의 몸에 대한 경멸의 표시라는 것을 깨달았다. 나는 나 자신의 있는 그대로를 존중하고 사랑하는 것을 배우기를 원한다. 나는 다음 주 동안 자해하지 않기로 약속한다. 나는 수요일에 진행될 다음 치료 회기에서 진척을 보고할 것이다.
>
> 서명:　　　　　　　　　　　　날짜:
> 증인:　　　　　　　　　　　　지속기간:　　　부터　　　　까지

※ Walsh(2012), Guilford Press에 저작권이 있음. 이 책을 구매하는 사람들에 한하여 이 그림의 복사본을 활용하는 것에 대해 허용함(자세한 내용은 저작권 페이지에서 참조할 것). 책을 구매한 경우 Guilford Press website에서 이 책의 페이지에 있는 그림의 확대본을 다운로드받을 수 있음.

　　대부분의 집단들에서, 가장 효과적인 유관관리 방법은 비격식적인 사회적 강화(informal social reinforcement)이다. 자해를 시도하는 많은 내담자들은 학대와

방임의 배경을 지니고 있다. 이러한 내담자들은 따뜻하고, 공감적인 주의 집중과 긍정적인 피드백에 익숙하지 않다. 나의 전략은 사회적 강화의 수를 늘리는 것이며, 자해 행동의 소거를 위해서라기 보다는 건강한 인지적 재구조화 기법과 대체 기술을 내담자가 사용하게 하기 위한 것이다. 이러한 치료의 핵심적인 영역은 다음 두 가지 챕터의 초점이다.

결 론

요약하면, 자해의 유관관리에 있어서, 일반적으로 임상가와 다른 전문가들이 다음과 같은 내용을 수행하는 것이 가장 도움이 된다.

- 몇 주 동안 자해 빈도와 관련된 기저선 자료를 수집하기
- 명확히 기술된, 측정 가능한 목표를 포함하는 자기−보호 계약을 활용하고 대체 기술들을 적용하며, 이로 인해 얻게 된 보상을 구체화하기
- 충분한 개방을 유도하기 위해, 목표가 달성되지 않았을 때 "보호(hold harmless)" 진술을 포함하기
- 서명, 증명서류, 일시가 포함된 공식적인 서약을 활용하기

치료: 2단계

제11장

대체 기술 훈련(Replacement Skills Training)

단계적-관리 모델(stepped-care model)에서 치료가 2단계로 옮겨졌을 때 (그림 II.1 참조), 다뤄지는 자해는 더 지속되고 까다로워지기 때문에 개입이 더 복잡해지고, 적극적이게 된다. 2단계 개입들은 7장에서 설명된 형식에 얽매이지 않는 응답, 8장, 9장에서 검토된 평가 전략들 그리고 10장에서 검토한 유관 관리 전략에 반응으로서 자해가 감소되지 않았던 개인들을 위한 것이다. 2단계 개입을 필요로 하는 개인들은 일반적이고, 반복적이며 낮은 치사율의 자해 양상을 나타내고 있기 때문에 더욱 종합적이고 집중적인 치료가 요구된다.

자해를 치료하는 데 있어서 2단계의 첫 번째 요소는 대체 기술들을 알려주는 것이다. 치료자들의 역할은 내담자에게 잘 맞을 기술들을 확인하는 것을 돕고, 이러한 기술들을 배우고 사용하는 것에 대한 시급함을 전달하는 것이다. 내담자들의 역할은 치료자와 신중하게 기술들을 선택하고 그것들을 반복하여 연습하는 것이다. 치료의 초반부에서, 평가가 완료된 이후, 치료자와 내담자는 반복적으로 기술의 선택지들에 대해 논의하고 회기에서 그것들을 함께 연습한다. 일단 유용하고 적절한 기술들이 선별되면, 주안점은 내담자의 실제 생활환경에서 그 기술들을 사용하는 것으로 옮겨진다. 기술들은 집, 학교, 직장 그리고 사회적인 환경에서 연습될 필요가 있다. 시간이 지나면서 내담자는 몇몇 기술들은 별로 도움이 되지 않는 반면에, 다른 기술들은 특별히 효과적이라는 사실을 발견한다. 일부 기술들의 중요성이 점점 커지고 다른 기술들은 희미해지면서 내담자들은 자신의 기술 목록들을 자주 수정한다. 여기서 목표는 내담자로 하여금 정말로 필요할 때 확신할 수 있는 몇 가지 핵심 기술들을 발달시키도록 하는 것이다.

　자해를 치료하는 효과적인 기술 훈련에 관하여 상당한 실증적 증거가 나오고 있다고 말할 수 있게 되면 참 좋겠지만, 기술 훈련의 효과성에 관한 연구가 여전히 걸음마 단계에 있는 것이 현실이다. Linehan과 그의 동료들(1991) 그리고 Miller와 그의 동료들(2007)은 변증법적 행동 치료(DBT)가 다른 문제들 중에서도 자해를 치료할 때 효과가 있음을 보고하였다. 경계선 성격장애(BPD)를 진단받은 성인 여성에 관한 Linehan 등의 연구에서는 변증법적 행동 치료(DBT)를 받고 있는 참여자들이 일반적인 치료(Treatment-as-usual)를 받고 있는 통제 집단 참여자들에 비해, 치료 기간 동안에 상당히 적은 수의 "준자살 행위(parasuicidal acts)"를 보였다는 사실을 발견하였다(이 연구에서, "준자살"은 자살 시도와 낮은 치사율의 자해를 모두 나타낸다). Linehan과 그의 동료들은 1년간의 치료 프로토콜을 통해서 변증법적 행동 치료(DBT)를 받은 참가자들의 준자살 행위가 약 37%까지 감소하였다고 밝혔다. 반대로, 일반적인 치료(TAU)를 받은 통제 집단 참가자들에서 자해 행동은 63%로 감소하였다. 비록 참여자들 중 3분의 1 이상이 치료의 종결에서도 계속해서 준자살 행위를 나타내기는 하였지만, 변증법적 행동 치료(DBT)를 받은 참가자들에게 통계적으로 유의미하고, 긍적적인 치료 효과가 나타났음을 밝혔다.

　Comtois(2002)는 준자살 행위를 감소시키기 위해 고안된 기존 개입들에 관한 검토를 제시하였다. 그녀의 결론은 준자살 행위에서 오직 4개의 심리사회적인 연구만 긍정적인 영향을 나타냈다는 것이었다. 하나는 이전에 언급한 변증법적 행동 치료(DBT)연구이고, 다른 것은 영국에서 실행된 인지-행동 치료의 연구였다. 그리고 다른 두 가지는 영국과 벨기에에서 제공된 가정 방문 모델들이었다(여기서는 제시된 문제들이 자해보다는 자살에 더 가까웠다). 변증법적 행동 치료(DBT)와 인지-행동 치료 연구들은 문제 해결에 중점을 두고, 치료방침을 준수한다는 점에서 같다. 결과에 대한 연구들이 부족하다는 점을 고려할 때, 기술 훈련 접근들을 통한 자해 치료에 관한 더 많은 방식에서의 경험적 연구가 필요하다.

　　지금까지 이 장에서는 자해를 치료하는 데 도움이 된다고 여겨져 왔던 기술 훈련 접근법에 대해 다루어보았다. 다른 기술 훈련 조정개입들이 청소년 자살 행동(Miller, Rathus, Linrhan, Wetzler & Leigh, 1997)과 같은 문제들과 약물 남용(Marlatt & Vandenbos, 1997; Marlatt, 2012) 문제들을 다루는 데 효과적으로 나타났던 것을 보면, 기술훈련 접근들은 도움이 되는 것으로 보인다.

대체 기술 훈련의 시작(Beginning Replacement Skills Training)

　　치료 초기에, 내담자는 특히 자신이 비교적 평온하고 집중되어질 때 기술들을 연습할 필요가 있다. 이러한 예행 연습은 내담자가 정서적 고통이 높은 다른 때에 이 기술들을 사용할 수 있게 만들어 줄 것이다. 치료자는 내담자에게 "회오리바람으로부터 떨어져, 자전거 타는 법을 배울 수 없다"는 사실을 상기시켜 줄 필요가 있다.

적절한 기술들을 선택하기(Selecting the Right Skills)

　　만약 내담자가 올바른 기술들을 선택하고 그것들을 열심히 연습한다면, 그들은 나아질 가능성이 매우 크다. 반대로, 만약 그들이 건성으로 하거나 아예 연습하지 않는다면, 자해와 관련된 그들의 문제들은 계속 될 것이다. 이것은 개인이 치료와 관련이 없는 다른 수단을 통해서 회복할 수 없다는 것은 아니다(Shaw, 2002 참조). 그렇지만 대체 기술들을 배우는 것은 회복을 위한 가장 가까운 길이다.

　　만약 내담자들이 자해를 극복하게 된다면, 그들은 적어도 자해 행동만큼이나 효과적으로 그들의 정신적 고통(또는 공허함)을 다룰 수 있는 기술들을 얻을 필요가 있다. 처음에, 내담자들은 아마 당연히 자기 베기, 화상 입히기, 찰과상, 혹은 그들이 선호했던 모든 방법들만큼 효과적일 수 있는 무언가가 있을 수 있다는 것에 의심을 가질 것이다. 치료자들의 역할은 얼마나 많은 다른 사람들이 이러한 기술들로 도움을 받았는지를 강조하는 것이다. 치료자는 기본적인 진언(mantra)을 반복할 필요가 있다. "대체 기술들은 많은 이들에게 도움이 되어왔으며, 만약 당신이 적절한 기술을 찾고 연습 또 연습한다면 당신에게도 도움이 될 것이다."(연습의 결정적인 중요성에 관하여, Linehan, 1993b; Segal, Williams, & Teasdale, 2002; and Miller et al., 2007을 참조).

대체기술들의 아홉 가지 유형(Nine Types of Replacement Skills)

수많은 연구들이 정신적 고통을 다루는 데 사용될 수 있는 기술들의 다양한 유형들에 대해서 검토하였다(Nhat Hanh,1975, 1991; Davis, Eshelman,& McKay, 1982; Kabat-Zinn, 1990; Levey & Levey, 1991, 1999; Linehan, 1993b; Alderman, 1997; Conterio & Lader, 1998; Segal et al., 2002; Miller et al., 2007). 여기에는 무수히 많은 가능성들이 있지만, 나는 자해를 다루는 데 특별히 도움이 되는 다양한 9가지 유형의 기술들을 찾았다. 나는 이것들이 유일하게 효과적이라고 말하는 것이 아니라, 단지 그들이 내담자들과 반복적으로 작업해왔다는 것을 말하는 것이다. 9가지 기술들은 다음과 같다.

1. 부정적 대체 행동
2. 마음 챙김 호흡 기술
3. 시각화 기법
4. 신체적인 운동
5. 글쓰기
6. 미술적 표현
7. 음악을 연주하거나 듣기
8. 다른 사람들과 의사소통
9. 전환 기법

이것들은 제시된 순서대로 논의된다.

부정적인 대체 행동

개인들이 자해의 충동을 피하려고 사용하는 논란의 여지가 있는 기술들은 자해와 비슷한 행동들로 이루어진 것이다. Conterio와 Lader(개인적 대화, 2000)는 그들이 "부정적 대체 행동"이라고 부르는 것들의 사용을 반대하는 주장을 하였다. 왜냐하면 그들은 그러한 활동들이 자해 행동들과 너무 비슷하다고 믿었기 때문이다. 그들은 부정적 대체 행동들은 내담자들이 자해에 초점을 맞추거나, 사로잡히게 하기 때문에 재발을 촉발시키기 쉽다고 주장하였다. 그들은 치료자들이 이러한 기술들을 사용하는 것으로부터 내담자들을 막거나 —혹은 심지어 금지시켜야 한다고— 권유하였다. 많은 내담자들이 적어도 단기적으로는 이러한 대체 행동들을 생산적으로 사용한다. 개인이 자해 행동을 없애기 위해 부정적인 대체 행동들에만 의존해서는 안 된다. 그러나 일부 내담자들은 부정적 대체 행동들을 치료의 초기에서 사용하는데, 이 행동들이 그와 유사한 영역을 대신하고 중요한 과도기적인 기능을 제공하기 때문이다. 부정적 대처 행동들에 관한 몇 가지 예시이다.

- 몸을 베거나 화상을 입히는 대신에 빨간색 펜으로 표시하기(상처를 상징하지만, 조직의 손상은 없게 한다)
- 이전에 자해를 했던 신체부위에 국소적 자극물 또는 BenGay(통증완화 파스)를 이용하기(촉각 자극, 그러나 조직의 손상이 없게)
- 보통 베거나 화상을 입히던 팔이나 다리 부분에 고무줄을 튕기기(촉감과 따끔거리는 통증이지만, 조직의 손상이 없게)
- 평소에 해를 가하던 신체부위에 얼음팩 또는 휴대용 냉 찜질팩을 잠시 사용하기(신체적 자극이나 가벼운 통증이지만 조직의 손상이 없게)
- 얼린 오렌지를 손에 쥐고 있기(냉 찜질팩을 똑같이 적용한다)
- 신체 일부분에 비영구적인 타투를 붙이고, 손톱으로 이것을 긁어낸다(보통 상처 입은 부분에 촉각 자극을 주지만 조직의 손상이 없게)
- 이전에 해를 가했던 신체부위에 화장용 브러시나 다른 부드러운 도구를 사용하여 부드럽게 쓰다듬기(이전에 상처 입은 부분을 달랜다)
- 신체부위에 자해를 묘사한 그림 그리기(시각적인 단서가 자해를 나타내지만, 조직의 손상이 없게)
- 각본의 시행 없이, 삽화의 처음부터 끝까지 아주 상세하게 자해의 행위

에 대해 글쓰기(자해의 즉시성으로부터 내담자가 거리를 두게 하면서, 언어 숙
달의 이행을 시작한다)
- 녹음기에 자해 사건을 구술하기(언어적 숙달과 거리감)

이러한 전략들은 촉각적, 시각적 그리고 청각적 선택권들을 포함하고 있다
는 것을 기억해라. 어떠한 내담자들에게 자해는 주로 촉각적인 것이다. 다른 이
들에게, 이것은 더 시각적이나 더 정확히 말하면 독학의 경험이다. 대부분 자해
가 복합적이다. 이러한 기술들을 선택할 때, 내담자들은 직감적으로 그들에게
맞다고 생각하는 옵션을 선택할 필요가 있다.

이러한 모든 예시는 자해 행동이 상징적으로 나타나지만, 어떠한 조직 손
상도 생기지 않았다고 가정한다. 내담자는 자해 행위와 비슷하지만, 신체에 해
를 가함 없이 연속적인 사건들을 거치기 전까지 통제 내에서 충분히 남아있는
것을 경험한다. 이러한 기술들의 이점은 일부 내담자들에게 이 행동들이 실제
자해하는 것 같이 충분히 생생하고 "실제"적으로 보일 수 있다는 것이다. 단점
은 이 대체 행동들이 실제의 것들과 매우 비슷하기 때문에, 아마 실제 자해로
이어지는 단서가 될 수 있다는 것이다. 부정적인 대체 행동들을 사용하는 것은,
아마 알코올 중독으로부터 벗어나려 하는 한 개인에게 바에 가서 탄산음료를
시키고 취하지 말라고 권유하는 것과 비슷해 보일 수도 있다. 어떠한 내담자들
에게 이 자극 신호는 매우 촉발적일 수 있다. 그럼에도 불구하고, 다른 내담자
들은 부정적 대체 행동들이 그들을 자해로부터 벗어나게 하는 데 도움이 되는
핵심적인 역할을 하였다고 보고하였다. 다음 예시를 보아라.

9장에서 설명한 것과 같이, Nikki의 자해 패턴은 그녀의 팔뚝에 정해놓은
눈금 설계도를 따라 정확히 새겨 넣는 것이었다. 그녀는 자해하고 싶은 충동을
피하기 위해 사용했던 대체 행동들을 상상하였다. 그녀는 자기 미술 도구들에서
3개의 판지를 꺼냈다. 그녀는 첫 번째 한 장을 진한 빨간색으로 칠했다. 두 번째
로, 노란색으로 칠했다. 그리고 세 번째로, 피부색으로 칠했다. 그녀는 그다음에
3장의 모서리들을 스테이플러로 고정하였다. 그녀의 X-ACTO 칼을 사용하여, 종
이의 층들을 기준선 패턴으로 베었다. 디자인의 결과는 그녀가 이전에 그녀 팔에

그렸던 것과 동일하였다. 그녀는 이 기술이 그녀가 다른 대체기술들로 옮기기 전에 자해 행동을 피하는 데 몇 번이나 도움을 주었다고 진술하였다.

Nikki의 경험은 이례적인 것이 아니다. 내담자들은 과도기에 도움이 될 수 있는 자해와 비슷한 행동들을 자주 찾지만, 그들은 이러한 기술들을 장시간 성공적으로 사용하지는 못한다.

마음챙김 호흡 기술

마음챙김 호흡 기술은 대체로 자해를 그만두는 것을 배우는 데 있어서 가장 중요하다. '마음챙김'이라는 용어는 약간의 설명을 요구한다. 마음챙김 기술들은 다양한 질병들의 경험적으로 입증된 치료에서 중요한 역할을 하는 것으로 점차 인정받고 있다. Kabat-Zinn(1990)는 만성 질환, 신체적 고통과 심리적 스트레스를 치료하는 데 있어서 마음챙김 기술들을 사용하는 것을 보고하였다. Linehan과 그의 동료들은 마음챙김을 경계선 성격장애(BPD) 진단을 받은 개인들에게서 변증법적 행동치료(DBT)의 "핵심 구성요소"로 생각하였다(Linehan et al, 1991; Linehan, 1993a, 1993b; Miller et al., 2007). Segal 등(2002)과 Williams, Teasdale, Segal과 Kabat-Zinn(2007)은 재발성 우울증에 대한 그들의 치료에서 마음챙김 훈련을 중심적인 역할로 두었다. Hayes(2004)는 마음챙김을 행동치료의 새로운 "제3의 물결"의 가장 중심으로까지 인정하였다. Thich Nhat Hanh 스님(1975, 1991)에 의하여 쓰여진 것처럼, 철학적 그리고 종교적 성향을 가진 마음챙김에 대한 아주 많은 저술들 또한 있다.

치료사가 내담자에게 "마음챙김"이라는 용어를 제시할 때, 보통 논의를 단순하게 유지하는데, 이는 내담자들이 철학적인 논쟁이 아닌 현실적인 결과에 관심을 가지기 때문이다. 치료사는 "마음챙김"이 현재 순간에서의 완전한, 차분한 알아차림이라고 설명한다(Nhat Hanh, 1975; Linehan,1993b).

회상하고 예상하는 것과 마찬가지로, 동시에 여러 작업을 하는 것은 마음챙김과 반대되는 것이다. Nhat Hanh은 다음의 내용을 기술했다.

우리가 의식하는 호흡을 연습하는 동안, 우리의 사고는 느긋해지고, 우리는 우리 자신에게 진정한 휴식을 줄 수 있다. 대부분의 시간에서, 우리는 너무 많이 생각한다. 그리고 마음챙김 호흡법은 우리가 차분하고, 느긋하고, 평화로워 질 수 있도록 돕는다. 이것은 우리가 너무 많이 생각하는 것을 멈추고, 과거에 슬픔에 사로잡히고, 미래에 대해서 걱정하는 것을 막는 데 도움을 준다.(1991, p.8)

마음챙김을 배우는 것이 일반적으로 자해하는 내담자에게 적절하다. 왜냐하면 그들은 마음챙김과 반대되는 것들을 매우 빈번하게 경험하기 때문이다. 차분해지는 대신에, 그들은 자주 격하게 괴로워하며, 집중하는 대신에, 그들은 자주 혼란스러워하고 산만해 한다. 자해하는 이들의 삶은 정서적으로 불안정하고 인지적으로 혼란스러워 한다. 내담자들은 그들 자신이 차분해지고 문제들을 더 효과적으로 해결하도록 하기 위해서 마음챙김을 배운다. 비록 어떠한 활동이라도 마음챙김적으로 행해질 수 있지만(예를 들어, 먹기, 걷기, 설거지하기, 잔디 깎기), 마음챙김 호흡 기술들은 많은 이유들로 인하여, 특별히 권고된다.

- 배우기 쉽다.
- 심장과 호흡박동을 감소시키며 신체적으로 차분해질 수 있도록 한다. 또한 혈압을 낮춰준다.
- 언제든지 연습되고 사용될 수 있다.
- 돈이 들거나 장비가 필요하지 않다.
- 부작용이 없다.
- 기술들은 조력이나 다른 이들의 참여가 필요하지 않다.
- 그다지 많지 않은 양의 연습으로, 그들은 매우 빠른 결과들을 만들어 낸다.

일부 내담자들, 특히 청소년들은, 마음챙김 호흡 기술들을 처음 접하게 될 때, 불신이나 불편함을 표현한다. 그들은 이러한 활동들을 "기이함" 아니면 "이상함"으로 치부하며 그것들을 시도할 마음을 내비치지 않는다. 다른 내담자들은 처음부터 호흡하는 기술들을 이전에 시도하였지만 효과가 없었다고 말한다. 미심쩍어하는 내담자들에게 만약 그들이 호흡을 연습한다면, 그 결과에 그들이 놀라게 될 것이라는 것을 인내를 갖고 확신시키는 것이 중요하다. 나는 의심이 많은 사람들에게, "호흡기술들을 사용하는 첫 번째 단계는 그것이 효과가 없다고 확신하는 것이다"라고 말한다. 그리고 의식하는 호흡기술들이 효과가 없었다고 진술했던 많은 내담자들이 그것들이 얼마나 유용하게 되는지 알게 되는데에 단 3개월이 걸렸다고 말한다.

내담자들을 고무하기 위해, 치료자 자신이 마음챙김 호흡기술들을 사용하는 것에 대해 이야기하는 것은 치료자에게 종종 생산적이다. 치료자들이 마음챙김 호흡은 누구나 사용할 수 있고 일부 치료적인 기술만이 아닌 "삶의 기술"이라고 나타낼 때, 아마 내담자들은 더 수용적이 될 것이다.

> "몇 년 전에, 나는 캘리포니아 해안을 따라 남쪽을 운전하고 있었다. 이 길은 아름다웠지만, 바다에서 수백 피트 떨어진 절벽을 따라 수 마일을 가는 무서운 여정이었다. 도로의 많은 구간에 가드레일 하나 없었고, 작은 실수 하나로 파멸이나 죽음의 결과가 있을 것이 분명하였다. 나는 보통 긴장하는 운전자가 아님에도 불구하고, 갈수록 더 두려워졌다. 이마에선 땀이 나기 시작하고, 나의 손은 운전대를 점점 더 세게 붙잡았다. 바다의 가장자리에서 급커브와 씨름할 때 즈음, 나의 운전은 시속 15마일까지 느려졌다. 다행히도, 내 뒤에는 차가 없었다.
>
> 이 운전 경험을 통해 얻은 것이 오직 한 가지 있다. 내가 얼마나 스트레스를 받게 되었는지 깨달으면서, 나는 내가 운전하면서 의도적으로 나의 의식적인 호흡기술들을 사용하기 시작하였다. 내가 차분해진 몇 분 이내에, 나는 훨씬 덜한 두려움과 향상된 집중력으로 운전할 수 있게 되었다. "

나는 내담자들에게 두려움을 느끼거나 너무 많은 감정을 경험해 본 적이 있냐고 물어보면서 위 이야기의 결말을 맺는다.

나는 마음챙김 기술을 권하면서 운동 경기를 하는 동안, 시험을 치를 때, 위협적인 상사와 있을 때 배우자와 말다툼을 할 때, 그리고 (가장 중요한) 자해의 대안으로, 마음챙김 호흡 기술들을 사용하여 성공한 많은 이전의 내담자의 사례를 제시했다. 다음은 마음챙김 호흡으로 치료에 성공한 사례이다.

15살의 남자아이가 일 년 가까이 2주에 한 번 꼴로 자해 문제를 치료해 왔다. 이 어린 남성은 뛰어난 실력의 고등학교 야구 선수였다. 비록 그는 그 팀에서 가장 어린 선수이었지만 스타 투수였다. 그는 경기 중의 스트레스를 다루고 싶어 하였다. 그는 경기 중 힘 조절에 실패하여 공을 잘못 던지기라도 하면 자신에게 몹시 화가 났고 "너는 바보야! 너는 필드에 알맞지 않아. 넌 게임에서 팀을 지게 만들 것이야."와 같이 심각하게 자기를 폄하하기 시작하였다.

이 내담자는 치료의 일부분으로 마음챙김 호흡을 배웠다. 그는 잠들기 전 매일 저녁 열심히 연습하였다. 그는 그가 마운드(mound)위에서 호흡을 의도적으로 늦추는 매우 유용한 기술을 찾았다. 또한 자신에 대해 부정적인 평가를 하는 대안으로써, 타격 차례 사이에 벤치에 앉아서 자신의 호흡에 집중하였다. 호흡기술은 야구장에서 훨씬 적은 스트레스를 경험하도록 하였다. 이것은 또한 그가 8개월 동안 자해를 하지 않도록 도왔다.

마음챙김 호흡 가르치기
내담자에게 생생하게 마음챙김 호흡기술들을 가르치고 이것을 연습하도록 하는 것은 특히 중요하다. 묘사하는 것은 시범을 보이는 것만큼의 효과가 없다. 함께 연습하는 것은 특별하고 생생한 방법으로 기술들을 가르친다. 그리고 어색하고 회의론적인 느낌이 들 때 어떻게 극복하는지 내담자들에게 보여준다. 만약 치료자들이 "기묘한" 아니면 "이상하게" 보이기를 주저치 않는다면, 내담자들도 그렇지 않겠는가?

치료의 초기에서, 다음의 기본 지침들과 함께 마음챙김 호흡 연습을 시작해 보았다.

"안정된 방식으로 의자나 쇼파 위에 앉는 것으로 시작합시다. 편안한 정렬을 찾으세요. 척추는 펴는 게 좋지만 뻣뻣해지지는 마세요. 오른쪽이나 왼쪽으로 기대려고 시도하지 마세요. 만약 당신이 의자에 있다면, 당신의 발이 바닥에서 평평해지는 것을 추천합니다. 당신의 손과 팔을 당신의 다리에 놓거나, 당신의 팔을 의자에 두세요. 눕는 것보다 앉아있는 것이 좋아요. 왜냐하면 사람들은 기대어 누우면 잠에 들기 쉽기 때문이에요. 정신호흡은 차분해는 동시에 깨어있는 것이에요."

"당신의 관심을 호흡으로 조심스럽게 집중시키세요. 매 호흡마다 당신의 배와 가슴을 팽창시키고 수축시킬 때 신체 감각들에 집중하세요… 당신의 입과, 코 그리고 목에서 공기가 들어왔다 나가는 것에 집중하세요.… 신체와 호흡의 기본 적이 리듬을 인지하기 시작하세요."

"생각, 감정, 걱정, 예상과 같이 집중에 방해되는 것을 경험한다면, 당신의 호흡으로 당신의 주의를 부드럽게 돌리세요. 집중을 방해하는 것은 불가피하지만, 연습하면서 이것들은 감소될 수 있어요."

이러한 기본 지침들을 제공한 뒤, 첫 달 또는 두 회기의 치료에서 세 가지 다른 종류의 마음챙김 호흡을 가르친다. 지침의 속도는 내담자의 배움에 대한 준비도와 기꺼이 연습하려하는 의지에 달려있다. 일부 내담자들은 처음 몇 주에 세 가지의 마음챙김 호흡들을 모두 배우는 반면, 다른 내담자들은 훨씬 더 많은 시간을 필요로 한다.

선택되어진 마음챙김 호흡에 대하여 뒷받침할 수 있는 경험적 증거들이 없다. 임상가들은 그들이 선호하는 다른 정신호흡 연습들을 선택하는 데 자유로워지는 것이 좋다. 호흡의 세 가지 유형들은 다음과 같다.

⟨"나는 여기 있고 … 나는 차분하다"⟩

호흡의 첫 번째 유형에 대한 지침은 이와 같다. "이 호흡 연습은 약간의 설명을 필요로 한다. '나는 여기 있다'는 이보다 더 긴 문장인 '나는 판단 없이 현재의 순간에 있다.'는 것의 약칭이다. '나는 현재 순간에 있다는' 것은 '나는 과거에 대해서 생각하지 않는다. 그리고 나는 미래를 예측하지 않는다. 나는 단지 현재 순간에 살고 있다.'는 것을 의미한다. '판단 없이'는 '나는 지금 나에 대한 그리고 다른 사람들에 대한 판단을 미룬다. 나는 나 자신과 다른 사람들을 비판하는 것으로부터 완전히 벗어난다.'는 것을 의미한다. 이 연습에서, 당신이 호흡할 때 마다, 당신은 스스로에게, '나는 여기 있다.'라고 말한다. 당신이 호흡을 내 뱉을 때마다, 당신은 '나는 차분하다'라고 말한다."

– 논평: 이 호흡 연습은 나의 경험상 내담자들이 가장 좋아하는 호흡 기술이다. 이 호흡 기술은 간결하게 마음챙김의 핵심만 전달한다. 이것은 내담자들의 주의를 집중시킬 수 있을 만큼 충분히 복잡하고, 확신을 가질 만큼 충분히 의미가 있다.

〈1부터 10까지 내쉬는 호흡〉

다음은 호흡의 두 번째 종류에 관한 설명이다.

"아무 말 없이 숨을 들이 쉬세요. 그리고 '1'이라고 말하며 숨을 내뱉으세요. 다음으로, 당신은 숨을 마실 때, 다시 아무것도 말하지 마세요 그리고 숨을 내쉴 때, '2'라고 말하세요. 이런 방식으로 10까지 계속 하세요. 오직 숨을 내뱉을 때에만 숫자를 세세요. 당신이 10까지 했을 때, 1로 돌아가세요. 만약 당신이 수를 세다가 도중에 잊어버리거나 10을 넘었다면, 1로 돌아가서 다시 시작하세요."

– 논평: 이 호흡연습은 복잡하고도 단순하다. 이것은 주의를 필요로 할 만큼 복잡하다. 하지만 기억하기에 매우 단순하고 쉽다. 이 호흡의 수를 세는 측면은 마음챙김 호흡이 기이하고, 이상하고, 종교집단 같아 보일 것이라는 내담자들의 걱정을 없앤다. 종교적인 주문 또는 배워야할 외래어가 없다. 이것은 단지 수를 세는 것이다. 이 유형의 호흡은 종교적 명상가들에 의하여서 2,500년 이상 활용되어왔다(Rosenberg, 1998).

〈"내려놓는(Letting go of)" 호흡〉

3번째 호흡 기술은 Nhat Hanh(1975)가 발표한 것에서 수정된 것이다. 이것에 대한 설명들은 다음과 같다.

"당신이 숨을 마쉴 때, 당신 마음 속에 '마음챙김 호흡'이라고 말하세요. 당신이 숨을 뱉을 때, 당신의 마음속에 'X를 내려놓는다…'라고 말하세요. 여기서 X는 두려움, 긴장, 분노, 판단이나 완벽주의자와 같이 당신이 줄이기 원하는 감정이나 생각 같은 것들을 나타냅니다. 선택된 X는 그 순간에 강력하거나 자해의 선행사건의 주요역할을 한 것으로 알려진 것이 좋습니다. 당신이 숨을 내쉴 때, 그 감정이나 생각들이 당신의 신체를 빠져나가는 것을 상상하면서, 더욱 더 긴장을 풀게될 거에요. 당신은 '풀어줄' 한 가지를 선택하고 주기적으로 말하거나, 다른 감정이나 생각들을 풀어줄 수 있어요. 이처럼 처음에는 당신은 '마음챙김 호흡법이 두려움을 내보낸다', 그리고 두 번째는, '마음챙김 호흡법이 판단하는 것을 내보낸다,' 또는 다른 것들을 말할 거에요. 몇 분 동안 이 활동을 계속한 뒤에, 사람들은 '마음챙김 호흡'은 호흡을 들이마시는 데 있고, 그리고 '풀어주는'것은 호흡을 내뱉는 데 있다고 자연스럽게 말하게 될 거예요."

– **논평**: 이것의 목적은 어떠한 생각과 감정들을 못하게 하는 것 또는 "사라지게 하는 것"이 아니라, 그것들을 알아채고 그것들이 지나가도록 내버려두는 것이다. 이 활동은 "X를 놓아버리는 마음챙김 호흡"으로, 치료자들과 내담자들이 교대로 소리를 내며, 집단에서 꽤 성공적으로 이루어질 수 있다. 이 활동은 집단의 응집력을 쌓고, 모두가 그들이 줄이기 원하는 감정들과 판단을 가지고 있다는 메시지를 준다. 이러한 활동들은 그들의 괴로움을 독특하고 지나친 것으로 보는 내담자들이 '정상화'될 수 있게 해준다. 만약 집단에서 다른 사람들 앞에서 이야기 하는 것이나, 개인적인 감정들을 폭로하는 것에 대한 두려움이 있는 내담자가 있다면, 그 구성원들은 자신의 차례가 되었을 때 "넘어갈게요"라고 말할 수 있다고 듣게 될 것이다.

이 기술의 하나의 단점은 복잡하고, 훌륭한 언어적 기술들을 요구한다는 것이다. 일부 발달장애의 내담자들과 함께할 때, 나는 숨을 마실 때 "호흡"이라고 말하고, 숨을 내뱉을 때 "X"라고 말하도록 활동을 감소시켰다(단순함의 목적으로, "마음" 그리고 "풀어주는"이라는 단어를 지웠다).

내담자들에게 효과가 있는 기타 여러 가지 마음챙김 호흡기술들이 있다. 부록 A는 다양한 예시와 함께 마음챙김 기술들을 가르치는 매뉴얼이 있다. 여기에 제시되지 않은 다른 기술들도 부록에서 찾아볼 수 있다.

일부 내담자들은 마음호흡과 명상을 연결한 것만으로도 특별히 고취된다. 세상의 모든 불교, 기독교, 이슬람과 유대교를 포함한 대단한 종교들은 명상이나 사색하는 전통을 가지고 있다. 마음호흡과 명상의 영적인 측면에 반응하는 내담자들에게 Sekida(1985), Nhat Hanh(1975, 1991), Bayda(2002), Fontana(2001)과 Rosenberg(1998)을 포함하여 도움이 되는 자원들이 많이 있다. 그렇지만 철학이나 종교적 전통의 언급을 요구하지 않는 완전히 세속적인 방식에서 마음 챙김 호흡법을 배울 수 있다. 치료자의 전략은 내담자의 사고방식을 이해하고 내담자의 태도와 신념들을 일치하는 방식으로 진행하는 것이다.

마음 챙김 호흡 연습을 위한 조언

마음챙김 호흡 기술들을 가르치는 데 있어서, 치료자는 또한 연습의 빈도와 시간, 물리적 위치, 획득한 결과를 지켜볼 필요가 있다. 마음챙김 호흡이 유용한 기술이 되게 하기 위해서, 대부분의 사람들은 일주일에 최소 세 번은 행동을 연습할 필요가 있다. 마음호흡 추적카드(그림 11.1)는 활동을 관리하는 데 유용한 한 방법이 될 수 있다.

연습한 시간은 매우 중요하다. 많은 내담자들은 아마 일 분 정도 연습을 시도할 것이고, 이것이 잘 되지 않는다고 단언할 것이다. 2−3분의 마음챙김호흡은 차분하고 깊은 감각과 강화된 각성을 끌어내기에 충분하지 않다는 그들의 말이 맞다. 내담자는 이것이 유용한 기술이 되게 하기 위해서 보통 마음챙김 호흡을 한 번에 10분이나 그 이상 연습할 필요가 있다. Segal과 그의 동료들(2002)의 우울증을 위한 마음챙김 기반 인지 치료는 내담자가 매 주 40분씩 여러 번 호흡을 연습하도록 요구한다. 비록 이러한 기대가 많은 내담자들(특히 청소년들)에게 지나치게 많은 것을 요구하지만, 10−20분의 목표가 적당하다. 마음챙김 호흡이 효과적이기 위해서, 내담자들은 매우 산만한 처음 몇 분간의 마음챙김 호흡을 넘어서, 10분이나 그 이후 나타나는 차분함에 도달할 필요가 있다. 내담자들은 더 지속되는 마음챙김 호흡 연습을 위해 더 작업할 시간이 필요하다. 많은 경우, 한 달 혹은 그 정도쯤이 되면 15분에서 20분 정도에 도달할 수 있다. 몇 개월 연습한 후에, 기술은 크게 효과적이게 될 것이고, 높은 정서적 각성의 기간 동안 사용될 수 있을 것이다.

연습에 있어서 물리적 위치 또한 중요한 세부사항이다. 내담자들은 그들의 집이나 그들이 방해받지 않을 조용한 장소를 선택할 필요가 있다. 혼란스러운 환경에 사는 내담자들은 아마 도서관, 기도실, 명상센터나 조용한 외부 장소를 알아볼 필요가 있다. 그들은 편안한 의자나 명상쇼파 중 하나를 사용하는 것이 좋다. 누워서 연습을 하는 것은, 이전에 밝힌 이유로 어리석은 짓이다. 그렇지만, 마음챙김 호흡을 한번 잘 배우면, 이것은 불면증을 가진 사람에게 잠을 유도하는 기술과 같이 매우 생산적일 수 있다.

그림 11.1 마음챙김 호흡 추적 카드

이름: _____

주: _____

| | 월 | 화 | 수 | 목 | 금 | 토 | 일 |

*호흡의 유형

장소

연습 시간
**주관적인 고통의 단위(SUDs(Subjective Units of Distress) 0-10)

*호흡 유형: "나는 여기있고... 나는 편안하다"
　　　　　　숨을 내쉴 때 1부터 10까지 세시오.
　　　　　　"X를 내보낼 때.."호흡
　　　　　　기타

** 메모: 0=당신이 가장 편안했을 때, 10=당신이 가장 고통스러웠을 때, 5= 보통. 마음챙김 호흡 연습을 시작하고 끝낼 때 당신이 느낀 점수를 적으시오.

※ Walsh(2012), Guilford Press에 저작권이 있음. 이 책을 구매하는 사람들에 한하여 이 그림의 복사본을 활용하는 것에 대해 허용함(자세한 내용은 저작권 페이지에서 참조할 것). 책을 구매한 경우 Guilford Press 홈페이지에서 이 책의 페이지에 있는 그림의 전문을 다운로드 받을 수 있음.

　　다른 세부사항은 눈을 감는 것이 좋은지 뜨는 것이 좋은지에 관한 것이다. 이것에 관해 상관없다는 것이 나의 의견이다. 어떠한 사람들은 눈을 뜨고 있는 것을 선호한다. 왜냐하면 그들은 이 방법에 더 안전함을 느끼고 잠이 들 확률이 적기 때문이다. 다른 이들은 시각 자극 없이 더 잘 집중할 수 있기 때문에 그들의 눈을 감는 것을 선호한다. 내담자들은 그들에게 더 편안한 연습법으로 결정하는 것이 좋다. 보통, 만약 그들이 그들의 눈을 뜨고 있기로 결정하면, 방해를 최소화하기 위해서 그들의 시선을 바닥으로 향하게 하는 것이 도움이 된다.

　　내담자와 함께 효과성을 지켜보는 것 또한 유용하다. 나는 유용한 기술은 내담자들에게 "주관적인 고통 척도", SUDs(Wolpe, 1969)의 개념을 알려주는 것이라는 발견하였다. 내담자들은 그들의 마음챙김 호흡 추적카드에 호흡 연습 전과 후에 즉각적인 그들의 감정을 기록할 수 있다. SUDs를 활용한 호흡추적은 0은 내담자들이 그들의 삶에서 가장 편안한 상태를 나타내는 것이고 10은 가장 고통스러울 때, 5는 대체적으로 보통일 때라는 것을 내담자들에게 가르치는 것을 포함한다. 대부분의 내담자들은 마음챙김 호흡 10분 후 또는 그 이상 일 때, 주관적인 고통 척도(SUDs)의 감소를 보고한다.

변화가 없음을 계속해서 보고하는 경우 ―또는 심지어 더 나쁜 경우, 주관적 고통 척도(SUDs)의 급격한 상승을 보이는 사람에게는― 다른 대체 행동들을 고려하는 것이 좋다. 나는 마음챙김 호흡을 하는 동안 끊임없이 더 불안해지는 한 내담자를 만난 적이 있다. 처음에, 그녀의 유일한 예시는 "호흡은 단지 저에게 효과적이지 않아요"라는 것이었다. 이 말을 이전에도 많이 들었기 때문에, 나는 계속해서 그녀가 이것을 시도해보도록 하였다. 그 다음에 그녀는 이렇게 밝혔다.

"호흡은 나에게 전혀 효과적이지 않아요. 이것은 단지 문제를 더 악화시킬 뿐이에요. 내가 호흡을 연습할 때마다, 나는 나의 호흡을 들어요. 그리고 이것은 가해자가 나를 강간할 때 내 귀에 크게 호흡했던 것을 상기시킬 뿐이에요. 나는 그의 호흡을 전부 다시 들어야하고, 모든 것이 되돌아와요. 호흡은 나에게 절대 효과적이지 않을 거예요. 이제 당신은 그 이유를 알았을 거예요."

그녀에게 호흡을 가르치는 시도를 한 나의 잘못된 고집과 무감각함을 사과했다. 그리고 우리는 다른 대체 기술들로 변경했다(치료의 후반에서 시행한 트라우마 해결 작업과 더불어).

시각화 기법

시각화 기법은 기분 좋고, 편안한 장면들을 찾고, 자기-진정 전략으로서 그것들을 생생하게 재연하는 것을 포함한다(Schwartz, 1995). 어떤 내담자들은 대부분 시각적인 용어들로 세계를 경험하고, 특별히 이 유형의 기술들에 잘 반응한다. 그들은 매우 명료하게, "시각화가 다른 어떠한 기술보다 나에게 더 효과가 있다"라고 말할 것이다.

　　내담자들과 연습해온 몇 년을 통해서, 나는 시각화 연습을 사용하는 가장 효과적인 방법은 내담자들이 그들 자신의 것을 만들어가도록 돕는 것이라는 것을 믿게 되었다. 이것은 내담자에게 그들의 삶에서 특별히 편안한 장소나 현장을 재연하는 그들 자신의 경험을 얻도록 제시하는 것으로 간단하게 끝날 수 있다. 그 다음 지시는 가능한 구체적이고 선명한 시각화를 위하여, 내담자로 하여금 자신의 다섯 감각들을 모두 사용하는 시각화를 발달시키도록 하는 것이다. 장면을 발달시키는 것은 글쓰기, 스마트폰 음성녹음을 통해서 혹은 단지 기억에 유지된 것으로 이루어질 수 있다.

　　예를 들어서, 나는 언젠가 일주일에 몇 번씩이나 자해하는 심각한 문제를 가진 내담자와 작업한 적이 있다. 그러나 나는 그녀가 말들을 돌보거나 타는 날에는 절대 자해를 하지 않는다는 것을 알아차렸다. 예상할 수 있듯이, 이 내담자는 자신의 가장 편안한 경험이 말들과 함께 있을 때라고 밝혔다. 내가 차분한 시각화를 이용한 아이디어를 소개했을 때, 그녀는 즉각적으로 그녀가 좋아하는 말을 다듬는 경험을 선택하였다. 그녀는 상상을 통해 그 말을 보고, 헛간의 냄새를 맡고 맛을 보고, 그의 털을 다듬고, 그의 꼬리가 움직이는 소리를 들었다.

　　발달장애를 가진 다른 한 내담자는 그녀가 세상에서 가장 편안한 장소라고 생각했던 교회에서 기도하는 심상을 선택하였다. 그리고 조현병과 그와 관련한 자해 문제를 가진 세 번째 내담자는 다섯 가지 모든 감각을 사용하여 해변가에 있었던 자신의 어린시절을 통해 시각화를 발달시켰다.

　　시각화는 마음챙김 호흡과 합쳐질 수 있다. 일부 내담자들은 기분 좋은 장면을 불러오기 전에 몇 분 동안 정신을 집중하여 호흡하고 그들 자신을 진정시킨다. 수를 세거나 "풀어주는" 것에 집중하는 마음챙김 호흡은 시간이 지나면서 진부해질 수 있다. 그리고 시각화는 신선한 초점을 제공할 수 있다.

　　내담자들은 진정되지 않고 오히려 역효과를 낳는 장면을 만들기도 한다. 예를 들어서, 나는 한 내담자가 폭력 장면을 상상한다는 것을 발견하였고 그는 이것이 꽤 진정된다고 주장하였다. 나는 이러한 장면들의 적합성에 대해 의문을 가졌고 더 친사회적인 내용(카페에서 기타 연주를 듣기 등)의 방향으로 그를 안내했다. 목가적인 광경은 이 내담자에게 효과적이지 않을 것이다. 그는 한 번도 도시를 벗어나 본적이 없다. 초점은 내담자가 사용하는 장면들이 부정적이거나 파괴적인 내용으로 가서 길을 잃지 않도록 감시하는 것이다.

신체적 활동이나 움직임

Nock(2010)은 신체적 운동이 자해 충동을 막는 데 매우 효과적일 수 있다는 것을 밝혔다. 어떤 내담자들은 그들의 대체 기술들의 하나로 격렬한 신체 활동을 선호한다. 특별히 청소년들이, 주로 앉아서 하는 활동을 매우 지루해하는 것은 당연하다. 감정적으로 극단적인 느낌은 자해하는 사람들의 삶을 지배하는 것이 대개 아드레날린의 엄청난 폭발을 포함한다는 사실을 알려준다. 내담자들은 아드레날린 반응의 강도를 평소의 수준으로 돌려놓기 위해 신체적인 활동의 도움이 필요할 수도 있다. 모든 신체활동의 선택권들의 전체범위를 여기서 모두 다시 살펴볼 필요는 없다. 내담자가 대체 기술들로 걷기, 달리기, 농구, 수영, 카약, 무술, 역기 들기와 같은 것들을 사용할 수 있다는 것을 말해주는 것으로 충분하다. 어떠한 내담자들은 대체 기술로 "운동"의 이례적인 유형을 선택한다. 예를 들어서, 한 내담자는 그녀가 불안하다고 느낄 때 그녀는 집 청소기를 돌린다. 그녀는 그 신체적 움직임이 그녀를 편안하게 한다는 것을 찾았으며, 그 소음이 그녀를 정서적인 고통으로부터 주의를 돌리게 하였고, 청소기 돌리기를 마친 뒤 그녀는 소소한 성취감을 느꼈다.

선호되는 운동의 유형은 내담자가 고통스러워할 때 사용 가능한 것으로 선택하는 것이 중요하다. 만약 내담자가 대체 기술로 수영을 선택했지만 수영장이 저녁 시간에 열지 않는다면, 다른 유형의 운동이 대비책으로 선택되어져야 한다.

한 가지 권고사항은 폭력적인 형태의 신체적 활동, 가령 복싱이나 분노 충동들을 표현하는 사이코드라마와 같은 활동들을 피하는 것이다. 치료의 목적은 충동 통제의 더 나은 형태에 도달하는 것이다. 폭력적 활동은 너무나도 자해 행동의 공격성과 유사하므로 피해야 한다.

치료자가 알아야 할 또 다른 위험은 내담자들이 자기 파괴적인 방식으로 연습할지도 모른다는 것이다. 어떠한 개인들은 인내의 보통 단계 너머로 그들 자신을 밀어넣고 반복적인 신체 부상을 야기한다. 과도한 신체활동을 하는 내담자들은 종종 섭식장애와 관련이 있다. 그들은 그들의 식사에 제한을 두고, 구토를 유도하며, 그리고 강박적으로 운동을 한다. 많은 경험적 연구들을 통해 섭식장애는 자해와 강력하게 관련되어 있다는 사실이 밝혀졌다(Walsh, 1987; Favazza, 1989; Warren et al, 1998; Favaro & Santonastaso, 1998, 2000; Rodriguez-Srednicki, 2001; Paul et al., 2002). 그러므로, 대체행동으로 활동을 권장하기 전에, 치료자들은 행동에 일반적인 수준 내에 있지 않는지 주의를 기울일 필요가 있다. 반복적으로 운동과 관련된 부상들을 보고하는 내담자들은 운동을 자기-파괴의 한 방법으로 사용하고 있을지 모른다. 치료자와 내담자는 매주의 빈도와 총 시간에 동의함으로써 선택된 활동의 건강성을 확인할 수 있다.

유용할 수 있는 신체적 활동의 한 형식은 "걷기 명상(Walking meditation)"이다. 이것은 호흡에 집중하는 동안 고의적으로 매우 느리게 걷는 것이다. 걷기 명상의 구체적인 지침은 부록 A의 호흡 지침서에 있다.

글쓰기

자해에 관한 일련의 과정들에 대해 쓰는 것은 이전에는 부정적인 대처 행동으로 논의됐다. 자해 내용을 포함하지 않으면서 개인이 자해를 하지 않도록 돕는 많은 다른 유형의 쓰기가 있다. 대부분 일반적으로 이것은 하루하루의 경험에 대해서 쓰는 방식을 포함한다. 구어적 표현은 중요하다. 왜냐하면 이것은 압도적인 감정들의 지배에 관한 기초를 제공하기 때문이다. 만약 내담자가 자신은 경험의 직접성에 거리를 두기 시작하고 이것에 대해서 쓸 수 있게 되기 시작한다면, 이것은 불편함을 행동하는 대신에 표현하는 것으로 옮겨가는 과정의 주요점이 될 것이다.

Conterio와 Lader(1998)는 다른 어떤 저자들보다 더 자해치료에 있어서 글쓰기 과제를 강조하였다. 그들의 치료 프로그램에서, 그들은 연속적인 차례대로 15개의 글쓰기 과제를 요구하였다. 그들의 과제들은 자필, 자기찬사, 그들의 인생에서 가장 영향력 있었던 여성과 남성에 대한 논의, 자해를 둘러싼 감정들, 분노, 자기 양성, 자해에 대한 이별을 말하고 미래를 계획하는 것들과 같은 주제들을 포함한다. 나는 치료에서 이 과정들을 직접 사용하지 않았다. 그렇지만, Conterio와 Lader는 그들의 프로그램에서 자해를 감소시키고 제거하는 데 매우 성공적이라고 보고하였다. 그들의 글쓰기 활동은 그들의 치료접근에 초석과 같은 역할을 한다. 만약 이것이 그들의 내담자들에게 적합하다면, 치료자들은 Conterio 와 Lader(1998)의 책을 정독하여 치료에서 글쓰기 과제의 일부 혹은 모두를 사용하는 것을 고려할 수 있을 것이다.

많은 내담자들이 충분한 구술능력 또는 조직능력이 부족하기 때문에, 나는 이 과제들을 사용하지 않고 있다. 나는 Conterio와 Laderd의 입원 환자 유형의 구조와 시간 제한적 성격이 다른 많은 내담자들의 환경보다 더 현실적으로 이러한 과제들을 완성하게 한다고 생각한다. 그러나 구두 능력이 충분한 내담자들에게, Conterio와 Lader의 접근은 진지한 숙고가 요구된다.

미술적 표현

많은 내담자들이 효과적인 대체행동으로 미술을 사용한다. 그들이 미술적 표현을 효과적으로 사용하기 위한 기술적인 성취가 필요하지 않다. 촉발이 발생되었을 때 유일하게 필요한 것은 내담자가 미술을 활용할 것에 대한 의향이다. 치료자들은 먼저 내담자가 예술적인 성향이 있는지 물어보아야 한다. 그후, 내담자가 자기가 선호하는 도구를 회기에서 사용하는 것이 이것의 유용성을 가늠해보기에 좋을 것이다. 치료자는 내담자들이 기술을 생생하게 시도해볼 수 있도록 사무실에 다양한 미술 도구들을 준비해 놓을 수 있을 것이다. 이는 치료자가 미술 치료사가 되어야 한다는 뜻은 아니고, 가능한 대체 기술의 한가지로서 미술적인 표현이 실행된다는 의미이다.

나는 조각에 재능을 가진 한 내담자와 작업했었다. 그녀가 이전에 자해를 경험할 때, 그녀는 반복적으로 점토를 사용하였다. 점토를 조작하는 신체적, 본능적 감각들이 그녀의 마음을 잘 달래주었다. 어느 날 그녀는 이상한 자아상을 만들었다. 다른 날은 그녀는 바라보기 고통스러울 정도로 극심한 고통에 시달리며 일그러지고 괴로워하는 형체를 만들었다. 그녀가 과거에 자해를 촉발시킨 단서를 경험하면서, 그녀는 반복적으로 그녀의 미술 도구들을 꺼내 조각을 시작했다. 그녀는 만약 그녀가 30분에서 1시간 동안 작업하게 된다면, 더 강력한 자해가 지나가는 것을 발견했다. 그녀는 그 다음에 다른 활동에 돌아올 수 있었다. 이 내담자에게 미술작업이 효과를 내지 못할 때, 그녀는 자신이 특히 고통스럽고, 지지, 체계 그리고 조력을 위해서 그녀의 치료자나 친구들이 필요하다는 것을 알고 있다.

　다른 내담자는 미술을 매우 색다르게 사용했다. 치료 초기에 그녀는 매일 높은 수준의 스트레스를 경험했다. 그녀는 퇴근 후 집에 돌아와 형식에 구애받지 않고 자유롭게 그림을 그리거나 또는 마음챙김 호흡을 연습하는 것 중 하나를 선택하는 의식을 개발했다. 그녀는 두 가지 활동 모두 마음을 진정시켜주고, 깊은 생각에 잠기게 한다는 것을 발견했다. 매일 그녀는 자신의 기분이나 직관에 따라 둘 중 하나를 선택했다. 만약 불안하거나 초조함을 느끼면, 그녀는 그림 그리는 것을 선택하는 경향이 있었고, 좀 침울하거나 사색을 하고 싶으면 마음챙김 호흡을 했다. 이러한 간단한 일련의 기술들은 내담자에 맞게 변형되었다. 그녀의 자해 행동은 사라졌으며 그녀는 모든 연습을 통해 자신의 예술작품이 향상되는 부가적인 이득을 경험했다.

음악을 연주하거나 감상하기

　음악은 많은 사람들에게 중요한 대처기술이다. 대개 적극적인 참여는 수동적인 듣기보다 낫다. 비록 음악을 아무리 주의 깊게 온전히 집중해서 듣는다고 해도, 악기를 연주하는 것이 보다 집중적이고 참여적인 기술이다. 내가 만난 자해 내담자 중의 몇 사람만이 뛰어난 음악가였다. 그중의 한 명은 첼로연주가였는데, 그는 연주를 통해 표현과 정서조절을 했다. 다양한 경우에 그녀는 연주를 함으로써 자해 행동을 뒤로 미룰 수 있었다. 그러나 그녀에게는 음악 또한 자기 스스로 부과하는 완벽주의적인 요구의 영역이었기 때문에, 연주를 "형편없게" 하는 것은 때때로 그녀의 기분을 상하게 하곤 했다.

　내가 만난 대부분의 내담자는 듣기를 통한 대체기술로 음악을 사용했다. 음악을 듣는 것은 부분적으로만 집중을 하기 때문에 대체기술로는 문제가 될 수 있다. 음악을 한 귀로 듣고 한 귀로 흘리는 것은 정서적인 고통에 거의 영향을 미치지 않을 것이다. 내담자는 음악의 다양한 측면(멜로디, 특정 악기, 강약, 리듬, 보컬, 박자, 화음 등)에 몰두하여 집중하는 데 초점을 맞춤으로써 주의 깊게 음악을 듣는 법을 배울 수 있다. 청소년들은 대부분 다른 대체기술로 음악 듣는 것을 선호한다. 나는 그들에게 예를 들어 마음챙김 호흡, 시각화 또는 예술을 창조하는 것과 같은 보다 적극적이고, 참여적인 기술을 개발하도록 권장한다.

청소년들이 음악을 선택하는 것을 관찰하는 것은 중요하다. 몇몇 내담자는 그들을 보다 화나게 하거나 흥분하게 만드는 공격적이고, 폭력적인 음악을 선택한다. 다른 사람들은 자신의 우울감과 고립감을 증폭시킬 수 있는 감상적이고 슬픈 음악을 듣는다. 청소년들에게 자해 행동을 촉발시킬 수 있는 음악과 자신을 진정시키는 데 사용할 수 있는 음악에 대해 가르쳐주는 것은 유용하다. 그들은 그들의 음악 기기에서 도움이 되고 진정되는 재생 목록을 별도로 개발할 수 있다.

음악을 듣는 것은 종종 진정한 자기 진정 기술의 대체법 그 이상이 되기도 한다. 그것은 매우 생산적일 수 있지만 보다 적극적으로 기술 연습에 열중하는 것을 회피할 수 있는 방법이 되지 않도록 면밀히 관찰해야 한다.

타인과의 소통(Communicating with Others)

타인과의 소통은 확실히 자해 행동을 막을 수 있는 유용한 대안이 되지만, 자세한 사항들에 관해서는 구조화되는 것이 필요하다. 이는 유용성, 판단력, 영향력, 지지와 인내심뿐만 아니라 그 타인들이 어떤 사람들인지에 대해 확인할 필요가 있다. 치료에 가족을 개입시키는 것에 대해 논의한 후반 부분에서와 같이, 가능하면 이러한 타인들은 대체기술에 훈련되어야만 한다. 대화의 내용도 중요하다. 기술의 연습으로 전환하지 않고 너무 많은 목표를 두지 않은 배출은 비생산적이다. 소통의 어떤 형태들은 이 예시와 같이 자해 행동을 명백하게 유발할 수 있다.

한 여성 내담자는 우울해지면 자신을 칼로 긋고(cut), 자신을 우습게 여기는 "친구"에게 전화를 했다. 친구인 그 남자는 전화로 그녀의 목소리를 듣자마자 "궁색하고, 멍청하고, 무능한 정신병자"라면서 그녀를 조롱하기 시작했다. 이러한 모욕적인 말을 30분이나 그 이상 듣고 나면 내담자는 더 우울해지고, 절망적이게 되었다. 그녀의 경우, 그 남자인 친구에게 전화를 하는 것은 대체기술이 아니라 그녀의 연속적인 자해 순서 중 일부분이었다. 그녀는 평가 과정 동안 이러한 전화통화는 피할 필요가 있는 핵심적인 선행사건이 된다는 것을 알게 되었다. 대안

으로 이용할 수 있는 사람에 대한 가능성과 판단에 관련된 순서를 규정하여 그녀
가 전화를 할 수 있는 다섯 명의 보살펴주는 사람들의 명단을 만들었다.

가장 큰 자산들은 내담자의 자해를 촉발하는 요인이 무엇인지 이해하고 그
들이 자해 충동 동안, 그 이상까지 계속 이야기 나눌 수 있는 친구들과 가족 구
성원들이다. 이러한 사람들은 몇 년 동안 내담자에게 개입할 수 있기 때문에 최
소한 임상가만큼이나 도움이 될 수 있다. 내담자가 그들을 코치와 협력자로 활
용하기를 동의한다면 주요한 타인을 치료과정에 개입시키는 것은 유용하다. 그
들은 특히 보상을 받아야만 하거나 소거해야만 하는 행동에 대해 강화원칙을
배울 수 있다. 그들은 또한 자해 행동의 과정에서 그들 자신이 제공하는 단서들
을 감소시키는 데 유익할 수 있다. 물론, 친구들이나 가족 구성원들은 단순히
보조 치료자가 아니며, 그들의 주 역할은 구체적인 전략적 목표들을 염두에 두
지 않고 돌봄과 지지를 제공하는 것이다.

다른 사람들과의 의사소통을 특별히 잘 활용하는 42세의 여성 내담자가 있
다. 그녀는 또래인 가장 친한 친구와 거의 모든 것을 공유한다. 그녀의 친구는
내담자의 학대와 관련된 성장배경, 자해 행동과 관련한 일이나 이혼 그리고 그
밖의 것들에 대한 상세한 세부적인 사항을 모두 알고 있다. 내담자가 자신을 긋
고 싶은 충동이 들 때, 그녀는 자주 그녀의 친구에게 전화를 해서 그녀가 경험하
고 있는 감정에 대해 이야기한다. 이 친구도 그녀 자신의 문제를 안고 있었고 이
내담자를 공감하고 지원할 수 있었다. 그녀는 또한 긴장과 공포를 줄여주는 훌륭
한 블랙 유머감각(Black sense of humor)을 가지고 있었다. 시간이 흘러, 내담
자는 치료에서 배운 기술을 습득하게 되었고, 그 친구는 그녀를 격려해주었다.
비록 나는 그 친구를 한 번도 만난 적이 없지만, 나는 그녀를 나의 공동 치료자
라고 생각했다. 그녀는 내 심리 치료적 영향을 능가하는 지원과 훌륭한 판단력을
제공했다.

사회적 기술에 많은 한계가 있거나 사회적 지지자원이 적거나 거의 없는
내담자의 경우에는 긴급 상담전화서비스(Hotline)가 유용한 지침을 제공해줄 수
있다. 많은 긴급 상담전화서비스는 24시간 하루 종일 이용이 가능하다는 명백

한 장점이 있다. 일부 긴급 상담전화서비스는 그들이 "빈번한" 또는 "정기적인" 발신자들에게 다른 어떤 긴급 상담전화서비스보다 관용적이다. 긴급 상담전화 서비스 직원들은 반복해서 전화를 하는 이용자들을 그들의 주 업무인 생명을 위협하는 위기로부터 구해야 하는 업무를 방해하는 사람들로 여길 수 있다. 다른 긴급 상담전화서비스 직원들은(예를 들면 사마리아인 긴급 상담전화서비스) 일주일에 여러 번 전화를 거는 이용자들을 그들의 업무의 연속 선상으로 보고, "친구가 되어주는" 것이 그들의 임무 또는 역할의 연장선이라고 생각한다. 보다 고립된 내담자들에게 치료자가 정기적으로 전화를 거는 이용자에게 수용적이거나 그것을 자원으로 생각하는 긴급 상담전화서비스를 찾아줘야만 한다. 어떤 내담자들에게는 사람의 목소리를 듣는 것이 문자나 이메일보다 훨씬 안정감을 준다.

치료자들은 내담자들이 자해에 대해서 이야기하고 있는 Youtube 영상을 시청하고 있는지 또는 얼마나 자주 그런 채팅방을 이용하는지에 대해 파악해보아야 한다. 대개 그런 공간에서는 끔찍한 세부 사항을 공유한다(자해 행동의 방법, 상처의 범위, 피의 양, 흉터의 길이 등에 대해). 한발 더 앞서야 한다는 경쟁적인 분위기가 명백하게 촉발요인이 되는 이러한 사이트들을 양산할 수 있다. 가끔, 나는 내담자가 서로의 회복을 돕는 사람들이 있는 작은 채팅방에 대해 이야기하는 것을 듣는다. 치료자는 채팅방이 잠재적으로 도움이 되는지 문제의 요소인지에 대해 평가해야 한다.

전환기법

전환기법들은 자해 행동과 관련된 사고와 계획, 충동으로부터 주의를 돌리는 수단이 된다. 이것은 대체기술의 매우 독특한 범주에 속한다. 나는 내담자에게 TV를 보거나 고양이나 개를 키우고, 카드놀이를 하고, 집을 청소하고, 비디오 게임을 하고, 세차를 하고, 브라우니를 만들고, 책을 읽고, 뜨개질이나 퀼트를 하도록 한다. 나는 전환기법의 하나로서 심지어 새로운 세법을 검토한 사람도 봤다!

한 상황에서 효과적인 것이 다른 상황에서는 부적합할 수 있기 때문에 내담자는 그들의 레퍼토리식으로 다양한 전환 기법들을 가질 필요가 있다. 전환

기법을 만들 때 필요한 핵심은 높은 수준의 대체기술이 아니라는 점이다. 전환기법은 문제를 해결하기보다는 실제로는 문제를 유지하고 관리하는 역할을 한다. 전환기법들은 일반적으로 주요한 자기 위로의 기능을 갖지 않는다. 전환기법들은 정서적인 고통이나 공허함을 잠재적으로 경감시킨다는 측면에서 자해 행동과 비교가 되지 않는다. 그러므로 내담자들은 이 세트와는 다른 대체기술을 가질 수 있도록 격려되어야만 한다. 전환기법들의 한계점은 다음 사례에서 잘 설명되어 있다.

> 16살인 Scott은 마음챙김 호흡이나 시각화를 시도하려고 하지 않는다. 그는 그것을 "쓸모없이 어려운 말"이라고 부르고, 그들이 제안할 때마다 크게 비웃었다. Scott은 오직 전환기법들만 사용하려고 했다. 그는 자신을 불에 데게 하거나 칼로 찌르고 싶은 충동이 들기 시작할 때, 비디오 게임을 하고, 친구에게 문자를 보내거나 농구를 하는 것에 동의했다. 그는 또한 음악을 듣기로 결심했는데, 주로 격렬한 락이었다. Scott의 이러한 행동과 관련된 문제는 그가 이전에도 그 행동들을 꽤 자주했다는 것이다. 그런 행동들은 너무 친숙해서 그는 그 행동들을 했고 그것은 여전히 자해 행동에 대해 생각하게 했다.
>
> 그의 자해 행동의 횟수가 어떤 식으로든 감소하지 않았기 때문에 Scott은 집에서 2마일 이상 떨어진 쇼핑몰을 걷는 새로운 전환기법을 시도하기로 결정했다. 이 기술은 물리적인 운동을 포함하고 있었고, 그를 분산시킬 만큼 새로웠기 때문에 어느 정도는 성공적이었다. 그는 사람들과 지나가는 자동차를 보는 것이 자해 행동의 주제로부터 자신의 사고를 재설정하는 데 충분히 효과가 있다는 것을 발견했다. 그러나 Scott의 치료는 그의 진정한 개선을 위해서는 전환기법 이상으로 넘어가야 할 필요가 있었다.

일반적으로 내담자들은 마음챙김 호흡, 시각화, 글쓰기, 미술적 표현과 타인과의 소통 등의 부정적인 대체 활동의 새로운 기술들을 배우기 전에 전환기법에 의존한다. 내담자가 자해 행동을 감소시키거나 소거하기 위해서는 자신을 진정시키고 집중하는 법을 배울 필요가 있다. 전환기법들은 두 요소에 있어서 어느 쪽으로도 진정으로 변화하는 방법을 가르쳐주지는 않는다.

대체행동으로써의 기술 사용 기록

이제 기술들은 선택되었고, 연습되었으며, 실생활에서 적용되는 데, 치료에서 이 기술들의 사용을 관리하는 것이 중요하다. 9장(그림 9.2를 참조)에서 자해 행동의 선행사건과 결과를 5가지 유형으로 기록하기 위한 간이 자해 일지가 소개되어 있다. 이와 같은 형식이 자해 행동의 대체 기술 사용을 관찰하는 데 사용될 수 있다. 9장의 그림 9.2와 같이 그림 11.2의 간이 기술 연습 일지에서는

그림 11.2 간이 자해 일지

차원	선행사건	적용된 기술	결과
환경			
생물			
인지			
정서			
행동			

※ Walsh(2012), Guilford Press에 저작권이 있음. 이 책을 구매하는 사람들에 한하여 이 그림의 복사본을 활용하는 것에 대해 허용함(자세한 내용은 저작권 페이지에서 참조할 것). 책을 구매한 경우 Guilford Press 홈페이지에서 이 책의 페이지에 있는 그림의 전문을 다운로드 받을 수 있음.

자해 행동의 환경적, 생물학적, 인지적, 정서적, 행동적 측면을 기록한다. 그러나 강조점은 자해 행동이 발생할 때 어떤 기술이 활용되는 지로 옮겨간다. 9장의 마지막 부분에서 언급된 예를 대체행동에 새로운 초점을 맞춰서 여기서 다시 적용해보겠다.

그림 11.3의 완성된 일지가 보여주듯이, 16살의 내담자는 자해 행동 대신에 학교 도서관에서 마음챙김 호흡을 하고, 그녀의 지도교사와 소통을 하는 두 가지 주요한 대체기술을 사용했다. 몇 가지의 인지적 자기 지시("나는 진정해야 해.") 와 함께 이러한 기술은 그녀가 칼로 긋는 행동을 하지 않는 데 도움이 되었다. 이러한 행동들은 그녀가 "휴, 난 나를 실제로 칼로 베지 않았어!"라는 말을 하면서 스스로에게 보상하고, 안도감을 얻으면서 강화되었다.

각 회기 초반에 내담자와 함께 이 간단한 평가 도구를 검토해야만 한다. 내담자들은 기술이 체화돼서 더 이상 관찰하는 것이 필요하지 않을 때까지 계속 이 형식을 일주일을 기점으로 작성하는 것을 계속해야 한다. 형식적인 기술

그림 11.3 간이 자해 일지의 작성 예시

이름: 16세 여성

차원	선행사건	적용된 기술	결과
환경	학교에서 친구와 말다툼	친구와 떨어져 있기	친구와 더 이상 연락하지 않음
생물	이미 너무 지친, 흥분되지 않은; 두통	여전히 너무 지치지만 대마초를 하지 않음	두통은 없어지고, 나중에 더 잘 잤음
인지	"나는 혼자다, 나는 친구가 없다"	"나는 진정되어야 한다"	"휴! 난 나를 칼로 긋지 않았어!"
정서	슬픔, 공허함, 불안함을 느낌	매우 불안한, 나를 칼로 긋고 싶지만, 그렇게 하고 싶지 않기도 함	훨씬 진정됨, 안도감을 느낌
행동	평소에 하던 칼로 긋기를 하지 않기로 함	학교 도서관에서 마음챙김 호흡을 함, 지도상담교사와 이야기를 함, 1교시 후에 반으로 돌아감	친구와 나중에 갈등에 대해 이야기를 나눔, 친구는 여전히 우리가 친구임을 안심시켜줌

관찰을 그만두기로 결정하는 것은 치료에서 축하받을 수 있는 일종의 "졸업"으로 고려되어야 한다.

자해 행동이 재발될 때, 임상가들은 내담자가 일시적으로 간이 자해 일지와 간이 기술 연습 일지를 모두 작성하도록 요청해야만 한다. 자해 행동이 몇 주 동안 일어나지 않을 때, 간이 자해 일지는 더 이상 작성하지 않아도 된다.

기술을 보조하기 위해 이메일 사용하기

나는 이메일이 내담자가 기술들을 배우고 적용할 수 있도록 돕는 유용한 지지물로서의 역할을 한다는 사실을 발견했다. 내담자가 이메일 계정에 접속할 때, 나는 그들에게 회기 사이에 나에게 연락하거나 그들에게 연락할 권한을 얻도록 요청한다(전자가 더 선호된다). 나는 지지 연습이나 회기 사이마다 피드백을 주고받기 위해 이메일을 사용한다. 이메일은 양쪽 당사자 모두에게 전화 통화나 문자 메시지보다 훨씬 덜 부담스러우며, 그것은 개인의 일상생활을 방해하지 않고 합리적으로 즉각적인 응답을 할 수 있도록 한다. 치료자는 내담자가 기술을 연습할 수 있도록 격려함으로써 적절한 균형을 맞출 필요가 있다. 내담자는 잔소리를 듣거나 강요당하는 것을 원하지 않으며 지지를 받고 싶어한다. 치료자는 내담자가 며칠마다 기술 연습에 관해 상기시켜주기를 원하는지 물어볼 수 있다. 아니면, 더욱 좋은 것은 내담자가 치료자에게 과제를 업데이트해서 제공하는 것에 동의한다.

시간이 지남에 따라 가장 빈번하게 반복되는 것은 치료자와 내담자가 회기 사이에 1-2통의 이메일을 주고받는 것이다. 내담자는 자신들 삶의 상황에 대해 간단하게 작성하고, 대처수단으로 기술을 어떻게 활용했는지에 대해 적는다. 결국 치료자는 지지물을 제공하고, 강화를 하며, 기술을 사용하는 것을 개선할 수 있도록 제안을 한다. 치료자로 하여금 내담자의 삶의 상황들에 대해 세부적인 논의를 하는 것 보다 이메일을 통해 기술 습득과 연습을 강조하는 것이 매우 중요하다. 이것은 치료 회기들을 위해 아껴두어야 한다. 치료자는 특히 기술 연습을 이끌어 내지 못한 것에 대한 어떤 분출이나 불평을 강화하는 것을 피하고자 한다. 물론 임상가가 컴퓨터 이용이 어려울 때, 내담자에게 이를 고지하는 것은 중요하다. 또한 내담자에게 치료자로부터의 즉각적인 반응을 기대하지 않도록 권고해야 한다.

치료동맹으로서의 중요한 타인

치료는 종종 중요한 타인을 포함한다. 가족 구성원이나 친구가 내담자와 함께 기술을 활발히 연습할 때, 이는 매우 유익하다. 배워야 할 기술은 일반적으로 누구라도 생산적으로 활용할 수 있는 "생활 기술"이다. 예를 들면, 많은 가족 구성원들이 처음에는 내담자를 지지하기 위해 배웠던 마음챙김 호흡 기술을 자기 자신들을 위해 사용한다고 보고한다. 주요 타인들은 내담자가 기술을 실천하는 것을 격려하고, 스트레스를 받았을 때, 기술을 사용할 수 있도록 상기시키는 등의 중요한 역할을 수행할 수 있다. 기술의 실천은 가족들이 문제 중심에서 벗어나 긍정적인 상호작용을 하는 새로운 차원으로 그들의 주의를 전환할 수 있도록 해준다. 그러나 청소년 내담자의 경우, 너무 잦은 상기는 실천에 혐오감을 갖게 하거나 역효과를 불러일으킬 수 있기 때문에 부모는 조력 작업에 있어 신중할 필요가 있다.

결 론

요약하면, 임상가와 타인들이 자해하는 내담자들에게 대체 기술을 가르칠 때, 다음과 같은 것들이 일반적으로 도움이 된다.

- 관련성이 높고, 매력적이며, 발달적으로 적절하고, 효과적인 기술을 내담자와 함께 선택하기
- 대체 기술들의 아홉 가지 범주로부터 끌어내기
- 부정적인 대체 기술은 자해를 유발할 위험이 있기 때문에 부정적인 대체 기술에 대한 의존을 줄이기
- 매우 구체적인 연습 일정 표를 작성하고 점검하기
- 가능하면 간이 기술 연습 일지를 사용하기

- 이메일이나 중요한 타인으로부터 도움을 통해 점검하기
- 내담자들이 계속 기술을 연습할 수 있도록 열의를 가지고 강화하기

제12장

인지 치료

단계별 관리 모델(stepped-care model)에서 2단계의 두 번째 차원은(그림
Ⅱ.1) 인지치료이다. 이 구성 요소는 자해 행동을 지속하게 하는 사고, 가정, 규
칙, 태도와 핵심 신념을 대상으로 한다. 6장에서 논의한 것처럼 사고는 환경적,
생물학적, 정서적, 행동적 요소와 함께 자해에 결정적 역할을 하는 5개의 핵심
요소 중의 하나이다. 수많은 형태의 사고는 자해의 시작(발병)과 유지에 있어서
근본적인 역할을 한다. 인지과정은 칼로 긋기(cutting), 상처 뜯기(excoriation), 화
상(self-burning), 때리기(self-hitting) 등과 같은 자해 행동과 연관된 정서적, 행
동적인 요소에 항상 선행한다. 종합적이고 성공적인 치료를 위해 인지는 내담
자와 함께 협력적으로 확인되고, 목표가 될 필요가 있다.

인지치료는 가장 경험적으로 검증된 방법들 중의 하나이다. 인지치료는 상
당한 재현과정을 거친다는 장점이 있다. 인지치료는 구조화되어 있고, 순차적이
며, 합리적으로 표준화되어 지침화되어 있다. 또한 인지치료는 보다 간단하고,
직접적이며, 배우기 쉽다. 게다가, 단기적이고 비용절감에 효과적이다.

인지치료는 우울증과 자살경향성(Beck et al., 1979; Freeman & Reinecke,
1993), 불안(Clark, 1986), 섭식장애(Garner, Vitousek, & Pike, 1997; Wilson, Fairburn,
& Agras, 1997), 발모벽(Rothbaum & Ninan, 1999; Keuthen et al., 2001), 성격장애
(Beck, Freeman, Davis, & Associates, 2003), PTSD(Foa & Rothbaum, 1998; Rothbaum,

Meadows, Resick, & Foy, 2000; Mueser, Rosenberg, & Rosenberg, 2009), 조현병 (Kingdon & Turkington, 2005; Penn, Waldheter, Perkins, Mueser, & Lieberman, 2005)을 포함한 다양한 문제들을 치료하는 데 효과적이라는 것이 입증되어왔다.

　　Judith Beck은 인지치료를 기반으로 하는 개념화에 대한 간결한 요점을 제공했다. 그녀가 제시한 인지적 모델의 간단한 도표식 버전은 그림 12.1에 있다. 일반적으로 치료자는 자해 행동의 인지적 평가를 함으로써 맨 아래에서 시작하여 위의 순서로로 이동한다. 처음에 임상가는 자해 행동 자체를 분석하고, 자해 행동 전, 후의 정서 및 신체반응을 함께 분석한다. 평가의 이러한 측면은 9장에서 논의된다. 다음으로 중간신념에 뒤따르는 자동적 사고를 다루고, 마지막으로 핵심 신념을 다룬다. 이러한 용어에는 약간의 설명이 필요하다.

자동적 사고

　　"자동적 사고"는 개인의 마음에서 경험되는 실제의 단어나 이미지다. 이는 대부분 사고의 가장 즉각적인 형태로, 상황 중심적(situation-specific)이다(Beck, 2011). 이러한 사고의 형식은 매우 순식간에 발생하고 일상화되므로 "자동적인"이라는 용어가 사용된다. 9장에 언급된 바와 같이 자동적 사고의 한 예는 운전할 때, "지금 왼쪽 깜빡이등을 켜야해"와 같이 자기 지시적이다. 이러한 사고의

그림 12.1 인지적 모델

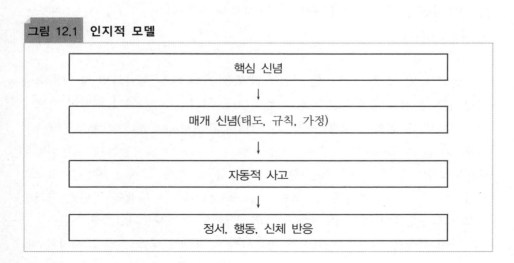

유형은 의식적인 알아차림에서 일어나며 매우 친숙하고, 습관적인 것이다.

매개 신념

"매개 신념"은 태도, 규칙, 가정으로 이루어진다(Beck, 2011). 이러한 인지적 측면은 자동적 사고와 핵심 신념사이의 연결고리 역할을 한다. 계속해서 운전의 예를 들면, 태도는 "운전을 안전하게 하는 것은 중요해"다. 관련된 규칙은 "돌기 전에는 항상 깜빡이를 켜야 해"이다. 가정은 "내가 안전하게 운전하면, 나에게 사고가 나지 않을 거야"이다.

핵심 신념

"핵심 신념"은 가장 근본적이고, 광범위한 영향을 주는 형태의 사고이다. 핵심 신념은 포괄적이고 확고해서 쉽게 수정될 수 없으며 "지나치게 일반화"된 경향이 있다(Beck, 2011). 핵심 신념은 자기 자신, 세상과 미래의 인지삼제에 대한 근본적인 확신을 말한다(Beck et al., 1979; Rush & Nowels, 1994). Beck(2011)은 역기능적인 핵심 신념을 무능감("난 멍청하고, 실패자야.")과 사랑받지 못함(unlovability)("나는 친구가 없어.")이라는 두 가지 기본적인 카테고리로 분류했다. 운전과 관련된 핵심 신념의 예는 "나는 유능한 사람이다(따라서 좋은 운전자가 될 수 있다)"이다.

놀랍지 않게, 위에 묘사된 개념적 모델을 자해 행동 환자와의 작업에 적용하면 인지는 종종 경멸적인 것으로 인식된다. 자기 비하와 자기 비난이 자해에 있어서 중요한 역할을 한다는 증거가 나타나고 있다(Glassman, Weierich, Hooley, Deliberto, & Nock, 2007). 철저한 인지 분석이 이러한 내담자들에게 시행되었을 때, 부정적이고 비관적인 핵심 신념, 태도, 규칙, 가정, 그리고 자동적 사고의 복합적인 층이 종종 발견된다. 그림 12.2 제공된 예시는 자해와 연관된 이러한 사고와 신념들을 보여주며; 이에 Beck의 인지 모델이 사용되었다.

자해 행동을 지지하는 인지적 선행사건과 결과에 대한 작업을 시작할 때,

치료자는 내담자에게 그림 12.1을 보여주고, 그 내용을 설명하는 것으로 시작해야 한다. 대부분의 내담자들은 쉽게 내용을 이해하지만 어떤 내담자들에게는 다소 복잡할 수 있다. 인지에 대한 묘사적인 예는 내담자의 개인적인 상황에 맞춰져야만 한다. 운전을 하지 않는 내담자에게는 양치질, 옷 입기, 요리하기나 고양이에게 먹이주기 등에 대한 예를 들 필요가 있다. 인지의 친근하고 위협적이지 않은 예시들이 논의되고 나면(예를 들어, 운전), 그림 12.2에 나타난 것처럼 자해와 관련된 예시들이 식별되어질 수 있다.

그림 12.2 자해 행동을 하는 사람의 인지적 모델의 예

핵심 신념
나는 무능해. 나는 사랑받을 수 없어.

↓

매개 신념
(태도, 규칙, 가정)
태도 : 나는 이런 정서적 고통을 받을 만해.
규칙 : 자해는 다른 어떤 것보다 고통을 줄여줘.
가정 : 항상 이런 식일 거야.

↓

자동적 사고
면도기를 가져와. 나는 행동을 취해야 돼!

↓

정서, 행동, 신체 반응
정서 : 감소된 슬픔, 공포
행동 : 칼로 긋기
생리적 반응 : 근육긴장의 감소와 과호흡의 경감

이에 더해 치료사는 내담자에게 인지치료의 다음과 같은 측면에 대해 설명할 필요가 있다.

- 사고는 자해 행동을 지속하는 데 중요하다. 사고는 정서와 행동에 선행한다.
- 사고는 다층적이며, 복잡하다. 사고를 이해하고, 작업하기 위해서는 시간이 걸린다.
- 치료자와 내담자는 치료과정을 진행하는 방법으로 "협력적 경험주의"를 차용한다(Beck, 2005, 2011; Mueser et al., 2009).
- 사고는 현재에 발생하지만(예, 자동적 사고), 또한 오랜 개인적 내력(예, 핵심 신념)으로부터 기인한다.
- 사고는 사실이 아니지만(Beck, 2011; Mueser et al., 2009), 영향력 있고, 강력한 의견으로부터 촉발될 수 있다.
- 자해 행동에 기여하는 역기능적 사고는 치료과정을 통해 바뀔 수 있고, 변화될 필요가 있다.
- 치료자는 내담자의 사고에 오만하게 도전하거나, 틀리거나 잘못된 것으로 규정하지 않는다. 내담자는 "그건 전부 당신 머릿속에서 나온 것이에요"라는 말을 듣지 않을 것이다(Linehan, 1993a).
- 사고는 내담자가 목표를 달성하는 것에서 그를 조력하는지 혹은 방해하는지에 관하여 논의될 것이다.

공감, 따뜻함, 지지와 타당화는 인지치료에서 핵심적으로 중요한 부분이다. 만일 내담자가 이해받는다거나 지지받는다고 느끼지 못한다면 치료에서의 작업이 이루어지지 않을 수 있으며 이는 개선되어야만 한다. 내담자는 결점들에 관하여 이 영역에서 치료자와 소통하는 것이 요구된다.

자해 행동에 기여하는 사고들에 대한 평가는 행동분석의 일부분으로 이루어진다. 내담자들은 대개 초기에는 자해가 "그냥 일어났다"고 보고한다는 점을 고려할 때, 자동화 사고의 발현은 지속적이고 정중한 질문이 요구된다. 9장에서 인지에 선행하는 부분에 제시된 예에 더해 아래 발췌문은 자해 행동에 연결된 자동적 사고와(관련된 핵심 신념)을 확인하는 과정을 보여 준다.

치료자: 나무로 된 코트 옷걸이로 자신을 때린 것에 대해 이야기해주시겠어요? 무엇이 계기가 되었나요?

내담자: Sam이 방금 전화해서 저를 무시했어요. 그래서 저는 기분이 가라 앉고, 쓸모없다고 느꼈죠.

치료자: 고통스러울 수밖에 없었겠어요.

내담자: 네 그랬어요. 피곤하고, 희망이 없고, 혼자라고 느껴졌어요.

치료자: 당신 자신을 때린 것이 그런 느낌에 어떤 영향을 주었나요?

내담자: 훨씬 기분이 나아졌다가 더 나빠졌어요.

치료자: 조금 더 설명해주시겠어요?

내담자: 처음에는 기분이 훨씬 나아졌어요. 그게 분노와 슬픔을 밖으로 꺼 냈죠. 이제 그것은 안에 있기보다는 밖에 있어요. 거울에 등을 대 고 앉아 상처를 보니, 마음에 안도감이 들었어요.

치료자: 그것이 굉장한 진정을 주었다고 하니, 왜 당신이 자신을 때렸는지 알겠네요.

내담자: 네.

치료자: 그런데 당신은 기분이 더 나빠졌다고 했어요. 그것은 어떤 의미인 가요?

내담자: 나중에 그렇게 한 것이 후회가 되었어요. 저는 "너는 패배자야. 넌 또 너 자신을 때렸어. 그건 어떤 도움도 되지 않아"라고 느꼈어요.

치료자: 좋아요. 당신이 자신을 때린 행동에 대해 도전하기 시작하는 것을 보니 반갑네요. 당신을 때리기 바로 전에 어떤 생각을 했나요. 전 화를 끊은 직후에?

내담자: 좋지 않았어요. 저는 "정말 재수 없어, 아무도 나를 사랑하지 않아. 앞으로도 아무도 나를 사랑하지 않을 거야"라는 생각을 했어요.

치료자: 좋아요. 그건 우리가 얘기했던 핵심 신념 같아요. 전화를 끊은 직후 에 즉각적으로 들었던 생각이 뭐였죠?

내담자: 저는 "너는 정말 재수없어! 너는 상처가 날 때까지 매를 맞아야 해"라는 생각을 했어요.

치료자: 와우, 이어서 그런 생각을 했군요. 정서적으로 많이 고통스러웠던 것 같아요.

내담자: 네, 그랬어요.

> **치료자:** 그럼 이 상황에서 "나는 상처가 날 때까지 매를 맞아야해"라고 보이는 자동적 사고를 구체적으로 살펴보도록 합시다.
> **내담자:** (비꼬듯이) 오, 재밌겠네요!
> **치료자:** (반영하며) 네, 그렇지 않을까요? 전 당신이 왜 여기 왔는지 알 것 같아요! 꽤 편안한 마음이군요!

이 일련의 과정에서 치료자는 세심하게 많은 공감과 지지를 제공했다. 대화는 도움이 되는 많은 정보를 제공해준다. 핵심 신념은 내담자가 "아무도 나를 사랑하지 않아, 아무도 나를 사랑하지 않을 거야"라고 말하는 것과 관련이 있다. 자해 행동에 바로 선행하는 인지 너머에는 "나는 상처가 날 때까지 매질을 당해야만 해"라는 자동적 사고가 있다.

역기능적 사고를 겨냥한 5단계 과정 적용하기

비록 역기능적 사고를 다루는 인지 치료의 많은 전략들이 있지만, 나는 Mueser과 그의 동료(2009)가 제시한 5단계 모델이 특히 명확하고, 실용적임을 발견했다. 나는 2010년부터 2011년에 걸쳐 이 모델에 대해 집중적인 훈련을 받았다. 비록 이 5단계는 원래 PTSD 환자들을 위해 개발되었지만, 현재는 많은 인지 치료사들이 인지적 왜곡과 자기 비하로 고통받는 내담자들에게 사용하고 있다. 여기서는 자해를 다루는 맥락에서의 5단계 과정을 이야기하겠다. 이 5단계 모델의 전반적인 논의와 재현 가능한 양식들은 Mueser등(2009)의 상세한 발표에서 볼 수 있다.

1단계: 상황 인식하기

첫 번째 단계는 최근의 자해 행동으로 이어진 상황에 대한 내담자의 인식을 포함한다. 5단계를 설명하기 위해 나는 Sara라고 하는 인물을 전 단계에서 언급하고자 한다. 이러한 예시에서 내담자는 촉발상황(precipitating situation)을 인식하고 5단계 워크시트에 기록하였다. (이 워크시트의 기본 양식은 그림 12.3에 제시되어 있음) 다음은 Sara가 기록한 내용이다.

스스로에게 "무엇이 나를 화나게 만들었지?"라고 질문해라. 그 상황에 대한 설명을 간단히 작성하라.

상황: <u>남자친구와 전화로 싸웠다. 남자친구가 전화를 끊었다. 바로 나는 내 팔을 6번 칼로 그었다.</u>

5단계 전반에서, 치료자가 내담자로부터 상황, 사고, 정서를 제안하는 것이 아닌, 이끌어내는 것은 매우 중요하다. 내담자가 치료자의 언어를 사용하는 것 보다 자신들의 언어를 사용하는 것이 훨씬 효과적이라는 것이 검증되었다(Mueser 외, 2009). 소크라테스식 방법의 활용은(예, 적극적이고, 개방적인 질문) 이 치료에 서 매우 중요하다. 그러므로 5단계를 시작하기 위한 상황을 이끌면서 치료자는 "남자친구와의 상황에 대해 이야기해보죠"라고 말하기 보다는 "지난주의 자해 행동과 관련하여 어떤 상황에 집중해보고 싶은가요?"라고 말할 것이다.

2단계: 감정 인식하기

2단계에서는 상황에 의해 촉발된 정서에 초점을 맞춘다. Mueser 등의 접근 은 스트레스 상황에 있는 내담자들이 보편적으로 많이 느끼는 4가지 감정의 범 주를 대상으로 한다. 그러나 다른 감정이 우세할 경우에는 그 감정에 초점을 맞출 수 있다. 아래는 남자친구와 힘든 통화를 하고 칼로 자해하는 Sara의 예 시이다.

당신이 가장 강하게 느끼는 감정에 동그라미 쳐라.

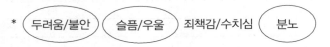

이러한 경우, Sara는 (1) 두려움/불안, (2) 슬픔/우울, (3) 분노의 감정에 동 그라미 쳤다. 별표는 내담자가 세 가지 감정 중 두려움을 가장 강하게 느꼈음을 의미한다. 내담자는 종종 화가 난 상황에서 한 가지 이상의 감정을 발산하는 것 을 인식한다. 이 다섯 단계를 용이하게 진행하는 데 있어서, 치료자는 내담자에 게 왜 특정한 감정을 선택했고, 어떤 감정이 가장 강한지 질문해야만 한다. 이

러한 질문들은 사고를 파악하는 다음 단계로 이끈다.

3단계: 기저 사고 인식하기

이 단계에서 Mueser와 동료들은 치료자가 이렇게 질문하기를 지시한다. "스스로에게 '어떤 생각이 내가 이런 식으로 감정을 느끼게 하는가?'라고 질문해 보세요." 감정과 마찬가지로 내담자는 하나 이상의 사고를 인식한다. 내담자는 5단계 워크시트에 그들의 사고에 대해 직접적으로 작성하고(그림 12.3을 보라) "감정과 관련된 가장 강한 사고에 동그라미를 치세요"라고 지도하도록 한다 (Mueser 외, 2009, p341). 다음은 Sara가 기록한 것이다.

사고: <u>나는 생각했다 - 우리는 또 헤어진다. 나는 패배자다.</u>
[잠시 생각한 후에 Sara는 눈물을 흘렸다. 치료자는 그녀가 더 말하도록 격려했다. 그러자 그녀는 추가하여 더 기록했다.] : <u>내가 9살 때, 엄마가 나를 떠난 것과 비슷하다. 내가 무언가 잘못되었기 때문에 모든 사람이 나를 떠난다.</u>

그림 12.3.   5단계 워크시트

1. 상황

스스로에게 "어떤 것 때문에 화가 나지?"라고 질문해라. 상황에 대한 설명을 간단히 작성하라.

<u>상황:</u> _____

_____

_____

2. 감정

가장 강하게 느끼는 감정에 동그라미 쳐라.

두려움 / 불안   슬픔 / 우울   죄책감 / 수치심   분노

3. 사고

스스로에게 '나를 이런 식으로 느끼게 하는 생각은 무엇인가?' 질문해라. 정서와 관련된 하나 이상의 사고에 대해 파악해라. 당신의 사고에 대해 아래 적어보고, 정서와 가장 많은 관련이 있는 사고에 동그라미 쳐라.

<u>사고:</u> _____

_____

_____

이러한 사고는 평소의 사고방식인가? 만약 그렇다면 동그라미 쳐라.

흑백논리(All-or-Nothing)	정서적 추론
과잉일반화	위험에 대한 과대평가
당위(Must/Should/Never)	자기비난
파국화	정신적 여과(Mental Filter)

신념 평가하기: 그 사고는 얼마나 정확한가요?_____
　　　　(※ 0=확실히 사실이 아니다, 100=확실한 사실이다)
스트레스 평가하기: 그 사고 때문에 얼마나 화가 났나요?_____
　　　　　(※ 0=화나지 않았다, 100=매우 화가났다)

4. 당신의 사고 평가하기

스스로에게 "이 사고에 대한 어떤 어떠한 근거를 가지고 있는가?", "이 상황을 보는 다른 방식은 있는가?", "다른 사람들은 이 상황에 대해 어떻게 생각할 것인가?"라고 질문해보아라. 당신의 사고를 지지하는 답과 지지하지 않는 답을 작성하라.

<u>나의 사고를 지지하는 것:</u> _____

_____

_____

<u>나의 사고를 지지하지 않는 것:</u> _____

_____

_____

5. 실행하기!

당신의 사고를 지지하는 근거와 반대하는 근거를 모두 고려해볼 때, 당신의 사고가 얼마나 정확하다고 믿는가?

신념 평가하기: _____
　　　　　　(※ 0=확실히 사실이 아니다, 100=확실한 사실이다)

당신의 사고를 지지하는 완벽한 근거가 있는가? 당신의 신념은 전과 같이 확고한가?(3단계)

▢ 그렇다 근거는 내 생각을 지지한다. 나의 신념은 전과 같이 확고하다.
▢ 아니다 근거가 내 생각을 완전히 지지하지 않는다. 나의 신념은 전보다 약해졌다.

만일 근거가 당신의 사고를 완벽하게 지지하지 않는다면, 근거가 지지하는 새로운 사고를 떠올려보아라. 이러한 사고들은 보다 균형 잡혀있으며 유익하다. 아래 빈 공간에 보다 새롭고 도움이 되는 사고를 적어라. 앞으로 기분이 불쾌해지는 상황에서 도움이 되지 않는 자동적 사고를 새롭고 보다 정확한 사고로 대체해라.

새로운 사고: _____
_____
_____

신념 평가하기: 새로운 사고는 얼마나 정확한가?_____
　　　　　　(※0=확실히 사실이 아니다, 100=확실한 사실이다)
스트레스 평가하기: 새로운 사고 때문에 얼마나 화가 나는가?_____
　　　　　　(※ 0=화나지 않았다, 100=매우 화가났다)

근거가 당신의 사고를 지지한다면, 상황을 다루기 위해 다음에 필요한 것이 무엇인지 결정하세요. 여러분 자신에게 "무엇을 해야 하는지에 대한 더 많은 정보가 필요한가?", "도움이 필요한가?", "내가 안전하다는 것을 확인하기 위한 단계가 필요한가?"에 대해 질문해보세요. 기분이 불쾌해지는 상황을 다루기 위한 행동 계획을 순서대로 적어보세요.

1. _____
2. _____
3. _____
4. _____
_____

※ Mueser, Rosenberg, Rosenverg(2009)에서 발췌함. 미국 심리학 협회에 저작권 2009. Walsh, Guilford Press(2012)에 저작권이 있음. 이 책을 구매하는 사람들에 한하여 이 그림의 복사본을 개인적으로 활용하는 것에 대해 허용함(자세한 내용은 저작권 페이지에서 참조할 것). 구매자는 Guilford Press 홈페이지에서 이 책의 페이지에 있는 그림의 전문을 다운로드 받을 수 있음.

일반적인 사고 방식

3단계의 부가적인 구성요소는 사고가 "일반적인 사고방식"인지 확인하는 것이다(Mueser외, 2009). 이는 근본적으로 정서적 고통을 촉발하는 비합리적 사고패턴(예, Ellis, 1962)을 파악한 창시자인 Albert Ellis의 초기 작업을 정교화 한 것이다. Mueser의 5단계는 비합리적 또는 비효과적인 8개의 일반적인 사고방식을 차용한다. 이러한 것들은 현재 Sara의 예를 포함하며(그러나 이에 국한되지 않고) 임상적인 장면에서의 예시와 함께 다음과 같이 제시되어 있다.

- 흑백논리(All-or-Nothing) : "그가 나에 대한 모든 것을 사랑하지 않으면 우리는 데이트를 계속 할 수 없다"
- 과잉일반화 : "엄마는 내가 9살일 때, 나를 떠났다. 그러므로 내 남은 생애에 모든 사람은 나를 떠날 것이다"
- (틀림없이) ~ 일 것이다/그래야 한다/절대 아니다 : "엄마가 나를 떠난 건 내가 뭔가를 잘못했기 때문인 게 틀림없다" 또는 "성적 학대를 받은 나의 내력을 고려했을 때, 나는 모든 성적인 관계는 피해야만 한다"
- 파국화 : "그가 내 전화를 끊었기 때문에 우리 관계는 완전히 끝났다" 아니면 "나의 칼로 긋는 행동이 조금 재발했다. 앞으로 더 악화될 거고, 결코 멈출 수 없을 것이다."
- 정서적 추론 : "난 이것을 매우 신뢰하기 때문에 이것은 사실이다" 또는 "그가 나를 의도적으로 상처주려고 했을 것이 분명하기 때문에 화가 난다."
- 위험에 대한 과대평가 : "모든 관계는 상처와 고통으로 끝나기 때문에 노력할 필요가 없다" 또는 "난 기침을 한다. 이건 암이 틀림없다."
- 부정확하거나 과도한 자기비난 : "나는 학대를 막기 위해 무엇인가를 했어야만 했다. 그것은 너무 오래 계속되었다. 나는 그 일이 일어나길 원했던 것이 틀림없다."
- 정신적 여과(Mental Filter) : "그 프로젝트의 사소한 부분이 잘못되었다. 그러므로 아마 전체가 다 망할 것이다." 또는 "직장에서 승진했지만, 내

승진은 가장 높은 수준이 아니기 때문에 나는 실패자다."

다음에 제시된 것은 Sara가 어떻게 어느 일반적 방식이 그녀의 현재 사고 과정에 적용되었는지를 보여준다.

이러한 생각들이 사고의 일반적인 방식들인가? 만약 그렇다면, 어느 것(들)인지 동그라미 쳐라.

흑백논리(All–or–Nothing)   정서적 추론(Emotional Reasoning)

　　　과잉일반화   위험에 대한 과대평가(Overestimation of Risk)

　　　당위   자기비난

파국화(Catastrophizing)   정신적 여과(Mental Filter)

이러한 일반적인 양식들에 대하여, 내담자는 동그라미를 그렸다. 과도한 일반화("또 시작이군, 나는 패배자야."), 당위("분명 나에게 뭔가 문제가 있는 것이 틀림없다") 그리고 자기비난("분명 나에게 뭔가 문제가 있는 것이 틀림없다; 어머니를 비롯한 모두가 나를 떠날 것이다"). 그리고 그녀는 정신적 여과와 정서적 추론을 쉽게 할 수 있었을 것이다("나는 패배자다").

신념과 고통 평가하기

3단계의 마지막 부분은 내담자에게 자신이 방금 인식한 사고와 관련된 신념과 스트레스의 수준을 평가하도록 하는 과정을 포함한다. 다양한 사고들 가운데 어느 것이 내담자가 가장 중요하고, 고통스러우며, 자해와 같은 비효과적인 행동과 직접적으로 연관되는지 선택하는 것이 필요하다. Sara의 사례에서, 그녀는 가장 중요한 사고로, 다음의 내용을 선택하였다. "내가 9살이었을 때 어머니가 떠났던 때와 비슷한 느낌이에요. 모든 사람이 나를 떠나는 걸로 보면, 분명 나에게 뭔가 문제가 있는 것이 틀림없어요"라는 사고는 아마도 핵심 신념일 것이다.

Sara는 그림 12.3의 3단계를 종결하는 간이 척도들을 사용하여, 이 사고에 속한 그녀의 신념과 이에 연관된 고통의 수준을 평가하였다.

신념 평가하기: 이 사고는 얼마나 정확한가? <u>100</u>
(※ 0 = 확실히 사실이 아닌, 100 = 진실이 확실한)
고통 평가하기: 이 사고는 얼마나 불쾌하게 만드는가? <u>70</u>
(※ 0 = 불쾌하지 않은, 100 = 매우 불쾌한)

Sara는 100이라고 평가한 자신의 신념 등급에 대해 이렇게 설명하였다. "나는 오랫동안 이러한 방식으로 생각해왔어요," 그리고 "나를 좋아하는 사람이 많지 않다는 것에 대해 나는 정말 그렇다고 믿어요." 그녀는 스트레스를 평가하는 것에 대해 "나는 이러한 사고가 매우 익숙하기 때문에 70점이라는 점수로 평가했어요. 이는 어렸을 때 경험했던 것만큼 불쾌한 정도는 아니며, 매우 익숙한 것이기 때문이에요."

4단계: 사고 평가하기

4단계는 다섯 단계들 중에서 핵심에 해당한다. 이 단계에서 내담자는 핵심 사고에 대한 근거와 이러한 사고를 반박하는 근거를 조사한다. 위에서 언급한 바와 같이, 사고를 평가하는 데 있어서 내담자를 도울 때, 치료자가 소크라테스식 문답법을 활용하는 것은 특히 중요하다. 내담자들은 스스로에 대해 인식해 왔던 근거들을 "소유"하여 그것들이 옳다고 믿고 있을 가능성이 매우 높다. 비록 치료자들이 그들 자신의 "정확한" 근거를 제공하는 데 있어 지지적이고 도움이 된다고 하더라도, 이러한 행동은 실제로 발달을 방해한다. 내담자들은 사고를 의미 있게 개선하기 위하여 그들의 생각들에 찬성하거나 또는 반대하는 증거에 대해 옳다고 믿는 것이 필요하다. 내담자가 그들의 생각들을 객관적으로 평가하도록 가르치는 유일한 방법은 그 "근거"가 "법적인 근거"이거나 또는 "과학적 근거"라는 기준을 충족시켜야만 한다고 설명할 수 있다(Mueser 등, 2009). 뿌리 깊은 신념 또는 단단히 박혀있는 주장만으로는 충분치 않다. Mueser 등 (2009, p.128; 그림 12.3의 4단계를 참고하라)은 내담자에게 다음과 같이 하도록 지시하였다.

4. 당신의 사고를 평가하기

스스로에게 "이러한 사고에 대해 내가 가지고 있는 증거는 무엇인가?," "이러한 상황을 살펴보기 위한 다른 방법이 있는가?," "이러한 상황에 대해 다른 사람들은 어떻게 생각하는가?"라고 묻고, 당신의 생각을 지지하는 대답들과 당신의 생각을 지지하지 않는 대답에 대해 적어보아라.

4단계를 완료하면서, Sara가 기록한 것이다. 다시 말하지만, 내담자가 적극적으로 내용들을 적어 내려가는 것이 중요하다.

나의 사고를 지지하는 것들: 나의 인생에서 많은 사람들이 나를 떠났어요. [더욱 구체적으로 말하도록 촉구되고, "근거"가 요구됨에 따라, 그녀는 다음과 같이 말했다.] 나의 어머니는 나를 떠났어요. 나를 떠난 세 명의 남자친구들이 있었어요. [더욱 구체적으로 말하도록 다시 촉구하였고, 그녀는 다음과 같이 진술하고 기록했다.] 음, 두 명은 합의하에 헤어졌어요.

나의 사고를 지지하지 않는 것들: 다투었던 한 통의 전화가 남자친구와의 관계가 끝났음을 의미하지는 않는다. 우리는 함께 해왔고, 그 전부터 말다툼을 해왔다. 그는 때때로 나에게 사랑한다고 말한다. [그녀의 어머니가 떠나는 것에 대한 더욱 근본적인 생각과 이러한 증거를 연결시키기 위해 촉진시켰고, 그 후 Sara는 다음과 같이 진술하고 기록했다.] 내가 9살 때 나의 어머니는 나를 떠났다. 왜냐하면 그녀는 마약 중독자였기 때문이다. 그녀는 내가 태어나기 이전에 문제를 가지고 있었으며, 그녀는 오늘날까지 여전히 그것과 싸우고 있다. 그녀가 떠난 것은 나의 잘못이 아니다. 그녀는 많은 문제들을 가지고 있었다. [이것을 적고 난 후, 내담자는 눈물을 흘렸으며 그 후 매우 차분해졌다.]

4단계를 촉진하는 데 있어서, 치료자는 공정하게 근거를 이끌어내는 것이 필요하다. 이러한 활동을 더욱 잘 받아들일 수 있도록 돕기 위하여, 딜레마의 양면은 설명될 필요가 있다. 공교롭게도, 자기폄하는 자해하는 사람들 사이에서 매우 일반적인 현상이기 때문에 근거는 거의 언제나 치료적 목적을 저해시킨다. 즉, 다수의 경우에서, 사고들은 부정확한—종종 극단적인—것으로 발견된다.

5단계: 실행(Taking Action)

다섯 번째는 마지막 단계로, 내담자는 직전에 평가해본 근거에 관한 결론에 도달한다. 근거를 찬반양론으로 검토하면서, 내담자는 다시 사고에 대한 자신의 신념을 평가하라는 요청을 받는다. Sara는 다음과 같은 평가를 내렸다.

신념등급: 이 생각은 얼마나 정확한가? __30__
        (※ 0 = 확실히 사실이 아닌, 100 = 진실이 확실한)

Sara는 다음과 같이 이전의 100에서부터 30까지의 평가 점수의 하락에 대해 설명하였다. "실제 근거를 살펴보는 것은 도움이 되었다. 나는 이러한 과정이 마음에 든다. 단지 내가 아이였을 때부터 무언가를 믿었다는 것이 그것을 사실이라는 뜻은 아니다."

그러면 내담자는 이 사고를 완전히 뒷받침하는 근거인지 아닌지에 대해, 확인란에 표시한다. Sara의 경우, 그녀는 다음과 같이 표시하였다.

☐ **그렇다** 근거는 나의 사고를 지지한다. 나의 신념은 이전과 같이 강력하다.
☒ **아니다** 근거는 나의 사고를 지지하지 않는다. 나의 신념은 이전보다 더 약
        해졌다.

근거가 사고를 완전히 뒷받침하지 않을 때, 내담자는 더욱 정확하고, 균형 잡혀 있으며, 도움이 되는 새로운 사고를 창출할 수 있도록 격려받게 된다. 진지하게 숙고의 과정을 거쳐, Sara는 새로운 사고를 기록했다. 새로운 사고를 발전시키는 것은 도전적이고 스트레스를 유발하는 작업으로, 내담자에게 매우 흔히 발생한다. 새로운 사고는 종종 사고에 대하여 깊이 배어 있는 그들의 방식에 비해 이질적이다. 이것은 거짓, 부자연스러운 또는 심지어 "불충실한" 것을 처음으로 느끼는 것이다. 그렇더라도, Sara는 새로운 인식들을 발달시킬 수 있었다.

새로운 사고: 나의 남자친구가 나를 안 떠날 수도 있다. 그리고 만약 그가 떠난 다고 하더라도 나의 어머니와는 아무 상관이 없다. 그녀가 떠난 것은 나의 잘못이 아니다. 나는 어머니를 더 도울 수 있었으면 하고 바랬지만 나는 아이였고 어머니는 부모가 되었어야 했다. 남자친구들과 어머니는 다르다.

결론적인 시도는 3단계에서처럼 동일한 0−100 척도에 대한 이러한 새로운 사고와 관련된 신념과 스트레스를 평가하기 위함이다. Sara는 응답하였다.

신념 평가하기: 이 생각은 얼마나 정확한가? <u>80</u>
(※ 0 = 확실히 사실이 아닌, 100 = 진실이 확실한)
스트레스 평가하기: 이 생각은 얼마나 불쾌하게 만드는가?<u> 20</u>
(※ 0 = 불쾌하지 않은, 100 = 매우 불쾌한)

Sara는 새로운 사고가 "꽤 정확"할 것이라 여긴다고 말했다. 하지만 그녀는 "이 사실에 익숙해지기 위한 시간이 조금 더 필요하다"라고 했다. 만약 그녀는 이러한 생각이 꽤 신뢰하기까지 도달한다면 그녀는 고통이 많이 감소할 것이라고 했다. 이러한 이유로, 그녀는 20이라는 낮은 등급을 점수로 평가하였다고 언급했다.

이번 회기는 "실행 계획"의 발달로 마무리 맺었다 결론을 내렸다(Mueser 등., 2009). 실행계획은 남자친구와의 다툼이 Sara 자신을 해치도록 이끌었던 기존의 1단계 상황으로 되돌아간다. 치료자와 Sara는 남자친구와의 갈등을 자해라는 에피소드의 중요한 촉진제로서 여기며 이것에 대해 함께 협력하여 알아보았다. Sara는 현재의 이러한 갈등이 과거 어머니의 유기경험에서 비롯된 핵심 신념들과 관련이 있다고 재인식하였다. 그녀의 실행계획의 부분으로서, 그녀는 남자친구와의 갈등 이후에 다섯 단계들에 대하여 즉시 동의하였다. 이 과제는 자해의 중요한 대안방법으로서 제공되었다. 다섯 단계를 실행하면서, Sara는 자해를 통한 자기징벌이 수년 전 어머니가 떠난 것에 대한 자기비난과 관련이 있음을 알게 되었다. 그리고 나서 그녀는 이러한 관련성을 소거하는데 전념하게 되었으며, 그녀 자신과, 과거, 현재의 관계에 대하여 더욱 정확하고 도움이 되는 생각들을 하며 살게 되었다.

결 론

자해에 대한 인지치료에서 임상가들은 다음의 내용을 따르는 것이 도움이 된다.

- 내담자들에게 인지 모델에 대해 설명하라. 자동적 사고, 매개 신념 그리고 핵심 신념
- 그러한 사고와 신념들이 어떻게 자해를 유지하고 지속시키는지를 설명하라.
- 이러한 역기능적, 도움이 되지 않는 인지들을 다루기 위하여 Mueser 등의 다섯 단계 모델을 이용하라.
- 이러한 생각들의 정확성을 평가하기 위해 협력적 경험주의를 사용하라. 치료자는 그것들을 제공하기보다는 내담자로부터 근거와 생각들을 유발하는 것에 주의를 기울일 필요가 있다.
- 유용하지 않고, 정확하지 않으며 자해를 촉진하는 생각의 일반적인 스타일을 식별하라.
- 시간이 감에 따라, 자해에 앞선 자동적 사고와 중간신념을 지지하는 핵심 신념을 식별하라.
- 끊임없이 지속되는 부정적인 생각들과 핵심 신념들을 더욱 유용하고 신념을 동반하는 정확한 인지들로 바꿔라.
- 다섯 단계들을 실행하는 회기들 사이에 5단계를 연습하는 과제를 활용하고 과정들을 통합하며 타고난 환경에 대한 일반화를 강화하라.

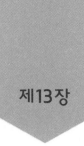

제13장

가족 치료

Michael Hollander

단계적-관리 모델 2단계(그림 Ⅱ.1)의 세 번째 구성요소는 가족 치료이다. 자해하는 모든 사람들이 가족 치료를 원하거나 필요로 하는 것은 아니므로 2단계의 가족치료는 선택사항이다. 몇몇 사람들은 그들의 개별 작업에 노력을 기울이고자 할 수 있다. 다른 이들은 참여할 어떠한 가족 구성원도 없는 경우가 있을 수 있다. 또 다른 이들은 가족 구성원은 있으나 그들이 참여를 원하지 않을 수 있다.

가족 치료를 원하는 사람들에게, 이러한 치료는 고위험/고이득 전략이 될 수 있다. 이것은 특히 자해를 하고 있는 사람이 가족 내 젊은 성인 또는 청소년, 아이들을 가진 경우 그렇다. 신중하게 치료를 진행하지 않는 한, 치료는 의도하지 않은 의원성의(iatrogenic) 영향을 가져올 수 있고 자해 행동의 가능성을 높일 수 있다. 다시 말하면, 조심스럽게 치료하며 공을 들일 때, 가족 치료는 자해를 감소시키고 효과적인 가족 기능을 증진시킬 수 있다.

자해를 다루는 가족 치료는 일반적으로 매우 중요한 네 가지 목표가 있다. (1) 자해의 기능들에 대하여 가족 구성원들을 교육하기 (2) 자해를 촉진하는 가족 내의 특정 행동들을 감소시키기 (3) 부모와 아이에게 나이에 적합한 역할을 확립시키기(또는 회복시키기) (4) 가족 구성원의 내적 심리 상태에 대한 효과적인 대화를 증진시키는 동시에, 걷잡을 수 없는 감정 표현을 감소시키기.

자해하는 구성원을 가진 가족들의 공통적인 주제들

　자해하는 아이가 있다는 사실보다 부모를 더욱 두렵게 하고 혼란스럽게 하며 걱정스럽게 하는 경험들은 거의 없을 것이다. 이 행동은 아이의 신체와 안녕감을 지키는 부모의 중요한 기능에 위배되는 것이다. 자해하는 아이를 가진 것은 부모들에게 종종 심각한 수준의 죄책감을 경험하게 한다. 때때로 이러한 죄책감은 효과적인 양육 기술들을 약화시키거나 위태롭게 한다. 종종 부모의 혼란스러움은 상당한 불안감을 야기하며, 무력감과 활동 저하로 이어질 수 있다. 그렇지 않으면, 부모들의 정서적 고통은 잘 알려지지 않은 방식으로 행동의 의미와 기능에 관하여 그들이 "확신"하도록 만든다. 안타깝지만, 부모의 이해가 정확할지라도 그들의 생각을 나타내는 이러한 방식은 종종 청소년에게 매우 문제적이다. 이러한 생각들은 문제를 해결하려는 빠른 시도들과 합쳐질 수 있고 이는 유효성이 떨어진다. 이것이 발생할 때, 정서조절부전(emotional dyregulation)이 부모－자녀 간의 상호작용의 일부가 될 가능성은 크게 증가한다. 정확하게 이해하지 못하고 정서적 고통에 의해 압박을 받는 부모들은 그들의 견해를 지지하기 위한 확실한 증거를 알아보면서, 그들의 자녀가 말하고 있는 것에는 귀를 기울이지 않을 수 있다. 가족 교류의 이러한 패턴은 종종 청소년과 부모들 사이에 큰 다툼을 야기하고, 양육하는 부부 사이의 긴장을 증가시키곤 한다.

　형제자매는 상황을 더욱 복잡하게 할 수 있다. 부모들은 흔히 가족 내에서 자해하는 아이의 어려움들을 다른 아이들에게 어떻게 설명할 것인가에 대해 고심한다. 부모들이 어린 형제자매들에게 겁을 주는 것에 대해 걱정하는 것은 매우 당연하다. 그러나 "다 잘 될 거야"라는 겉치레는 무언의 두려움과 혼란을 불러일으킬 수 있다. 청소년들은 그들의 자해하는 형제자매에 대해 대게 성급하게 굴고 판단하게 될 수 있다. 그들은 이것에 대한 부모의 (잘못된) 관리뿐만 아니라, 형제자매의 행동을 크게 비난할지도 모른다. 그렇지 않으면, 나이가 더 많은 형제자매는 자해하는 형제자매를 지나치게 염려하고 보호하게 되며, 역기능적인 행동을 자신도 모르게 강화하게 될지도 모른다.

자해하는 청소년들은 그들의 가족을 멀리하고 종종 상실감을 느낀다. 행동을 둘러싼 수치심과 죄책감, 부모의 반응에 관한 염려는 종종 그들이 가장 필요로 하는 지원을 찾는 것을 회피하도록 만든다. 그들은 행동을 관리하기 위한 부모의 노력들이 효과적이지 않거나 가혹하기까지 할 때, 자해에 대하여 그들의 부모를 탓할 수 있다. 이것들과 다른 많은 이유들로 인해서, 가족 치료는 종종 좋은 방안이 될 것으로 보일 수 있다. 정신건강 전문가들은 대부분 이러한 상황에서 반사적으로 가족치료라는 처방을 내린다. 그렇지만 이러한 치료는 실패하거나 상황을 더 안 좋게 만드는 것이 거의 대부분이다. 이러한 결과가 빈번한 이유는 무엇일까? 그렇다면 방법은 없는 것일까?

일반적인 가족 치료가 가진 문제들

모든 심리치료의 모델들 중에서, 가족치료는 내담자들이 자신의 정서를 관리하는 것에 능숙해지기를 요구하는 것 중 하나일 수 있다. 당신이 청소년으로서 부모, 치료자와 함께 앉아있다고 상상해보라. 그리고 논의의 초점이 당신의 "문제적" 행동이라고 보자. 이러한 상황들은 모든 참여자들, 특히 청소년에게 강력한 감정들을 떠올리도록 할 것이다. 집단으로서, 자해하는 청소년은 그들의 감정을 효과적으로 유지시키고 관리하는 능력이 부족한 것으로 알려져 있다 (Walsh, 2006; Klonsky, 2007, 2009; Nock, 2010). 사실, 이러한 십대들에게 자해하는 것은 강력한 정서적 경험들을 관리하기 위한 가장 효과적인 전략이다. 그 결과, 전통적인 개방형 가족 치료는 종종 이러한 내담자들이 감당하기에 정서적으로 지나치게 강렬하다. 대부분의 경우 그들은 그 방에서 뛰쳐 나가거나 정서적으로 닫혀있는 상태로 그대로 가만히 있는다. 비록 이러한 두 행동들 모두 한 가지 관점으로 볼 때 비효율적으로 보일지라도, 다른 관점에서 볼 때는 완벽하게 타당할 수 있다. 이러한 내담자들에게 가족 치료는 깊은 호수의 중간에서 그들을 보트에서 떠밀어 사람들에게 수영을 가르치는 것과 비슷하다. 몇몇 사람들은 호숫가에 도착하기 위해 노력하는 것을 빨리 포기하고 그저 가라앉아버릴 수 있는데, 이것은 감정적으로 닫혀있는 우리의 내담자와 같다. 다른 이들은 아주 오랜 시간 동안 매달려있을 것이며, 이는 그들 자신을 비생산적으로 지치게 만들 것이다. 이는 강렬한 정서적 표현을 표출하는 우리의 내담자들과 같다. 둘 중 어떠한 경우에도, 자발적으로 수영하는 방법을 배우는 결과를 만들어낼 가 능성은 적다. 가족치료가 효과적이기 위해서는, 자해하는 사람은 회피를 하거나 도망가지 않고 강렬한 감정들을 견디는 것이 요구된다. 대체로, 우리는 그들이 실행에 옮길 수 있는 기술을 갖고 있지 않은 그 어떤 것을 실행하도록 요청하 고 있다.

부모들은 염려하고, 짜증을 내며, 종종 수치스러워하거나 죄책감을 느끼는 상태로 치료를 찾는다. 예를 들어, 독립성과 자율성과 같이, 아동의 건강한 대 인관계 발달은 자해로 인해 대개 좌절되어왔다. 이러한 상황은 실제로 임상적 민감성을 요구하는 정서적 시한폭탄과 같은 것이다. 종종 치료는 실패하고, 모 든 참여자들은 좌절하고, 절망하며 체념하게 된다. 반면, 앞서 기술한 바와 같 이, 가족 치료를 처방하기 위한 매우 설득력 있는 이유가 몇 가지 있다. 다음의 내용은 가족 치료를 시행하는 방식에 관한 것이다. 이것은 긍정적인 결과들을 극대화시키고 억제되지 않는 정서조절부전을 최소화시키는 것이다.

평가와 심리교육 단계

가족 치료를 곧바로 수행하기 전에, 임상가는 정서적 경험에 대한 가족 구 성원들의 수용력들을 평가하는 것이 필요하다. 이러한 초기 단계는 또한 가족 치료의 목표에 관한 명확성을 발달시키기 위해 사용된다. 더 나아가, 임상가는 이 기간을 가족 구성원들이 자해가 아동의 삶에 미치는 기능들에 대해 이해하 도록 돕기 위하여 사용한다. 자해에 관한 심리교육은 부모의 걱정을 조절하도 록 돕고, 가족 구성원들이 자해하는 아이의 딜레마에 대한 더 많은 연민적 이해 를 갖도록 도와줄 것이다. 자해 행동에서 "지혜"를 발견하는 것은 치료자들에게 중요하며 이것은 가족들이 자해 뒤에 가려진 이유들에 대해서 이해할 수 있도 록 돕는다. 이것은 자해 행동을 지지하려는 것이 아니라, 오직 그것을 이해할 수 있기 위함이다.

나는 평가 단계를 완수하기 위해 먼저 2회기에서 3회기를 진행하기를 권장 한다. 이 기간 동안, 가족 구성원들은 다음과 같은 생각에 적응하게 된다. 처음

몇 회기는 가족 작업을 하기 위한 그들의 현재 능력을 평가하는 것과 어떤 문제들을 다룰지에 대한 합의를 도출해내는 것에 초점이 맞춰질 것이라고 여긴다. 또한, 구성원들은 가족 치료가 계속되기 이전에 필요할 수도 있는 다른 개입들이 가족 작업만큼 중요하다는 사실을 이해하도록 도움 받는 것이 좋다. 이러한 교육의 끝부분에, 가족 구성원들과 임상가는 가족 치료가 이 시기에 적절한지, 치료에서 논의될 것이 무엇인지, 어떠한 변화를 가족이 기대할 수 있는지에 대한 분별력을 가지고 있어야 한다(Hollander, 2008).

고통 감내, 정서조절, 타당화에 대한 가족의 수용력(family's capacity) 평가하기

가족의 강점들에 초점을 맞춘 논의와 함께 평가 단계를 시작하는 것은 대개 유용하다. 이렇게 함으로써 가족들은 더욱 균형 잡히고 희망적인 출발을 할 수 있다. 이는 또한 임상가로 하여금 가족 내 회복탄력성의 영역을 들여다볼 수 있게 한다. 이와 더불어, 구성원들이 더 효과적으로 기능하였을 때인 가족의 과거 시간들을 탐색하는 것도 도움이 된다.

이 기간 동안에, 치료자는 다른 사람들의 관점을 이해하는 것과 인정하는 것에 대한 각 가족 구성원들의 능력을 평가해야 한다. 노골적으로 적대하거나 또는 비판적인 지적들은 치료자에 의해 제지되어야 하며, 이것은 더욱 행위적으로 구체적인 용어를 통해 재구성되어야 한다. 이러한 재구성의 과정은 발언자의 정서 상태를 표현하면서도 동시에 중립적이어야 한다. 대부분, 적대감과 부정적인 판단들은 걱정이나 슬픔 중 하나로부터 발생한 것이다. 이러한 순간이 발생할 때, 치료자는 각 구성원들이 고통을 인내하고, 정서를 조절하며, 대인관계에서 효과적일 수 있는 능력에 대해 알게 될 기회를 가질 수 있다(Linehan, 1993a, 1993b). 만약, 그 가족이 타당화, 고통 감내, 정서조절에 있어서 많은 어려움을 가지고 있다면, 가족 치료가 제대로 시작되어지기 이전에 몇 가지 기술들의 함양이 선행될 필요가 있을 것이다.

치료 목표 설계

평가에 있어서 중요한 측면은 명확하게 정의된 행동적인 목표들을 협동적인 구성으로 만드는 것이다. 임상가는 갈등의 영역들에 대한 탐색, 어째서 생각대로 일이 풀리지 않는지 각 구성원들이 갖는 생각들에 대한 탐색으로부터 시작해야 한다. 임상가는 치료의 이러한 부분에서 상당히 적극적일 필요가 있으며 정서조절부전의 증상에 관하여 한층 더 경계해야 한다. 평가의 이러한 단계에서, 치료자는 문제들에 대해 변증법에 비롯하여 생각하는 사고에 숙련될 필요가 있다(Linehan, 1993a; Hollander, 2008). 치료자의 개입들은 각 참여자의 관점 속에 있는 지혜를 분명히 표현하고 명확하게 하는 것을 목표로 삼는다. 치료자는 각 가족 구성원들과 공감적으로 조화되어야 한다.

　각 가족 구성원에 대한 공감과 연민을 유지하고 발견하도록 하는 것은 임상가인 우리들에게 있어서 종종 매우 어려운 일이다. 가끔 우리는 청소년의 고통에 지나치게 치중하곤 한다. 다른 때에는, 우리가 부모의 관점으로 이동하기 때문에 청소년의 행동이 매우 비난받아 마땅하다는 사실을 발견할 수도 있다. 그 대신에, 우리는 부모들이 그들의 정서적 고통을 망각하고 아이의 행동에 대해 엄격하며 과도하게 화를 내는 것을 경험할 수 있다. 대개 부모들은 우리에게 그들의 아이를 "고쳐줄 것"을 요구하면서 그들이 과도하게 도움을 갈망하고, 무력하고, 혼란스러워한다는 것에 대해 굉장히 불안해한다. 어떠한 경우에서든지, 각 참여자에게 연민을 느끼는 것은 임상가에게 있어 매우 중요하다. 이러한 능력 없이 임상가는 가족 기능을 궁극적으로 강화시킬 목표들을 만들 수 없으며, 이는 개인적인 목표를 작업하는 것과 반대되는 것이다. 치료자들이 연민을 느끼는 것에서 어려움이 있거나, 그들이 이것을 상실하였다는 사실을 알았을 때, 다른 팀 구성원 또는 동료로부터 상의를 얻는 것은 유용하다.

　평가 단계가 끝나갈 때, 임상가는 가족과 함께 협력하여 치료 계획을 세우기 시작한다. 치료 계획의 중요한 부분은 어떤 사람들이 가족 치료에 참여할 것인지를 결정하는 것이다. 치료자는 자해하는 청소년 그리고 그의 부모와 함께 이러한 과정에 참여해야만 할 것이다. 나의 경험으로는, 자해하는 내담자와 그의 부모가 중요한 참여자이다. 대부분의 경우, 형제자매들은 특정 문제에 따라 참여할 것을 요청받을 수 있다. 앞으로의 작업을 위해서 목표를 명확하게 하고, 각 구성원들로부터 책무를 얻는 것은 중요하다. 치료자들은 너무나도 자주 이러한 치료의 과정을 건너뛰는데, 이는 거의 모든 사람들이 이미 알고 있을 것이라고 추측하기 때문이다. 나는 이러한 약속이 분명하게 설명되고, 구성되어 평가 단계의 공식적인 부분이 되도록 이끌어낼 것을 권장한다. 약속은 참석, 과제, 가족 목표를 공유하기 위해 노력하기 등에 초점이 맞춰져야 한다. 더욱이, 치료에 대한 정기적인 검토를 계획하는 것이 유용하다. 만약 치료가 매주 진행될 예정이라면, 10~12회기 마다 검토하는 것이 타당하다. 검토의 기능은 목표를 향한 진전을 관찰하기 위한 것이다. 그리고 만약 필요하다면, 새로운 목표를 소개하기 위함이다. 여기서 중요한 것은 목적 없이 종잡을 수 없는 치료를 시행하는 것은 피해야 한다는 것이다. 평가 단계의 종결은 치료에서 갈림길을 나타낸다. 치료자와 가족이 선택할 수 있는 몇 가지 길들이 있다. 한 가지 방향은 치료자들에게 권장되는 것인데, 가족들이 가족 치료를 위하여 정서조절과 대인관계 기술들을 발달시킬 수 있는 시간을 갖도록 하는 것이다. 예를 들어, 처음 치료의 몇 달은 가족이 일련의 변증법적 행동 치료(DBT)기술들을 얻을 수 있도록 돕는 데 주된 초점을 두어야 한다고 치료자가 제안할 수 있다. 이것은 가족 구성원들이 타당성을 검증하고, 청소년과 그의 부모가 2차 목표에 대해 익숙함을 발달시킬 수 있도록 도움이 될 수 있음을 포함하고 있다(Miller 등, 2007). 만약 가족 치료를 관리하기 위한 충분한 능력을 완전히 가지고 있는 것으로 보인다면, 그때 치료는 계속해서 진행될 수 있다. 마지막으로, 역기능의 수준을 가지고 있는 가족들은 가족 치료에서 제외될 수 있다. 예를 들어, 과거 또는 현재 진행 중인 학대의 역사가 있는 가족은 이러한 종류의 개입에서 적절한 지원자가 아닐지도 모른다. 이러한 권장사항을 결정할 때, 분명하고, 직접적이며 명백해야 한다는 의무가 치료자에게 있다.

가족 치료의 적절성

누가 치료에 참여할지에 대한 결정과 목표가 인식된 이후에, 참된 가족 치료는 시작될 수 있다. 가족 치료자가 그 자해하는 청소년의 개인 치료자가 아니라면, 자해하는 청소년과 치료자 둘 사이의 소통을 위한 계획을 설정하는 것이 필요하다. 둘 중 어느 경우라도, 치료자는 적절한 때 풀어주면서도 정서조절부전을 최소화하기 위해 치료 시간을 능동적으로 관리하는 데 있어서 유연해질 필요가 꽤 있다. 치료자는 팽팽하게 잡고 있어야 할 시기, 이동을 기다려야 하는 시기 그리고 힘껏 내던져야 하는 장소를 알고 있는 낚시꾼처럼 되어야 한다. 치료자는 효과적이지 않은 행동을 인정하지 않으면서, 각 참여자의 관점 속에 들어 있는 지혜를 발견하고 이것을 정확한 말을 통해 전달하는 것이 의무이다. 치료자의 중요한 역할은 참여자들이 타인들의 견해에 관해 진정으로 호기심을 갖고 그것을 받아들일 수 있는 능력을 발달시키고, 다른 구성원들의 관점을 중요시할 수 있도록 돕는 것이다. 이러한 접근의 기반은 각 타인의 행동에 대한 진정한 호기심을 발달시킬 수 있는 가족 구성원들의 능력이다. 이는 다른 사람의 동기와 의도에 관한 확실성이 도전받는 과정을 요구하며, 더 개방적이고 호기심 어린 관점이 채택되는 것을 필요로 한다.

　이러한 접근의 치명적인 적은 정서조절부전이다. 강렬한 정서는 서로에 대한 호기심을 유지하려는 참여자들의 능력들을 위태롭게 만드는 경향이 있다. 억제되지 않은 정서들의 지배하에, 사람들의 인지 능력들은 일반적으로 두 가지 방법 중 하나로 무너져버린다. 첫 번째로, 가족 구성원들의 사고는 소통과 공감을 방해하는 방식으로 과도하게 경직되어 있을 수 있다. 타인의 행동에 담겨있는 동기에 대한 고정된 생각은 대화나 이해로 이어지지 않는다. 그 대신, 사람들은 반대 방향으로 가거나 불확실성으로 인해 마비될 수 있다. 혼란스럽고, 체계적이지 못한 행동은 태도를 취하거나 또는 결정을 내릴 수 없도록 한다. 이러한 상태 중 어느 쪽이든 참여자들이 심리적인 상태, 행동, 타인들의 동기에 대하여 오해와 다수의 근거 없는 믿음을 선호하도록 이끌 수 있다. 이러한 과정은 보통 다른 가족 구성원들에 대한 다양한 잘못된 귀인들로 끝이 난다. 이러한 오해들은 무효화로 경험되거나 더 많은 정서조절부전을 발생시킨다. 이러한 일들이 발생할 때, 청소년은 더욱 자해 행동을 할 위험이 있다. 그러므로 치료자들은 가족이 치료에서 이러한 순간을 정서적으로 관리할 수 있도록 돕는 데 결정적인 역할을 하는 것이 가장 중요하다. 정신화 중심의 치료(Bateman & Fonagy, 2006)와 관련된 기법들은 이러한 순간에 매우 유용할 수 있다.

　가족 치료는 약간의 사회적 의식(ritual)과 명확한 구조를 가지고 있을 때, 가장 효과를 발휘한다. 소소한 이야기로 시작을 꺼내는 것은 회기로 넘어가기 좋은 방법이 될 수 있다. 새로운 헤어스타일 또는 옷차림을 알아채기, 스포츠

팀에 대해 수다 떨기, 또는 기상 이변에 관한 의견을 말하기는 어색함을 깨기 좋다. 이야기를 나누는 것은 회기의 주제로 들어가기 이전에 단지 몇 분간만 지속되어야 한다. 주제를 설정하는 것은 전체 참여자들 사이에서의 협동적인 과정이다. 그러나 치료자는 가끔은 주제의 순서를 결정하는 것을 유도할 필요가 있다. 가족치료자는 문제의 우선순위를 정하는 것을 돕기 위한 과정 또는 의사 결정 나무(decision tree)를 발달시켜야 한다. 변증법적 행동 치료(DBT)로부터 목표 체계를 사용하는 것은 우선순위를 정하는 기준에 도움이 되는 것 중 하나이다(Linehan, 1993a; Miller 등., 2007). 예를 들어, 자해 행동이 지난 주 동안에 일어났고, 이것이 가족 개입에 의해 유발되었다면 이것은 회기 내에서 최우선순위 목표가 될 수 있을 것이다. 가족 이외의 사건에 의해 촉발되어진 자해 행동들에 대해서는 이것이 보통 유용하지 않다. 가족 고리 분석(Linehan, 1993a; Miller 등, 2007; Hollander, 2008)은 문제에 대한 특정한 원인 제공에 관하여 각 구성원들이 이해하는 것을 돕기 위해 실시될 수 있다. 그리고 이것은 공평하게 중요하며, 모든 참여자들이 이러한 원인 제공에 기여하는 것을 피하기 위하여 다음 번에는 다르게 행동하는 것이다. 다음 최우선 목표는 치료자의 행동도 포함하여, 그 치료가 진전되는 것에 방해가 될 수 있는 어떠한 행동이라도 될 수 있다. 우선순위 중 가장 낮은 사항은 가족 기능에 있어서 삶의 질을 손상시키는 다른 모든 문제들 중 어떠한 것이라도 가능하다.

일단 안건이 형성되면, 치료자는 지난 회기에서 할당된 과제를 검토해야 한다. 과제를 불이행한 것과 관련된 문제라면 어떤 것이든 능동적으로 이해될 필요가 있다. 연쇄 분석은 이러한 도전에도 사용될 수 있다. 과제 검토에 이어서, 논의는 안건에 있는 항목들에 관한 것으로 넘어가야 한다. 이때, 치료자는 각 주제 항목들에 사용되는 시간을 관리하는 데 있어서 능동적인 역할을 취해야하며 가족 구성원들이 타인의 관점에 대한 타당화와 개방, 그리고 호기심을 유지하고 있는지 확인해야 한다. 구성원들 간의 갈등은 불가피하게 발생할 것이다. 각 가족 구성원들이 자신의 관점에 부족한 것과 타인의 관점에 들어있는 지혜의 핵심이 무엇인지를 이해하도록 돕는 것이 가족 치료자의 책임이다. 치료자의 입장은 중립이다. 자해하는 청소년 또는 부모 중에 한 쪽만 너무 많이 찾지 않아야 한다. 교통 경찰처럼, 치료자는 구성원의 머뭇거리는 시도들이 이해받을 수 있도록 격려시키면서 동시에 구성원의 정서적 표현의 흐름을 관리하고, 걷잡을 수 없는 정서표현을 멈추어야 한다. 이것은 매우 어려운 작업일 수 있지만, 가족들을 치료하는 것에 도움이 되는 작업이다.

치료시간이 끝나갈 때, 회기에 대한 간략한 요약을 하는 것은 치료자에게 종종 유용하다. 논의한 중요한 주제들이 검토되고, 참여자들이 한 기술적인 행동은 강조되어지고 강화돼야 한다. 대체로, 치료시간이 끝나기 전에 각 참여자의 정서 상태를 평가하는 것 또한 유용하다. 이는 치료자가 정서 조절이 어려운 구성원들이 정서적 강렬함을 감소시키기 위하여 여러 기법들을 활용하도록 돕는 기회를 제공한다. 이러한 평가 이후에, 숙제가 할당될 수 있고, 약간의 소소한 이야기를 나누며 치료의 마무리를 짓는다.

결 론

요약하면, 가족 치료는 자해를 위한 치료에서 중요한 요소가 될 수 있다. 다음의 내용을 따르는 것은 이러한 치료를 실시하는 임상가들에게 있어 중요하다.

- 모든 가족들이 즉각적으로 치료를 이용할 수 있는 것이 아님을 이해하기. 폭발성 정서조절부전일 수 있는 가족들은 가족 치료를 위한 준비를 하기 위하여 변증법적 행동 치료(DBT)와 같은 개입들이 요구되어진다.
- 가족 치료는 타당화, 평가 그리고 자해의 기능에 관한 일련의 심리교육이 선행된다.
- 가족 치료는 구조화되어야 하며, 행동 목표에 대한 상호간의 동의를 하고 분명하게 정의하는 것이 필요하다. 가족 치료는 목적 없이 방황해서는 안 된다.
- 각 회기는 안건으로부터 진행되어야 한다. 변증법적 행동 치료(DBT) 목표와 같은 형식을 사용하는 것이 권장된다. 이러한 형식에서, 자해 행동은 우선적으로 처리되며, 잇달아 치료에 대한 위협 그리고 가족에 대한 삶의 질 문제로 마무리 짓는다.
- 일반적으로, 가족 치료는 부모와 자해하는 청소년을 포함한다. 형제 및

자매들은 특정한 문제들에 관하여 논의할 때 때때로 참석할 수 있다.

- 가족 치료는 심리치료들 중에서 가장 촉발적인 것에 속할 수 있다. 청소년에게 그들이 문제 행동들에 관한 장시간의 논의의 중심이 되라고 요청하는 것은 많은 요구이며 엄청나게 조절이 안 되는 일일 수 있다.
- 치료자는 일관적으로 모든 가족 구성원을 인정해야 하며, 한 쪽의 편을 드는 것을 피하고, 각 구성원들의 관점에 있는 지혜를 강조해야만 한다.
- 치료자는 반드시 경계를 넘나드는 작업을 해야만 한다. 이는 억압하기 곤란한 정서의 표현을 감소시키는 동시에, 가족 구성원들의 내적 심리 상태에 관한 효과적인 소통을 증진시키는 작업이다.

제14장

정신약리학적 치료

GORDON P. HARPER

단계별 관리 모델(그림 II.1) 2단계의 네 번째 구성요소는 정신약리학적 치료이다. 가족 치료처럼, 이러한 형태의 치료는 선택적인 것으로 고려되는데 이는 자해하는 모든 사람들에게 이러한 개입이 요구되는 것은 아니기 때문이다. 특히 한두 번 자해하는 사람 또는 단기 사회적 전염 사건에 관련된 사람들에게는 더더욱 그렇다. 아쉽게도 지금까지의 연구는 자해하는 사람들 중 정신약리학적 치료를 받았던 이들의 비율에 초점이 맞춰져 있지 않다. 이번 장에서는 이러한 종류의 개입으로부터 가장 많은 효과를 얻을 수 있는 사람들에 관하여 논의할 것이다. 이것은 또한 상세한 평가의 중요성을 강조하고 가장 효능이 있을 것으로 보이는 주체에 대해 검토한다.

약물요법은 자해 행동을 하는 많은 사람들을 도와줄 수 있다. 그러나 그들의 증상은 주체의 선택이나 수준과 직접적으로 연결되지는 않는다. 임상적 약물요법은 다른 환자들(개인적인, 임상실험 모두)의 경험에 의해 알려지면서, 평가, 가설 설정, 경험적 실험에 초점을 맞춰 구성되었다.

자해의 생물학

무엇이 문제인지 우리가 어떻게 이해할 수 있는가?

자해하는 개인을 돕기 위한 모든 노력은 궁극적으로 모든 사고와 행동의 원천인 뇌로 향하게 된다. 그러나 심리적인 개입들과 달리 약물요법에서는 신경구조들을 매개하는 것에 초점을 맞춘다. 자해를 생물학적 관점에서 보는 것은 유용하다.

인간뿐만 아니라 모든 동물들은 스스로를 보호한다. 해로운 자극으로부터 벗어나는 자기 보호적 행동은 인간 이외의 영장류, 다른 포유동물, 또 다른 척추동물들(새, 파충류, 물고기)에서도 찾아볼 수 있다. 무척추동물들조차도 자신을 보호한다. 열기 또는 건조로부터 도망가는 벌레, 빛으로부터 도망치는 바퀴벌레. 포유류와 같은 "고등" 동물들은 털 손질과 핥기와 같은 행동을 통해 눈에 띄게 몸을 보살핀다. 몸을 다치게 하거나 변형시키는 것은 깊게 자리한 진화적 행동을 무효화시키는 것, 즉 발달생물학의 혼란을 야기한다.

5장에서 설명했듯이 문화적으로 지시되는 신체 변형에 있어서 문화는 생물학적 프로그램을 수정한다. 그러나 이러한 관습의 심리사회학적 맥락은 "자멸행위"로 불리는 것으로부터 이런 행동을 구별한다. 문화적으로 규정된 변형은 집단과 개인의 관계를 강화시킬 수 있다. 종교적으로 규정된 할례 또는 몇몇의 사하라 사막 이남 집단에서의 절단 행위가 이에 해당한다(Favazza, 1996). 그러나 병리적인 자해는 문화적으로 규정된 훼손과는 다른데, 이것은 집단의 인정 없이 발생하기 때문이다. 이러한 행동은 자신을 확인하는 것이 아니다. 강력한 생물학적 명령을 어기는 것이다.

고등 영장류에서 자기보호 행동의 발생은 매우 우연적이다. 임상적 경험과 동물 실험은 조류와 어류에서 자기 보호가 "자동적으로" 나타나지 않으며, 보호적인 환경에서만 나타난다는 것을 제시한다.

여기엔 발달의 몇 가지 영역이 연관되어 있다. 예를 들어, 아이들은 양육하는 어른과 자신을 동일시하며, 자라서는 스스로를 돌본다. 그러나 학대 또는 방임을 겪은 많은 생존자들의 경우에는 이러한 동일시가 왜곡된다. 비슷하게 상호간 양육하는 관계는 일반적으로 인간 그리고 다른 영장류들에게서 발달한다. 그러나 이런 관계는 기대할 수 있는 양육을 박탈당해온 인간 및 그 외 영장류들의 경우 왜곡될 수 있다. 자극 추구는 전형적인 발달에서 발생하지만, 인지적 또는 지각적 결손을 가진 개인, 트라우마 생존자, 고립되어 성장한 개인에게는 만성적이 되거나 해로운 형태로 나타날 수 있다. 왜곡된 자기-보호 행동은 인간이 아닌 포유류에게서 조차 나타날 수 있다. 예를 들어, 개들에게서는 "acral lick syndrome(지나치게 핥아서 나타나는 피부질환)"이 있다(Rapport, Ryland, & Kriete, 1992). 자해 역시 왜곡된 기분, 특히 우울 또는 정신증에서처럼 망상적인 사고를 가진 개인에게서 나타난다. 자해와 자기보호는 역기능적 환경들에 의해 차단될 수 있다. 이는 자해가 우연히 강화되는 경우이다(비교, Mace, Blum, Sierp, Delaney, & Mauk, 2001).

매개 기제

자해의 생물학적 모델에 관한 연구는 효과적인 약물요법을 발달시키기 위한 소망과 생리학적으로 행동을 이해하기 위한 소망에 의해 동기 부여 되었다. 몇 가지 장애들에서 신경학적 기제는 제대로 잘 적용된다. 예를 들어, 파킨슨병은 흑색 줄무늬체 경로에서 도파민으로 활성화되는 세포들의 죽음 또는 역기능으로부터 발생한다. 그리고 도파민으로 활성화되는 개체들을 포함한 보충제는 그 기능을 강화시킨다(Cookson, 2003). 자해의 경우 그 경로들이 명확하지 않고 치료 교육은 대체로 실증적이다.

현재의 근거가 시사하고 있는 생물학적 체계에 대한 검토는 해당 챕터의 범위를 벗어나지만 이러한 검토는 다른 곳에서 찾아 볼 수 있다(Villalba & Harrington, 2000; Tiefenbacher, Novak, Lutz, & Meyer, 2005). 현재의 목적을 위해서는 다음 내용으로 충분하다.

1. 여러 가지의 체계들이 자해에 기여한다. 변연계(기분, 정서, 고통을 조절하는 피질하부의 뇌 체계), 도파민으로 활성화되는 체계는 피질 내로 이어진다. 세로토닌 작동 체계 그리고 시상하부에서부터 뇌하수체, 부신과 다른 분비 장기들로 이어지는 내분비 체계("HPA 축"이라고 불린다)(Tiefenbacher

et al., 2005).

2. 여러 가지 다른 종류의 관련된 근거가 있다. 일반적인 개인의 생리기능과 주요발달장애를 가진 이들의 생리기능, 일반적인 집단보다 훨씬 더 흔하게 자해하는 사람의 생리기능, 동물 실험에서의, 수술 또는 약물로 유도된 손상의 결과 그리고 약물 실험들에 대한 반응.

3. 근거 중 몇 가지가 매우 흥미롭다. 예를 들어, 한 연구에서는 자해가 시행되는 부위들은 시행되지 않는 부위(예. 피부온도가 변하는 부위)들과는 생물학적으로 다르다는 사실을 발견하였다(Symons, Sutton, & Bodfish, 2001).

4. 임상적 관찰과 같은 생물학적 연구들은 자해가 하나의 경로 또는 기제에서의 역기능으로부터 발생하는 것이 아니라 여러 다른 종류들로 이뤄진 것임을 밝혀냈다.

5. 상대적으로 많은 정신약리학적 개체들은 자해를 치료하는 데 사용되어왔다. 항우울제, 항항정신성 약물, 기분안정제(Shapira, Lessig, Murphy, Driscoll, & Goodman, 2002); 항불안약물, 아편 길항제(Sandman el al., 2000) 알파 작용제(Macy, Beattie, Morgenstern, & Arnsten, 2000) 그리고 동물에서는 칼슘통로 차단기 니페디핀(Blake et al., 2007).

6. 발표된 연구는 통제되지 않은 단일 사례 보고에서부터 통제된 임상 실험까지의 방법론들이 여러 가지이고 이런 연구 결과들을 해석할 때는 주의해야 한다. Cochrane Controlled Trials Register는(Hawton et al., 2009) 해결중심 치료, 비상연락과 진료를 위한 카드의 제공, 플루펜티졸 창고(미국에서 사용할 수 없는 1세대 항정신병 약물), 반복되는 자해를 가진 BPD 여성환자를 위한 장기 심리치료의 "유망한 결과들"을 찾았다. 이 문헌연구에서는 어떠한 치료법도 잘 확립되었다고 추천할 수 없었다.

7. 임상역학과 동물 연구에 따르면 자해는 (발달적 장애와 관련이 있거나 방치 혹은 학대와 같은 삶의 경험으로 인해 나타나는) 장기적인 취약성과 이러한 배경에 의거해서 작용하는 현재의 상태 측면 모두에서 이해되어야 한다.

한 예로, 자해에 있어서 건강한 감정과 기분을 유지하는 데 중요한 신경전달 물질인(5-히드록시트립타민으로 알려진) 세로토닌의 역할을 고려해야 한다. 세로토닌 가용성을 강화시키는 약들은 플루옥세틴(프로작과 그 외), 세트르랄린(졸로프트와 그 외), 파록세틴(팍실과 그 외), 플루복사민(루복스와 그 외), 시탈로프램(셀레사), 그리고 에스시탈로프람(렉사프로)을 포함한다. 세로토닌 작용제는 우울을 치료할 때 효과적이다. 이러한 효과성에 대한 증거는 성인들에게 잘 확립되어 있다; 논란은 어린이와 청소년의 SSRI 사용에 있다(www.nimh,nih.gov/health/topics/child-and-adolescent-mental-health/antidepressant-medications-for-children-and-adolescents-information-for-parents-and-caregivers.shtml을 참고).

자기-보호에서의 세로토닌 작동성 경로의 역할과 자해에서의 세로토닌 결핍의 역할은 여러 종류의 근거에 의해 주장이 제기되었다. 예를 들어, 강박 장애를 가진 통제된 임상 실험 참가자들에게서 자해 행동의 감소가 나타났으며, 특히 머리카락 뽑기나 피부나 부속 기관에 다른 상해를 입히는 행동에서 두드러지게 나타났다.

심각한 피부 벗기기 장애가 있는 환자들이 SSRI 약물 반응에서 생명을 구할 만큼의 놀라운 반응을 보이는 것이 몇몇 개별 사례에서 보고되었다(O'Sullivan, Phillips, Keuthen, & Wilhelm, 1999; Velazquez, Ward-Chene, & Loosigian, 2000). 위에서 언급했듯 과도하게 핥아서 피부의 침식으로 이어지는 증후군을 가진 개들에게서도 같은 효과가 나타났다(Rapaport et al., 1992).

그러나 몇몇 SSRI 약물이 특히 연령이 낮은 사람들의 문제행동을 증가시킬 가능성도 있다는 연구결과도 존재한다. 환자들에게 SSRI를 투여했을 때 신종 피부 뜯기 행동(Denys, van Megan, & Westenberg, 2003; Weintrob, 2001)과 자살 사고를 보인 사례들이 있었다. 이러한 보고들은 피부 뜯기나 다른 자해 행동에 대한 우리의 생물학적 지식이 얼마나 불완전한지를 나타내고 있다. 얼마나 환자 집단에 인상적인 결과를 보였는지와 상관없이 약리학적 시행을 실시할 때마다 개인 환자에게 세심한 주의를 기울여야 한다는 것을 의무로 하고 있다.

집중적인 평가

약물치료는 반드시 집중적인 평가에 의해 시행되어야 한다. 약물은 환자가 자해에 연루되었다는 이유만으로 "마법의 알약"처럼 처방되어서는 안 된다.

현재 행동

치료해야 할 행동을 특정해야 한다. 아래의 질문들은 평가 시 활용될 수 있다.

행동이 어떻게 이루어져 있는가?
행동의 패턴은 무엇인가?
언제 행동이 일어나는가?
환자가 절망했을 때, 긴장했을 때, 화났을 때, 슬플 때, 행동이 일어나는가?
행동이 얼마나 지속되는가?
행동이 예측 가능한 순서로 일어나는가?
행동이 인식 가능한 원인에 의해 발생되는가 아니면 갑자기 일어나는가?
특정 양육자가 반복적으로 존재하는가?

연관된 임상적 증후군

개인이 어떤 진단을 받았는가? 일생에 걸친 발달적 증후군과 급성 정신 장애 모두가 고려되어야 한다. 발달적 정신 장애는 충분히 치료되지 않을 수 있다. 우울과 다른 급성 정신 질환에 관해서는 Haw, Houston, Townsend 와 Hawton(2002)가 자해 증상을 보이는 환자들에게서 높은 우울증 유병률을 발견하였고 Tsiouris, Cohen, Patti 와 Korosh(2003)는 우울증과 다른 질병들 치료에서 자해증상이 감소되는 것을 발견하였다. 환자가 명백하게 분류되는 정신 장애 증상이 나타나지 않은 경우에도 심각한 정신 혼란을 보인다면 정신 장애는 반드시 고려되어야 한다.

현재 상황의 맥락

환자의 현재 상황에서 어떤 요소가 자해증상과 연관되어 나타나고 있는가? 양육자들의 반응이 의도적이진 않지만 자해를 강화하고 있지 않은가? 양육자의 피로, 치료적 불확실성, 환자가 의식하지 못하는 분노가 영향을 주고 있지 않은가?

분열성 행동에 대한 반응으로 정신과 병동에 입원한 한 청소년은 또래와의 접촉과 단원 활동 참여가 제한되었다. 그녀는 작은 물체를 피부 밑과 신체 구멍들에 넣어 응급실에 가야 했다. "그녀의 안전 지키기"에 대한 노력은 1:1 직원 제공을 포함하였다. "작은 물체 금지"(작은 물체들에 대한 접근 제한), 그리고 향정신병약, 항우울제, 기분안정제, 아편길항제의 투약 시도. 분열성 행동은 계속됐다. 직원들이 그녀에게 보여준 반응(공포, 분노, 무력함 그리고 가망 없음)을 인정하고, 자해 사건이 일어날 때마다 그녀를 다른 병원으로 이송하는 것을 멈췄을 때 비로소 환자와 더 희망적인 관계로 발전되고 자해 행동이 감소했다. 부정적이고 비정상적인 강화가 되는 환경에서는 약리학적 개입이 아무 소용이 없었다.

비슷하게 Mace et al.(2001)은 행동적 개입이 약리학적 개입보다 자해 증상을 줄이는데 단기간의 효능이 더 크다고 보고하였다.

생활의 맥락

환자의 생활이 어떤 상황에 있는가? 환자의 미래 전망은 어떠한가? "미래 전망"이 결여되거나 없다는 것은 절망과 퇴보가 발생하는 실존주의적 함정의 일부를 만들어 내고 있을 수 있다. 가족 구성원이나, 양육자, 입원 및 외래 환자 구성원 중에 누가 이런 미래에 대한 전망을 붙잡아 주고 있는가?

적응적 관점

미래에 대한 전망에 따라 행동하기 위해서 치료자는 환자에게 기대되고 있는 기능의 최고 수준 정도를 반드시 정의해주어야 한다. 자해 증상이 지속되거나 약화되는 동안 환자가 어떻게 기능할 것으로 기대되는지에 대해 교육적, 직업적 그리고 가족 평가를 통해 정의하였는가?

가설 제시

집중적인 평가를 기반으로 치료자는 자해증상에 원인이 될 수도 있는 요소들을 확인한다. 이런 점들은 가능한 개입 방안에 초점이 되도록 기술되어야 한다. 어떤 요인이 인지되었고 치료되었는지의 정도를 반드시 언급해야 한다. 그런 요인들은 조작적 용어로 표현된 일련의 가설 또는 공식을 구성한다. 예를 들어, 치료자는 다음과 같은 요인들을 인용할 수 있다(see Mace et al., 2001).

- 발달 장애(불충분하게 치료되었을 가능성이 있음)와 관련된 (장기간의) 낮은 욕구 불만 내성
- 완치되지 않은 우울증
- 명백한 정신증 없이 심각한 인지적, 정서적 장애 그러나 항정신성 약물에는 반응할 가능성이 있음
- 현재 과소평가되고 있는 강점과 약점의 혼합
- 환자의 임상 팀과 가족이 환자의 강점과 약점 및 그 적응 가능성에 대해 이야기하는 방법을 찾는 초기 단계인지의 여부
- 자해에 대한 의도되지 않은 강화와 함께 양육자에 의해 인식되지 않은 역기능적인 반응들

모든 가능한 기여 요인들에 대해 목록을 적는 것은 중요한 영역들-발달적, 존재적, 실존주의적 사회적 환경-이 간과되었는지를 쉽게 살펴볼 수 있도록 한다. 그러한 가능한 기여 요인 목록은 치료자로 하여금 가장 효과를 많이 볼 수 있고, 목표 증상에 가장 많은 변화를 줄 수 있는 개입을 선택할 수 있도록 한다.

경험적 시행들

시험할 수 있는 가설로서 요인을 언급하는 것의 장점 중 하나는 치료자가 특정 공식에 자신을 "투입"할 필요가 없다는 것이다("그것은 바로"). 대신, 가설 목록은 아마도 유용할 수 있는 치료제를 경험적으로 시도하도록 이끈다.

심각한 우울 증상이나 환자의 절망으로 인해 고통을 겪고 있어 우울증의 가능성이 있을 때는 항우울제 치료를 시도해야 한다. 최신 항우울제(SSRI 등)와 1세대 항우울제(아미트리프탈린 이나 로트트리프탈린, 이미프라민, 데시프라민)가 고

려될 수 있다. SSRI의 부작용보다 1세대 항우울제의 부작용이 치료를 더 복잡하게 만들지만, SSRI의 부작용 또한 치료 중과 약물 중지 후 모든 경우에서 조금씩 발생하고 있다. 모든 항우울제는 환자의 조울증 진단 여부에 관계없이 효과가 활성화될 때 반드시 지켜봐야 한다.

자해에서 불안 증상은 때때로 나타나기도 하고 때로는 추측되기만 하기도 한다. 항우울제, 특히 로라제팜(아티반 등)이나 다이아제판(바륨 등)과 같은 벤조디아제핀을 사용한 치료는 때때로 유용하지만 일부 환자의 경우 이러한 약물이 목표 증상을 악화시킨다. 벤조디아제핀에 대한 이러한 탈억제의 임상적 관찰은 원숭이 자해 치료에서 원숭이의 50%가 자해하는 행동이 감소하고 50%가 다이아제판에 반응하여 자해를 악화시킨 것으로 나온 증거와 일치한다(Tiefenbacher et al., 2005).

망상적 자해하는 환자들에게는 항정신성 약물들이 처방된다. 게다가 리스페리돈(리스페달 등)과 클로자핀(클로자릴 등)같은 2세대 항정신성 약물들은 특히 발달 장애를 가지고 있는 환자에게 더 효과적인 자해 치료 역할을 하고 있다. 이 역할은 정신병의 치료를 넘어서는 것이다. 잘 설계된 위약 대조 임상 시험 결과, 리스페리돈은 발달 장애가 있는 어린아이들의 부모들이 우선순위로 둔 증상들과 자해 행동을 포함한 여러 증상들을 감소시키는 것으로 나타났다(McCracken et al., 2002; Arnold et al., 2003). BPD, 정신병 그리고 자해 환자에게 클로자핀이 효과적인 것으로 보고한 개인 사례가 있고(Chengappa, Ebeling, Kang, Levice, & Parepally, 1999), 발달 장애를 가진 환자의 자해 증상에 리스페리돈이 반응을 하지 않았다고 보고된 개인 사례가 있다(Begerec et al., 2011). 항정신성 약물을 사용한 치료는 2세대 약물의 체중 증가 및 기타 대사성 부작용과 1세대 약물의 운동 장애로 인해 복잡할 수 있다. 클로자핀에 의한 골수 억제의 위험은 치료가 진행되는 내내 백혈구 수를 정기적으로 모니터링 해야 한다.

기분안정제는 발프로에이트(데파 코트 등), 카르바마제핀(테그레톨 등), 탄산리튬 및 토피라메이트(토파맥스)를 포함한다. 통제된 실험에서 기분안정제가 자해치료에 효과를 보이고 있지는 않지만 개인 사례들은 몇 가지 이점을 나타내고 있다(Cassano et al., 2001). 기분안정제는 환자가 양극성 장애 진단을 받았는지 여부에 관계없이 정서적 불안정이 두드러진 경우 자해의 2차 치료제로 고려될 수 있다. 기분안정제의 부작용은 다양하고 치료제 선택에 따라 변하며 잠재적인 심각성이 있다.

통증 조절에서 내인성 아편 유사제의 역할은 아편 길항제(Revia 등), 특히 나트렉 톡신이 자해에 미치는 역할(Sher & Stanley, 2008)에 관심을 갖게 했다. 가설은 자해가 긴장이나 통증 조절에서 아편제와 동등한 작용을 하며, 아편제 수용체를 차단함으로써 자해로 인해 경험되는 "완화"를 막을 수 있다는 것이다. 임상 경험과 발표된 문헌 모두에서 이러한 이점이 드물게 발생한다고 제시하고 있다.

알파길항제라고 불리는 약물에는 클로니딘(카타프레스 등)과 구안파신(테넥스 등)이 있다. 다른 정신약물과 비교하여 알파길항제는 양성 부작용이 있다. 주의력 결핍/과다 활동 장애(ADHD), 틱 및 외상 후 스트레스 증상을 치료하는 데 있어 그들의 역할은 잘 확립되어 있다. 몇몇의 사례 보고에서는 자해 치료에 대한 역할을 제시하고 있다(Macy et al., 2000).

결 론

임상 경험은 자해가 여러 가지 요소가 결합된 현상이라는 생각을 강화하면서, 자해의 생물학 및 약리학적 분야에서 도발적이고 급속하게 확대되고 있는 문헌들을 수렴하고 있다. 임상적 약물 치료는 반드시 다음 사항들을 기본으로 해야 한다.

- 문헌에 대한 지식
- 개별 환자에 따른 집중적인 평가
- 가능한 기여 요인에 대한 가설을 제시
- 자해가 일어난 환경에 대한 세심한 주의
- 다른 종류의 약물 중에서 선택하는 현명한 경험적 시도

약물 치료 시도는 환자의 상황에 대한 여러 측면에 동시에 주의를 기울이며 이루어져야 한다.

- 발달적 맥락
- 정신 질환의 맥락
- 실존적/적응적 맥락
- 양육자나 가족 구성원들을 모두 고려하는 사회적 맥락

치료: 3단계

제15장

신체상 작업하기(Body Image Work)

신체상 작업을 하기 위해서, 단계별 관리 모델 3단계의 첫 번째 구성 요소로 이동한다(그림 Ⅱ.1을 참조). 3단계 관리가 필요한 내담자들은 일반적으로 신체적 또는 성적 학대를 포함하여 심각한 학대를 견뎌 냈다. 이들은 제 4장에 소개되었던 일반인 집단에 비하여 상대적으로 건강한 사람들은 아니다. 그들이 겪어온 그 학대, 생물학적 취약성 때문에 이 환자들은 종종 비자살적인 자해를 넘어서는 여러 가지 문제를 가지고 있다. 이러한 문제는 복합적인 외상 후 트라우마 장애(PTSD) 증상들, 간헐적 자살성 사고 및 행동, 신체 소외감, 섭식 장애, 약물 남용 등을 포함한다. 신체상 작업은 이런 복잡한 문제 양상이 있는 개인이 시작하기에 좋다. 16장에서 논의된 복합 외상 문제를 다룰 준비가 되어 있지 않은 개인에게는 신체 소외에 초점을 둔 치료가 더 적합할 수 있다.

12장에서 언급했듯이, Beck(2011)은 개인의 부정적인 핵심 신념이 무능력과 사랑받지 못함이라는 두 가지 기본 범주로 나눠진다고 제안했다. 나는 핵심 신념의 세 번째 유형이 대개 자해하는 사람들에게는 매우 중요한, 부정적인 신체상이라고 생각한다. 자해하는 많은 사람들이 신체와 손상된 관계를 가지고 있다는 것은 직관적으로 명백한 것 같다. 아니면 왜 그들은 자신의 신체를 잘라 내거나, 태우거나, 때리거나, 찌르거나, 뽑거나, 벗겨 내거나 공격할까? 자신의 몸에 대해 높은 자존감을 가지고 있는 사람들이 그러한 공격을 할 가능성은 희

박해 보인다. 그러나 자해와 신체상 문제 사이의 관계를 이해하는 것은 복잡하
다. 이러한 이해를 효과적인 치료를 제공하는 것에 적용하는 것이 특히 중요하
며, 그것이 이번 장의 주제이다.

신체상에 대한 연구는 1930년대부터 활발히 진행되어왔다(예를 들어, Schilder,
1935; Secord & Jourard, 1953; Fisher, 1970; Tucker, 1981, 1983, 1985; Cash & Pruzinsky,
1990, 2002; Muehlenkamp, Claes, Smits, Peat, & Vandereycken, 2011). 일부 저자들은
광범위한 정신 역동적 개념화를 강조해 왔다(Schilder, 1935; Fisher, 1970). 다른
사람들은 신체 크기 추정(Thompson, Berland, Linton, & Weinsier, 1987), 신체 부위
또는 영역에 대한 만족감(Secord & Jourard, 1953; Tucker, 1985), 또는 신체적 자기
효능감(Ryck man, Robbins, Thornton, & Cantrell, 1982)과 같은 보다 좁혀진, 행동
에 국한된 주제들에 집중했다. 조금 더 최근에 Cash and Pruzinsky(2002)는 신
체상이 무수한 생물학적, 인지적, 정서적, 발달적 및 맥락적 요인의 영향을 받
는 다차원 구조라고 주장했다. 광범위한 신체상 문헌에 대한 철저하고 광범위
한 검토는 이 책의 범위를 벗어난다. 이에 대해서는 Cash의 작업이 적극 권장
된다(Cash & Pruzinsky, 2002; Cash, 2004).

현재의 목적을 위해 "신체상"은 육체적 경험, 크기 추정, 자신의 신체에 대
한 평가 및 만족과 관련된 생각, 감정 및 행동의 복합적인 집합으로 정의된다.
위에서 인용한 신체상 문헌과 자해 환자의 신체상 어려움에 관한 저자의 연구
(Walsh, 1987; Walsh & Rosen, 1988; Walsh & Frost, 2005)를 토대로 나는 신체 자기
개념의 6가지 차원을 고려하는 것이 유용하다는 것을 발견했다.

- 매력
- 효능감
- 건강
- 성적인 특징
- 성적 행동
- 신체 통합성

위 개념들은 아래에 정의되어 있다.

신체상의 여섯 가지 차원

매력

"매력"은 개인이 매력적이라고 느끼는지 아닌지 그리고 타인으로부터 매력적이라는 피드백을 받는지 아닌지를 나타낸다. 이것은 매우 주관적인 신체상의 차원이다. 많은 자해하는 이들이 스스로 매력적이지 않다고 생각하는, 객관적으로 매력적인 사람들이다. 어떤 사람들은 아주 부당하게 스스로를 "못생긴", "혐오스러운" 심지어는 "변형된" 것으로 언급하기까지 한다.

매력은 개인의 인생에 있어 중요한 특징이 된다. 특히 사춘기 시기뿐만 아니라 그 이후에도 매력은 인기, 자신감, 사회적 능력, 학업 성취와 관련된 것으로 나타났다(Ashford, McCroy, & Lortie, 2001). 개인은 사회적 환경에서 편안하게 기능하기 위해 합리적으로 매력적이라고 느낄 필요가 있다. 명백하게 매력적이지 않다고 느끼는 사람들은 사회적 만남을 피할 수 있고 철회할 수 있다. 다른 사람들이 자신의 외모에 흠칫 놀랄 거라고 믿는 사람들은 환경에 "이 고통을 가하는" 것을 피하기로 결정할 수도 있다. 심각하게 매력이 없다고 느끼는 사람들은 타인에게 자신을 착취하도록 허락하면서, 설령 착취적이라 할지라도 뭔가 관심을 받고 있어 다행이라고 느낄 수도 있다.

효능감

"효능감"은 신체상의 완전히 다른 차원이다. 그것은 조정력, 운동 능력 및 체력과 관련이 있다(Ryckman et al., 1982 참조). 분명 누군가는 운동 능력이 뛰어나다고 생각하면서도 스스로를 매력적이지 못하다고 느낄 수 있고, 그 반대일 수도 있다.

예를 들어, 나는 뛰어난 운동선수이지만 자신의 매력에 극도로 경멸감을 느끼며 만성적으로 자해하는 여성과 작업한 적이 있다. 그녀는 객관적으로 상당히 매력적인 외모였지만 자신을 "뚱뚱하고 못생기고 역겹게 생긴 돼지"로 자주 언급했다. 그러나 자신의 신체적 효능감에 대해서는 꽤 긍정적으로 느꼈다. 고등학교와 대학에서 그녀는 뛰어난 운동선수였다. 그녀의 운동 성과와 자해 사이에는 관련이 있는 것처럼 보였다. 그녀는 "운동의 신체적 통증이 시작되었을 때" 그녀는 거의 항상 "흥분되었다"고 말했다. 그녀는 지속적인 신체 활동과 관련된 내인성 오피오이드 방출을 추구한 "엔돌핀 중독" 자해의 예가 되었다. 이 여성에게 있어 효능감은 만족스러운 신체상의 유일한 영역이었다. 다른 모든 분야에서 그녀는 자신의 신체에 대해 매우 부정적이고 자기 비판적인 생각과 신념을 나타냈다.

건강

"건강"의 신체상 차원은 주관적인 측면과 객관적인 측면을 모두 포함한다. 객관적인 측면은 개인이 의학적으로 진단된 상태 또는 질병을 앓고 있는지 여부와 관련된다. 심각하거나 만성적인 신체 질환을 가진 사람은 매우 손상된 신체상을 가질 수 있다(Geist, 1979; Hughes, 1982; Cash & Pruzinsky, 2002). 질병은 상당한 신체적 불편을 야기할 수 있다. 그것은 또한 거슬리거나 고통스러운 의료 절차를 초래할 수 있다. 지속적인 질병은 가족 및 동료로부터의 고립과 학교 또는 직장, 취미 등에 불편함을 초래할 수 있다. 당뇨병, 천식, 관절염 또는 기타 문제와 같은 만성 질환을 앓고 있는 사람들에게 신체는 큰 불편이나 심지어 "적"으로 경험 될 수 있다. 그러한 사람들에게는 신체가 이득이 되기는커녕, 그들이 원하는 삶에 장애물이나 방해물로 경험된다.

때때로 자해하는 이들에게 이러한 질병이 존재하기는 하지만 더 일반적인 상황은 주관적으로 건강하지 못하다고 느끼는 사람들에게 나타난다. 이들은 신체 상태나 질병이 진단되지 않았지만 그럼에도 불구하고 자주 몸이 아프다고 느끼는 사람들이다. 우리는 한 신체의 부위에서 다른 부위로 이동하는 끊임없는 신체적 불만을 가지고 있는 것처럼 보이는 내담자들과 익숙하다. 이들은 여러 가지 문제(두통, 메스꺼움, 요통, 근육 경련, 장 질환 등)를 보고하며 거의 매일 불편감을 겪고 있는 사람들이다. 그러한 사람들을 "건강염려증"의 맥락으로 표현하는 것은 유혹적이지만 보다 따뜻하고 통찰력 있는 태도는 신체가 소외된 것으로 보는 것이다. 신체적 불편에 대한 꾸준한 불만은 환자가 자신의 신체에 대한 부정적 태도를 지속적으로 전달하는 한 가지 방법이다. 일단 신체 질환이 의사에 의해 배제되면, 임상의는 자해를 한 "만성적으로 아프지만 신체적으로 건강한" 사람에게서 신체 소외의 원인을 조사하기 시작할 수 있다.

성적인 특성

"성적인 특성"의 차원은 사춘기와 관련된 신체적 변화에 대한 편안함-불편함을 나타낸다. 대부분의 개인은 신체 성숙과 성인의 신체를 받아들이는 것을 편안하게 느낀다. 그러나 어떤 사람들, 특히 외상 생존자 또는 섭식 장애가 있는 사람들은 육체 성숙과 관련하여 상당한 불편을 경험할 수 있다. 일부 외상 생존자들은 일차 및 이차 성별 특성이 나타날 때 자신의 신체가 그들을 "배신하고 있다"고 느낄 수도 있다. 그들의 성숙한 몸은 가해자들의 몸을 너무 많이 생각나게 할 수도 있다. 다른 외상 생존자들은 신체적으로 성숙한 몸을 가지면 다른 사람들이 성적으로 접근하게 할 수 있다고 우려할 수 있다.

섭식 장애가 있는 사람들은 성장과 신체의 다른 변화에 의해 다른 방식으로 진저리를 칠 수 있다. 특히, 여자는 엉덩이, 복부 및 유방의 전형적인 신체적 성장을 통제할 수 없는 체중 증가 및 비만의 원인으로 여길 수 있다.

성적 행동

"성적 행동"의 차원은 자신 또는 타인과의 성행위에 대한 편안함-불편함을 의미한다. 개인이 청소년기를 지나면서 표준적인 발달상 성적으로 활발해진다. 이 행동은 사람들이 개인 안전, 자존심 및 다른 사람들과의 상호 친밀감을 추구하는 행동 중에 하나이다. 그러나 자해하는 사람들은 성행위의 신체상 차원에 문제가 있다고 보고한다. 성적 행동과 관련된 불편함은 성생활에 대한 억제되고 혐오적인 태도에서부터 과잉성욕적인 행동에 이르기까지 다양하다. 보통 외상 생존자 중 일부는 성적인 것을 전적으로 피한다. 그들은 현재의 성적 친밀감에 대한 예상이 과거의 학대와 연결되면서 너무 지장을 받는다는 것을 발견할 수도 있다. 이 사람들은 그들의 외상 내력을 다룰 때까지 다른 사람들과 성행위를 하는 상상을 용납할 수 없을 것이다.

외상 생존자이면서 자해하는 사람들의 경우, 자해는 회피와는 정반대의 행동이다. 그들은 안전한 성행위에 관심이 없고 매우 짧은 기간 내에 여러 파트너가 있을 수 있다. 이 사람들에게는 성적 접촉을 되도록 간단하게 하는 것이 그들이 용납할 수 있는 유일한 친밀감의 유형일 수 있다. 또한 위험한 성적 접촉은 그 성적 행동이 동시에 자기 모욕적이고 잠재적으로 자기 파괴적이기 때문에 강화될 수도 있다. 자기 치욕적인 형태의 행동에 "중독되어 있는" 사람들에게 성적 위험 감수는 자해 그 자체 못지않게 흥분될 수 있다. 다른 사람들에 의해 착취당하는 것은 전반적으로 자존심이 낮은 것과 일치할 수 있다.

신체 통합성

신체 통합성은 신체상의 특히 흥미롭고 복잡한 차원이다. 개념에 대한 적절한 논의는 다소 특이한 언어의 사용을 필요로 한다. "신체 통합성"은 개인이 자신의 신체를 "소유" 또는 "점유"하는 것처럼 느끼는지의 여부를 나타낸다. 신체의 통합을 느끼는 것은 신체 안에서 편안함을 느끼는 것, 신체를 하나의 부분이자 완전체라고 느끼는 것을 의미한다. 신체 통합성은 누군가의 신체로부터의 분리감이나 분열이 장기화된 상태로부터의 자유를 필요로 한다.

다행스럽게도 신체의 통합을 느낄 수 있는 운이 좋은 내담자들에게는 이러한 언어가 포함된 언어가 이상하게 보일 수 있다. 그들은 신체의 통합에 관한 질문에 "물론 나는 내 몸을 소유하고 있다고 느껴요. 그것 없이는 나는 존재하지 않아요!"라고 대답 할 수 있다. 그러나 대부분의 자해하는 사람에게는 신체 통합성에 대한 감각이 전혀 당연하거나 자명한 것이 아니다.

예를 들어, 신체 태도 척도(Body Attitudes Scale)(BAS; Walsh & Frost, 2005; 사본이 부록 B에 수록되어 있음)에서 신체 통합성에 관한 질문에 응답할 때, 많은 자해 환자는 다음과 같은 진술에 "강하게 동의한다".

"가끔 내 몸으로부터 분리되었다고 느낀다."
"때로는 내 몸이 통제 불능이라고 느낀다."
"때로는 내 몸이 적처럼 느껴진다."
"나는 몸 없이 살고 싶다."
"나는 종종 내 몸과 전쟁 중이라고 느낀다."

그러한 문항들에 강력하게 동의하는 것은 신체 통합성의 반대, 즉 "신체 소외"를 암시한다. 많은 자해하는 사람들은 복잡한 방식으로 신체로부터 소외

되는 것처럼 보이며, 치료 과정 전반에서 신체 소외를 목표로 하는 것이 중요하다.

자해 및 섭식 장애가 있는 개인은 특히 신체 소외 및 관련 해체 상태에 놓이기 쉬운 것 같다. Muehlenkamp와 그 동료들은(2011) 자해 및 섭식 장애가 둘 다 있는 개인에 대한 경험적 연구에서 "섭식 장애가 있는 집단 내에서 자해를 이해하고 치료하는 데 있어 신체로부터의 분리 또는 거리를 두는 것이 중요한 요인이 될 수도 있는 것으로 나타났다."

신체상에 초점을 둔 치료

신체상의 여섯 가지 차원에 대해 자해 내담자에게 질문하는 것은 종종 매우 유용한 활동이다. 최소한 다음과 같은 이유로 생산적일 수 있다.

1. 대부분의 내담자는 신체상에 대한 광범위한 질문을 받지 않았으므로 이는 새로운 미지의 영역을 나타낸다. 특히 "치료 베테랑"인 환자의 경우 신체상의 주제가 치료에 유용한 새로운 방향을 열어 줄 수 있다.
2. 신체에 대한 부정적인 태도의 유무는 종종 자해하는 사람들 중 더 불안정한 사람들과 덜 손상된 사람들을 구별하는 역할을 한다. 부정적 태도의 존재는 치료 기간과 자해의 과정에 관한 예후에 영향을 줄 수 있다.
3. 심각한 신체 소외감의 존재는 종종 탐색되고 해결되어야 할 성적/신체적 학대 외상 또는 다른 주요 스트레스 원인이 있음을 나타낸다.
4. 여섯 가지 차원 중 어느 것이 개인에게 문제가 되는지 식별하는 것은 이 차원이 치료에서 아주 구체적인 목표가 되도록 해준다.

미지의 영역으로서 신체상

위에서 언급했듯이 자해 환자의 대부분은 "치료 베테랑"이다. 즉, 그들은 수년 동안 여러 치료자를 만나는 치료 과정에 다소 지쳐있다. 그들은 이 새로운 치료법은 다를 것이라는 소박한 희망을 품을 수도 있지만, 이는 종종 그저 한 가닥 희망에 지나지 않는다. 그들이 지칠 대로 지친 태도를 취한 이유 중 하나는 병원과 외래 진료소에 있는 너무 많은 치료사가 지겹도록 똑같은 질문 목록을 요청했다는 것이다. 환자와 신체상을 탐구하는 한 가지 기능은 토론할 만한 신선한 주제를 주는 것이다. 나는 많은 환자들이 처음으로 그들의 신체와의 관계에 관한 질문을 받을 때 놀라는 것을 발견했다. 중요한 새 주제를 소개하면 이러한 환자들은 흥미를 가지고 과거의 시도보다 이 치료가 더 효과적일 것이라는 희망을 갖는다. 희망과 낙관성을 창조하는 것은 새로운 치료를 시작하는 데 있어서 기본적인 것이다.

왜 신체상이 일반적으로 치료자들로부터 드물게 다루어질까? 신체상은 대학원 교육에 포함된 경우가 드물기 때문에 치료에서 무시되는 주제가 된 것처럼 보인다. 치료자는 생각, 감정, 행동(인지 행동주의) 또는 환상, 추동 및 갈등(정신 역동적 인 치료)의 일반적인 주제에 집중하도록 배우지만, 신체라는 전문화된 주제에 초점을 맞추라는 가르침은 거의 받지 않는다. 신체상은 자기 효능감과 자아 존중감의 기본 구성 요소라는 것과(Schilder, 1935; Secord & Jourard, 1953; Cash & Pruzinksy, 2002; Walsh & Frost, 2005) 자해 내담자를 치료하는 과정에서 반드시 중요하게 다뤄져야 한다는 것이 나의 견해이다.

예후 지표로서의 신체상

비록 이 견해를 뒷받침할 광범위한 경험적 자료는 없지만 내 임상적 인상은 환자가 매우 부정적인 신체상 태도를 지니면 이것이 부정적인 예후 지표가 되는 경향이 있다는 것이다. 일반적으로 신체 소외가 심할수록 자해 과정이 확장되고 치료 반응이 더 연장된다.

4장에서는 일반 집단 대 임상 집단에서의 자해에 대해 논의했다. 나는 일반적으로 적절하게 기능하는 일반인들 중 자해하는 사람이 자신의 신체에 대한 부정적인 태도를 갖지 않는 경향이 있음을 발견했다. 그러한 사람들은 자신의 매력, 효능감, 건강, 성적 행동 및 신체 통합성에 대해 질문을 받으면 대개 광범위한 부정적인 생각이나 믿음을 보고하지 않는다. 일반 인구의 자해 청소년 및 청년은 신체상에 대한 연령에 적합한 자의식을 보고할 수 있지만 일반적으로 자기 혐오스러운 태도 또는 기타 극단적인 태도는 언급하지 않는다. 또한 신체 통합성에 대한 질문(예, "신체로부터 분리된 느낌" 또는 "신체를 적으로 경험하는 것")

에 관해서는 당황한 것처럼 보였고 그러한 생각이나 신념을 부정하는 경향이
있었다.

대조적으로 임상 집단의 자해 내담자들은 높은 부정적 신체상의 태도를 보
이는 경향이 있다(Walsh & Rosen, 1988; Alderman, 1997; Conterio & Lader, 1998;
Walsh & Frost, 2005). 이러한 태도는 종종 다음과 같은 심각한 왜곡의 증거를 보
인다.

> "나는 못생기고, 역겹게 생겼어. 나는 거울조차 볼 수 없어."[매력]
> "나는 운동 능력이라고는 전혀 없어. 나는 운동이나 스포츠에 흥미가 없어.
> 나는 몸놀림이 완전 둔해."[효능감]
> "내 몸은 늘 너무 안 좋아. 나는 두통, 메스꺼움, 생리통으로 아파."[건강]
> "나는 차라리 어린이였을 때의 신체인 게 낫겠어. 내겐 이 유방들이 끔찍
> 하고, 내 배와 엉덩이는 너무 뚱뚱해지고 있어!"[성적 특성]
> "나는 누가 나를 만지는 게 싫어. 나는 그냥 모든 사람들이 좀 가까이 오지
> 않으면 좋겠어!"[성적 행동]
> "나는 차라리 신체가 없다면 좋겠어. 그것이 내게 안겨주는 거라고는 고통
> 과 수치심뿐이야."[신체 통합성]

신체 소외와 외상 / 주요 스트레스의 연관성

많은 저자들은 자해와 성적 학대 간의 연관성을 발견했다(Walsh & Rosen,
1988; Darche, 1990; Shapiro & Dominiak, 1992; Miller, 1994; van der Kolk 등, 1996;
Alderman, 1997; Favazza, 1998 Briere & Gil, 1998, Turell & Armsworth, 2000,
Rodriguez-Srednicki, 2001, Paul et al., 2002, Muehlenkamp et al., 2011). 자해는 또한
다른 주요 스트레스 요인들(후에 논의 될 것)뿐만 아니라 신체적 학대(van der
Kolk 등, 1991, 1996, Briere & Gil, 1998, Low et al., 2000)와 관련 있었다.

6가지 신체상 차원에 관한 질문에 대한 응답으로 환자가 심각한 신체 소외
에 대한 태도를 보고 할 때에는 외상 이력의 가능성을 고려해야 한다. 다루어져
야 할 질문은 다음과 같다. 어떻게 그들이 신체에서 소외됐는가? 이 과정의 근
본적인 요인은 종종 학대경험이다.

외상경험을 내담자들과 논의하려고 할 때 두 가지의 전혀 다른 유형의 문제가 많이 발생한다는 사실을 발견했다. 일부 개인은 자신의 학대 경험에 대해 논의를 할 수 없거나, 하기를 꺼린다. 이 주제는 너무 고통스러워서 접근하려면 다시 외상을 경험하게 된다. 또 다른 사람들은 정반대의 문제를 가지고 있다. 그들은 자신의 외상 경험에 관해 치료에서 너무 자주 이야기하면서 그 내용에 둔감화되어 간다. 그들은 신체적 또는 성적 학대에 대해 마치 식료품 목록을 확인하는 것처럼 논의한다.

신체상의 주제는 종종 학대 경험을 생산적으로 탐색할 수 있는 또 다른 수단을 제공한다. 신체상은 흔히 외상에 대한 직접적인 질문보다 덜 위협적이며 간접적인 경로이다. 신체상 대화가 외상의 노출로 이어지는 방법의 예는 아래에 있다. 이 환자의 경우 학대 경험에 대한 이전의 직접적인 질문은 도움이 되지 않았다.

치료자: 최근 당신의 자해증상은 어떤가요?

환자: 꽤 낮아졌어요. 저번 주에는 두 번 있었어요.

치료자: 진척이 있어 보이네요. 6개월 전에는 하루에 한 번 꼴이었죠?

환자: 네. 매일이었죠.

치료자: 축하해요!

환자: 감사합니다. (웃음)

치료자: 과거 자해를 생각해본다면, 어떻게 당신의 몸을 해치는 습관을 가지게 되었을까요?

환자: 음. 난 항상 내 몸을 싫어했어요.

치료자: 강한 어감이네요. 왜 당신은 당신의 몸을 "싫어"했나요?

환자: 음, 이건 참 복잡해요. (멀리 바라보며, 불안함을 보이며)

치료자: 이런 주제에 대해 말하는 것이 당신을 불편하게 만든다는 것을 알고 있지만, 중요하다고 생각해요. 우리 조금 더 이야기해보고, 너무 불편하다면 당신이 나를 멈춰주세요. 알겠죠?

환자: 네.

치료자: 왜 당신의 몸을 싫어하나요?

환자: 난 항상 내 몸을 싫어했어요. 나는 항상 더럽고, 역겹다고 느꼈어요.
  (숨을 죽이며)

치료자: 당신의 몸에서 더 싫어하는 부분이 있나요?

환자: (큰 소리로) 그럼요!

치료자: 제가 그곳이 어딘지 물어봐도 될까요?

환자: 성관계와 관련이 있는 모든 곳이요.(부끄러움과 불편함을 보이며)

치료자: 당신은 지금 굉장히 용기 있는 행동을 하고 있어요. 우리 이 주제
  에 대해 더 이야기해도 될까요?

환자: 아마도요.

치료자: 성행위와 관련이 있는 신체 부위를 싫어하게 한 개인적인 과거 사
  건이 있나요?

환자: 네. (한숨 쉬며) 난 이걸 말할 필요가 있다고 생각해요. 우리 아버지와
  관련된 일이에요.

치료자: 우리는 이 주제에 대해 전에 이야기해 본 적이 없죠, 그렇죠?

환자: 없어요. (울기 시작함)

치료자: 당신이 점진적으로 그것을 잊고 나아가기 위해 우리가 그걸 다루기
  시작할 때가 지금이라고 생각하나요? (희망을 보이며)

환자: 아마도요.

치료자: 좋아요. 우리는 당신이 감당할 수 있는 속도로 갈 것이지만, 당신이
  당신의 삶을 계속할 수 있도록 이것을 해결하는 것이 중요합니다.
  (희망과 변화의 필요성과 위험을 균형 잡기)

환자: 그래요. 당신이 옳아요. (눈물을 닦으며) 때가 되었어요.

이러한 유형의 대화는 신뢰와 안전의 분위기가 확립되었을 때 치료적 관계
에서 나타난다. 신체상의 주제는 매우 자주 외상 경험에 대한 접근을 제공한다.
신체에 대한 주제는 매우 개인적이고 은밀하다. 신체에 대한 논의는 내담자의
경험의 더 본능적이고 육체적인 측면들을 통제한다. 신체상을 통해 문을 열면
학대 외상경험을 해결하는 작업을 진행할 수 있다. "노출 치료"로 알려진 이 연
구는 16장에서 구체적으로 알아보고자 한다.

성적 학대 트라우마와 자해의 연결고리

성적 학대 경험이 있는 자해 내담자의 경우 외상과 신체적 상해의 연관성은 추상적 개념이 아니라 구체적인 경험이다. 그러한 외상의 심리적 상처는 종종 자해의 직접적인 상처로 이어진다. 수년 동안 이러한 내담자들은 성적 학대와 재발하는 자해 사이의 연관성에 대해 많은 것을 알려줬다. 그들의 가르침은 교훈적인 토론을 통해서가 아니라 성적 학대가 중심적인 역할을 했던 그들의 힘들었던 삶의 이야기를 나누면서 일어났다. 이 내담자들이 시간이 지남에 따라 밝혀낸 것은 그들의 외상 내력과 재발성 자해 간의 관련성이다.

9장에서 논의된바와 같이, 그러한 내담자들과의 치료는 자해 순서에 대한 철저한 행동 분석으로 시작된다. 이러한 내담자가 순서를 논의할 때 공개한 내용은 그림 15.1에 그림으로 그려져 있다. 그림의 상단 부분은 내담자가 논의한 자해의 순서를 나타낸다. 비록 내 내담자들이 사용하는 언어는 매우 다양하였지만, 내용은 개인 간에 매우 유사할 수 있다.

치료 과정에서 내담자가 밝히는 내용은 자해 순서에서 자신의 학대 내역을 드러내는 것으로 이동한다. 그들이 묘사하는 성적 학대 순서는 그림 15.1의 하단에 개략적으로 묘사되어 있다. 먼저 내담자가 제시 한대로 상위 순서를 설명하고 두 부분 사이의 연결을 강조하여 아래쪽 부분을 설명한다.

도표의 위쪽 부분에서 나타낸 바와 같이 많은 내담자는 자신의 자해가 어떤 상실의 형태로 인해 촉발된다고 여긴다. 몇몇 사람에게 상실은 관계에서 노골적인 거절, 완전한 이별, 심지어 죽음을 포함한다. 다른 이들에게 상실은 또래, 동료, 가족으로 인한 거의 감지하기 어려운 것을 포함한 더욱 미묘한 것이 될 수 있다. 여전히 다른 사람들은 상실을 학교, 직장, 또는 운동 경기와 같은 범위에서 수행 문제와 관련된 것으로 경험한다. 많은 사람들은 이 상실의 유형들 모두에 반응을 보인다.

그림 15.1 자해 및 재경험되는 성적 학대 과정

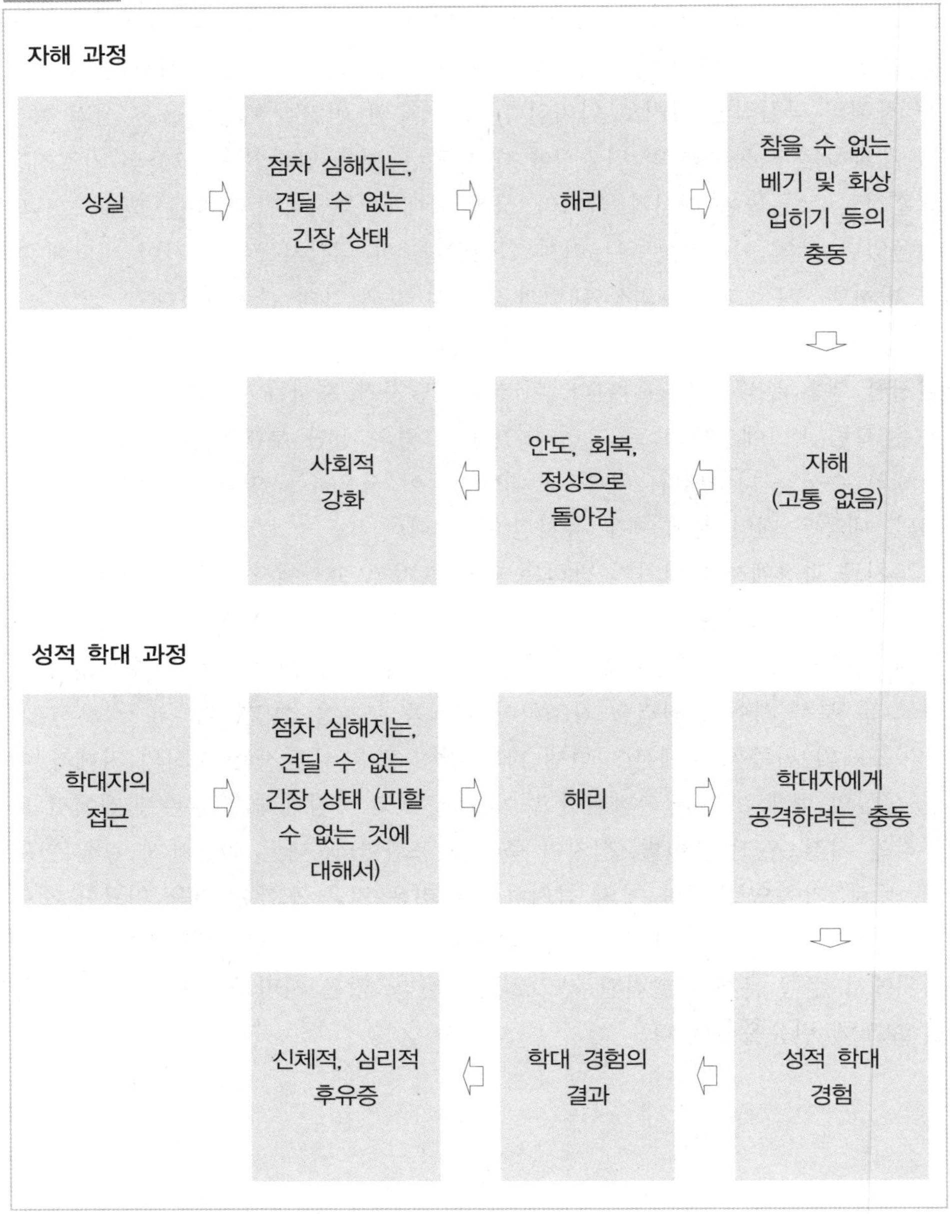

자해 과정

상실 ⇨ 점차 심해지는, 견딜 수 없는 긴장 상태 ⇨ 해리 ⇨ 참을 수 없는 베기 및 화상 입히기 등의 충동

⇩

사회적 강화 ⇦ 안도, 회복, 정상으로 돌아감 ⇦ 자해 (고통 없음)

성적 학대 과정

학대자의 접근 ⇨ 점차 심해지는, 견딜 수 없는 긴장 상태 (피할 수 없는 것에 대해서) ⇨ 해리 ⇨ 학대자에게 공격하려는 충동

⇩

신체적, 심리적 후유증 ⇦ 학대 경험의 결과 ⇦ 성적 학대 경험

그림 15.1에서 상실에 뒤따르는 점차 심해지는 참을 수 없는 정서적 긴장감은 정서적 불편감이 올라오는 것으로 대부분의 자해하는 내담자의 전조 상태로 묘사된다. 이 정서들은 매우 다양하며 불안, 슬픔, 우울, 외로움, 분노, 수치심, 경멸을 포함한다. 보고된 구체적인 느낌과 상관없이 그것은 심히 불편하여 즉각적인 경감이 필요한 것으로 경험된다.

다음 단계는 중요한 것으로 해리 단계이다. 많은 내담자들은 점차 심해지는 정서에 대한 반응으로 해리를 보고한다. 그들은 해리를 묘사하기 위해 "내가 내 몸의 바깥에 있는 느낌이 든다.", "마치 영화 속에서 나를 지켜보고 있는 것 같다." 또는 "모든 사람들과 모든 것으로부터 분리된 느낌이 든다."와 같은 매우 다른 형태의 언어를 사용한다. 비록 특정한 용어들은 사람마다 다양하지만, 사람들은 자신의 신체와 즉각적인 경험에서부터 분리된 것 같은 느낌을 보고한다는 점에서 전반적인 경험은 대체로 유사하다.

과정의 다음 단계는 찌르고, 화상을 입히고 또는 신체를 손상시키려는 참을 수 없는 충동이다. 일단 반복적인 자해를 경험한 개인들은 이 지점에 도달하며 자해하려는 충동을 참기 어려워한다.

그러고 나면 자해 행동을 하게 된다. 흥미로운 것은 자해하는 많은 내담자들은 행동을 취할 때 고통이 없다고 보고한다는 점이다. 이러한 무감각은 아마도 해리 경험 때문일 것이다. 자해하는 동안 무언가 심각한 몸과 마음의 분리가 있고 이는 이 개인들이 고통을 느끼지 못하게 한다. 그들 중 많은 이들은 자해 행동을 하고 몇 시간 또는 심지어 하루 이후에 고통이나 불편함을 경험한다고 말한다.

다음 단계는 불편함 이후에 오는 안도감이다. 강렬한 정서적 고통이 줄어들고 해리 경험은 끝이 난다. 재통합감과 "정상성"—그것이 개인들에게 무엇이건 간에—으로 복귀한다.

자해 과정의 마지막 단계는 환경에서 다른 사람들의 반응이다. 이런 반응들은 과도한 지원에서부터 자해에 대한 격렬한 비난까지 매우 다양하다. 어떤 방식이든 자해하는 내담자들은 다른 사람들의 반응에서 아래 설명된 것처럼 만족감(혹은 강화)을 발견한다.

그림 15.1의 단계는 반복되는 성적 학대의 경험을 묘사한다. 이는 자기 학

대의 기반을 제공한다고 가정하였기 때문에 자해 과정 아래에 제시하였다.

이 과정의 첫 번째 단계는 학대자의 접근이다. 여러 방식으로 이 행동은 이후의 상실 경험과 연결된다. 대부분의 사람들은 그들이 아는 누군가에 의해 학대를 받는다. 학대자는 조부모님 또는 부모님, 부모님의 연인, 손위 형제자매, 삼촌 또는 이모, 베이비시터, 선생님, 코치, 성직자 등이 될 수도 있다. 학대가 시작되면 이 관계는 영원히 오염된다. 즉, 상실된다.

학대와 관련된 또 다른 상실의 형태는 나타나는 통합적 신체감의 파괴이다. 아동기동안 정상적인 발달적 과업은 자신의 신체를 통제하는 것과 신체적 숙달감을 성취하는 것을 배우는 것이다(Ashford et al., 2001). 이 과업을 성취하는 과정에서의 취약성은 어린아이들에게 쉽게 관찰된다. 어린아이들은 살짝 긁히거나 타박상을 입을 때마다 쉽게 화를 낸다. 그들의 불안 반응과 공포는 어린이들의 신체 완전성과 숙달성에 대한 감각이 얼마나 불완전한지를 보여준다. 상처 또는 타박상 대신에 아이의 신체 통합감에 대한 공격이 성폭행이나 성기 삽입이라면 어떨지 상상해보라. 어린 아이들에게 이러한 것이 얼마나 자신의 몸과 관련해서 얼마나 혼란스러운 것일지 상상하기 쉽다.

내담자들이 종종 보고하는 상실의 세 번째 유형은 자기 존중감의 반작용적인 상실이다. 성적으로 학대받은 많은 어린 아이들은 그 당시에 그것이 잘못되거나 학대적인 것이라고 생각하지 못한다. 많은 내담자들이 나한테 말한 것처럼, "나는 x가 나에게 그렇지 않다고 말할 때까지 학대자와 섹스를 하는 것이 일반적인 줄 알았어요." 이러한 인식은 학대받은 젊은이들에게 충격적이며 종종 심각한 자기 존중감의 상실 및 관련된 수치심과 죄책감으로 이어진다.

성적 학대 순서의 다음 단계는 점차 심해지는 참을 수 없는 긴장상태이다. 일단 아이들이 무엇이 일어날지를 알게 되면, 학대가 발생할 조짐의 단서로서 강렬한 정서적 과각성을 경험한다. 정서는 흔히 두려움, 분노, 수치심, 죄책감을 포함하며 이 혼합된 정서들은 어린아이들이 다루기 어렵다. 어떻게 그들은 학대와 관련된 정서들과 관련된 신체적 불편감을 견디는 것을 배울 수 있을까? 이 과정에서 다음 단계는 해리다. 이는 참을 수 없는 위협적인 상황에 대한 개인의 적응적인 반응이다. 해리는 개인이 동시에 학대와 연결된 정서적 고통과 신체적 고통에서 벗어날 수 있도록 한다. 하지만 이 "해결"과 관련된 한 가지 문제점은 피해자들이 이 반응을 과잉 학습한다는 점이다. 미래에 그들은 학대 상황과 관련이 없는 정서적 고통의 다른 형태에 대한 반응으로 분리시킬지도 모른다.

다음 단계는 핵심적인 것이다. 학대받고 있는 사람들이 다른 사람들에게 발생한 사건에 대해 이야기 하고 학대자에게 강력히 맞서며 "안돼"라고 말하거나 심지어 학대자를 공격할 것 같지만, 학대자들은 희생자들을 아무 말도, 아무 것도 하지 못하게 하는 데 능숙하다. 내담자들은 "누군가에게 말하면, 널 죽여 버릴 거야." 또는 "어디에 말하면, 개를 죽여 버릴 거야"와 같은 위협을 보고하였다. 다른 학대자들은 다소 교묘하다. 그들은 "너의 어머니가 우리의 특별한 비밀을 알게 된다면 너의 어머니는 죽을 거야." 또는 "누군가한테 말하면, 나는 감옥에 가고 가족들은 파산할 거야."와 같은 교묘하게 피해자들을 조종하는 방법을 통해 통제한다.

교묘하든 강제적이든 이러한 위협들의 영향은 피해자들이 침묵하도록 만든다. 핵심적인 심리적 변화는 이 침묵과 연관된다. 종종 피해자들은 학대와 관련해 신체를 비난하거나 적어도 학대 "협동자"라고 보며, 이 때문에 신체상이 영구적으로 오염된다. 일부는 신체를 역겹다고 말하면서 예시로 신체가 학대자를 "유혹"하거나 "끌어당겼다"고 한다. 다른 사람들은 성적 자극에 대한 생물학적 반응에 대해 신체를 비난하며 그들은 심각한 수치심을 느낀다. 그러한 모든 자기 비난은 비논리적이지만 성적으로 학대받은 피해자들은 그것이 확인되고 해결될 때까지 괴로워한다.

학대 과정에 대한 다음 단계는 성적 접촉과 학대 그 자체이다. 자해의 바로 아래에 위치해 있다는 것에 주목해라. 그 두 가지 사건들은 종종 자해하는 내담자의 마음과 불가분의 관계에 있다. 그들은 "나는 내 몸이 싫어서 다치게 한다." 또는 "더럽고, 오염됐고, 악마이며 진짜 내가 아니다."와 같은 판단들을 표현한다. 그들은 "내가 원하는 대로 몸을 상처 입힐 수 있어. 왜냐하면 그건 내가 아니고 그것에 무슨 일이 생기든 상관없으니까."라고 말할 수도 있다. 그들의 신체 소외 범위와 해리 경향성은 그러한 말들에 반영된다.

성적 학대자의 만남의 종결은 특정한 사건의 끝을 나타낸다. 학대받은 아동은 "정상성"이 그들에게 무엇이든지 정상으로 돌아가게 된다. 이 순서의 마지막 단계는 신체적이고 심리적인 후유증이다. 이 단계가 자해 과정에서 사회적 강화의 경험과 나란히 있다는 점에 주목하라. 성적으로 학대받는 동안 피해자들은 신체적 고통과 심리적 불편감의 후유증을 견뎌야 한다. 이것은 자신의 자해에 대한 다른 사람들의 반응을 더욱 강하게 만들어 줄 수 있다. 홀로 학대를 견딘 지 몇 년이 지난 후에야 비로소 그들은 고통 받을 수 있으며, 누군가가 알아차린다. 그 반응이 보살핌인지 처벌적인지는 문제가 되지 않는다. 어떤 방식이든 침묵은 깨지며 다른 사람으로부터 만족스러운 반응을 얻게 된다.

신체 소외를 경험하도록 하는 다른 요소들

내담자가 신체 관련 부정적 태도를 보일 때 항상 성적 학대 외상 내력이 있을 것이라고 가정해선 안 된다. 외상 또는 다른 주요한 스트레스로 인해 신체적 소외를 하는 다른 집단의 사람이 많다.

- 신체적 (성적이지 않은) 학대 이력을 가진 사람
- 심각한 아동기 질병의 이력을 가진 사람
- 자신의 성적 정체감에 대해 아직 편안해지지 않은 게이, 레즈비언, 양성애자, 또는 트랜스젠더(GLBT)사람
- 매우 드문 신체적 특성과 같은 특이한 사정이 있는 사람

수많은 저자들이 언급한 것처럼(Van der Kolk et al., 1991, 1996; Briere & Gil, 1998; Low et al., 2000), 자해는 또한 신체적 학대와 연관이 있다는 것이 밝혀져 왔다. 신체적 학대를 당한 사람들의 신체 소외를 유발하는 요인들은 성적인 학대로부터 나오는 요인들과 유사할 수 있다. 신체적 공격의 생존자들은 학대에 대한 자신의 신체를 비난하게 될 수도 있다. 어떤 이들은 자신의 학대자들이 자신에게 드러내는 혐오를 내면화하여 자신이 신체적 처벌을 받을만하다고 결론짓는 것 같다. 이 내면화는 이후에 자기학대적인 방향으로 갈 수 있다. 그런 아이들은 자신을 거의 안아주지 않거나 신체적으로 편안하게 해주지 않는 부모나 양육자를 종종 참고 견딘다. 이 아이들은 자신의 "매력적이지 않은" 또는 "끌리지 않는" 신체가 잘못이라거나 책임이 있다고 결론지을 수도 있다.

지속되거나 심각한 아동기 질환도 신체 소외를 유발할 수 있다. 천식, 당뇨, 관절염, 습진, 건선 등과 같은 만성적 신체 질환 이력을 지닌 사람들은 자신의 신체에 대해 매우 손상되고 부정적인 태도가 생길 수 있다. 만약 신체가 아동에게 신체적 고통, 제한된 기동성, 사회적 곤란, 소외 혹은 다른 불리한 영향들을 자주 야기한다면, 부정적 태도가 생기는 것은 당연하다.

한 예로 나는 비만인 13세 남자아이를 만났다. 그 아이는 가끔 자해를 했지만, 치료에는 주로 당뇨병에 대한 심각한 관리 소홀 때문에 왔다. 그 아이는 지속적으로 혈수치 검사하는 것을 거절했으며, 인슐린 복용하는 것을 잊거나 미뤘다. 그리고 건강하지 않은 음식인 사탕, 스노콘, 청량음료를 먹었다. 그의 신체 태도 척도(BAS) 수치는 예외적으로 음성이었다. 치료에서 그는 아주 직접적으로 자신의 신체가 농구를 하려는 욕구를 방해하고, 다른 친구들과 자신을 다르게 만들며, 관리하기에 골치가 아프기 때문에 싫다고 말했다. 이 소년은 어떠한 외상 이력보다는 신체적 질병의 상당한 부정적 영향으로 인해 자신의 신체를 멀리하는 좋은 예였다.

신체상의 문제를 가진 자해하는 사람들의 또 다른 집단은 게이, 레즈비언, 바이섹슈얼, 트랜스젠더(이하 GLBT) 청소년들과 성인들이다. GLBT 사람들은 이성애자들보다 자해의 비율이 더 높다(Nixon & Heath, 2009). 또한 Walsh와 Frost(2005)에서 기술된 불안정한 청소년 표본에서 자기 파괴적 집단에 실재적으로 높은 비율의 GLBT 사람들이 있었다. 나의 임상 경험에 의하면, 신체상 문제의 위험이 가장 많은 GLBT 청소년은 "공개하지" 않은 사람들이라는 것이다. "공개한" 사람과 사회적지지 자원이 있는 사람들은 훨씬 더 낫다. 상당한 부정적 신체상을 가진 게이 내담자의 예가 다음에 제시된다.

James는 자신의 동성애로 고심하는 14살이었다. 그는 분노하거나 불안함을 느낄 때 자주 자신에게 상처를 입혔다. 그는 일반적으로 자기 또래의 여성들과 어울려 지냈으며, 때때로 그들 중 한 명 또는 그 이상과 "데이트"를 했다고 말했다. 이후 그는 입장을 바꾸고 치료자에게 말했다. "내가 지금 뭐라고 하는 거죠? 나는 게이예요, 하지만 게이가 되고 싶지 않아요." James는 종종 자신의 동성애에 대한 괴로움을 표현했다. 그는 자신의 정체성 공개에 대한 부모님의 반응을 두려워했다. 그는 분명 그들이 자신을 집에서 내쫓을 거라고 확신했다. James는 자주 "왜 나는 다른 사람들과 같은 수 없을까요?"라고 불평했다. 치료 초기에 그의 신체 태도 척도(BAS) 점수는 부정적이었다. James는 가장 믿는 여자 친구 2명에게 자신의 성정체성을 공개했을 때부터 나아지기 시작했다. 그들은 지지적이었으며, 그가 두려워한 것처럼 그를 버리지 않았다.

몇몇 광범위한 가족 치료는 James가 가족들에게 공개하도록 도울 수 있었다. 부모님들은 분노했지만 James는 집에서 계속 살았다. 이 문제가 해결되면서 그의 신체상과 삶에 대한 태도가 일반적으로 개선되었다. 그의 자해 또한 눈에 띄게 감소했다.

신체가 소외된 자해 내담자들의 네 번째 집단은 "개개인에 따른 특이체질"이라고 밖에는 부를 수 없다. 그들의 신체상의 문제는 자신의 독특하거나 적어도 드문 사정들에서 비롯된다. 그런 내담자들의 예들이 여기 제시된다.

- 얼굴과 몸에 낭포여드름이 있어 사회적으로 상당히 곤란함을 겪는 젊은 여성. 그녀는 자주 핀 또는 바늘로 이 여드름을 짰다.
- 백인 지역에서 크면서 인종 때문에 거부당해왔던 입양된 아시아계 청소년. 그녀는 자신의 인종을 생소하고 특징 없는 얼굴이라고 보았다. 그녀는 자신의 눈을 "싫어했으며" 그녀가 못생겼다고 생각한다고 말했다. 그녀는 좌절할 때 머리를 잡아당겼다.
- 자신의 작은 키와 마른 몸에 대해 의식했던 남자 청소년. 그는 특히 친구가 그의 키나 몸을 비웃을 때 자주 학교를 마치고 자신에게 화상을 입혔다.
- 몇 년 동안 신체 사이즈로 놀림을 받아왔던 과체중인 13살 여자 아이. 그 아이는 심각하게 그녀의 몸을 증오하였다. 폭식 이후 그녀는 자주 복부를 그었다.

이 예들이 제시하는 것처럼 사람들은 많은 이유들로 신체를 거부하게 될 수 있다. 치료자의 과업은 신체 거부가 내담자의 문제인지를 확인하고, 만일 그렇다면 이를 다루기 위한 치료 전략을 고안하는 것이다.

치료를 위해 특정 신체상 차원을 목표로 삼기

치료에서 신체상에 초점을 맞추는 것은 치료자와 내담자가 주의를 기울일 특정한 차원을 확인하게 해준다. 이 과정은 비공식적으로 6가지 차원에 대해 묻거나 부록 B에 제시된 신체 태도 척도(BAS) 36문항을 사용하는 것을 포함할 수 있다. 선택된 전략은 내담자 개인과 질문지를 완성하는 이해도에 따라 달라진다. 나는 일반적으로 청소년이나 경계 또는 불신하는 사람들에게 더 형식에 얽매이지 않는 접근을 사용한다. 하지만 가능하다면 질문지를 사용하는 것이 더 좋은데, 왜냐하면 6가지 수준에 대한 더욱 특정적이고 구체적인 정보를 제공하기 때문이다. 또한 반복적으로 질문지를 사용하는 것은 변화를 추적할 수 있다는 점에서 유용하다.

논의를 위해 내담자가 회기 동안 신체 태도 척도(BAS)를 완성하고 치료자와 그것을 공유하는 것을 동의한다고 해보자. 매력, 건강, 및 신체 통합성의 차원들에 문제가 있다는 결과가 나왔다고 가정해 보라. 그러면 이 세 가지 수준들은 치료 기간에 탐색될 수 있다. 한 가지 접근은 부정적 태도를 지지하는 자동적 사고, 비합리적 신념, 핵심 신념을 확인하는 데 초점을 두는 인지 행동 접근일 것이다. 치료의 목표는 왜곡된 인지의 정확성을 평가하고, 더 많은 정확하고 도움이 되는 사고를 형성하고, 그들이 치료 안과 밖에서 실천할 수 있도록 내담자를 돕기 위해서 인지적 기법을 사용하는 것이다. 인지 치료 접근에 대한 상세한 부분은 12장에 자세히 언급되었다.

부정적인 신체상을 작업하는 또 다른 전략은 체내에서 긍정적인 신체 경험을 형성하는 것을 포함한다. 만일 내담자가 만성적으로 매력적이지 않다고 느낀다고 보고 한다면, 매력을 강화시키기 위한 고안된 치료 숙제를 완수하도록 요청할 수 있다. 이 과제는 몸단장에 더 강조점을 두고 새로운 머리나 옷 또는 완성된 "메이크업"을 받는 것이 포함된다. 내담자와 그러한 과제를 하도록 협상하는 전략은 내담자에게 재미와 모험심 모두를 주는 것이다. 매력적이지 않거나 못생겼다는 것에 대한 만성적이고 부정적인 인지와 관련된 행동들은 유머와 공감의 결합으로 직면될 필요가 있다. 다음은 그러한 대화의 예이다.

치료자: 당신의 매력에 대한 과제는 어떻게 돼가고 있나요?

내담자: 아 또, 싫어요.

치료자: 그렇게 두렵다면, 이번에 다시 해봅시다!

내담자: 글쎄요, 저는 그 머리를 하지 않았어요. (긴장하면서 웃는다)

치료자: 저는 그렇게 생각하지 않아요. 내가 관찰력이 아주 좋은데, 지난주
와 똑같은 머리로 보이네요.

내담자: 아, 아마 이번 주에 갈 거예요!

치료자: 무엇이 당신을 가지 못하게 하나요?

내담자: 25년 동안 보기 흉한 존재로 살아온 것에 대한 부정적인 생각 때문
에요. (웃는다)

치료자: 글쎄요, 적어도 당신은 터무니없이 부정확한 판단으로 보이는 것에
대해 웃고 있네요!

내담자: 내가 그것을 믿는다면요!

치료자: 어느 정도 감이 잡히는 것 같은데 어떤가요?

내담자: 그렇게 생각해요. 다음 주에 당신이 나의 새로운 모습을 볼 수 있
도록 한다고 약속해요. 적어로 새로운 머리라도요. 저는 정말로 저
의 머리 스타일을 변화시키길 원하거든요.

치료자: 네, 좋아요!

신체상의 역기능에 대해 신체적으로 다루기 위해 내담자가 과제를 활용하
는 다른 예들은 표 15.1에 제시되었다. 이 중 상당수는 내담자 스스로에 의해
제안되었다. 비록 이 시도 중 어떤 것은 신체상에 대해 아주 조금 개선시킬 뿐
이겠지만, 여러 방법을 결합하여 사용하는 것은 지속적으로 매우 긍정적인 변
화를 일으킬 수 있다.

여느 새로운 기술과 마찬가지로 더욱 긍정적인 신체적 경험들의 획득은 강
력하고 재경험적 실천을 포함한다. 치료자는 마무리를 검토하고 가장 효과 있
는 것을 강화시킬 필요가 있다. 그것이 내담자를 즐겁게 하는 것이 중요하다.
이 전략은 적절한 신체상의 차원에 대한 목표 단계를 확인하고 조심스럽지만
강하게 진행하는 것이다. 시간이 흐름에 따라 신체 태도 척도(BAS)를 재실시하

는 것은 대개 선택된 신체상 차원들에 대한 실제적 개선을 보여준다.

표 15.1. 신체상을 개선시키기 위한 과제의 예

<u>매력</u>
피부샵에 가기
다이어트와 관련된 체중 감량 차트
전기분해요법 또는 피부 박피 받기
피부과 전문의와 상담하기
치과 교정 또는 화이트닝 받기
"나의 신체의 부분이나 특징 중 가장 매력적인 10군데" 확인하기

<u>효능감</u>
체육관에 가기
걷기, 배구, 라켓볼, 테니스 레슨, 댄스와 같이 새로운 운동하기
악기 연주, 그림, 조각, 크로케와 같은 재주와 관련된 새로운 활동하기

<u>건강</u>
신체적 불편감을 신체 부위에 따라 기록하고, 이 부위들을 인지적, 정서적 혹은 행동
적 선행 사건들의 평가와 연결하기
다이어트를 시작하거나 건강하게 먹기
카페인이나 알콜 섭취 줄이기
약물 요법의 수정을 요청하기
요가, 태극권, 카약하기
신체검사를 받고 결과가 좋다면 차후의 질병을 가능한 한 무시하기
신체적 불편감은 감정 표현이 신체적 방식으로 나타나는 것임을 받아들이기
이러한 감정들을 좀 더 효과적으로 완화시키도록 노력하기

<u>성적 특성</u>
성인 신체를 갖는 것에 대한 모든 긍정적인 부분을 확인하기
감추거나 드러내는 의류를 모두 넣을 수 있는 다양한 옷 구입하기
스파에 가거나 마사지를 받음으로써 성인의 신체가 된 것을 축하하기
의상과 외모 유형에서 남녀공용 스타일에 편안해지기
세련되지만 노출되지 않은 옷 입기
집안에서 혼자 있을 때 성적으로 드러낸 옷 입기

성적 행동

성적 행위가 완전히 내 자신으로 하여금 통제 가능하다는 것을 받아들이기, 사람들은 빈번하게, 종종, 가끔 성적 행위를 하거나, 또는 전혀 하지 않을 수 있다.
자위행위를 받아들이기
육체적 순결을 받아들이기
다양한 파트너와 반드시 안전한 성관계 하기
결혼 중개 업소에 가입하기

신체 통합

제한 시간을 연장하며 거울 보는 연습하기
신체 전체에 중점을 두고 전신스캔명상(body scan meditation) 연습하기
거품 목욕하기
호흡 리듬에 집중하면서 의식해서 걷기
눈이나 모래 천사 만들기
즐겁게 해변의 따뜻한 물에서 휴식을 취하기
뗏목에 떠있기
마사지 받기
떠다니고, 날고, 또는 흔드는 시각적 상상 하기
접시 씻기, 나뭇잎 긁기, 눈 치우기, 나무 자르기와 같은 리듬 감각, 전신 협응, 유동성을 전달하는 활동에 참여하기

결 론

요약하자면, 자해하는 사람들에게 신체상 작업을 제공할 때 임상가 및 그 외 다른 사람들은 아래의 내용을 따르는 것이 중요하다.

- 신체상의 6가지 차원에 대해 이해하고 작업한다. 매력, 효능감, 건강, 성적 특징, 성적 행동, 그리고 신체 통합
- 비공식적으로 또는 신체 태도 척도(BAS)를 사용하여 6가지 차원에서 내담자들을 평가한다.
- 신체 소외의 여부를 확인한다.
- 내담자가 신체 소외와 관련된 성적 학대, 신체적 학대, 심각한 신체적 질

병 또는 다른 형태의 외상/스트레스를 경험했는지를 확인한다.

• 치료를 위한 특정한 신체상의 차원들을 목표로 삼는다.

• 내담자가 신체상 태도와 경험을 개선하기 위해 추구할 수 있는 신체와 관련된 활동들을 확인한다.

제16장

외상 후 스트레스 장애(PTSD)와 관련된 자해 치료

이 장은 단계적 관리 모델(그림 II.1 참조)에 있는 3단계의 두 번째 요소를 살펴보고자 한다. 단계적 관리 모델에서 3단계는 자해를 포함하여 다양한 자기 학대 행동을 보이는 개인들을 위한 것이다. 3단계 개입이 필요한 사람들은 일 반적으로 15장에 기술된 신체적 또는 성적 학대 또는 다른 외상적/스트레스적 경험을 견뎌냈다. 이 장에서는 이러한 문제들을 다룰 때 효과적이라고 밝혀진 두 가지 치료들을 살펴볼 것이다.

선종에서 전해져 내려오는 이야기는 외상 치료에 대한 논의를 시작하기에 적절하다.

신경쓰지 마라

지하철 앞에서 밀려 발을 다쳐 직업을 포기해야 했던 전문 무용수가 Maezumi Roshi(로스 엔젤레스에 있는 선종 센터의 설립자)와 함께 수행에 참석했다. 부상 당한 발을 의식했던 그녀는 늘 양말로 발을 감추고 다녔다.

그녀의 첫 인터뷰에서 그녀는 Maezumi에게 선종의 불교수행에 대한 질문 을 했으나 그는 "그건 됐고, 너의 발에 대해 이야기해봐라."라고 대답했다.

그녀는 대화를 수행에 대한 것으로 돌리기 위해, "오, 그건 아무것도 아니에 요. Roshi. 난 단지 사고를 당했을 뿐이에요."라고 대답했다.

Maezumi는 계속해서 물었다. 결국 그녀는 그에게 그 이야기에 대해 말할 뿐만 아니라 눈물을 흘리며 양말을 벗어 그에게 발을 보여주었다. Maezumi가 그의 손을 조용히 그녀의 발에 두었을 때, 그녀는 그를 올려다보았고 그도 울고 있었던 것을 발견했다.

그들의 대화는 얼마 동안 계속되었다. 그녀가 수행에 대해 Roshi에게 물어볼 때마다, 그는 대신에 그녀의 발에 대해 물어봤으며, 그들은 함께 눈물을 흘렸다. "당신은 끔찍한 카르마(karma)를 겪었다고 생각할지도 몰라요." Maezumi는 그녀에게 말했다. "하지만 그렇게 생각하는 것은 올바른 방법이 아닙니다. 수행은 불리한 점을 좋은 점으로 바꾸는 것입니다." 마침내 그녀는 자신의 발에 대해 이야기 하면서도 눈물을 흘리지 않을 수 있는 날이 왔다.

"그것에 대해 전혀 신경 쓰지 마세요." Maezumi는 그녀에게 말했다. "이제 당신의 수행에 대해 얘기해보세요."(Murphy, 2002, p.74)

이 장은 자해하는 내담자 중에 트라우마 경험이 있는 사람을 위한 치료의 두 가지 형태에 초점을 두고 있다. 지속적 노출 치료(PET; Foa, Hembree, & Rothbaum, 2007), 그리고 외상 후 스트레스 장애(PTSD) 치료를 위한 인지재구성(CR; Mueser et al., 2009). 지속적 노출 치료(PET)는 외상 후 스트레스 장애(PTSD) 치료를 위한 선택지 중의 하나이다. PET는 경험적으로 가장 많이 지지되었으며, 강간, 자연 재해, 전쟁(민간인, 육군 병력)의 생존자를 포함한 세계의 다양한 내담자에게 적용되었다. 그러나 몇몇 내담자들은 트라우마 사건에 대한 실제적이고 체계적인 재경험을 포함하는 지속적 노출 치료(PET)의 혹독함을 견딜 수 없었다. 이는 외상 후 스트레스 장애(PTSD)를 위한 인지재구성(CR)을 이 장에서 소개하는 이유이다. 외상 후 스트레스 장애(PTSD)를 위한 인지재구성(CR) 또한 효과성에 있어서 강력한 경험적 지지를 받고 있다(Mueser et al., 2009).

Walser와 Hayes(1998)는 이 영역의 작업에 대한 추가적인 설명을 제공한다.

[Trauma]의 어원은 우리에게 이 문제에 접근하는 방법에 대한 단서를 준다. "Trauma"는 라틴어 어원인 "wound(상처)"에서 유래했다. 단순한 고통(pain)과는 달리, wound(상처)는 부상과 신체적인 피해를 포함한다. wound는 흉터를 만든다. wound는 회복되는 데 시간 ―아마도 오랜 시간― 이 걸린다.

자해하는 내담자들에게 이 흉터들은 내적인(심리적)인 것과 외적인(몸에 나타나는)것 모두를 포함한다.

외상 후 스트레스 장애(PTSD) 증상

트라우마와 관련된 가장 흔한 진단은, 물론 외상 후 스트레스 장애(PTSD)이다. 외상 후 스트레스 장애(PTSD)를 진단받은 많은 자해하는 내담자들은 우울, 불안, 공포, 경계선 성격 장애(BPD)와 같은 다른 진단도 받는다. Foa 등 (2007)과 Mueser 등(2009)에 따르면, 외상 후 스트레스 장애(PTSD) 증상은 세 가지 증후군으로 나뉜다. (1) 침습, (2) 회피, (3) 과각성. 자해는 종종 이 세 가지 증후군들 모두와 특히 연관이 있다.

1. "침습"은 외상 사건에 대해 원치 않게 생각과 이미지가 다시 떠오르는 것, 악몽, 플래쉬백, 외상 사건이 상기되는 반응을 포함한다(Foa et al., 2007; Mueser et al., 2009). 외상을 경험하고 자해하는 내담자들은 종종 모든 형태의 침습적 현상을 보고한다. 사실 이러한 내담자들이 침습적 외상 경험을 끝내기 위해서 자해를 한다는 것은 일반적인 일이다. 예를 들어, 어떤 내담자는 플래쉬백이 나타날 때 자해(상처를 내거나 화상 입히기)를 하면 그것이 "사라진다"고 말할 수도 있다. 이러한 "성공" 경험은 침습적인 외상 관련된 경험을 다루는 방법으로 내담자들이 자해를 선호하는 이유가 될 수 있다.

2. "회피"는 외상에 대한 생각, 감정, 행동, 환경적 단서를 의도적으로 피하려는 노력을 포함한다. 이 군에 있는 다른 증상들로는 정서적 둔마, 타인과의 분리, 이전 활동에 대한 흥미 상실 그리고 제한된 정서 범위이다(Foa et al., 2007; Mueser et al., 2009). 많은 사람들에게 자해는 궁극적인, 선호되는 회피 행동이다. 자해는 원치 않는 사고(예, "나는 학대자의 얼굴이 생각나기 시작했다"), 정서(예, "나는 벗었을 때 수치심을 느낀다"), 행동(예, "나는 몸에 딱 맞는 옷을 입을 수 없다")을 멈추게 할 수 있다. 자해는 주의를 외상의 심리적 통증으로부터 강렬하게 뇌리에 사로잡힌 일련의 자해 행동으로 돌린다. 어떤 내담자는 "나에게 자해는 탈출이다. 나를 괴롭히는 것이 무엇이든지 사라진다. 절단이나 화상 입히는 것은 그 순간에 일어나는 어떠한 일이든 지워준다."라고 말한다.

3. "과각성"은 수면 장애, 집중력 저하, 경계 상태 그리고 잦은 정서적 과각성 상태 등의 강렬하고 다양한 문제를 포함한다(Foa et al., 2007; Mueser et al., 2009). Rothbaum 등(2000)은 외상 피해자의 정서적 과각은 두려움, 슬픔, 분노라는 일차적 정서와 죄책감과 수치심의 이차적 정서를 포함한다. 이러한 감정들은 대부분의 자해하는 내담자가 자신의 행동에 선행하는 것으로 언급하는 바로 그 감정이다. 따라서 내담자들이 자신의 몸에 상처를 내는 이유가 외상 후 스트레스 장애(PTSD)와 관련된 각성 상태에서 안도감을 얻기 위함이라는 것은 자명한 일이다.

반복되는 수면 방해, 집중력 저하, 경계 상태의 과각성이 야기하는 다른 문제 또한 자해하는 내담자에게서 흔히 보고된다. 과각성 상태들은 종종 내담자의 정서적 고통을 악화시킨다. 수면 방해는 정서적 취약성을 증가시킨다. 과민 경계는 또 다른 방식으로 내담자를 지치게 하는데, 이미 과도한 자해하는 사람들의 주의 집중 능력을 고갈시킨다.

따라서 외상 후 스트레스 장애(PTSD)의 세 가지 증후군은 자해가 발생하고 유지되는 데 중심적인 역할을 한다. 외상을 경험한 내담자들이 자해를 멈추기 위해서, 그들은 이 세 가지 증후군을 다루는 폭넓은 치료를 통해 통달할 필요가 있다.

외상 치료의 방법

많은 형태의 치료들이 외상 후 스트레스 장애(PTSD)와 그와 관련된 증상들을 치료하기 위해 사용되어왔다. Foa, Keane와 Friedman(2000)은 이러한 다양한 치료 방법에 대해 철저한 논평을 제공해왔다. 그들의 책은 인지 행동 치료, 약물 요법, 안구운동 민감 소실 및 재처리 요법(EMDR), 집단 치료, 정신역동 치료, 입원환자 치료, 최면, 사회 심리적 재활, 창조적 치료 그리고 여러 다른 치료들에 대해 평가한다. Foa와 그의 동료들은 치료의 효과성 면에서 인지행동 치료를 지금까지 가장 경험적 지지를 받아온 치료라고 본다(Foa et al., 2000, 2007). 이러한 이유로 나는 이 장에서 두 가지 형태의 인지 행동 치료를 소개하기로 했다.

지속적 노출 치료(PET)

지속적 노출 치료(PET)는 내담자가 세 가지 외상 후 스트레스 장애(PTSD) 증후군을 다루도록 돕는 체계적인 방법들로 구성되어 있다. 지속적 노출 치료 (PET)는 다양한 임상가들과 연구자들이 제시한 다섯 가지 요소들로 구성되었다 (예, Foa & Rothbaum, 1998; Meadows & Foa, 1998; Rothbaum et al., 2000; Foa et al., 2007). 이러한 다섯 가지 요소들은 잘 정립된 계획에 따라 단계별로 다뤄진다 (예, Foa et al., 2007).

1단계: 정보 수집

지속적 노출 치료(PET)를 수행하는 첫 번째 단계는 정보 수집이다(Foa et al., 2007). Foa와 그의 동료들은 정보를 수집하기 위해 가능한 한 표준화된 도구를 사용하기를 권한다(예, 표준화된 폭행 인터뷰).

Meadows와 Foa(1998)는 "대부분의 내담자들은 정보 수집 단계에서 별 어려움이 없다."라고 말한다. 하지만 나는 어떤 내담자들의 경우, 그들이 외상 경험에 대한 정보를 처음 공개할 때 상당한 어려움을 겪는다는 것을 발견했다. 임상가들이 이러한 정보를 얻으려고 시도할 때, 흔히 대화 그 자체로 트라우마를 재경험하기도 한다. 따라서 정보 수집은 내담자가 이를 극복하기 위해 여러 번의 도전을 경험해야하는 "작은" 형태의 노출이다. 자해 외상 생존자들과 함께 작업할 때 아동기 학대에 관한 정보를 얻는 과정은 대개 극단적으로 "성공 아니면 실패"이다. 심지어 때때로 그 과정에서 내담자는 크게 혼란스러운 기분을 경험할 수도 있다. 아래 예시를 보아라.

치료 시작 몇 개월 후, 내담자는 그녀의 아버지와 성교를 했던 침습적인 외상적 꿈에 대해 밝혔다. 그리고 나서 내담자는 이 내용에 대해 극도로 고통스러워하며, 그것은 악몽이라고 말하고 현실 세계에서는 이와 비슷한 경험이 일어난 적이 없다고 부인했다. 3주 후, 그 내담자는 그 내용에 대해 다시 이야기를 나누었으며 (그녀가 주도해서), 그 경험이 사실 실제이며 반복적으로 일어났다고 했다. 그 직후, 내담자는 그녀의 아버지에 대해 그런 끔찍한 말을 해서는 안 된다는 말을 하며, 했던 말을 취소하였다. 단 일주일 만에 내담자의 처지는 변함이 없었으며, 학대는 처음에 정확히 설명한 대로 반복적으로 발생했었음을 말했다. 그 시점부터 그녀의 입장은 일관되었으며, 비슷한 학대를 경험한 언니에 의해 이 이야기가 지지되었다.

상담자는 이러한 방식으로 내담자로 하여금 스스로 결론(누가 누구에게 무엇을 하였다)에 도달할 수 있도록 허용해야 한다. 이 과정은 몇 주에 걸쳐 진행될 수 있으며 당연히 서둘러서는 안 된다.

2단계: 호흡 작용 재교육

지속적 노출 치료(PET)의 두 번째 단계는 호흡 작용 재교육이다(Foa et al., 2007). 이러한 기술과 유사한 방법이 이 책의 11장과 부록 A의 호흡법 매뉴얼에 자세히 제시되어있다. 외상 후 스트레스 장애(PTSD)를 치료하기 위해 Meadows와 Foa(1998)은 매우 특별한 형태의 호흡법을 제안했다.

호흡 작용 재교육은 내담자가 넷까지 세면서 숨을 들이 마신 다음, 천천히 자신 스스로 "Calm"이라고 말하면서 숨을 내쉬는 것을 가르친다. 그 다음 호흡 중간에 4초 동안 숨을 참아서 호흡 과정을 늦춘다. 치료사는 내담자 스스로 리듬을 만들 수 있을 때까지 숫자를 세서 "Calm"하라고 내담자에게 말해야 한다. 일단 그 방법이 학습되면, 내담자는 숙제로 적어도 하루에 2번 각각 10분에서 20분 정도 호흡법을 해보도록 안내받는다.

이 기술은 불안을 다루고 신체적으로 안정시키고, 불쾌한 정서를 다루는 방법을 가르치는 데 도움을 주기 위해 고안되었다. 이러한 호흡 기술은 매우 유용하며 나는 내담자들에게 이 방법을 추천하고 활용한다. 그러나 많은 내담자들이 치료 초기에 10분에서 20분 동안 매일 두 번씩 연습하는 경우가 많지 않다는 것을 유의해야 한다. 시간이 흐르면서 그들이 이 정도의 참여수준을 성취하기 위해서는 많은 코칭과 "조성"이 필요하다.

내가 하는 또 다른 제안은 내담자의 정보를 수집하기 전에 내담자가 호흡 작용 재교육을 하도록 가르치는 것이다. 호흡 기법은 그들이 내담자가 자신의 외상 이력에 대한 정보를 제공하려고 할 때 유용할 수 있다. 마음챙김 호흡법은 내담자가 고통스런 감정과 위험을 느낄만한 이미지(또는 다른 감각)를 더 오랜 시간동안 견뎌낼 수 있도록 해준다. 내담자는 이러한 능력을 키울수록 더 큰 통제감을 가지고 치료를 진행할 수 있게 된다.

3단계: 폭행의 일반적인 반응에 대한 설명

지속적 노출 치료(PET)의 세 번째 단계는 트라우마를 이야기하는 내담자의 반응을 설명하는 것과 "정상화시키는 것"을 포함한다(Foa et al., 2007). 치료자는 외상 후 스트레스 장애(PTSD)의 세 가지 증상 군을 설명할 필요가 있으며, 그중 무엇에 해당되는지 내담자에게 물어보게 된다. 대개 세 가지의 모든 증상이 나타난다. 내담자가 외상과 관련된 내용을 다루기 시작하면, 그들 자신이 "미쳐가고 있다"라는 느낌을 받는 것이 일반적이다. 그들의 침투적인 이미지, 플래쉬백, 촉각적 기억들은 마치 환각처럼 느껴진다. 그들을 두렵게 하는 악몽은 마치 그들이 자신의 마음과 수면패턴을 통제할 수 없을 것만 같이 느끼게 할 것이다. 또한 그들의 강렬한 분노와 수치심의 감정은 종종 통제할 수 없는 것처럼 느껴진다.

감정의 홍수(또는 반대로, 감정적 마비)는 자해 행동의 빈도 또는 심각성을 일시적으로 증가시킬 수 있다. 이 단계에서 내담자는 자신이 더 나아지기보다는 악화되고 있다고 느낄 수 있다. 따라서 치료자는 우선 내담자가 안전하다는 것을 확인시켜야 한다. 내담자가 현재 안전하다는 것을 확신시켜주는 것은 내담자의 직접적 그리고 간접적 자해의 방식을 철두철미하게 재평가하는 것을 포함한다(3장과 9장에서 설명되어 있는 것과 같이). 치료자가 자살 또는 주요 자해에 대한 위험이 없다는 확신을 하게 되면, 다음 과제는 이 시기는 지나갈 것이며 다시 시작할 수 있을 것이라고 내담자를 안심시키는 것이다. 과거에 성공적으로 치료한 내담자에 대한 이야기를 공유하는 것은 내담자에게 안심이 될 수 있다.

외상 후 스트레스 장애(PTSD)의 증상 군을 설명하는 것과 자해의 재발을 예측하는 것은 이 단계에서 내담자에게 매우 유용할 수 있다. 내담자는 배웠던 대체 기술들을 사용한다면 더더욱 자신의 고통이 정상적이며, 자신들이 정신적으로 아프지 않다는 것 그리고 그들의 증가한 자해 행동(만약 자해하는 경우라면)이 시간이 지나면서 나아질 수 있다는 것을 배우게 된다.

4단계: 상상 노출

지속적 노출 치료(PET)의 4번째 단계는 상상노출이다. 이는 내담자가 정서적 안정과 평정심을 얻기 위해 작업하면서 매우 상세히 외상 경험과 기억들을 묘사하는 것이다(Foa et al., 2007). 목표는 "자신을 폭로하는 것"(예를 들어, 외상 기억들을 반복적으로 경험하는 것 그리고 그 기억들에 점진적으로 익숙해지는 것)이다. 경험에 대한 반복적인 대화는 불안을 줄이고 외상 경험을 중립적인 또는 긍정적인 사건과 차별화시키는 데 도움이 되는 것으로 밝혀졌다(Foa & Rothbaum, 1998). Meadows와 Foa(1998)는 내담자들에게 상상 노출과 관련해서 다음과 같이 소개를 하는 것을 추천한다.

"악몽, 침습적 사고, 플래쉬백과 같이 외상 후 스트레스 장애(PTSD) 증상 중 몇 가지는 당신이 그 기억들을 아직 다루지 않았다는 신호들입니다. 그래서 상상 노출을 통해 당신은 의도적으로 그 사고와 기억들을 밀어내지 않고 직면하게 될 것입니다. 당신의 기억 안에 있는 폭력을 상상 속에서 다시 체험하면서 당신은 그 경험을 다시 처리할 수 있을 것입니다. 이는 당신이 그것들을 현실로 느끼기 보다는, 다른 나쁜 기억들처럼 당신의 마음속에 정리해 둘 수 있도록 도울 것입니다.

상상노출 과정은 여러 단계를 포함한다.

1. 첫 번째는 트라우마 경험에 대해 가장 덜 힘든 것부터 가장 힘든 순서로 위계를 세우거나 순위를 매기는 것이다. 위계를 구성하기 위해, Foa 등(2007)은 주관적 고통 척도(Subjective Units of Distress; SUDs)를 사용하는 것을 제안하는데, 이 척도는 스트레스가 전혀 없는 0부터 상상 가능한 고통의 최고수준인 100까지의 범위로 구성된다(11장 참고). 내담자와 구성했던 위계의 예시가 표

16.1에 제시되었다. 일부 내용은 신뢰하기 어렵겠지만 나는 독자에게 그것이 정확하고 신뢰할만한 사람으로부터 얻었다는 것을 확실하게 말할 수 있다. 내담자의 위계에 있는 항목들은 그녀의 과거(약 20년 전)에 대한 것임을 주목해라. 이 위계는 절대 완전하다고 할 수는 없지만, 대표성을 갖는다.

표 16.1. 외상 경험의 심상적 노출 단계

경험	주관적 고통 척도 (SUDs)점수
아침 식탁에서 나의 형제를 보는 것	20
다른 사람이 있을 때 주방에서 아버지를 지나치는 것	40
전화를 받아 아버지의 목소리를 듣는 것	50
나의 형제가 나의 옷 위를 더듬거린 것	60
나의 형제가 헛간에서 나를 추행한 것	70
헛간에서 아버지와 섹스를 한 것	80
다른 사람들이 집 안에 있는 위층에서 아버지와 섹스를 한 것	90
어머니가 "잠 들었을 때" 같은 침대에서 아버지와 섹스를 한 것	100

내담자와 이 위계를 설정하는 데는 몇 주가 걸렸다. 그녀와 상당한 신뢰가 형성된 이후에나 이 과제를 할 수 있었다. 그녀에게 상상 노출의 목적을 설명하는 것과 이를 통해 그녀가 경험하는 악몽, 플래쉬백, 깊은 슬픔, 분노, 자기비난, 자해를 해결할 수 있는 것을 확인시켜주는 것이 중요했다.

2. 일단 위계가 구성되면, 치료는 위계 중간에 있는 항목을 선택함으로써 진행된다. 중간 위계에 있는 항목이 합리적으로 도전할 만한 수준이기 때문에, 중간 위계에 있는 항목이 주로 처음에 선택된다.

3. 그리고 나면, 내담자는 완성된 위계 세부사항에서 특정한 항목을 설명할 것을 요청받는다. 치료사는 내담자가 건너뛰거나 피하려고 하는 경험에 초점을 맞출 필요가 있다. 내담자는 이러한 측면에서부터 서서히 지난날의 기억을 되살아나게 할 필요가 있으며, 이로써 내담자는 탐색하면서 진정될 수 있다.

4. 세 가지 증상 군을 현저하게 줄이기 위해(그리고 이상적으로는 제거하기 위해) 특정 사건에 대해 여러 차례 논의해야 한다.

5. Meadow와 Foa(1998)은 심상적 노출을 하는 동안 내담자에게 5분마다 주관적 고통 척도(SUDs) 수준에 대해 질문할 것을 제안한다. 고통이 증가하게 되면 주관적 고통 척도(SUDs)를 관리하고 줄이기 위해 호흡법이 사용된다. 나는 내담자가 50−60 주관적 고통 척도(SUDs)를 보고할 때, 호흡 운동이 필요하다는 것을 발견했다. 치료사가 그들과 함께 호흡법을 진행할 때 내담자는 지지받는다는 것을 알게 된다. 한 내담자는 "이것은 치료를 공동 작업으로 느껴지도록 하네요."라고 말했다.

6. 일반적으로 주관적 고통 척도(SUDs) 수준이 30 또는 그 이하로 떨어질 때까지 호흡법을 사용하는 것은 좋은 생각이다. 만일 내담자가 높은 수준의 고통에 갇혔다고 보고한다면, 휴식을 취할 필요가 있다. 하지만 그렇게 하는 것은 회피 패턴을 강화시킬 수도 있는 위험을 감수해야 한다. 호흡법의 효과가 나타나면 다시 하던 이야기를 반복하는 것이 습관이 될 때까지 일단 "최대한 버티기"가 최고의 방법이다.

7. Foa와 그의 동료들은 또한 심상적 노출 동안에는 현재의 시제로 내담자와 대화를 하는 것을 제안한다(Foa & Rothbaum, 1998; Meadows & Foa, 1998). 하지만 나는 내담자로부터 보이는 부작용 때문에 이 제안을 따르지 않는 경향이 있다. 내담자가 자신의 트라우마 이력에 대해 이야기하기 시작할 때, 나는 그 경험을 말하는 것이 단순히 그 경험으로 살아가는 것과 매우 다르다는 것을 강조하기 위해 애를 많이 쓴다. 나는 자주 내담자에게 현재 당신은 안전하고 위험하지 않다고 안심시킨다. 나는 내담자들이 그들의 트라우마을 묘사하기 위해 현재 시제를 사용하는 것이 이러한 구별을 흐리게 한다는 것을 발견했다. 내담자들은 다시 외상을 경험하고 안전하지 않다고 느끼는 것같이 보인다. 나는 내 접근 방식이 Foa보다 더 우수하다고 주장하는 것이 절대 아니다. Foa의 제안은 경험적으로 지지된 방법이다. 그럼에도 불구하고 나는 내담자들로부터 반복적인 피드백을 받아 접근 방식을 수정해야 했다.

8. Foa와 그의 동료들의 또 다른 제안은 심상적 노출을 하는 동안 내담자가 눈을 감도록 요청하는 것이다(Meadow & Foa, 1998). 이 제안의 의도는 내담자가 외부의 혼란 없이 생생하게 추억을 회고하도록 하는 것이다. 나는 자해를 한 많은 트라우마 생존 내담자들이 다른 사람들 앞에서 눈을 감을 때 안전하게

느끼지 못한다는 사실을 발견했다. 그러므로 나는 이러한 제안을 강조하지는 않으며, 눈을 계속 뜨고 있기로 선택한 내담자들의 비율이 많다는 것을 보며 놀랐다.

9. 심상적 노출의 과정은 모든 항목이 다뤄지고 해결되기 전까지 서로 다른 위계수준의 항목을 옮겨 다니며 이루어진다. 이 작업의 속도는 내담자에 따라 매우 다양하다. 때때로 한 가지의 항목을 다루는데 몇 주가 걸리기도 한다. 어떤 때에는 수준 사이의 몇 가지의 항목들이 한 번의 회기에서 다뤄질 수도 있다.

10. 심상적 노출법을 사용하면서, 나는 호흡과 함께 치환 기술을 사용하는 것이 도움이 되는 것을 발견하였다. 따라서 위계 문항을 작업하는 내담자는 편안한 음악을 듣거나, 허브차를 마시거나, 사무실에서 명상하는 것을 선택할 수 있다. 치환 기술은 트라우마 기억 또는 관련된 경험의 심리적 불편에서 벗어나기 위해서라기보다는 상담회기에서의 주관적 고통 척도(SUDs) 수준을 낮추기 위해 사용되었음을 강조하는 것은 중요하다.

11. 어떤 내담자들의 경우엔 너무 구조화된 치료 접근법에 대해 저항한다는 것을 잊지 말아야 한다. 이는 특히 청소년 후기와 성인 초기 내담자들에게 해당한다. 위계를 이용해 작업하는 것이 지나치게 정형화되었다고 불평하는 사람들을 위해서, 나는 흔쾌히 형식에 구애받지 않으면서 진행할 의사가 있다. 위계는 내담자와 함께 규칙을 작성해나가는 작업 없이도 세워질 수 있다. 정형화된 형식이 없는 접근을 사용하는 위험은 철두철미하지 않을 수 있다는 것이다. 그 결과 핵심 외상 경험은 표현되지 않을 수 있다. 그러나 내담자들의 마음속에는 세부적인 위계가 존재하기 때문에 위계가 "오프라인"으로 남아있어도 임상가는 인내와 직관을 가지고 이러한 위험을 막을 수 있다.

5단계: 실제 노출법

지속적 노출 치료(PET)의 다섯 번째이자 마지막 단계는 실제 노출법이다. 이 기법은 본질적으로 심상적 노출과 동일한 과정이지만, 치료를 실제 세계로 가져온다(Foa et al., 2007). 나는 많은 내담자들이 그들의 일상생활에서 주요 변화를 시도하기 전에, 그들의 외상 트라우마 기억들에 관하여 심상적 노출 작업을 할 필요가 있다는 것을 발견하였다. 실제 노출에서는 트라우마와 관련하여 부정적인 영향을 받아온 내담자의 현재 삶의 활동에 중점을 둔다. 이러한 활동은 침습, 회피 그리고 각성의 증상을 유발한다. 심상적 노출과 함께 치료사와 내담자는 위계를 구성하면서 시작한다. 내담자들은 점진적으로 실제 상황에 그들 자신을 드러내면서 훈련한다. 실제 노출 위계의 예시는 표 16.2에 제시되었다. 위계는 표 16.1에 나타난 심상 위계의 내담자들과 함께 발달하였다. 선별된 이 모든 경험들은 지금 현재 내담자에게 문제가 되고 있는 것들이라는 것에 주목하라.

표 16.2. 외상 경험의 실제 노출 위계

경험	주관적 고통 척도 (SUDs)점수
신문에서 자신의 아버지와 닮은 남자 사진을 보는 것	20
길에서 경찰관을 지나치는 것	30
길에서 자신의 아버지와 닮은 남자를 지나치는 것	40
낯선 남자와 단둘이 엘리베이터 타는 것	50
아버지 사진을 보는 것	50
친오빠와 전화하는 것	60
집에서 어머니 또는 아버지 보는 것	80
원하지 않는 순간에 남편이 나에게 성적으로 접근하는 것	90

주관적 고통 척도(SUDs) 순위에 제시된 것처럼, 위계 속의 문항은 다양한 수준의 정서적 각성과 회피 행동을 유발한다. 예를 들어, 만약 내담자가 신문에서 자신의 아버지와 닮은 남자의 사진을 본다면, 그녀는 두드러지게 불편감을 느끼지만, 계속해서 읽을 수는 있다. 그러나 만약 그녀가 길에서 자신의 아버지와 닮은 사람 또는 경찰을 본다면 즉각적인 강렬한 두려움을 경험할 것이다. 일반적으로 그녀는 접근해오는 남자와 거리를 두기 위해서 길을 건너거나 건물로 들어갈 것이다. 비슷한 맥락에서 만약 그녀가 엘리베이터를 기다리는데 일행이 없는 남자가 다가온다면, 그녀는 그 엘리베이터를 타지 않거나 다음 엘리베이터를 기다릴 것이다. 확실히 이러한 회피 행동들은 내담자에게 상당한 불편함

을 일으키고, 그녀는 원치 않게 두려움을 경험하게 된다.

이 내담자에게 실제 노출 치료는 다양한 몇 가지 단계를 통해 진행된다. 먼저, 그녀는 내 오피스에 그녀의 아버지와 닮은 사람의 사진을 가져왔다. 우리는 그녀가 아무것도 느끼지 않거나 불편감을 느끼지 않을 때까지 그 사진들을 바라보는 것을 연습했다. 그런 다음 그녀는 똑같은 연습을 집에서도 실시했다. 다음으로, 그녀는 내 오피스를 오는 길에 실제 노출 연습을 시작했다. 일부러 자신을 괴롭게 만드는 남성들 옆을 지나갔다. 그러한 두려움을 유발하는 남자가 다가왔을 때에는 그녀는 호흡하면서 자리를 피하지 않도록 노력했다. 그녀는 그 후에 즉시 상담 회기에서 그 결과를 의논하였다(그녀의 주관적 고통 척도(SUDs) 수준을 포함하여). 시간이 흘러 내담자는 그녀의 진전에 아주 만족스러운 결과를 가져왔다. 이러한 회피 행동(과 관련된 두려움)은 수년 동안 그녀를 괴롭혀왔고, 그녀는 이제 이것들을 없앨 수 있어 기뻐했다.

그 후에 내담자는 자신의 아버지의 사진을 바라볼 수 있을 만큼 진전하였다. 처음에 그녀는 내 오피스에서 만났고 나중에는 집에서도 보게 되었다. 이러한 연습으로 그녀는 그녀의 주관적 고통 척도(SUDs)를 0에 가깝게 줄일 수 있었다. 그 다음 그녀는 친오빠가 핸드폰으로 전화 오고, 어머니와 아버지를 만나러 본가에 갈 때, 그녀의 감정을 효과적으로 관리하는 연습을 했다. 그녀 남편과의 성적 문제들은 워낙 복잡했기에, 후에 커플 치료가 요구되었다.

꼭 알아야 하는 또 다른 문제는 치료사들은 현실 세계에서의 법적으로 위험할 만한 상황을 평가하는 것을 필요로 한다는 것이다. 비록 나의 내담자가 낮동안 도시에서 남자들 곁을 지나치는 연습을 했지만, 그녀의 과제는 이러한 연습을 밤에 하는 것을 포함하지는 않았다. 몇몇 내담자들은 비이성적인 두려움으로부터 실제 위험을 구별하기 어려워한다. 그들은 이런 것을 구별하는 것을 배우고 그들 자신을 보호하기 위해 상당한 도움이 필요할 것이다.

대체 기술들과 지속 노출 치료(PET)를 사용한 트라우마 치료 예시

Penny가 22세에 치료를 시작할 때, 그녀는 내가 상담했던 내담자 중에서 가장 심각한 자해 사례 중 하나였다. 그녀는 그녀의 팔과 다리를 수백 번 자해했으며 그로 인한 상처가 많았다. 또한 그녀는 가끔 그녀 자신에게 화상을 입히거나, 머리카락을 쥐어뜯거나, 가끔씩 식욕 이상 항진증 증상을 보였다. Penny는 대학을 다니는 지적인 젊은 여성이었다. 그러나 그녀는 이미 8학기였음에도 잦은 결석과 시험과 과제를 제출하지 못하여 졸업하지 못했다. 그녀는 매우 능력 있는 사람이었지만, 자신을 자멸하고, 자기증오하며 자기 파괴적이었다.

치료 초기에 Penny는 의심이 많았다. 그녀는 나와 눈을 맞추지 않았고, 내가 그녀 팔에 자해로 인한 상처를 보는 것을 거절했다. 질문에 대한 그녀의 반응은 대개 방어적이었는데, 예를 들면 "당신은 왜 그게 알고 싶은 거죠?", "당신 일이 아니니 신경 끄세요.", "이게 어떻게 당신의 관심사죠?" 등의 반응이었다. 비록 이런 반응들이 퉁명스럽고 정이 없지만 주로 풍자적으로 비꼬는 유머처럼 들렸다. 그녀의 지적인 위트 때문에 나는 희망이 있다고 느꼈다.

점진적으로 행동 분석을 실시한 몇 개월 후, 나는 Penny의 자해에 대한 선명한 그림을 그릴 수 있었다. Penny는 세 가지의 주된 반응에 대하여 자해했다. (1) 학업의 마감기한과 압박, (2) 또래와의 갈등, (3) 분명하진 않지만 불편하게 느껴지는 신체상. 치료 초기에 신체와 관련된 주제는 명확히 발견되었기에 우리는 학업과 또래 친구 문제에 대해 집중하였다. 우리는 치환 기술의 수를 확인하는 작업을 하였다. 그녀는 특히 깊은 복식호흡과 그림 그리기와 찰흙 조각하기처럼 표현하는 예술과 천천히 걷는 것을 좋아했다. 또한 우리는 그녀가 학업 과제들에 너무 압도되지 않기 위해 과제들을 매우 작은 단계별로 나누는 작업을 하였다.

Penny가 지속적으로 이러한 대체 기술을 사용하면서 그녀의 학업 수행은 향상되었다. 그녀는 과제나 시험 준비에서의 패닉을 피하기 위해 이 기술을 사용하였다. 그녀는 자신에게 "엄격"해진다고 느끼는 상황에서 호흡 기술을 사용하였다. 그 결과 치료를 시작한 지 6개월 후에는, 한 주에 여러 번 반복했던 자해 행동은 한 달에 몇 번으로 감소하였다.

비록 이 모든 작업들이 효과가 있었지만, 치료는 문제의 핵심인 그녀와 그녀의 신체와의 관계를 다루지는 못했다. 그녀는 자해 행위를 떠나, 자기 자신의 신체를 싫어하는 것을 드러냈다. 그녀는 자신의 신체가 "싫다"고 꽤 단호하게 말했다. 그녀는 "못생긴 건 사회적 자산이 아니에요", "나는 Quasimodo가 아직도 살아있으면 좋겠어요. 그럼 가끔 한 번씩이라도 데이트 신청을 받을 테니까요," "나는 스테인리스 스틸 거울만 구입해요."라고 말하면서 그녀의 외모에 대해 자주 비아냥거렸다. 또한 그녀는 신체 태도 척도(BAS)에서 매우 낮은 점수를 나타냈다(부록B 참고).

적절한 시기가 되었다고 보았을 때, 나는 그녀에게 어떻게 자신의 신체를 싫어하게 되었고 왜 자주 신체를 비난하는지에 대해 물어보았다. 이러한 질문들은 수문을 열었다. 많은 시간동안 Penny는 우느라 말을 할 수 없었다. 나는 가능한 한 차분하게 들으며 그녀가 마침내 울음을 터뜨릴 수 있는 것은 좋은 것이라고 확인시켜줬다. 그 다음 그녀는 학대에 얽힌 자신의 이야기를 하기 시작했다― 이것을 완료하는 데 몇 달이 소요되었다.

Penny의 이야기는 10년간의 학대 경험에 관한 것이었다. 그녀는 6-16세 때 학대를 받았고, 처음엔 그녀의 아버지 그리고 나중에는 오빠에 의해 이루어졌다. 그녀의 아버지의 학대는 성행위/강간으로 이어졌으며, 오빠는 성기 접촉을 하였다. 그녀의 학대 경험에 대해 이야기할 때, 우리는 완전한 노출 작업을 시작하였다. 첫 번째로 우리는 심상 노출과 잇달아 실제 노출로 시작하였다. 치료에서 사용했던 위계는 이 장 앞에서 말한 부분에 제시되었다.

Penny와의 심상 노출 작업하는 동안 나는 그녀가 참아왔던 학대의 모든 상황을 다루기는 불가능할 것이라고 판단했다. 학대의 기간과 빈도 때문에 순전한 횟수는 천 단위였다. 10년 동안 아버지에게 일주일에 2-4번씩 강간당하는 것은 내담자에게는 별다른 일이 아니었다. 그러므로 위계는 모든 경험에서 확인할 수 없어서 "오빠가 내 옷을 더듬기", "차고에서 아버지랑 성교하기", "다른 사람들이 집에 있을 때 위층에서 아버지랑 성교하기"와 같은 학대의 분류에 집중하였다 ("성교"를 했다고 표현한건 내가 아닌 내담자의 용어였다는 것에 유의하라).

놀랄 것도 없이 이러한 내용들은 Penny에게 강렬한 감정을 표현하도록 했다. 그녀는 분노, 슬픔, 공허함 그리고 몇 주 동안 과잉 일반화된 두려움을 표현하였다. 또한 그녀는 수치심과 죄책감을 드러냈다. 그녀는 그녀 자신에게 10년 동안 들키지 않고 어떻게 학대를 계속해서 당했는지에 대하여 끝임 없이 질문 하였다. 특히 "공범"과 "수동적인 수용"에 대해 질문하며 그녀 자신을 공격했다. 이 치료의 일부는 그녀의 비논리적이고 자기 비난하는 인지를 변화하는 것을 포함하였다. 그녀의 아버지는 오랫동안 알코올 중독이었으며 잔인한 성격이었다. 그는 빈번하게 몇 년 동안 아내를 폭행해 왔으며, 화가 나서 가족이 키우는 고양이를 죽였었다. 또한 그는 Penny가 이러한 학대 사실을 다른 사람들에게 말을 한다면 "경찰을 불러 너를 체포하겠다"라고 말하며 그녀를 협박했다. 이는 Penny가 왜 추후에 경찰을 회피하는지 설명되었다. 나는 치료 기간 동안 그녀의 상황은 전적으로 그녀에게 힘이 없었고 그렇기에 자책하지 않아도 되는 것을 강조하면서 적극적으로 Penny 편을 들어주었다.

　　Penny의 치료에서 가장 힘든 부분은 성적 학대에 대한 노출 작업이 아니었다. 가장 그것은 Penny가 그녀의 어머니가 성적 학대에 대한 사실을 알았지만 그 사실에 대해 개입하거나 그녀를 지키기 위해 아무것도 하지 않았다는 것을 깨달을 때였다. 이 상황의 가장 명백한 예시는 Penny가 아버지에게 성교를 강요당할 때 그녀의 어머니는 같은 침대에서 "잠이 든" 사건이다. 이 기억을 회상하는 것은 Penny에게 가장 잔인했고, 이것은 단기 악화를 불러왔다. 비록 Penny가 6개월 동안 자해를 하지 않았다고 해도, 그녀의 어머니의 역할에 대해 이야기하기 시작할 때 그녀의 자해행동이 되풀이되었다. 그녀는 몇 년 동안이나 하지 않았던 행동인 자신을 반복적으로 자해하며 화상 입히는 행동을 하였다. 또한 그녀는 "약을 먹고 죽는 것을 생각해보았어요."고 말하면서 순간 자살하려고 하였다. 그 당시에 그녀는 "저는 항상 아버지와 오빠는 야만인인 것을 알고 있었지만, 어머니도 똑같은 사람이라는 것은 받아들이기 너무 힘들어요!"라고 말했다. 이 기간 동안 병원에 입원하는 것을 고려해봤지만 하지는 않았다. 우리는 상담 회기를 늘렸고 전화와 이메일로 자주 연락하였다.

　　Penny는 도전에 직면할 수 있었다. 그녀는 결국엔 학대에 대해서 가족 구성원 세 명 모두와 직접적으로 맞서게 되었다. Penny는 내 오피스에서 내가 옆에 있는 동안 아버지부터 시작하여 대화하는 것을 선택했다. 이는 그녀가 안전하도록 느끼게 해주었고, 보복에 대해 걱정하지 않도록 하였다. (또한 나는 주위에 다른 동료들이 있다는 것을 알려주었다.) 후에 그녀는 어머니와 오빠 또한 개인적으로 만났다.

　　Penny는 자해와 트라우마를 극복하였다. 사실, 그녀는 불행을 소명의식으로 변화시켰다. 결국 그녀는 학대 받는 아이들에게 안전한 개입을 하는 사회복지사가 되었다.

대안적인 접근: 외상 후 스트레스 장애(PTSD)에 대한 인지 재구성(CR)

　　지속적 노출 치료(PET)가 외상 후 스트레스 장애(PTSD) 치료 중에서 가장 경험적 근거가 많은 치료이지만, 불행하게도 노출의 어려움을 견딜 수 없는 자해 내담자들이 많다. 즉, 그들은 치료에서 트라우마 기억을 불러일으키는 직접적이고 반복적인 노출을 견딜 수 없다. 이러한 내담자들은 놀랄 만큼 자기 파괴적이거나(자살시도나 이례적인 자해를 포함한), 정신병적 상태에 빠져들기 쉽다. 다행히도 실증적으로 지지된 치료 중에 노출을 포함하지 않는 치료가 현재 가능하다. 외상 후 스트레스 장애(PTSD)에 대한 인지 재구성(CR)(Mueser et al., 2009)이 그것이다. 이 치료는 개인에게 그들의 삶에서 발생한 트라우마 사건을 재경험 하도록 요구하지 않는다. 대신, 치료는 트라우마로 인한 사고와 신념에 중점을 둔다. 치료는 약 12-16주로 매우 구조적인 치료 회기로 구성된다. 연구에서는 치료가 매우 효과적이며, 외상 후 스트레스 장애(PTSD) 증상을 보고하는 많은 사람들이 더 이상 일상생활에 방해를 받지 않는다고 보고하였다(Mueser ET AL., 2009). 또한 내담자들은 삶의 질이 개선되었다고 보고하였다.

외상 후 스트레스 장애(PTSD)에 대한 인지 재구성(CR)은 개인 치료 모델이다. 이 치료의 기준을 충족시키는 내담자를 선별하기 위해서, 내담자들에게 세 가지 평가 질문을 작성하도록 한다. 이것은 스트레스 사건 평가 질문(Stressful Events Screening Questionnaire), 외상 후 스트레스 장애 체크리스트(PCL), Beck 우울 척도(BDI)를 포함한다. 진행은 매 3주마다 외상 후 스트레스 장애 체크리스트(PCL)와 Beck 우울 척도(BDI)로 관찰된다(Mueser et al., 2009).

치료 요소

외상 후 스트레스 장애(PTSD)에 대한 인지 재구성(CR) 프로그램은 호흡 재교육, 트라우마에 대한 일반적인 반응, 마음을 괴롭히는 사고와 감정을 관리하기 위한 기술의 발달 등을 포함한다. 이러한 기술을 연습하는 과정에는 다른 증상들(가령, 불안, 고통, 성급함, 높은 수준의 신체 긴장)뿐만 아니라 외상 후 스트레스 장애(PTSD)증상을 감소시키는 기술들이 포함된다. 많은 사람들은 그들의 우울 증상이 치료의 결과로써 줄어든다는 것을 알아냈다(Mueser et al, 2009). 여기 외상 후 스트레스 장애(PTSD)에 대한 인지 재구성(CR)의 세 가지 주요 요소의 간단한 설명이 있다.

호흡 재교육

호흡 재교육은 상담 첫 회기에 가르쳐주고 연습하며, 치료가 시작된 지 3주 후에 과제로 내준다. 지속적 노출 치료(PET)에서는 이를 치료 초기에 배우게 되는데, 내담자에게 불안과 다른 형태의 증상 혹은 외상 후 스트레스 장애(PTSD) 와 관련 있는 각성상태로부터 몇 가지 즉각적인 안정을 제공하기 위함이다. 이 호흡 기법은 위에서 설명한 것처럼 PET에서 Foa와 그 동료들이 사용하는 것과 매우 유사하다(치료 구성요소의 더 자세한 설명이 필요하다면 Mueser et al.의 [2009] 에 아주 자세히 설명되어 있다).

심리교육

치료의 두 번째 단계는 심리교육이다. 내담자들은 외상사건을 경험한 사람 의 일반적인 반응에 대해 배운다(예, 침습, 회피와 각성). 또한, 외상 후 스트레스 장애(PTSD) 증상이 학습된 반응이며, 이러한 학습을 다시 잊을 수 있다는 것을 배운게 된다. 외상 후 스트레스 장애(PTSD)에 대한 인지 재구성(CR) 프로그램은 사람들에게 이러한 습득 반응을 변화시킬 수 있는 방법을 가르쳐준다. 또한 치 료 기간 동안 내담자들은 약물남용과 관계의 어려움처럼 트라우마에 대한 일반 적인 반응에 대해 배운다.

인지 재구조화

인지 재구성(CR)은 치료의 중심이다. 고통을 일으키는 사고와 신념을 확인 하고 변화하는 방법을 배우게 한다. 첫 번째로, 사람들은 고통스러운 사건의 자 각을 증가시킨다. Mueser et al.(2009)의 5단계는 이 치료 단계 동안 반복하여 사용된다(5단계를 사용하는 설명과 예시는 12장을 보시오). 또한 내담자들은 부정적 인 감정을 일으키는 그들의 사고 패턴을 발견하고, 고통을 줄여주고 있는 현재 의 사고에 도전하고 변화하는 방법을 찾는다. 치료 회기의 대부분은 인지 재구 성(CR) 측면에 중점을 둔다.

과제는 치료에서 또한 중요한 부분이다. 사람들은 더 잘 기억하고 현실 세 계를 깨닫기 위해 매 회기마다 Mueser et al.(2009)의 과제를 받는다. 과제 할당 은 매 회기가 끝나기 전에 협력하여 상의하고 충분히 설명해준다.

내담자의 외상 후 스트레스 장애(PTSD)에 대한 인지 재구성 (CR)의 성공적인 사례

The Bridge에서 7명의 동료와 나는 2010－2011년에 집중적으로 교육을 받았다. 우리는 이전에 지속적 노출 치료(PET)를 견딜 수 없었던 내담자들의 외상 후 스트레스 장애(PTSD)에 대해 인지 재구성(CR)을 사용하였다. 치료는 내담자가 그들의 외상 후 스트레스 장애(PTSD)와 자해와 관련된 많은 신념들을 이루는데 상당한 일조를 해왔다. 다음은 성공적인 내담자들의 몇 가지 예시이다.

- 35세 여성은 4살부터 10살이 될 때까지 오빠에게 강간을 당했다. 그녀는 자해, 플래쉬백, 분열과 사회적 고립으로 자신을 괴롭혔다. 이러한 증상들은 치료 후에 대체로 완화되었다.
- 25세 여성은 13살 때 어머니의 남자친구에 의해 성폭행 당했다. 그녀는 우울, 불안, 자해, 섭식 장애 그리고 외상 후 스트레스 장애(PTSD)의 재발과 악몽으로 고통받고 있었다. 여전히 집중적으로 치료받고 있는 섭식 장애를 제외한 모든 증상들은 치료로 인해 나아졌다.
- 20세 여성은 어머니의 남자친구에게 성폭행을 당했을 뿐만 아니라 성매매로 팔려갔다. 그녀의 증상은 플래쉬백, 분열, 극단적인 사회적 위축, 자해, 자살경향성을 포함한다. 이러한 모든 증상들은 치료 후에 개선되었다. 플래쉬백과 분열은 제거되었다.
- 42세 남성은 살인 미수로 10년 동안 수감되었다. 그는 어머니의 폭력적인 남편(새아버지)을 죽이려고 시도했다. 그의 외상 후 스트레스 장애(PTSD) 증상은 플래쉬백, 수치심으로 인한 정상적인 생활 어려움, 사회적 고립과 약물 남용을 포함한다. 치료는 그의 범죄 성폭행을 좀 더 균형적인 시각에서 바라보고 나아질 수 있도록 하였다. 중요한 것은 20년 동안 다른 공격성을 보이지 않았다는 것이다. 그러나 그는 자신을 상습범으로 여기고 있었다.

결 론

요약하면, 외상 후 스트레스 장애(PTSD) 치료를 제공하기 위해 자해 내담자, 임상가 그리고 주위 사람들은 다음과 같이 할 필요가 있다.

- 외상 후 스트레스 장애(PTSD) 증상군을 알아라(침습, 각성, 회피).
- 자해가 위의 세 증상군과 어떻게 연관이 있을 수 있는 지와, 실제로 자해를 다루는 데 세 증상군을 어떻게 사용할 수 있을지를 이해하라.
- PTSD에 대해 지속적 노출 치료(PET) 또는 인지 재구성(CR) 중 하나를 사용하라. 두 가지 모두 선호되며, 근거기반중심의 치료이다.
  ○ 지속적 노출 치료(PET)는 외상 후 스트레스 장애(PTSD)에 효과 있는 것으로 가장 큰 실증적인 지지를 받는다. 이것은 (1) 정보 수집, (2) 호흡 재훈련 교육, (3) 트라우마에 대한 일반적인 반응 설명, (4) 심상 노출 실시, (5) 실제 노출 제공에 중점을 둔다.
  ○ 외상 후 스트레스 장애(PTSD)에 대해 인지 재구성(CR)은 자세한 트라우마적 기억의 회상을 견딜 수 없는 사람들에게 권장되는 비노출기반 치료로 경험적인 지지를 받는다. 이는 외상 후 스트레스 장애(PTSD)증상의 형식적인 평가 후에 (1) 호흡 재훈련 교육, (2) 트라우마에 대한 일반적인 반응과 심리교육 제공, (3) 역기능적 사고와 트라우마로부터 파생된 신념을 다루기 위해 인지 재구성(CR) 5단계 사용으로 구성된다.

치료: 4단계

제17장

여러 자해 행동을 보이는 내담자 치료하기

사람들이 4단계 개입(Ⅱ.1 참조)을 필요로 할 때, 그들은 복잡하고 심각한 도전에 직면하게 된다. 이 책의 초판에서(Walsh, 2006), 나는 이러한 사람들이 "다수의 자기 파괴적인" 행동을 나타낸다고 여겼는데, 이는 그들이 다양한 직 · 간접적인 자해행동을 결합하여 실시하는 것을 의미한다(3장 참조). 예를 들어, 사람들은 반복적인 자살 시도, 이례적인/심각한 자해(다양한 수술 봉합 자국과 관련된 자해, 봉합된 상처를 다시 뜯는 자해, 생식기 자해, 이물질 섭취를 포함하는 자해 등), 그리고 일반적이고 치사율 낮은 자해와 같은 직접적인 자해 형태를 보이면서 간접적인 자해의 측면에서 사람들은 약물 남용을 하거나, 섭식장애를 보이거나, 다양한 위험 행동을 보이거나, 반복적으로 정신과 약물 투여 방식을 따르지 않을 수도 있다. 이러한 사람들은 말 그대로 "걸어 다니는 자해 행동 꾸러미(inventory)"라고 말하며, 그들은 치료하기 매우 힘들다. 이러한 사람들이 일반적으로 4단계 개입을 필요로 하는데, 이것은 이 장과 다음 장에 제시되어 있다.

위험 위계 수준의 필요

이러한 사람들과 작업할 때 치료자들이 흔히 하는 실수는 "내담자는 1개월 동안 자해 행동을 하지 않는다."처럼 치료 목표를 설정하는 것이다. 나는 병원,

개인 정신과 병동, 그룹 홈, 기숙학교에서 자문할 때, 치료 계획에서 이러한 목표를 설정하는 것을 반복해서 보아왔다. 이러한 유형의 목표에는 몇 가지 문제점이 있다. 첫 번째로, 그것은 너무 광범위하고 구체적이지 않다. 두 번째로, 그것은 많은 자해행동을 나타내는 내담자에게 갑자기 자해행동을 그만두게 하는 면에서 비현실적이다. 세 번째로, 이러한 목표는 모든 자해행동이 같은 정도의 중요성을 가지지 않았지만, 마치 똑같은 중요성을 가진 것처럼 다룬다. 매우 치명적인 행동들은 낮은 치명적인 행동들보다 더 중요하며, 따라서 다르게 다루어져야만 한다.

그러므로 나는 다수의 자기 파괴적인 행동을 보이는 내담자에게 "위험 위계"를 설계할 것을 권장한다. 위험 위계 설계의 기본적인 원리는 가장 치명적인 행동의 우선순위를 매기고, 그 다음으로 가장 위험한 행동을 차례대로 정하는 것이다. 매우 어려운 내담자의 위험 수준 예시는 표 17.1에 제시되어있다. 이 내담자는 내가 그녀의 자해행동을 관리하기 위해 상담을 해줬던 병원에 있는 28세 여성이었다. 그녀는 자살 시도를 한 내력이 있었다. 이것은 최고 우선순위로 매겨질 필요가 있다. 만약 그녀가 아래의 목록에 제시된 모든 행동들을 없애는 데 진전이 있다면 상당히 큰 성과였을 것이다. 그러나 그녀가 자신의 모든 자해행동을 동시에 다룰 수 있다고 생각하는 것은 비현실적이었다.

그녀의 거식증 문제는 두 가지 이유로 인해 두 번째로 높은 우선순위였다. 첫 번째로, 거식증은 심각하면서도 잠재적으로 삶을 위협하는 섭식장애이다. 게다가, Thomas Joiner(2005)는 이러한 진단을 받은 사람들이 다른 어떤 정신질환

표 17.1. 다양한 자해 행동을 보이는 내담자들의 위험 위계 수준

1. 자살 시도(목 조르기, 약물 과다복용 이력)
2. 거식증(현재 안정적인 몸무게이지만 때때로 금식, 구토)
3. 이례적이고 극단적인 형태의 자해(이물질 섭취, 상처 봉합 자국에 다시 상처내기)
4. 습관성 마약 사용(과거 정맥주사마약, 크랙 코카인 사용, 현재 제도적으로는 약에 취하지 않은 상태)
5. 중등도에서 극단적인 신체 위험을 감수하는 행동(움직이는 차에서 두 번이나 뛰어내림)
6. 일반적이면서 덜 치명적인 자해(긋기, 상처 입히기, 스스로 때리기)

의 진단을 받은 사람들보다 자살로 죽은 사람들의 비율이 높다는 증거를 제시하였다.

　9개월의 과정 동안, 자해 목표가 더 구체적이고, 명확하고, 현실적으로 됨에 따라, 내담자는 상당한 진전을 보였다. 그녀의 치료 팀과 함께 의논하면서, 그녀는 자신의 자살 시도, 거식증, 이례적인 자해행동(상처 봉합 자국에 다시 상처내기, 이물질 섭취)이 그녀가 지역사회로부터 버려지는 것을 막고 있었다는 것을 깨닫게 되었다. 그녀는 그녀의 팀과 함께 첫 번째로 자살경향성 그 다음에는 섭식장애 등의 순서로 작업하였다. 이 9개월의 기간 동안, 그녀가 그녀의 일반적이고, 덜 치명적인 자해를 그만두는 것은 우선순위가 아니었다. 왜냐하면 이것들은 그녀의 위험수준에 있어서 낮은 수준에 속했기 때문이다. 이것은 내담자에게 "완벽"해야만 하는 상당한 압박을 없앨 수 있었다(예를 들어, 어떠한 자해행동도 보이지 않아야 한다). 위험 수준 접근과 집중적인 변증법적 행동 치료(DBT)(아래 참조)를 함께 사용하여, 내담자는 1년 내에 기숙 치료 프로그램을 제공하는 지역사회로 돌아갈 수 있었다.

　위험의 위계 수준을 사용하는 실습은 다양하게 활용할 수 있다. 매우 다른 문제를 보이는 두 사례를 보자.

　　Emily는 19살 고등학교 특수반의 졸업반이다. 그녀는 자해, 머리 쥐어뜯기, 잦은 대마초 흡연 문제를 보였다. 치료사는 그녀가 어떠한 행동에 대해 다루고 싶은지를 물어보았고, 그녀는 머리 쥐어뜯기라고 대답하였다. 그녀는 자신의 머리에서 부분 탈모가 있는 것이 창피하다고 하였지만, 반면 다른 사람들의 눈에는 자해와 "대마초 흡연"만이 문제로 보였다. 치료사는 머리를 쥐어뜯는 것을 다루기 위해서 5주 동안 인지 행동 접근을 사용하였고, 이 접근은 성공적이었다(Keuther et al., 2001을 참조). 이러한 "성공" 후에, 그녀는 자해에 대해 작업하기로 결심하였다.

　　Samantha는 40세 여성으로 자신의 피부를 20년 동안 뜯었다. 치료를 시작할 때, 그녀의 신체의 다양한 곳에서 30개 이상의 상처가 있었다. 위험 위계를 사용하여 치료사는 신체의 어떤 부분을 가장 먼저 다루고 싶은지 물어보았다. Samantha는 가장 눈에 띄는 얼굴을 골랐다. 그 다음 그녀가 신체의 다른 부분을 뜯는 행동을 멈출 것이라 기대하지는 않고, 얼굴은 뜯지 않는 것을 목표로 하였다. 또한 그녀는 대체 기술을 부지런히 연습하였다(11장을 참조). 6주 이내에 그녀는 상처가 없는 얼굴이 되었다. 이 성공으로 들뜬 Samantha는 팔 그리고 다리를 다음 목표로 설정하였다. 남은 신체 영역은 그녀의 머리카락 선 아래였다. Sam은 1년이라는 시간 내에 그녀가 말하는 "뜯는 행동을 하지 않게" 되었다.

다양한 자해 행동을 보이는 내담자를 돕기 위해 광범위한 치료기법 사용하기

다양한 자해행동을 보이는 내담자와 작업할 때, 진전을 보이기 위해서는 공격적이면서 광범위한 치료가 필요하다. 두 가지 치료기법은 이 책의 앞부분과 18장에서 언급한 변증법적 행동 치료(DBT)(Linehan, 1993a; Miller et al., 2007; Dimeff, Koerner, & Linehan, 2007)와 회복지향 질병관리 프로그램(IMR; Mueser et al., 2006)이다. 내가 소속된 기관인 The Bridge에서 이 두 가지의 주요 증거 기반 치료를 적용한 방법은 간단하다. 만약 내담자가 만연한 감정 조절장애와 불안정한 대인관계로 어려움을 겪는다면, 우리는 변증법적 행동 치료(DBT)를 권장한다. 반대로 내담자가 반복되는 보상작용상실과 재발로 심각한 정신 질환의 증상(특히 정신병)으로 고통 받는다면, 우리는 회복지향 질병관리 프로그램(IMR)을 권장한다. 이 두 가지 치료는 아래에 간단히 제시되어있다.

변증법적 행동 치료(DBT)

변증법적 행동 치료(DBT)는 선불교의 마음챙김 수련으로 알려진 실증적으로 타당한 인지행동치료이다. 4가지 주요 부분과 함께 다양한 치료 기법을 가지고 있다. (1) 주 1회 매우 구조화된 개인 치료(행동 위계 목표와 일기 카드를 사용), (2) 주 1회 4가지 주요 기술에 초점을 둔 집단 기술 교육: 마음 챙김, 고통감내, 감정 조절, 대인관계 효율성, (3) 회기 중간 내담자의 기술 습득과 일반화를 돕기 위한 코칭, (4) 주 1회 변증법적 행동 치료(DBT)를 잘 배우고, 동료 지지와 수퍼비전을 받기 위해 구성된 치료팀 만나기. 이러한 치료 모드는 자기 파괴적인 내담자에게 자기방어적인 내담자에게 건강한 감정 조절과 대인관계 기술을 사용할 수 있도록 가르치는 것으로 구성되었다. 그렇게 함으로써 새롭고 향상된 삶을 성취한다-"살만한 가치가 있는 인생"(Linehan, 1993a). 또한 상담팀을 통해 치료는 "치료자를 치료"하기 위해서 구성되었다. 이는 변증법적 행동 치료(DBT)에서의 독특한 현상이다.

이러한 핵심 요소 목록에서 제안된 것처럼 변증법적 행동 치료(DBT)는 복잡하고, 집중적이며 광범위하지만 모두에게 의미 있는 것은 아니다. 다음은 Miller et al.(2007)이 쓴 청소년기 자살을 다루는 변증법적 행동 치료(DBT)에 대한 글이다.

> 변증법적 행동 치료(DBT)는 전형적인 양극성 기분장애 증상을 보이는 10대를 위한 것은 아니다. … 변증법적 행동 치료(DBT)는 급성 스트레스 요인에 따른 첫 자살 시도를 만드는 주요 우울증의 단일 삽화를 보이는 청소년을 위한 것도 아니다. … 우리는 변증법적 행동 치료(DBT)가 더욱 만성적인 감정 조절 곤란의 형태와 더불어 다양한 문제들을 함께 나타내며 자살 충동을 느끼는 10대에게 가장 적절하다고 믿는다.

다르게 말하면 변증법적 행동 치료(DBT)는 자해를 치료하기 위한 단계별 관리 모델의 3 또는 4단계의 내담자에게 특히 적합하다(II.1을 참조). 내가 소속된 The Bridge에서 우리는 매우 복잡한 자해 행동을 보이는 내담자에게 계획서에 따라 변증법적 행동 치료(DBT)를 사용하였다. 우리는 변증법적 행동 치료(DBT)를 감정적으로 문제가 있는 청소년(18장을 보라), 주요 정신건강의 어려움을 겪는 전환기, 발달지체 성인, 뇌 손상과 신체장애가 있는 여성, 몇 년째 병원에 입원하여 심각하고 지속적인 정신 질환을 보이는 성인을 포함하여 매우 다양한 내담자들에게 사용한다.

변증법적 행동 치료(DBT)는 특히 다양한 자해행동을 보이거나, 극심한 감정조절장애와 관련된, 만성적으로 불안정한 대인관계를 보이는 사람들에게 대개 잘 적용된다. 성공에 이르는 몇몇 접근법은 18장에서 자살경향성을 보이고 자해하는 청소년들에게 기숙시설이 제공되는 변증법적 행동 치료(DBT)에 대한 논의부분에 제시되어있다.

질병 관리와 회복

다수의 자기 파괴적인 내담자의 경우에, 변증법적 행동 치료(DBT)의 반대는 회복지향 질병관리 프로그램(IMR)이다(Mueser et al., 2006). 이 치료는 보상 작용 상실과 재발하는 경향이 있는 심각한 정신 질환(특히 정신병)을 나타내는 사람들을 위해 설계되었다. 회복지향 질병관리 프로그램(IMR)의 잘 구조화되고 매뉴얼화된 접근법은 인지적으로 왜곡된 사람들에게 효과적이기 때문에, 이러한 사람들이 자해 행동을 줄이는 데 있어서 꽤 유용하다. 더욱이 회복지향 질병관리 프로그램(IMR)은 개인의 선택과 결정을 강조하는 회복 모델을 기반으로 한다(Mueser et al., 2006).

회복지향 질병관리 프로그램(IMR)에서는 세 가지 유형의 치료 전략이 있다. (1) 단기-장기 목표를 성취하기 위해 내담자를 돕도록 설계된 동기 전략 (2) 정신질환의 본질과 재발을 막기 위한 전략에 대한 기본적인 정보를 제공하는 교육적 전략 (3) 인지 행동 전략. 인지 행동 전략은 긍정적이고 부정적인 강화물의 사용을 통해 행동을 수정하는 것에 중점을 둔다. 목표 성취를 위한 행동 조성, 기술과 새로운 행동에 대한 모델링, 많은 연습, 역할극, 과제, 인지적 재구성(CR)(12장과 16장에서 설명된 것처럼).

회복지향 질병관리 프로그램(IMR)은 10개의 소단원으로 구성된 치료이다. 일반적으로 심각하게 손상된 내담자가 10개의 소단원 모두를 성취하기 위해서는 1년 또는 그 이상의 시간이 걸린다. 각 소단원에 대한 간략한 요약은 아래에 제시되어있다:

1. **회복 전략**: 이 단원에서 내담자는 희망 고취에 중점을 둔다. 회복을 위한 전략을 확인하고 사용한다. 개인적으로 중요한 목표를 찾는다. 그러한 목표를 이루기 위한 구체적인 계획을 세운다.

2. **정신질환에 대한 실제적 사실**: 이 단원에서는 미래에 대한 낙관적인 메시지를 제공한다. 내담자에게 정신질환을 가진 것이 내담자의 잘못이 아니라는 것을 확신시킨다. 내담자가 증상과 경고 신호를 확인할 수 있도록 돕는다. 정신질환이 있는 사람의 의미 있고 생산적인 삶을 예시로 제공

한다.

3. **스트레스─취약성 모델**: 이 단원은 스트레스와 생물학적 취약성이 어떻게 증상의 원인이 되는 역할을 하는지 설명한다. 치료가 내담자의 증상을 줄이고 목표를 성취할 수 있다고 설득한다. 치료 선택지에 있어 내담자가 익숙해지도록 돕는다. 내담자의 의사결정을 돕는다.

4. **사회적 지지 쌓기**: 이 단원은 사회적 지지의 장점에 대한 정보를 제공한다. 내담자가 자신의 사회적 연결망을 강화할 수 있도록 자신감을 심어준다. 내담자가 보다 많은 사람과 접촉하고 가까워지기 위한 전략을 선별하고 연습하도록 돕는다.

5. **효과적으로 약물 사용하기**: 이 단원은 정신질환의 약물의 장점과 단점을 포함한 정확한 정보를 제공한다. 내담자가 자신의 신념과 다양한 약물 복용에 대한 경험을 솔직하게 이야기하는 기회를 제공한다. 내담자는 약물 복용의 장점과 단점에 대해 생각해보도록 돕는다. 약물을 복용하기로 선택하는 내담자에게는 규칙적으로 약을 복용할 수 있도록 돕는다.

6. **재발을 줄이기**: 이 단원은 내담자가 촉발 요인과 재발의 임박한 초기 경고 신호를 확인 식별하도록 돕는다. 내담자가 재발 방지 계획을 세우도록 돕는다. 가족 구성원과 다른 지지적인 사람을 포함하여 내담자가 이러한 계획을 세우고 실행할 수 있도록 격려한다.

7. **스트레스 대처**: 이 단원에서는 내담자가 스트레스를 줄이고 스트레스에 효과적으로 대처할 수 있는 능력을 향상시킬 수 있도록 자신감을 심어준다. 내담자의 스트레스를 유발하는 인생 사건과 "생활 스트레스"를 식별할 수 있도록 돕는다. 내담자가 스트레스 원인을 예방하고 잘 관리하는 전략을 연습하도록 돕는다. 가족 구성원과 다른 지지적인 사람들을 대처 계획에 포함시키도록 격려한다.

8. **문제와 증상에 대한 대처**: 이 단원에서는 내담자가 자신의 문제와 증상에 효과적으로 대처할 수 있다는 자신감을 심어준다. 내담자가 경험하는 문제와 증상들을 확인하도록 돕는다. 문제해결과 목표 달성의 점진적인 방법을 소개한다.

9. **정신건강시스템에서 내담자의 욕구 충족하기**: 이 단원에서는 내담자가 자

신의 결정에 대해 자신감을 가지도록 한다. 내담자의 결정을 도울 정신 건강 서비스에 대한 정보와 이점을 제공한다. 내담자가 받고 있거나 받기 원하는 서비스에 대해 이야기하도록 돕는다. 효율적인 자기옹호 전략을 제공한다.

10. **약물과 알코올 사용**: 이 단원에서는 내담자에게 알코올과 약물이 정신 건강에 미치는 영향에 대한 정보를 제공한다. 약물을 줄이거나 중단하는 것이 어떻게 회복 목표 성취에 도움이 되는지 논의한다. 약물 사용에 대한 찬성과 반대 의견을 말하도록 격려한다. 약물 사용 중단을 희망하는 내담자가 목표 달성을 위한 3단계 계획을 구성하도록 돕는다.

회복지향 질병관리 프로그램(IMR) 지침서의 무료 복사본은 온라인에서 이용가능하다(http://store.samhsa.gov/product/Illness−Management−and−Recovery−Evidence−Based−Practive−EBP−KIT/SMA09−4463). 10개의 소단원 설명에서 명백히 본 바와 같이, 회복지향 질병관리 프로그램(IMR)은 내담자 개인의 선택, 그들의 회복 목표 확인, 역량강화에 중점을 둔다. 이러한 철학은 특히 개인의 선택이나 자유 없이 매우 엄격한 병원에 입원한 내담자에게 반향을 불러일으켰다. 내담자들은 종종 이전에 받았던 많은 치료 기법과 비교해 상대적으로 IMR을 유난히 자유로운 것으로 경험한다.

이 장은 한 개인이 보호시설입원과 자해행동으로부터 벗어나는 과정에서 회복지향 질병관리 프로그램(IMR)이 중심적인 역할을 한 사례를 예시로 끝마친다.

Zoe는 15살 이후부터 보호시설에 수용되어온 31세 여성이다. 그녀는 정신분열정동장애로 진단받아 보호시설에 오게 되었다. 그녀는 약물과다복용으로 인한 자살 시도, 빈번한 이물질 섭취 삽화와 머리 흔들기, 치사율 낮은 만성 자해 행동, 성적 위험행동 등으로 인해 주립병원에 오랜 기간 입원하였다. 입원환자로 Zoe는 변증법적 행동 치료(DBT)에 참여했지만, 그녀는 이것이 너무 엄격하다는 이유로 6개월 후 그만두었다. 또한 입원하는 동안, 그녀는 외상 후 스트레스 장애 (PTSD)치료를 위한 인지적 재구조화 (CR) (16장 참조)를 제공받았는데, 이는 그녀의 어린 시절 근친상간 학대로 야기된 증상들에 많은 도움을 주었다.

마침내 31살 때, Zoe는 핵심 치료 모델로서 회복지향 질병관리 프로그램

(IMR)을 사용하는 지역사회 기반의 단체 시설로 의뢰되었다. 회복지향 질병관리 프로그램(IMR)은 내담자가 자신만의 회복 목표를 정의하는 것부터 시작하기 때문에, Zoe는 바로 "빠져든" 상태가 되었다. Zoe는 자신의 촉발 요인, 경고 신호, 재발 행동을 확인하기 위해 지속적으로 회복지향 질병관리 프로그램(IMR)을 사용했다. 그녀는 대처 기술을 잘 사용하였지만 병원으로 돌아가는 것을 피하기 위해 직원들의 많은 도움을 필요로 했다. 지역 병원에서 가끔 단기간 입원하기는 하지만, Zoe는 현재 그 병원에서 나온 지 2년 반이 되어간다. 그녀는 "나는 회복지향 질병관리 프로그램(IMR) 없이는 이러한 성과를 낼 수 없었을 것이다."라고 말했다.

결 론

- 이 장은 다양한 자해 행동을 보이는 내담자에게 위험 위계를 사용하는 것을 권장한다. 위험 위계의 목표는 가장 치명적이거나 신체적으로 손상을 많이 끼치는 자해 행동을 한 번에 한 가지씩 목표로 한다.
- 다수의 자기 파괴적인 행동이 있는 사람들은 회복하기 위해 복잡하고 다양한 치료 기법이 요구된다. 두 가지 치료 기법은 변증법적 행동 치료(DBT)와 회복지향 질병관리 프로그램(IMR)이다. 각각의 치료들은 증거-기반이며 매우 구조화 되어있으며, 지침이 제시되어있다.
  - 변증법적 행동 치료(DBT)는 만연한 감정 조절장애와 만성적으로 대인 관계가 불안정한 내담자에게 특히 더 잘 맞는다.
  - 회복지향 질병관리 프로그램(IMR)은 정신병 또는 심각한 정신 질환을 가진 내담자에게 매우 적합하다. 이 치료는 개인의 역량강화와 자기결정을 중요시한다.

제18장

청소년의 자살 시도 및 자해를 대상으로 한 주거 치료

LEONARD A. DOERFLER와 ARIANA PERRY와 함께

이 장에서는 단계별 관리 모델의 4단계의 마지막 구성 요소를 제시한다 (II.1 참고). 단계별 관리 모델에서 일부 내담자들은 처음 세 단계의 시행에 응답하지 않는다. 이들은 외래 환자 기술 훈련, (외상 후 스트레스 장애(PTSD) 치료를 포함한) 인지 행동치료의 다양한 형태, 단기 입원, 방문 치료/가정 기반 치료 서비스가 효과적이라고 증명되지 않은 사람들이다. 이 장은 청소년들의 자해 및 그와 관련된 문제에 대한 주거 치료를 중점적으로 다룬다. 분명하게 말해두지만, 주거 치료는 덜 집중적인 치료가 실패했을 때에만 사용되는 치료이다.

"주거"라는 용어는 지역 사회 기반 그룹홈, 주거 치료 센터 및 특수 교육 기숙학교를 의미한다. 이 장에서는 법의학 또는 교정 시설에서의 자해 치료에 관해서 다루지 않으며, 이는 24장에서 검토될 것이다.

자해 행동에 대한 주거 치료는 자해 분야에서 가장 연구가 덜 된 부분 중에 하나이다. 나는 자해의 주거 치료에 대한 첫 번째 연구를 준비하면서(Walsh & Doerfler, 2009), 나는 입원치료에 관한 겨우 몇몇의 경험적 조사를 할 수 있었고, 그룹홈이나 기숙학교 환경에 관해서는 거의 조사를 할 수 없었다.

그룹홈/기숙학교를 제공받은 학생들과 청소년의 수가 1980년대 이래로 상당히 증가되어 왔기 때문에 그룹홈/기숙학교 대한 경험적 연구가 현재 없다는 것이 유감스럽다(since the 1980s Connor, Doerfler, Toscano, Volungis, & Steingard, 2004). 또한 "분석에 따르면, 주거 치료법의 성장이 입원 치료에 대한 감소로 이어지며, 환자들을 대상으로 한 주거 치료법이 정신과 입원환자 치료에 대한 대안으로 점점 더 주목 받고 있다고 제안했다"(Connor et al., 2004, p.498). 비싼 입원 치료비를 줄이기 위한 치료 관리의 등장과 이와 관련된 노력이 이러한 증가의 원인 중 하나이다. 관리 치료 전문가의 관점에서 주거 치료는 입원 환자 치료 비용에 대한 효율적인 대안이라는 것이다. 그러나 효과적인 치료 대안이 아직 확립되지는 않았다.

자해의 주거 치료에 관한 문헌

자해에 관한 임상 문헌에서 가장 초기에 인용된 많은 부분은 입원 환자 장면에서 비롯된 것이다(e.g., Offer & Barglow,1960; Podvoll,1969; Pao, 1969). 일반적으로 이러한 연구들은 정신분석적 관점에서 동기를 추측하여 행동 양식을 설명하는 형태이다. 이러한 연구들은 치료에 대해 상세히 논하지 않았다. 1970년대와 1980년대에는 주로 병원이나 집단 주거 장면에서 자해를 연구하기 위해 경험적 방법을 사용한 기초적인 수준의 노력이 있었다. 예를 들어, Ross와 Mckay(1979)는 대형 여자 청소년 기숙학교에서의 자해 유병률, 임상 연관성 및 관계 역학을 연구했다. 그들은 136명의 표본 중에서 놀랍게도 86%의 소녀들이 자해를 했으며, 더 극적으로는 사회적 전염병 사례 중 하나를 기록했다고 보고했다. Rosen과 나는 입원 환자와 집단주거환경 모두에서 청소년을 연구했고, 학대, 신체 소외 및 자해와 역사의 연관성을 보고했다(walsh & Rosen, 1988). 비록 우리와 Favazza(1987)는 자해 치료에 관해서 논의했음에도 불구하고, 치료 효과성에 대한 경험적 평가를 제공하지는 않았다.

최근에 와서야 연구자들은 자해와 관련된 치료 효과를 평가하고 있다. Muehlenkamp(2006)는 경험적으로 지지되는 치료법을 검토했고, 인지 행동 치료에서 변형된 두 개의 치료가 가장 광범위하게 평가 되어 왔다고 결론을 내렸다.

문제 해결 치료(Problem-solving therapy)(PST; D'Zurilla & Goldfried, 1971; D'Surilla & Nezu, 2001)와 변증법적 행동 치료 (DBT; Linehan, 1993a, 1993b : Miller et al., 2007). 문제 해결 치료(PST)나 변증법적 행동 치료(DBT)의 몇 가지 입원 환자 응용 프로그램만 경험적으로 평가되었다(오늘날까지는 그룹홈 또는 기숙학교의 지원자들은 존재하지 않는다).

Hawton과 동료들(1998)이 실시한 문제 해결 치료(PST)를 포함한 20건의 연구에 대한 메타 분석에서 Muehlenkamp(2006)가 지적한 바와 같이 대다수의 연구는 자해를 감소시키지 못하거나 통제집단 보다 더 나은 감소를 보이지는 못했다). 따라서 Muehlenkamp(2006, p.170)는 "전반적으로 문제 해결 치료(PST)의 효과에 관한 연구는 결정적이지 않다"는 결론을 내렸다.

변증법적 행동 치료(DBT)의 주거 치료 효과에 관한 결과는 꽤 기대할 수 있을 것 같다. 변증법적 행동 치료(DBT)는 원래 경계선 성격 장애(BPD)를 가진 여성 중 자살 충동을 겪는 대상에 대한 외래 진료로서 제시되었다. 변증법적 행동 치료(DBT)는 11장에 기술된 첫 번째 무작위 임상 시험(RCT)에서 정신과 입원, 자살극 시도, 자살극의 의학적 심각성 및 일반 치료(TAU) 대조 조건과 비교하여 치료 중단을 유의하게 감소시키는 것으로 밝혀졌다(Lindhan et al. , 1991). (참고: 여기에서의 변증법적 행동 치료(DBT) 자료와 다른 변증법적 행동 치료(DBT) 자료에서 "자살극"에 대한 조작적 정의는 이 책에 나와 있는 자해의 정의와 유사하지만 동일하지는 않았다. 자살극은 일반적인 형태의 자해뿐만 아니라 치명적이지 않은 약물 과다복용과 같은 행동을 포함한다.) 변증법적 행동 치료(DBT)에 대한 이런 첫 번째 평가 이후, 많은 추가 무작위 임상 시험(RCT)이 수행되었지만(Miller et al., 2007 참조), 아무도 입원 또는 공동체 주거 환경 구성에 관여하지 않았다.

나는 입원 환자 기준으로 자해 치료에 변증법적 행동 치료(DBT)의 효과를 평가한 3건의 비-무작위 임상 시험(RCT) 연구를 해왔다. Barley 등은(1993) 입원 환자에 대한 정신분석적으로 구성된 프로그램을 변증법적 행동 치료(DBT) 프로그램으로 탈바꿈 하려는 노력에 대해 설명했다. 130명의 환자를 대상으로 한 연구에서, 그들은 이전의 치료법과 비교하여 자살극의 현저한 감소를 보고했다. 그들은 또한 다른 입원 환자들과 비교해 (무작위 배정 없는) 변증법적 행동 치료(DBT) 서비스를 받은 집단이 자살극 비율이 유의하게 낮다는 것을 발견했다.

Katz, Dox, Gunasekara, Miller(2004)는 청소년을 위한 2주 입원 프로그램에 대해 기술했다. 그들은 Miller 등(2007)의 16주 외래환자 변증법적 행동 치료(DBT) 계획서를 이용하여 일주일에 두 번씩 개인 변증법적 행동 치료(DBT)와 일일 기술 훈련 그룹, 일기 카드 및 행동 분석 및 해결에 대한 분석을 제공했다. 표준화된 척도를 사용하여, Katz 등은 변증법적 행동 치료(DBT)를 받은 26명의 청소년과 일반 치료(TAU)를 받은 27명의 환자를 비교했다. 그들은 우울증, 자살 생각, 절망, 자살극적 행동, 입원 및 기타 변수를 검토했다. 그 결과, 변증법적 행동 치료(DBT) 그룹이 일반 치료(TAU) 그룹보다 병동에서의 행동 사고가 유의하게 적었다. 그러나 1년의 추적 관찰 결과, 변증법적 행동 치료(DBT) 환자와 일반 치료(TAU) 환자 모두에서 자살극적 행동, 우울증 및 자살 충동이 유의하게 감소하였다. 따라서 변증법적 행동 치료(DBT)가 어떤 독특한 효과가 있는지에 대한 결과는 모호하다.

Bohus, Haaf 등(2000)은 성인 여성을 위한 3개월 입원 프로그램에서 표준 변증법적 행동 치료(DBT)를 적용했다. 24개 표본 그룹을 치료한 결과 퇴원 후 1개월 내에 자해가 유의하게 감소했다. 이 연구는 통제집단을 사용하지 않았다. Bohus 등(2004)은 변증법적 행동 치료(DBT)를 받는 입원 환자를 대기자 명단/일반 치료(TAU) 그룹과 비교하는 후속 연구를 수행했다. 피실험자들은 정신과 의사로부터 1개월 후에 다시 평가받았고, 통제집단보다 자해가 유의하게 적었다(31% 대 62%). 그러나 31%는 여전히 상당 부분 자해하는 것으로 나타났다.

Miller 등(2007)은 입원 환자 환경에서 이러한 결과를 통해 "입원 치료가 자살 행동과 비자살성 자해 행동을 줄이는 데 효과적이라는 자료는 없다"고 결론지었다(p.33). 그러나 이 결론을 완전히 확신할 수 있다고 하기는 아직 여지가 있다. 비자살성 자해 치료에 있어 입원 환자 변증법적 행동 치료(DBT)의 효과를 뒷받침하는 무작위 임상 시험(RCT)은 없지만, 최소한 올바른 방향으로 나아가고 있는 몇 가지 희망적인 결과가 있다. 이는 청소년을 대상으로 한 지역사회 기반의 자해 주거 치료에 대한 논의로 이어진다.

자해의 지역사회기반 주거치료

위에서 언급했듯이 현재까지 그룹홈이나 기숙학교에서의 자해 치료에 관한 경험적 연구는 없다. 이는 그룹홈이나 기숙학교가 집중적이고 광범위한 치료를 제공할 수 있다는 점에서 불행한 일이다. 내담자들은 오랜 기간, 매일 많은 시간 동안 치료를 받고 있다. 이렇게 긴 치료 기간은 내담자가 자해 및 기타 자해 행위를 그만두는 방법을 배우는 데 도움이 되는 새로운 기술을 가르치고 연습할 수 있는 좋은 기회이다. 물론 주거 환경의 정도 또한 위험과 관련이 있을 수 있다. 감정적인 조절 장애를 가지거나 기능 장애가 있는 사람은 때때로 사람이 많이 모일 때 이러한 어려움이 악화될 수 있다. 이것에 대한 예시 중 하나는 20장에서 상세하게 논의되는 자해의 사회적 전염이다.

Connor 등(2004)은 "주거 치료는 모든 접근법에 적합한 하나의 차원을 넘어서는 발전이 필요하며, 특정 집단의 특정 요구에 대해서 보다 구체적이고 경험적으로 입증된 치료법을 개발해야 한다"고 주장했다(p.497). 이를 위해 내가 이사로 있는 비영리 서비스 기관인 The Bridge of Central Mssachusetts는 1999년에 그룹홈에서 증거에 기반한 치료를 시행하고, 다양한 내담자의 요구를 충족시키기 위해 맞춤화된 주택 프로그램을 지원하기로 결정했다. 우리가 만나게 되는 그룹 중에는 자살과 자해로 고통받는 청소년들이 있다. 자기 파괴적 환자 치료에 관한 문헌을 검토하면서 우리는 변증법적 행동 치료(DBT)가 우리가 봉사하는 청소년들에게 가장 유용한 방법이라고 결론지었다. 변증법적 행동 치료(DBT)에서 열심히 훈련받은 후에 우리는 십대들을 위한 포괄적인 "일반 치료(TAU)" 집단을 포괄적인 변증법적 행동 치료(DBT) 프로그램으로 변모시키는 프로젝트를 진행했다. 이 프로젝트는 프로그램의 구성 요소들을 간략히 설명한 후, 결과데이터의 일부를 참여자에게 제공하는 것으로 이루어져 있다.

The Bridge에서 시행하는 청소년을 위한 변증법적 행동 치료 (DBT)

2001년 5월 The Bridge는 13세에서 19세 사이의 청소년을 대상으로 10개의 침대가 설치된 Grove street를 개장했다. 이 프로그램은 중산층 주민들이 사는 지역에 자리한, 3층짜리 집에 위치해 있으며, 한 가족 형태로 이루어져 있다. Grove street에서 도움을 받는 청소년들은 감정을 조절하는 데 엄청난 어려움을 겪었으며, 충동적이고 자기 파괴적인 행동을 보였다. 그들은 종종 우울하고 불안하며 공격적이고, 약물 남용, 섭식 장애 및 주의력 결핍에 문제가 있었다. 이들 중 대부분이 정신과 병동에 여러 번 입원한 역사가 있다. 청소년이 거주지에 입소하기 위해서는 집중적인 임상 개입이 없다면 장애의 중대성이 악화될 것이라는 예후가 있어야 한다. 또한, 청소년이 가족과 함께 거주할 경우, 청소년이나 그 가족이 위험에 처할 수 있다는 문서화된 평가가 있어야 한다. 그리고 반드시 이보다 덜 제한적인 개입이 이전에 시도되었지만 성공적이지 않았다고 여겨져야 한다.

Grove street 프로그램은 표 18.1에 요약된 변증법적 행동 치료(DBT) 치료의 양식을 제안한다. 이 표는 Grove street의 변증법적 행동 치료(DBT) 조항이 Linehan(1993a)의 기존의 외래 환자 변증법적 행동 치료(DBT) 형식과 다르다는 것을 보여준다. 집중 훈련된 석사 수준의 풀타임 치료사는 프로그램의 개별 변증법적 행동 치료(DBT) 및 기술 교육을 제공한다.

표에서 알 수 있듯이 표준 외래 환자 변증법적 행동 치료(DBT)와는 다른 많은 수정 사항이 있다. 이러한 변화는 청년층 내담자의 정서적 그리고 행동적 도전과 발달 능력에 적용하기 위한 것이다. 예를 들어, 주의 집중력이 짧은 청소년은 2시간 30분짜리 1회기 보다 1시간 집단 상담에 훨씬 더 잘 적응할 수 있다. 또한 일반적으로 형식적이고 지시적인 교육보다 활동에 기반한 교수 기술이 더욱 효과적이다. 기술 연습 및 체득을 위한 연습에 더 치중하기 위해 변증법적 행동 치료(DBT) 목표에 기반한 행동 조절 point-and-level 방법이 사용된다. 모든 주거 지원 직원은 변증법적 행동 치료(DBT)의 타당화된 원칙들에 대한 교육을 받는다. 주거 지원 직원의 상담은 내담자들에게 받아들여졌다는 느낌을 전달하는 데 초점을 맞추는 동시에 내담자들이 문제 행동을 줄이고 삶의 질을 향상시키는 새로운 기술을 학습할 수 있도록 촉진시킨다. 기숙사는 가족 치료, 부모와 자녀가 공동으로 참여하는 기술 훈련도 제공한다. 치료와 퇴원 기간 동안에는 주거 환경에 대한 변증법적 행동 치료(DBT) 기술의 체득에 중점을 둔다. 청소년들과 그 가족들은 청소년들이 일상 속에서 주말에 가정에서 변증법적 행동 치료(DBT) 기술을 사용하도록 교육 받는다.

    이러한 수정에도 불구하고, 이 프로그램은 메뉴얼에 따라 변증법적 행동 치료 (DBT)를 제공하려고 노력한다. 표준 변증법적 행동 치료(DBT)와 마찬가지로 거주지의 개별 요법은 표준 변증법적 행동 치료(DBT) 목표에 초점을 맞추고, 각 청소년의 요구에 맞는 순환의 고리 분석 및 카드 일기를 사용한다. 또한 변증법적 행동 치료(DBT) 기술 교육은 Linehan의 외래 치료 일정과 일치하여 6개월 이내에 해당 설명서의 모든 기술을 다루고 있다.

표 18.1. **표준 외래 변증법적 행동 치료** (DBT) **대 Grove Street 변증법적 행동 치료**(DBT)

치료 양식	표준 외래 환자 변증법적 행동 치료(DBT)	Grove Street 변증법적 행동 치료(DBT)
개인 치료	외래 환자 임상의에 의한 제공	현장에서 임상의에 의한 제공
그룹 기술 훈련	임상의와 공동 리더에 의한 주도, 매주 2시간 30분 그룹 수업	임상의와 여러 명의 주거 상담자가 주도, 매주 2번 1시간 그룹 수업
일기 카드	내담자 자체 모니터	주거 직원이 구성원들을 매일 주도하고 모니터링
위기일 때의 코칭	임상의 (전화에 의한)	현장에서의 임상의와 주거 상담사
환경 구조화	비공식적, 필요에 따라	변증법적 행동 치료(DBT)를 목표로 하는 구조 기반 프로그램
가족 치료와 기술 훈련	Miller et al.(2007) 외에는 비포함	적어도 매달 현장에서의 가족 치료, 가족 구성원들은 DBT 기술들을 배우기
상담 팀	매주 팀의 모든 임상의	매주 변증법적 행동 치료(DBT) 임상의와 주거 직원
약물 요법, 사례 관리	필요로 하는 외래환자	현장에서 공급

Grove Street 프로그램(2001-2010)의 결과 데이터

내담자 특징

Grove street 결과(Walsh & Doerfler, 2009)의 본래의 간행물을 발표한 이래로 동료들과 나는 데이터 세트 및 분석을 업데이트했다. 이 데이터는 9년간의 프로그램 운영(2001-2010)에서 나온 것이다. 이 기간 동안 Grove street 프로그램은 66명의 청소년에게 서비스를 제공했다. 이 중 47명은 여성이고, 19명이 남성이다. 연령대는 13세에서 19세 사이이며, 평균 16.59세이다. 내담자들의 체류 기간은 1개월에서 26개월로 평균 10.03개월이다.

이 프로그램의 재정 지원자인 매사추세츠 정신 보건부(Massachusetts Department of Mental Health)는 모든 내담자들이 프로그램을 받을 권리가 있음을 밝혔다. 프로그램에 오는 66명의 내담자는 다음과 같은 분포를 형성하며, 다중 DSM-IV-TR 진단을 받았다. 주요 우울 장애(65.15%), 양극성 장애(I or II)(59.09%), 반사회성 장애(34.85%), PTSD(45.45%), 약물 남용 장애(16.67%), ADHD(43.94%), 불안 장애(16.67%), 섭식 장애(16.67%). 많은 내담자들은 5개 이상 진단을 받았으며, 이전 간병인이 이러한 내담자의 기능 장애를 이해하기 위해 애를 썼다는 것을 알 수 있다. Grove Street는 내담자에 대한 자체 진단을 제공하지 않는다(참고: 18세 이전에는 경계선 성격장애(BPD)로 진단하지 않기 때문에 경계선 성격장애(BPD)로 진단된 내담자는 없다).

Grove street는 변증법적 행동 치료(DBT)만을 기반으로 하고 있는데다가, 대기자 명단이 없기 때문에 서로 다른 치료 조건에 무작위로 피험자를 할당할 기회가 없었다. 결국 시간차 연구가 최선이었다. 우리는 통계 비교를 위해 대안을 생각해냈다. 우리는 프로그램 운영 초기에, 변증법적 행동 치료(DBT)의 두 가지 전체 과정에 참여한(그리고 대부분의 경우 완료한) 내담자들이 더 나아진 것으로 보이는 걸 알아차렸다. "과정"은 변증법적 행동 치료(DBT) 지침(Linehan, 1993b)의 모든 기술들을 다룬 6개월간의 치료로 구성되었다. 우리의 해석은 변증법적 행동 치료(DBT)의 첫 번째 회기에서 내담자가 일차적인 방법으로 기술을 배울 수 있었고, 두 번째 회기에서는 이러한 학습을 통합하고 일상생활의 기술을 보다 일관되고 효과적으로 적용할 수 있었다는 것이었다. 두 번째 회기에서는 퇴원 후 주거 환경에서 기술사용을 일반화할 수 있는 더 많은 기회를 제공했다.

그래서 우리는 두 집단을 비교하기로 결정했다. 1회 이상 변증법적 행동 치료(DBT) (여기서는 7개월 이상의 주거 보호로 정의)에 참여한 내담자 집단과 1회기(6개월 이하)를 받은 집단. 첫 번째 집단을 "변증법적 행동 치료(DBT)를 많이 받은 집단"이라고 한다. 프로그램 참여기간은 7개월에서 24개월로 평균 12.73개월이었다. 비교 집단은 "변증법적 행동 치료(DBT)를 적게 받은 집단"이라고 한다. 프로그램 체류 기간은 2개월에서 6개월로 평균 4.23개월이었다. 따라서 두 집단은 그들이 받은 변증법적 행동 치료(DBT)의 기간에서 크게 달랐다. 우리의 가설은 변증법적 행동 치료(DBT)를 더 많이 받은 내담자들이 모든 결과 변수에서 더 높은 효과를 보일 것이라는 것이었다.

변증법적 행동 치료(DBT)를 많이 받은 집단은 45명으로, 전체의 68%를 차지했다. 이 집단은 28명의 여성(62%)과 17명의 남성(38%)이 포함되었다. 인종은 백인 39명, 히스패닉 계 3명, 흑인 3명이었다. 변증법적 행동 치료(DBT)를 적게 받은 집단은 21명의 청소년으로 구성되었다. 19명의 여성(90%)과 2명의 남성(10%)이 있었고, 인종은 백인 14명, 히스패닉 6명, 흑인 1명이었다. 따라서 두 집단은 성별에서는 다르지만 인종은 꽤 유사했다.

변증법적 행동 치료(DBT)그룹 간의 차이점

우리는 다음으로 2x3 분산 분석을 사용하여 변증법적 행동 치료(DBT)를 많이 받은 집단과 변증법적 행동 치료(DBT)를 적게 받은 집단을 비교 분석했다. 우리는 세 번의 기간을 걸쳐 두 치료 집단을 비교했다. (1) Grove street에 등록하기 6개월 전, (2) Grove Street에서 초기 6개월, (3) 퇴원 후 6개월에 걸쳐 두 개의 치료 집단을 비교했다. 우리는 또한 세 가지 임상적으로 관련된 변수를 살펴보았다. (1) 정신병 입원, (2) 자해 사건, (3) 자살 시도. 우리는 이러한 문제들이 청소년들이 주거 보호를 받게 되는 데 중심적인 역할을 했기 때문에 선택했다.

연구 결과는 조사된 기간 동안 청소년들이 통계적으로나 임상적으로 유의미한 개선을 보인 것으로 나타났다. 집단 간 "치료" 효과가 일부 변수에서 발견되었지만 다른 변수에서는 발견되지 않았다.

정신병 입원 횟수

정신 병원 입원에 관한 연구 결과에는 상당한 영향이 있었다(즉, 세 기간 동안의 입원이 현저하게 감소). 또한 중요한 집단 효과가 있었다 변증법적 행동 치료(DBT)를 많이 받은 집단은 변증법적 행동 치료(DBT) 집단 보다 3배 기간 모두 더 많은 입원을 했다. 결과의 해석은 두 그룹 모두 치료 과정에서 동등한 개선을 보였지만, 변증법적 행동 치료(DBT)를 적게 받은 집단은 치료와 추적 관찰기간 동안 악화되기 시작했고, 계속 악화되었다. 그림 18.1은 정신병 입원에 대한 자료를 나타낸다.

그림 18.1 변증법적 행동 치료(DBT)를 많이 받은 집단 대 적게 받은 집단의 정신과 병동 입원환자 숫자

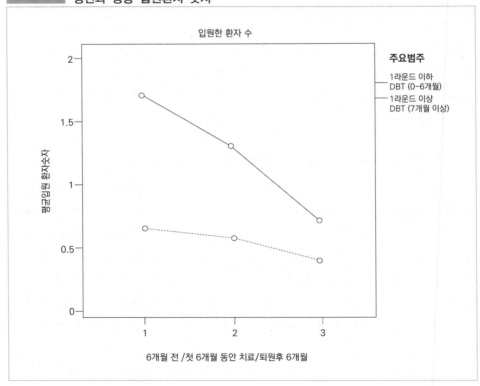

자해비율

자해에 대해서는 변증법적 행동 치료(DBT)를 많이 받은 집단과 변증법적 행동 치료(DBT)를 적게 받은 집단 사이에서 대한 유의한 차이가 없었지만, 시간에서는 유의한 효과가 있었다(자해 시도 횟수가 현저히 감소했다). 두 집단 모두 치료 기간에 관계없이 자해 시도가 비슷하게 감소했다. 꽤 주목할 만한 것은, 자해는 두 치료군 모두 6개월간의 추적 관찰 기간 동안 거의 0으로 떨어졌다는 점이다. 이러한 성공은 자해에 초점을 둔 연구 결과에서는 거의 없었다. 이에 대한 결과는 그림 18.2를 참조해라.

그림 18.2 변증법적 행동 치료(DBT)를 많이 받은 집단 대 적게 받은 집단의 자해 삽화

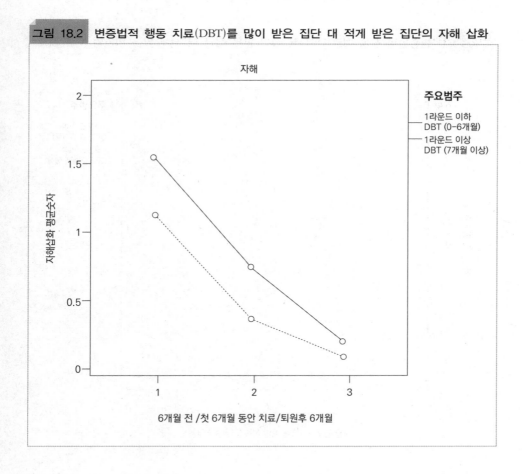

자살 시도 횟수

그림 18.3에서 보여 지듯이, 자살 시도 자료에서 나타나는 패턴은 자해비율 자료의 패턴과 동일하다. 시간(자살 시도 횟수의 유의한 감소)에 유의한 효과가 있었지만, 변증법적 행동 치료(DBT)를 많이 받은 집단과 변증법적 행동 치료(DBT)를 적게 받은 집단 간에 의미 있는 효과는 없었다. 이것은 두 변증법적 행동 치료(DBT) 그룹 모두 치료 과정에서 자살 시도가 비슷한 감소를 보였다는 것을 말한다. 게다가 6개월간의 추적 관찰에서 자살 시도 횟수는 거의 제로였다. Grove street에서 퇴원한 후 자살 시도(및 이에 상응하는 위험)가 극적으로 감소했다(변증법적 행동 치료(DBT)를 적게 받은 집단의 경우에도).

그림 18.3 변증법적 행동 치료(DBT)를 많이 받은 집단 대 적게 받은 집단의 자살 시도

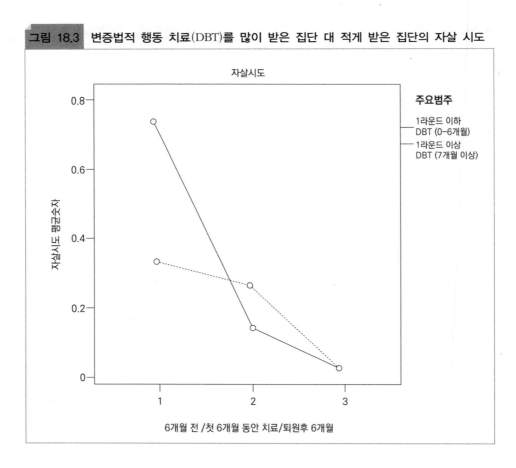

표 18.2. **Grove Street에 들어가기 전 6개월 동안의 거주 수준**

	1회 미만의 변증법적 행동 치료 (DBT)	1회 또는 그 이상의 변증법적 행동 치료 (DBT)
병원	n = 4 (19%)	n = 7 (16%)
차단된 주거	n = 10 (48%)	n = 14 (31%)
집단 주거	n = 5 (24%)	n = 10 (22%)
가족과 사는 집	n = 2 (10%)	n = 14 (31%)

표 18.3. **Grove Street에서 떠난 후 6개월 동안의 거주 수준**

	1회 미만의 변증법적 행동 치료 (DBT)	1회 또는 그 이상의 변증법적 행동 치료 (DBT)
병원	n = 7 (33%)	n = 1 (2%)
차단된 주거	n = 3 (14%)	n = 2 (4%)
집단 주거	n = 2 (10%)	n = 12 (27%)
가족과 사는 집	n = 9 (43%)	n = 30 (67%)

퇴원 후 거주

우리는 또한 변증법적 행동 치료(DBT)를 많이 받은 집단과 변증법적 행동 치료(DBT)를 적게 받은 집단을 비교하고, 사전 및 사후 단계에서 주거 수준에 따라 비교하는 분석을 수행했다. 결과는 표 18.2에 묘사되어 있다. Grove street 프로그램에 시작하기 전에는 양 집단 간에 주거 수준의 유형에 따른 큰 차이가 없었다. 이러한 차이를 보는 것은 두 집단의 수용 시점이 크게 다르지 않았기 때문에 중요했다. 즉, 프로그램 시작 전에 두 집단은 비슷한 거주 수준이었으며, 비슷한 수준의 기능 장애가 있었을 것이다.

그러나 Grove street을 시작한 후 처음 6개월 동안 거주 수준에 따라 통계적으로 유의미한 차이가 있었다. 표 18.3에서 볼 수 있듯이, 1회 이상의 변증법적 행동 치료를 받은 청소년은 가족과 사는 집(67% 대 43%)이나 성인 집단 주거지(27% 대 10%)에서 생활할 확률이 훨씬 높았다. 반대로 변증법적 행동 치료(DBT)를 1회 이하로 받은 청소년은 병원에 입원하거나(33% 대 2%) 차단된 주거환경(14% 대 4%)에서 생활할 확률이 더 높았다. 삶의 질에 대한 고려를 한다면, 변증법적 행동 치료(DBT)를 받은 내담자가 분명히 덜 비싼 치료 환경에서 살고 있었으며, 더 나은 경우, 가정에서 가족과 함께 살고 있었다.

결과 요약

비록 그 결과가 우리 가설과 완전히 일치하지는 않았지만, 변증법적 행동 치료(DBT)를 많이 받은 집단과 적게 받은 집단 둘 다에서 자해 및 자살 행동이 시간이 지남에 따라 유의미하게 감소했다는 사실은 기쁨을 주었다. 두 가지 유형의 자해 행동 모두 퇴원 후 6개월 만에 사라졌다. 이것들은 매우 고무적인 발견이었다.

변증법적 행동 치료(DBT)를 많이 받은 집단이 변증법적 행동 치료(DBT)를 적게 받은 집단보다 정신병 입원이 유의하게 적은 것으로 나타난 점은 우리의 가설과 일치하는 결과였다. 변증법적 행동 치료(DBT)를 많이 받은 집단이 적게 받은 집단보다 퇴원 후 6개월 동안 집 또는 덜 제한적인 치료 환경에서 거주할 가능성이 더 높았다. 이 두 연구 결과는 예측된 "투여량" 효과를 제안한다.

여기에 제시된 데이터에는 여러 가지 한계가 있다. 샘플은 매우 작았고(N = 66), 매사추세츠에서 이루어진 한 번의 치료 장면에서 수집되었다. 두 그룹을 치료 효과와 비교하였으나 무작위 배정이 없었다. 두 그룹의 성별 분포를 비교할 수 없었다. 또한 변증법적 행동 치료(DBT)를 더 적게 받은 집단이 더 역기능적 상태였다는 증거가 있었는데, 이들은 3차례의 모든 기간 동안 변증법적 행동치료(DBT)를 더 많이 받은 집단보다 더 높은 입원률을 보였다. 변증법적 행동 치료(DBT)를 많이 받은 집단에 대한 더 나은 결과는 두 집단 간에 행동 장애 및 기능 장애의 기존 수준에 차이가 있었기 때문일 수 있다. 변증법적 행동 치료(DBT)를 적게 받은 집단 내담자들은 적은 변증법적 행동 치료(DBT)를 받았기 때문이 아니라 그들이 실제로 더 장애가 심한 상태였기 때문에 더 좋지 않은 결과를 경험했을 가능성이 있다.

변증법적 행동 치료(DBT)를 많이 받은 집단에 대한 긍정적 결과에 영향을 줄 수 있는 다른 영향은 성숙 효과, 평균으로의 회귀 또는 알려지지 않은 기타 역사적/맥락적 영향이 있다. 또 다른 우려는 치료가 퇴원 후 6개월만 평가되었다는 것이다. 추가 평가는 퇴원 후 1년 및 2년 후에 수행되는 것이 이상적이다.

긍정적인 측면에서 보면, 현재 보고된 데이터와 그 결과는 한 걸음 나아갔음을 보여준다. 이 연구는 지역사회 주거환경에서의 자해 및 관련 문제 치료에 관한 첫 번째 연구이다. 이 연구 결과는 기숙사식 변증법적 행동 치료(DBT)가 높은 비율의 내담자들의 가족으로 복귀뿐만 아니라 입원율, 자해 및 자살 행동의 감소에 상당히 효과적이었기 때문에 고무적인 결과라고 할 수 있다. 이러한 기여는 많은 수의 자해 청소년들이 그러한 환경에서 치료되고 있으며, 이에 대해서 경험적 평가가 보장된다는 점에서 중요하다. 이러한 주거 환경에서의 향후 연구에는 보다 다양한 표본, 무작위 할당 및 통제 집단사용, 보다 정교한 통계 분석이 포함되어야 할 것이다.

주거 프로그램에서의 자해의 사회적 전염

이 장의 마지막 주제는 자해의 사회적 전염 현상이다. 방금 검토한 바와 같이, 주거 치료 환경의 한 가지 이점은 오랜 기간 동안 집중적인 치료가 제공될 수 있다는 것이다. 그러나 공동체 생활은 또한 문제가 악화될 수 있는 여지가 있다. 문헌에서 자주 보고되는 딜레마 중 하나는 자해의 사회적 전염이다. 이 주제는 20장에서 상세히 논의된다.

나는 20장에서 자해가 다음과 같은 차원에서 사회적 전염의 영향을 받을 것이라고 추측하고 있다.

- 인정에 대한 욕구(예: "나에게 주의를 기울여줘.")
- 처벌하고자 하는 욕구(예: "네가 나에게 무엇을 했는지 봐.")
- 관심 철회(withdreawal)를 원하는 욕구(예: "아마 이제 너는 나를 두고 떠날거야.")
- 다른 사람들을 조종하려는 욕구(예: "○○를 하지 않으면 자해를 할거야.")

- 간병인을 차지하기 위한 경쟁(특히 주거 치료 환경에서는 직원이 부족할 수 있음.)
- 혐오스러운 결과에 대한 기대(예: "다른 사람을 폭행하면 감옥에 가겠지만, 자해를 한다면 형벌은 적어질 거야.")
- 모델링에 의한 직접적인 영향(자해 행동은 명백한 우발적 상황 없이 모델링만으로도 영향을 받을 수 있다.)
- 억제력 상실(자해 행동은 다른 사람의 자해를 목격함으로써 발생할 수 있다.)
- 동료 경쟁(자해 행동은 자해에서 "최고"가 되기를 원해서 발생한다.)

이 목록의 처음 6개 항목과 마지막 항목은 Nock과 Prinstein(2004)의 기능적 접근 방식에 따라 개념화될 수 있다. 즉, 자해 전염에 대한 이러한 영향은 부정적인 사회적 강화(예를 들어, 타인의 관심이 철회되는 것 또는 혐오스러운 결과의 회피)와 긍정적인 사회적 강화(예를 들어, 주의를 받고, 다른 사람들을 강요하는 것)를 포함한다. 그러나 직접적인 모방 또는 억제력 상실과 같은 모델링 효과의 역할은 그들의 틀 내에서 이루어지지 않을 수도 있다.

그럼에도 불구하고 주거 환경에서의 자해 전염과 관련된 중요한 주제는 가능하다면 어떻게 예방할 수 있으며, 만약 발생했다면 어떻게 관리하는가이다. 21장에서, 학교 환경에서의 자해에 대응하기 위한 프로토콜과 그러한 환경에서 전염을 관리하고 예방하기 위한 기본 원칙을 논의한다. 동일한 원칙이 주거 프로그램 또는 입원 환자 환경에서 자해 전염을 예방하거나 관리하는 데 유용할 수 있다. 이제 이 원칙들은 주거 치료 환경에 적용된다.

1. 자해를 한 내담자들에게 동료 주거자들과 그 행동에 대해 이야기하는 것을 중단하도록 권장하십시오. 그러한 대화가 자해의 전염의 방아쇠가 될 수 있다고 이로 인해 "당신의 친구를 다치게 할 수 있다"라고 설명하십시오.
2. 대신에 이러한 내담자들은 그들의 자해에 대해 개인적으로 믿음직한 성인(예: 주거 상담자, 치료자 또는 부모)과 이야기해야 합니다.
3. 이 접근법의 맥락에서 주거 환경에서의 자해 내담자들은 상처, 흉터 및

붕대를 가리도록 권장받아야 합니다. 이러한 시각적 단서 또한 자해를 촉발할 수 있기 때문입니다.

4. 집단 치료 방법은 기술 훈련에 집중하고, 자해에 대한 논의를 피하거나 금지해야 합니다.

5. 개인 치료에서는 자해를 깊이 다루는 형태여야 합니다.

6. 이러한 정중한 요청을 거부하는 내담자들은 만약 그들의 행동이 자해의 감염에 영향을 준다고 여겨지면 주거 프로그램에서 부정적인 결과를 받을 수 있습니다(예를 들어, 그러한 내담자들은 '안전 수준'으로 떨어지거나, 권한을 잃을 수도 있고, 변증법적 행동 치료(DBT)). 복구 프로그램을 이수할 것을 요구받을 수 있습니다.

Grove street에서의 자해 전염에 관한 경험적 연구

Grove street의 변증법적 행동 치료(DBT) 프로그램에서 우리는 위에 열거된 6가지 원칙에 따르기 위해 노력했다. 이를 위해 프로그램에는 내담자들의 자해에 관한 의사소통에 대한 매우 명확한 규칙이 있다. 프로그램 내에서 내담자들이 자해에 대해 논의하거나 동료들과 상처 또는 흉터를 드러내는 것은 주요 규칙 위반이다. 또한 기술 훈련 집단은 자해 또는 기타 자해 행동에 대한 세부 사항을 논의하지 않도록 하는 엄격한 규칙이 있다. 그 대신 자해는 개인 변증법적 행동 치료(DBT)에서 일기 카드를 통한 데이터 수집을 통해 그리고 자해 행동으로 연결되는 과정 분석에 중점을 두어서 오랫동안 논의된다. 개인 치료에서의 문제 해결 및 기술 실습은 자해를 대체하기 위해 건강한 사고, 감정 조절, 고통 감내력 및 대인 관계 효율성 기술을 우선적으로 학습하도록 이루어져 있다. 프로그램이 자해 부상과 자살 시도의 비율을 줄이는 데 아주 성공적이었음을 나타내는 자료가 이미 제시되었다.

Grove Street 프로그램에서 자해가 발생했는지 여부를 측정하기 위해, 우리는 더 깔끔한 디자인을 재현하는 경험적 연구를 수행했다(Walsh& Rosen, 1985). 2년 반 동안 우리는 자해의 발생 또는 발생 여부에 대한 일일 자료를 수집했다. 우리는 그 다음에 자해가 통계적으로 특정한 집단에서 발생했는지 여부를 결정하기 위해 자해 사건의 분포를 분석했다. 그 결과 특정한 집단이 확인되지 않았다. 오히려, 자해에 영향을 미치는 행위의 분포는 전적으로 무작위적인 것처럼 보였다. 이전에 그룹 차원에서 자해 전염에 대한 문제가 있었다는 선행 연구 결과를 토대로, 자해의 사회적 전염을 예방하기 위한 위의 전략이 효과적이라고 결론을 내렸다.

결 론

- 자해를 당해 다른 정신 이상 행동을 보이는 일부 내담자들은 외래 환자 치료, 단기 입원 치료 또는 방문 치료/가정 기반 치료와 같은 개입에 반응하지 않는다.

- 그러한 내담자들은 고도로 전문화되고 집중적인 서비스를 제공하는 주거 치료에 반응할 수 있다.

- 이 장에서 설명하는 치료법 중 하나는 프로토콜에 따라 변증법적 행동 치료(DBT)를 제공하는 청소년을 위한 주거 프로그램이다.

- 이 프로그램의 결과에서 일부 데이터는 변증법적 행동 치료(DBT)가 청소년을 대상으로 한 서비스에서 정신 병원 입원, 자해 및 자살 시도를 줄이는데 효과적이었음을 보여 준다.

- 일부 긍정적인 결과는 변증법적 행동 치료(DBT)를 받은 횟수에 영향을 받았다는 "투여량 효과"에 기반을 둔다. 변증법적 행동 치료(DBT)를 더 많이 받은 내담자(7개월 이상)는 변증법적 행동 치료(DBT)를 적게 받은 내담자(6개월 이하) 보다 퇴원 후 집 또는 덜 제한적인 환경에서 사는 경향이 있다.

- 주거 환경은 치료 효과에 관해서는 아직 연구가 부족하다. 여기에 보고된 주거용 프로그램에 대한 연구 결과는 처음으로 발표된 것 중 하나이다.

- 주거용 프로그램에서 자해의 사회적 전염을 예방하기 위한 전략은 그러한 전략의 유효성을 제안하고 있는 일부 데이터를 토대로 검토되었다.

PART III

전문적인 주제들

 개관

Part I 에서는 자해에 대한 정의와 맥락을 검토했고, Part II 에서는 단계적 관리 모델(stepped-care model)에 따라 자해의 평가와 치료에 대해 논의했다. Part III 에서는 자해와 관련된 전문적인 주제들에 대해 살펴볼 것이다. 19장은 임상의들과 다른 전문가들을 위한 자가-치료에 초점을 두었다. 자해는 내담자를 돌보는 사람들(이하, 보호자들)에게 격렬한 반응을 불러일으키는 경향이 있는데, 부분적으로 이것은 종종 재발되는 신체적 위해가 포함되기 때문이다. 치료자들에게서 나타나는 스트레스 반응들은 자연스러운 것이며, 부정적으로 평가되어서는 안 된다. 더욱이 치료제공자들은 내담자와 협력할 때, 온정적이고 치료적인 틀을 유지하기 위해 자해에 대처하는 전략이 필요하다.

Part III 에서는 보호자들이 자해와 마주할 때 강렬하게 반응하게 되는 이유를 사례를 통해 알아본다. 20장에서는 청소년들 사이에서의 자해에 대한 사회 전염(social contagion)과 이러한 현상을 예방하기 위한 몇 가지 구체적인 전략을 논의한다. 학교 환경에서 자해에 대응하기 위한 증거 기반의 프로토콜은 21장에서 검토된다.

이 장에서는 매우 극심한 수준의 몇 가지 자해(self-harm) 행동을 상세하게 논의하며 책을 마무리하고자 한다. 여기에는 22장에서 Amy N, Brausch가 "기절놀이(choking game)"에 대해 다뤘던 전문적이면서도 실제적인 토론을 포함한다. Kenneth L. Appelbaum은 24장에서 자기 손상이 특히 심각할 수 있는 교정 장면에서의 자해에 대한 격렬한 토론을 제공한다. 또한 "심각하고 놀라운" 범주로 분류되는 이물 섭취(제23장)와 주요한 자해(제25장)에 대한 논의가 있다.

제19장

자해에 대한 반응 관리
치료자 및 기타 돌봄–제공자들을 위한 지침

Favazza(1998, p.265)는 많은 연구들에서 자해가 "기본적으로 역전이 중 하나"라고 언급해왔다. 나는 이 말이 다소 과장된 것이기를 바라지만, 자해가 도움 제공자들에게 극단적인 반응을 유발할 수 있다는 사실에 대해서는 의심할 여지가 없다. Linehan(1993a), Alderman(1997), Conterio와 Lader(1998), Hyman (1999), Farber(2000) 그리고 Shaw(2002)를 포함한 많은 연구자들은 자해하는 내담자들에 대한 치료 전문가들의 부정적인 반응에 대해 논의해 왔다. 그러한 반응의 한 예로, Alderman(1997)은 그녀의 첫 번째 자해 내담자와 한 작업에 대한 경험을 생생하게 묘사했다.

나는 자해 분야에 대해 어느 정도 연구했지만, 내담자의 팔에 들쭉날쭉하게 베여 새로 생긴 상처들을 본 것이 내게 큰 영향을 미쳤다. 나는 마치 내가 상처를 입은 것처럼 느꼈다. 나는 이 소녀가 스스로를 베기 위해 겪어야만 했을 그 엄청난 양의 고통을 상상했고, 매우 슬펐다. 나는 그녀가 자신의 고통에 대해서 그리고 자해를 할 때 무슨 일이 있었는지를 나에게 말해주기 원했다. 그녀가 다시는 자해를 하지 않는다고 나에게 약속해주기를 바랬다. 그녀가 자해하지 않도록 만들고 싶었다. 그러나 많은 치료적 관계에서 흔히 겪는 것처럼, 내가 원하는 것과 내담자가 원하는 것은 달랐다. 그녀는 계속 자해를 했다. 나는 계속해서 그

녀가 멈추기를 바랐다. 내가 원하는 것을 그녀는 하지 않았기 때문에 나는 결국
낙담하고 절망했다.

Alderman의 말은 이 주제를 시작하는 데 적절한 서문이다. 이 장은 자해에
대한 치료 제공자들의 부정적인 반응에 대하여 상당히 다양하게 검토할 것이
다. 이와 같은 반응들을 관리하는 방법에 대해서도 몇 가지를 제안할 것이다.
비록 이 장은 주로 전문가들을 위해 쓰였지만, 제시된 내용은 가족이나 의미 있
는 사람들과도 관계가 있을 수 있다.

이 책의 이론적 틀과 일치하는(6장에서 확인할 수 있다.) 자해에 대한 보호자
들의 반응은 생물심리학적 현상으로 개념화될 수 있다. 치료자, 간호사, 의사,
레지던트 상담자, 사례관리자, 교육자와 다른 전문가들은 자해에 관해서 신체
적, 심리적, 관계적으로 반응한다. 가장 크게 우려되는 것은 내담자에게 해를
끼치고, 치료를 저해할 위험이 있는 반응이다. Linehan(1993a)에 의해서 알려졌
듯이, "치료사의 방해 행동에는 의사에게 원인이 있는 행동뿐만 아니라 불필요
하게 환자를 고통스럽게 만들거나 치료의 발전을 더디게 하는 것들이 포함된
다"(p.138).

자해 내담자와 함께 작업했던 전문가들이 경험한 부정적 반응의 일부는 다
음과 같다.

- **생물학적 반응**: 자해에 대한 반응으로 치료자들은 '심장박동과 호흡의 증
  가, 구토, 가벼운 두통, 각성과 불안, 가끔씩 발생하는 불면증(episodic
  insomnia) 혹은 다른 심리적 증상'들에 대해 호소할 수 있다.
- **심리적 반응**: 이는 세 가지 요소를 포함한다.
  ○ 인지: 치료자들은 혼란, 방향성의 상실, 우유부단, 자해에 대한 경멸적
    인 판단; 치료에 대한 비관, 자신의 전문성에 대한 의심, 과장된 "구원
    자" 환상을 나타낼 수 있다.
  ○ 정서: 치료자는 불안, 공포, 충격, 혐오, 공황, 분노, 절망, 씁쓸함, 격노,
    슬픔, 낙담, 절망, 무기력을 나타낼 수 있다.
  ○ 행동: 치료자는 극도로 동정적이고, 감정적으로 변화되거나 불안한 반

응을 보일 수 있으며, 내담자에게(기술적 언어와 은어 모두에서) 비난 투의 언사를 쓰고, 안전 유지 계약을 이용하여 환자의 행동을 억압, 통제하고 소멸시키려는 시도, 철수, 회피, 다른 사람에게 사례를 인계하거나 치료를 종결하려는 시도, 내담자에게 지나치게 관여하거나 내담자의 자해에 사로잡혀 전문적 경계를 포기하는 반응을 나타낼 수 있다.

• **사회/환경적 반응**: 전문가들은 때때로 권리를 철회하거나, 학교 또는 치료 환경에서 중단시키는 것과 같은 방법으로 내담자의 자해 행동을 응징한다. 또한 전문가들은 불필요하게 내담자를 정신과에 입원시키거나 성인 내담자에게 중요한 타인이나 고용주에게 내담자의 허락 없이 접촉하여 비밀유지 조약을 위반하고, 혹은 다른 내담자에게 자해 내담자를 "피하라"고 경고함으로써 내담자의 치료 밖 삶에 부적절하게 개입한다.

이와 같은 생물심리사회적 현상은 단지 일부일 뿐이다.

왜 자해는 고통 속에 있는 사람들을 도우려는 훈련받은 전문가들에게 이와 같이 강렬한 반응을 일으키는 것일까? 치료자들과 기타 보호자들 또한 자해로 몸에 손상을 입히는 것에 대해 동일하게 거부 반응을 보이는 한 사람이다. 자해는 고통은 피하고 즐거움을 추구한다는 모든 인간의 자연적인 기대를 훼손시킨다. 대부분의 자해의 형태들은 즉시 조직의 손상을 일으키며 그것은 보기에 충격적이다. 피, 상처, 딱지, 흉터 그리고 봉합선들은 일반적인 인간의 몸의 형태를 훼손한다. 피 그리고 피와 관련된 체액들은 다른 사람에게 심각하고 심지어 치명적인 질병까지도 일으킬 수 있는 위험이 있다.

자해 상처와 마주하는 타인들은 대개 본능적이고 자동적으로 움츠러들게 된다. 의도적으로 자신의 신체를 손상시키는 사람들로부터 철수하거나 피하는 것은 인간 유기체에 각인되어있는 것일 수 있다. 그 행동이 심각한 자해 또는 자상(self-mutilation) 수준일 때, 피하려는 충동은 특히 강렬할 수 있다. 사람들이 자신의 눈, 얼굴, 가슴 혹은 생식기를 상하게 하거나 혹은 그들 스스로 의학적인 도움이 필요할 정도의 강력한 신체적 손상을 야기할 때, 거의 모든 사람들은 충격을 받게 되고 회피하려고 할 것이다(적어도 일시적으로라도).

그렇다면, 치료 제공자들은 그와 같은 당연한 부정적 반응들을 극복하고 대처하도록 배우려면 어떻게 해야 할 것인가? 그들은 자신들의 고통에 대처하고 치료 제공자로서의 역할을 수행하기 위해 각각의 생리심리학적 범위에서 일반적인 반응을 "고의적으로 잊을(unlearn)" 필요가 있다. 내담자는 전문가들이 온정적으로 그리고 치료적으로 그들의 파괴적 행동에 반응하는 것을 기대할 권리가 있다. 자해에 반응하는 효과적인 치료 제공자가 되기 위해서, 전문가들은 적어도 다음과 같은 기술들을 알고 활용할 필요가 있다.

신체적 자기 진정(physical self-soothing)

전문가들은 자신이 자해에 생리적으로 반응하고 있음을 느꼈을 때 스스로를 진정시킬 줄 알아야 한다. 이러한 차분한 상태를 얻을 수 있는 기본적인 방법은 11장에서 제시하였던 호흡법(그리고 다른 자기 진정 기술들)을 연습하고 사용하는 것이다. 호흡 기술은 호흡과 심장박동을 늦추고 신체적 평온함을 높이는데 유용한 것으로 알려져 있다(Foa & Rothbaum, 1998; Williams et al., 2007). 몸이 편안한 상태에서 치료자들이 불안감 또는 흥분을 느끼는 것은 어려울 것이다. 즉, 자해 내담자를 치료하는 전문가들은 그들의 내담자들이 치료 과정 중에 배우는 것과 같이, 자신의 감정을 다룰 수 있는 대체 기술을 활용할 필요가 있다.

인지적 재구조화

전문가들이 자해에 대한 부정적 반응을 관리하는 주된 방법은 인지적 자기 모니터링과 인지적 재구조화(CR)를 통해서이다. 강력한 생물학적, 정서적, 행동적, 사회/환경적 반응은 사고 과정을 통하여 시작된다. 만약 전문가가 일상적이고 치사율이 낮은 자해를 "자살위기"로 해석한다면, 내담자는 이러한 상황에 과민반응을 하게 될 것이다. 자신의 내담자들이 순식간에 "호전되기를" 스스로에게 요구하는 치료자들은 자해가 몇 달 동안 지속될 때 반드시 절망하게 될 것이다. 내담자가 반복적으로 자해하기 때문에 자신의 유능성에 의문을 품는 전문가라면, 비현실적인 기대를 수정할 필요가 있다. 청소년들과 성인들의 행동을 통제할 수 있어야만 하고 "그들을 호전시켜야 한다"고 생각하는 임상가들은 단지 불필요한 갈등과 주도권 싸움에 스스로를 놓아두고 있는 것이다. 냉정하고 인내심 있는 태도는 자해 내담자를 치료하는 데 있어서 중요하다.

많은 연구자들이 자해 내담자에 대한 부정적 판단과 행동을 다루는 데 있어서의 어려움에 대하여 이야기해왔다(Alderman, 1997; Favazza, 1998; Farber, 2000; Linehan, 1993a). 자해하는 내담자들이나 그들의 행동에 대해 언급할 때 전문가가 비난하는 말투를 사용하는 것을 듣는 것은 흔한 일이다. 나는 종종 보호자들이 다음과 같은 용어들을 사용하는 것을 들어왔다.

- "조종하는(manipulative)"
- "관심을 끌려는"
- "단순한 자살 제스처"
- "단순한 행동"(예를 들어, 환자가 정말로 화가 난 것이 아니라 단지 전략적으로 그 행동을 사용한다고 지적하는 것)
- "게임같이" 혹은 "게임을 하고 있는"
- "나쁜 경계선 장애"(예를 들어, 노골적인 정신과적 진단으로 환자를 모욕하는 것)
- "거짓인"
- "작위적인"
- "착취하는"
- "사회 규칙을 무너뜨리는"
- "사기꾼"

치료제공자들이 내담자에 대해 이러한 용어들을 사용하여 언급할 때, 그들은 내담자들에게 도움이 되는 방향에서 한참 어긋나 있다고 할 수 있다. 이러한 말을 하는 전문가들은 일반적으로 심각한 "동정 불감증(compassion fatigue)"에 시달리고 있다. 동료 수퍼비전 또는 정기적인 직원 상담 팀은(Linehan, 1993a) 이러한 치료자들의 좌절감을 줄이고 그들이 다시 정상으로 돌아오는 데 도움이 될 수 있다. 치료자들은 그들이 때때로 자해 내담자에게 부정적으로 대응할 수 있다는 것을 예상할 수 있어야 한다. 다시 말해서, 비생산적인 생각들과 감정들은 모두 피할 수 없는 것이다. 의식하지 못하거나 처리되지 못하는 경우가 아니라면 그러한 부정적인 반응들을 경험하는 것은 수치스러운 일이 아니다. 경험한 바에 의하면, 치료자들이 인지적이고 감정적인 수준에 있을 때, 즉 치료관계에서 행동으로 나오지 않을 때 이러한 부정적인 반응을 다루어야 한다.

만약 치료자가 자해 환자에 대한 반응으로 스트레스를 경험한다면, 나는 내담자에게 12장에서 제시했던 Mueser 외(2009)의 다섯 단계를 활용하라고 제안할 것이다. 이 단계들은 전문가가 다음과 같은 과정을 인식하도록 한다.

1. 정신적 고통을 유발시킨 상황. 예를 들어, "내 내담자가 계속해서 자해를 한다. 그리고 악화되는 것 같다."
2. 두려움, 실패, 절망과 같은 상황에 의해 생겨난 감정.
3. "그녀가 나아지지 않는 것은 내 탓이야. 나는 자해하는 사람들을 치료하면 안돼." 이러한 감정에 기반을 둔 생각.
4. 이러한 생각에 찬성 혹은 반대하는 증거. 찬성하는 증거의 예: "그녀의 자해 빈도는 4개월 동안 일정하게 유지하고 있어. 그녀는 나아지고 있지 않아." 반대하는 증거의 예: "나는 다른 자해 내담자들을 성공적으로 치료해왔어. 그리고 다른 내담자들도 시간이 걸렸어. 그녀는 다른 부분에서 나아지고 있을 거야."
5. 더 새롭고, 정확하고, 희망적인 생각들을 발달시키는 것. "나는 이 내담자에게 증거기반 치료를 사용하는 중이야. 그리고 열심히 작업하고 있어. 보통 시간이 걸리는 일이지. 내가 할 수 있는 모든 것은 그녀를 통제하는 것이 아니라 그녀에게 영향을 미치는 일이야."

정서적 반응 조절

내 생각에 치료자들은 자해하는 내담자와 관련한 세 가지 부정적 감정들을 경험한다.

1. 불안, 공포 그리고 이와 관련된 회피 감정들
2. 절망, 분노 그리고 이와 관련된 공격적 감정들
3. 슬픔, 낙심 그리고 이와 관련된 절망적이고 무력한 감정들

치료자가 해야 할 일은 그러한 정서가 발생하는 것을 인지하고 그것들을 치료적 반응으로 "바꾸는 것"이다. 예를 들어, 불안과 공포는 유용한 집중력으로 바뀔 수 있을 것이다. 불안과 공포와 같은 회피적 정서들은 임상가에게 위험에 대한 신호로 제시될 수 있다. 치료자는 자해를 평가하고 모니터링 하는 것에 있어 정교하게 그리고 적절히 대응하는 것에 의해 이러한 "경보 반응"을 생산적으로 사용할 수 있다. 과각성이 자해하는 행동의 세부 사항과 미묘한 차이들을 이해하기 위해 사용된다면 강점이 될 수 있다.

분노가 전략적으로 내담자를 돕고 문제를 다루는 데 도움이 되는 것으로 변화된다면, 이 또한 유용한 반응일 수 있다. 공격적인 정서들의 주요한 활용은 내담자가 유용한 대체 행동을 습득하고 사용하도록 돕는 데 있어 치료사에게 제공하는 에너지이다. 어느 정도의 사나움은 또한 내담자들의 자기폄하적인 인지와 자기혐오 감정들에 대해 온정적으로 도전하는 데 유용할 수 있다. 이것은 빈번하게 비합리적인 자기비난으로 고통받는 학대 생존자들에게 특히 해당되는데, 치료자들은 학대 가해자를 향한 적절한 분노를 본보기로 이들에게 제공할 필요가 있다.

치료자가 만든 슬픔과 낙담은 자해를 치료하는 데 어떤 역할도 하지 못한다. 내담자는 치료자의 약간의 비관적인 태도도 빠르게 알아차린다. 치료자의 부정적인 생각은 즉각적으로 내담자의 절망으로 이어진다. 낙담을 주도성(proactivity)으로 바꾸는 방법은 심리치료의 레퍼토리에서 이용할 수 있는 수많은 기법들로 돌아가는 것이다. 심리치료, 인지치료, 대체 기술 훈련, 신체 이미지 작업, 노출 치료를 포함한 치료적 개입의 스펙트럼은 치료자들에게 폭넓은 종류의 선택권을 제공한다. 이 모든 방법들이 어떤 치료효과도 확인되지 않은 채 고갈되어 버리는 경우는 매우 드문 일이다.

부정적인 행동들 다루기

Alderman(1997, p.196)은 자해와 관련하여 나타날 수 있는 치료자의 역효과를 낳는 행동의 광범위한 목록을 제시하였다.

- 상담에 늦거나 잊어버림
- 상담 중에 주의를 기울이지 않음
- 상담 중에 자해에 대하여 이야기하는 것을 거부
- 내담자에게 시비를 걺
- 내담자에게 판단하는 듯 한 말을 함
- 강압적으로 자해 계약서를 사용
- 입원한 내담자를 위협
- 부적절하게 치료비를 올림

나는 이러한 행동들이 자해 내담자들을 다루는 치료자들에게서 거의 일어나지 않기를 바란다. 또한 만약 치료 제공자들이 그들의 비난투의 판단(위의 CR 세션에서 언급되었던 것과 같은)을 빨리 인식했다면, 나는 내담자에 대한 그들의 행동이 절대로 위와 같은 정도까지 나빠지지는 않았을 것이라고 믿는다. 상담에서 치료자가 자신의 행동을 적절히 관리하기 위해서는 다음과 같은 "준수해야 할 규칙"들을 명심하는 것이 도움이 될 것이다.

- 자해는 일반적으로 자살이 아닌 자살 위기(suicidal crisis)로 다루어져야 한다. 만약 치료자가 자해에 관하여 목숨을 위협하는 위기가 아닌 걱정스러운 행동으로 보는 관점을 유지한다면, 치료자들은 더 침착하고 전략적이며 도움이 될 수 있을 것이다.
- 처음 자해에 대응할 때 가장 좋은 대인 관계 접근법은 내담자를 존중하는 호기심과 함께 절제되고 냉정한 태도를 취하는 것이다(7장 참고).
- 내담자는 자해를 통하여 정서 조절을 해왔기 때문에 자해를 포기하는 데 시간이 걸린다. 치료자는 내담자가 왜 자해를 이용하는지 이해해야 하고

참을성 있게 변화를 기다릴 수 있어야 한다.

- 자해를 포기하기 위해서 내담자는 자해만큼이나 효과적인 대처기술을 배우는 것이 필요하다.
- 치료의 핵심은 자해를 포기하는 것이 아니라 새로운 기술을 배우는 것에 있어야 한다. 더하는 것이 빼는 것보다 더 쉽다.

내담자의 환경에 적절하게 개입하기

자해하는 내담자들의 생활환경에 대한 개입은 일반적으로 긍정적이고 강압적이지 않아야 한다. 내담자는 자해로 인해 자책해서는 안 된다. 자해는 내담자가 치료를 찾아오거나 치료를 필요로 하게 된 바로 그 문제이다. 자해 행동은 불복종, 반항 혹은 도발의 종류로 인식되어서는 안 된다. 내담자의 생활환경에 대한 강압적인 개입은 드물어야 한다. 만약 자해가 자살이 아닌 것으로 적절하게 인식된다면, 환경에 대한 즉각적이고 보호적인 개입은 일반적으로 필요하지 않을 것이다. 내담자를 외래환자로 배정하는 개입이 일반적으로 더 적절하다. 가능한 한 항상 내담자의 생활환경에 대한 개입은 그들의 동의가 있어야만 한다. 그러므로 만약 치료자가 내담자의 배우자나 파트너 혹은 가까운 친구와 이야기하기를 원한다면, 내담자의 명시적인 서면 동의서(written permission)를 받아야 한다. 그러나 이 규칙에는 다음과 같은 몇 가지 예외가 있다.

- **미성년자의 자해**: 미성년자인 어린이나 청소년이 자해를 하였을 때, 그들의 부모나 보호자에게 즉시 이 사실을 알려야 한다. 학교 상황에서 자해하는 미성년자에 대한 자세한 협약은 12장에 제시되어 있다.
- **낮은 치사율의 자해와 같은 일반적인 행동을 넘어 비전형적이고 극심한 수준의 자해를 할 때**: 내담자가 자신들의 눈, 얼굴, 가슴(여성의 경우) 혹은 생식기를 자해할 때, 혹은 의학적 도움을 요하는 손상을 가한다면 그들은 (적어도 일시적으로라도) 치료에 있어 자신들의 권리를 내려놓아야 한다. 그러한 경우 정신과적 평가 혹은 입원치료와 같은 보호적 개입이 내담자의 안전을 위해서 추구되어야 한다.

- 자해가 악화되어 자살 행동으로 옮겨갈 수 있을 것 같은 상황: 이러한 상황 은 앞서 언급했던 상황들보다 훨씬 더 심각한 상황일 수 있다. 몇몇 상황에서, 빈번한 자해에 관여된 사람들은 그 행동이 "더 이상 효과가 없다 (no longer working)"는 것을 발견한다. 그러한 내담자들은 신체적 손상의 수준을 높이거나 혹은 몸의 다른 부분을 손상시킴으로써 위안을 얻고자 한다. 만약 이 방법 또한 위안을 주는 것에 실패한다면, 그들은 적극적으로 자살을 하기 시작한다. 이때야말로 보호적 개입이 필요할 시점이다.

결 론

대체로 치료자는 연민, 낙천성과 전문적인 기법들을 바탕으로 자해 내담자를 평등하게 대우함으로써 치료할 수 있다. 보호자의 직업적 정체성은 모두 내담자를 돕고 고통을 줄여주고자 하는 그들의 욕구를 기반으로 한다. 자해는 치료자로 하여금 과도한 목표의식을 부과할 수 있으나 전문가는 적절한 자기 관찰(self-monitoring)과 기법들의 사용으로 그 함정을 피할 수 있다. 부정적인 생각, 감정 그리고 행동들의 위험을 잘 알고 있는 것은 전문가가 치료 장면에서 역효과를 낳는 행동을 하는 것에 대한 예방적인 역할을 할 수 있다. 내담자는 생기 넘치고, 긍정적이며, 기법적으로 능숙한 치료를 받을 권리가 있다.

요약하자면, 전문가 혹은 치료-제공자가 다음의 내용들을 실천한다면, 자해 내담자에게 치료를 제공하는 데 효과적이다.

- 자해에 대한 부정적인 반응의 불가피한 위험에 대하여 인식한다.
- 자해에 대한 자신들의 인지적, 정서적, 행동적 반응들을 세심하게 관찰한다.
- 부정적 반응에 대한 조언으로 자해 내담자에 대한 비난 투의 언어를 경계한다.
- 치료에 임하기 전에 자해에 대한 비난조의 판단과 부정적 감정을 조절하고 발산한다.
- 자해에 대한 부정적인 반응을 효과적으로 다루기 위해 치료자도 내담자가 배우고 있는 것과 같은 기술을 연습한다.

제20장

사회적 전염과 자해

자해의 사회적 전염에 대한 주제는 Ross와 McKay(1979), Walsh와 Rosen (1988), Favazza(1999), Taiminen, Kallio—Soukainen, Nokso—Koivisto, Kaljonen, Helenius (1998), Farber(2000), Nock(2008) 그리고 Walsh와 Doerfler(2009)에 의하여 재검토 되는 등 오랜 역사를 가지고 있다. Rosen과 나는 자해 전염을 두 가지 방식으로 정의해왔다. (1) 24시간 이내에 같은 집단 안에 두 명 혹은 이상의 사람에게 자해 행위가 발생했을 때(Rosen & Walsh, 1989), (2) 자해 행위가 통계적으로 유의미한 무리의 집단에서 발생하였을 때(Walsh & Rosen, 1985). 이 두 정의는 다른 강조점을 가지고 있고 양립할 수도 있다.

사회적 전염 사건은 일반적으로 고아원(Hodin—Davis, 1914), 입원 시설(Offer & Barglow, 1960; Crabtree & Grossman, 1974; Kroll, 1978; Taiminen 외., 1998), 교도소(Virkkunen, 1976), 청소년 보호 시설(Ross & McKay, 1979), 그룹홈(Walsh & Rosen, 1985; Walsh & Doerfler, 2009), 혹은 특수 교육 학교(Rosen & Walsh, 1989)와 같은 기관 혹은 치료 환경에서 생활하는 아동, 청소년 혹은 젊은 성인에게서 보고되어 왔다. 공립학교, 대학교 그리고 일반적인 지역사회와 같은 일반적인 상황에서 자해의 전염은 아직 광범위하게 연구되지 않고 있다. 이러한 범위에서 발생하는 전염에 대한 몇 가지 비공식적인 보고만이 존재할 뿐이다(예를 들어, Walsh & Rosen, 1988; Farber, 2000).

비록 이 현상이 거의 100년 동안 하나의 이야기들로서만 보고되어 왔지만, Rosen과 나는 자해의 전염에 대하여 경험적 증거를 처음으로 제공하였다(Walsh & Rosen, 1985). 우리는 1년 넘게 지역사회 기반 치료 프로그램에 참여하는 25명의 청소년들을 연구했다. 우리는 다른 문제(예를 들어 공격성, 약물 남용, 자살 충동, 그리고 정신과 입원)와는 다르게 자해 행위가 통계적으로 유의하게 집단 안에서 발생한 것을 발견하였다.

Taiminen 등(1998)은 핀란드에서 우리의 연구를 반복 검증하였다. 그들은 1년여 동안 정신과에 입원한 51명의 청소년 집단을 연구하였다. 그들 역시 통계적으로 유의하게 집단에서 자해가 발생하는 것을 발견하였다. 그들의 연구 중에 특히 흥미로웠던 것은 두 명의 대상자가 정신과 집단 속에 있으면서 생애 처음으로 자해를 했다는 것이었다. Taiminen과 동료들은 가까운 청소년들 사이에서 발생하는 자해 사건의 대다수는 전염에 의하여 시작될 수 있을 것이며 이러한 자해는 이전에 자해에 무지했던 청소년에게 퍼질 수 있을 것이라고 결론지었다. 그러므로 치료 프로그램은 의인성(醫因性) 효과가 출현하는 전염의 온상이 될 수 있다. 도움을 받기 위해 정신과 집단과 같은 환경에 가는 환자들은 치료 대신 자해와 같은 새로운 문제 행동을 얻을 수도 있다. 이러한 위험은 전염을 더 잘 이해하고, 관리 및 예방할 필요성을 더욱 더 중요하게 만든다.

자해와 전염에 관련된 동기들

왜 자해를 하냐고 질문을 받았을 때, 사람들은 주로 개인적인 이유(내적 심리)가 가장 크다고 이야기 한다. 이런 개인 내적 설명은 대인관계적 혹은 자해의 전염과는 상반되는 것처럼 보인다. 예를 들어 Osuch, Noll과 Putnam(1999)은 자해를 하여 입원 중인 75명의 성인 환자들을 연구하였다. 그들은 자기보고식 자료를 수집하였고 요인분석을 통하여 자해하는 이유에 대하여 탐색하였다. 여섯 가지 요인이 다음과 같은 순서로 도출되었다. (1) 정서 조절, (2) 황폐함 (고립감과 공허함에서 벗어나고자 하는 욕구), (3) 자기 처벌 혹은 유사한 동기, (4) 타인의 영향, (5) 다른 사람을 통제하고자 하는 욕구, (6) 자기 자극. 처음 세 가지와 마지막 요인은 개인 내적 차원을 포함하는 반면 네 번째, 다섯 번째는 대인관계적 영역에 더 관계가 있다. 이 표본의 경우 대인관계적 이유가 상대적으로 덜 중요한 것처럼 보인다.

비슷한 맥락으로, Nock와 Prinstein(2004)은 자해를 예측하는 데 있어서 내적 동기가 대인관계적 요인보다 더 강력하다는 것을 발견하였다. 그들은 자해의 네 가지 주요기능을 제안하고 분석하였다. (1) 자동적 부적 강화(예, 불쾌한 자극 제거), (2) 자동적 정적 강화(예, 다른 형태의 고통이라 할지라도 더 기분이 좋은 것), (3) 사회적 부적 강화(예, 다른 사람으로부터의 처벌을 피하는 것), (4) 사회적 정적 강화(예, 다른 사람에게서 주의를 끄는 것 혹은 불행에 대해서 이야기하는 것).

Nock와 Prinstein(2004)의 표본은 정신과에 입원한 청소년 환자 108명으로 구성되었다. 이전에 적어도 한 번이라도 자해 행위를 했던 89명의 환자들을 표본으로 산출했다. 저자는 환자의 자기보고식 데이터를 기반으로 요인분석을 시행하였으며 "자동적 강화 기능과 관련된 문항들이 사회적 강화 기능과 관련된 문항들보다 훨씬 더 자주 지지됨"을 발견하였다(p.889). 이 자해 청소년들의 절반 이상이 "나쁜 감정을 멈추기 위하여" 자해 행동에 관여하였다고 보고하였다. 자동적 강화의 하위척도 문항은 참여자의 24−53%에게 지지된 반면, 사회적 강화의 하위척도 문항은 오직 6−24%만이 지지되었다. 연구자들은 참여자들이 "다른 사람들의 행동에 영향을 미치고자하는 이유보다 자신의 감정을 통제하기 위해서 더 자주 자해 행위에 관여한다고 보고했다"라고 결론지었다(p. 889).

Rodham 등(2004)은 고의로 자해 행위를 한 청소년들에 관한 그들의 연구에서 비슷한 결과를 보고하였다. 그들의 표본은 영국의 학교 환경에 있는 15세와 16세의 자해 청소년 220명을 포함하였다. 가장 자주 선택된 자해의 이유는 (8개의 선택사항 중에) 사실상 개인 내적인 것이었다. 여기에는 "나는 마음이 끔찍한 상태로부터 벗어나고 싶었다."와 "나는 나 스스로를 벌주고 싶었다."와 같은 문항들이 포함되어 있었다. "나는 누군가가 나를 정말 사랑하는지 알고 싶었다.", "나는 관심을 받고 싶었다." 혹은 "나는 누군가에게 겁을 주고 싶었다."와 같은 대인관계에 관련된 문항들은 훨씬 드문 빈도로 보고되었다. 저자는 자해하는 청소년들이 다른 사람과의 싸움에 반응하여 혹은 관심을 받기 위해서와 같은 대인관계적 이유보다 우울, 정서적 압력 증가, 문제로부터의 회피와 같은 이유가 훨씬 더 개연성이 있다고 결론지었다(Rodham 외., 2004).

이 결과들은 일반적으로 대인관계적 문제들이 자해에 덜 중요하다고 제안하는 것처럼 보인다. 그러나 Nock(2008)은 최근 연구에서 자해에 대한 사회적 강화의 역할에 조금 더 추가적인 설명을 덧붙였다. 그는 "적어도 상당한 소수 집단의 경우에는 비자살적 자해가 사회적 강화에 의해 지속된다."고 말하였다 (Nock, 2008, p.159). 그는 자해의 사회적 강화에 관련된 이론의 3가지 요소를 설명하였다. (1) 자해는 이야기하기, 소리지르기, 울기, 상처내기, 긋기 등과 같은 일련의 행동이 정점에 달한 것이자, 고통의 신호일 수 있다. (2) 자해는 힘의 표시일 수 있다(예, "나의 자해는 내가 위험하다는 것을 보여준다. 내가 무엇을 할 수 있는지 봐"). (3) 자해는 가치 있는 사회적 집단에 소속되고자 하는 욕구를 반영할 수 있다(예, 흔히 표명되는 말로, "자해하는 사람들끼리는 특별한 유대가 있다.").

그럼에도 불구하고, Nock는 자해하는 "상당수의 소수"에 대하여 여전히 이야기하고 있다. 이 구문은 지금 이 순간 자해가 만연한 미국의 공립학교와 대학에서 발생하는 많은 수의 밝혀지지 않은 정보들과 상충되는 것처럼 보인다. 위에서 인용된 경험적인 보고들과 자해의 전염과 관련된 지역사회 장면으로부터 나오는 입증되지 않은 정보들 사이의 불일치를 설명하기 위해 많은 설명들이 가능하다.

하나의 설명은 위에서 인용된 연구에서 사용된 표본에서는 전염 요소가 작용하지 않았을 수 있다는 것이다. 표본은 서로 강력하게 관계를 맺지 않는 사람들로 구성되었을 수 있고 그렇기 때문에 대인관계적 요인들이 두드러지지 않았을 수 있다. (외래환자만 입원 가능한 환경이거나 타인과 관계할 필요가 없는 학교들)

왜 이 자해 연구의 참여자들이 개인 내적 동기를 대인관계적 측면보다 강조하는지에 대한 또 다른 설명은 자기보고의 제한점과 관련되어 있을 수 있다. 사람들은 자해에 관해 두 가지 종류의 동기를 인정하기를 꺼릴 수 있다. 무엇보다도, 대부분의 사람들은 자신들이 고의적으로 타인의 행동을 모방했다는 것을 인정하지 않으려고 한다. 이것은 그 행동이 부정적이거나 병적으로 보일 수 있을 때 특히나 그렇다. 모방은 일반적으로 병약하고 지위가 낮은 행동으로 간주된다. 어린 나이부터, 아이들은 "흉내쟁이"가 되지 말라고 사회화된다.

또한, 사람들은 자해가 전략적이고 도구적이라는 것을 인정하지 않으려는 경향이 있다. 그들은 자신들의 행동이 타인을 "조종"하려는 의도가 있다는 것을 인정하기 싫어한다. 그러한 행동은 정직하지 못하며 남을 부당하게 이용한다고 비난을 받기 쉽다. 자해에 대한 훨씬 더 수용 가능한 이유는 심리적인 고통을 줄이기 위한 욕구이다. 감정 통제가 "흉내쟁이" 혹은 "책략가"로 보이는 것보다 더 선호되는 합리적인 이유이다. 고통은 연민을 일으킨다거나 모방과 조정은 혐오와 분노를 일으킨다는 이유를 든다.

전염을 지지하는 대인관계적 차원

대인관계적 측면은 전염의 사건에서 핵심적인 역할을 한다. 이러한 대인관계적 요인들은 적어도 4가지 유형의 행동 범위를 포함한다. (1) 제한된 의사소통 능력, (2) 다른 사람들의 행동을 변화시키려는 시도, (3) 보호자, 가족 구성원 혹은 중요한 타인에 대한 반응, (4) 추가적인 또래 집단의 영향.

제한된 의사소통 능력

인정받고자 하는 욕구

집단 내에 다수의 사람들이 자해하는 이유 중 하나는 그들이 효과적으로 의사소통하는 기술이 부족해서일 수 있다. 많은 사람들은 그들이 자신이 화가 났고, 슬프고, 불안하거나 우울하다는 것을 다른 사람이 알게 하기 위해 자해를 한다고 말한다. 왜 그들이 이러한 불편을 전달하기 위해 말을 사용하지 않는지 물었을 때, 그들은 자신들의 메시지의 강렬함을 전달하기에 말은 충분히 강하지 않다고 하며 언어적 의사소통을 무시한다. 그들은 다른 사람들이 그들의 고통을 정말로 이해하기 위해서는 의사소통이 반드시 간결하고, 시각적이며, 극적이어야 한다고 믿는다. 그들은 그렇게 하지 않으면 그들의 고통이 중요하지 않은 것으로 보이고 무시되거나 심각하게 받아들여지지 않을까봐 두려워한다. 혹은 Nock(2008)이 말했듯이, 몇몇 사람들은 말하기, 소리지르기 그리고 울기와 같은 덜 극적인 형태의 의사소통에 그들의 의미 있는 타인이 반응하는 것에 실패한 환경 속에 산다. 그들은 더 미묘한 종류의 의사소통이 비효율적이었기 때문에 무심코 자해를 할 수 있다.

벌주고자하는 욕구

때때로 자해는 공격이나 비난의 의도로 행해진다. 자해는 "당신이 나한테 한 게 뭔지 봐!"라는 극적인 표현일 수 있다. 자해 행동의 이런 형태에 수반되는 감정은 분노와 복수심이다. 이러한 유형의 동기에 대한 가정은 가까운 환경에 있는 타인들이 자해 행동에 대해 공포와 죄책감으로 반응 할 것이라는 점이다. 만약 다른 사람들의 반응이 무시하는 것이거나 심지어는 중립적이라면, 그 의사소통은 실패할 것이다.

다른 사람의 행동을 변화시키고자 하는 시도

관심 철회를 하게 하려는 욕구

많은 경우, 집단 내의 자해는 의사 전달 이상의 역할을 의도한다. 자해는 다른 사람의 행동을 변화시키고자 만들어진다. 몇몇 경우에, 그 목표는 관심 철회를 촉발하기 위해서 충격을 주고 불쾌하게 하는 데 있다. 예를 들어, 고등학교 5명의 소년들로 이루어진 또래 집단은 고딕 옷과 얼터너티브 음악, 그리고 폭력적인 비디오 게임에 대한 흥미를 공유한다. 이 집단의 주변에는 대마초를 얻기 위해 이 집단에 소속되기를 원하는 다른 남자들과 여자들이 있다. 기존의 다섯 집단원은 담배로 서로를 지지기 시작한다. 이것은 주변을 어슬렁거리는 사람들에게 겁을 주었고 그것이 바로 주요 집단원들이 의도했던 것이다.

억압하려는 욕구

자해는 다른 사람을 자신이 바라는 대로 행동하게끔 강요하는 데 효과적인 도구일 수 있다. 여기서 "강요"라는 용어는 Patterson(1975)이 정의한 것처럼 "고통을 가함으로써 타인을 조정하는 것"이라는 의미로 사용된다. 부모나 혹은 의미 있는 타인이 자신이 사랑하는 사람이 자해를 한다는 것을 인지하였을 때, 그들은 대개 공포 혹은 패닉과 같은 강력하게 고통스러운 반응을 경험한다. 부모는 그들의 자녀가 칼로 긋거나 불로 지진다는 것을 처음으로 인지할 때 신경질적으로 변할 수 있다. 그들은 자녀들이 그러한 행동을 하지 않도록 무엇이든 해야겠다는 절박한 감정을 느낄 수 있다. 몇몇 청소년들은 이러한 반응을 이용하기 위하여 자해를 선택할지도 모른다. 이 말은 이 청소년들이 완전히 의식적으로 혹은 고의적으로 자해를 한다는 것은 아니다. 오히려, 이것은 강요적 의사소통의 원초적인 종류이다. "내가 원하는 걸 해줘, 안 그러면!" 이라는 형태의 최후통첩이다.

보호 제공자, 가족구성원, 혹은 의미 있는 타인의 반응

보호 제공자의 자원을 위한 경쟁

무심코 자해의 전염을 강화하는 영향의 세 번째 범주는 보호 제공자를 대상으로 한 행동과 관련이 있다. 치료 장면에서, 보호 제공자는 직접적인 도움을 주는 직원, 치료사, 행정가를 포함한다. 그리고 가족에서 보호 제공자는 부모 혹은 다른 의미 있는 중요한 성인을 포함한다.

자해는 때때로 보호 제공자 사이의 희소 자원에 대한 경쟁 구도로 인해 부주의하게 강화되기도 한다. 전문가와 가족 구성원 모두는 많은 경쟁적 요구에 주의를 기울여야 한다. 자해는 사회적 환경에서 추가적인 관심을 얻는 데 매우 효과적인 수단일 수 있다. 자해를 무시하기는 어렵고, 보호 제공자를 곤란하게 만들기 때문이다. 염려하고 지지적인 방식으로 자해 행동에 관심을 주는 것은 자해를 강화시킬 위험을 증가시킨다. 그러나 자해 행동을 무시하는 것은 윤리적으로 의문이 들 수 있고, 몇몇 경우에는 자해 행동의 심각성을 증가시킨다는 보고도 있다(Offer & Barglow, 1960; Lester, 1972).

자해하는 사람은 일반적으로 보호 제공자가 직면하는 딜레마에 대해서 인식하고 있다. 몇몇 사람들은 그 상황을 이용하고자 자해를 선택하거나 혹은 자해 충동을 느낀다. 자해를 하지 않는 사람들은 자해가 의료 검사, 치료 예약, 기술 훈련, 추가적인 명상 그리고 그 비슷한 것들을 받는 결과를 낳는다는 것을 관찰하게 될지도 모른다. 자해를 통해 얻게 되는 이득에 따른 유혹은 상당한 수준이 될 수 있다. 전염 사건이 발생했을 때, 자해의 비율은 보호 제공자의 가용성이 감소했다고 인지함에 따라 치솟을 수 있다. 그들은 보호 제공자의 세심한 관심을 자신에게로 옮겨오기 위해 최근의 가장 심각한 자해를 하도록 동기부여될 것이다.

혐오스러운 결과들에 대한 기대

치료 프로그램과 같은 몇몇 장면에서 환자들은 혐오스러운 결과와 바람직한 결과를 구별하는 법을 배운다. 그들은 폭력을 행사하거나 약물 남용을 하면 치료 프로그램이 중지되거나 심지어는 퇴출당할 수 있다는 것을 깨닫는다. 반면에, 그들은 자해가 덜 급진적이고 덜 가혹한 결과를 초래하는 경향이 있다는 것을 깨닫는다. 그러므로 자해는 다른 방식으로 강화될 수 있다. 만약 내담자가 강력한 감정을 표현할 필요를 느낀다면, 법적인 결과 혹은 프로그램 내에서 신체적인 제재 때문에 그들은 폭력적인 것을 피하도록 배운다. 자해는 더 이익이 되고 전략적인 행동일 수 있다. 감정은 표출되지만, 그 결과는 적당하고 심지어는 위에서 논의되었듯이 우연히 긍정적일 수 있다.

추가적인 또래 집단의 영향

직접적인 모델링 영향

Bandura(1977)는 오래전에 몇몇 행동은 직접적으로 모델링을 통해 상당히 영향을 받는다고 밝혔다. 인간은 외적인 연속성이 없을 때에도 종종 다른 사람의 행동을 모방한다. 정서적 안정감이나 사회적 강화가 기대되거나 예측되지 않을 때에도 또래의 자해를 모방하는 청소년들이 그 예이다.

Berman과 Walley(2003)는 자해에 대한 전염 가설을 시험하기 위하여 흥미로운 실험을 수행하였다. 그들은 통제된 실험실 상황 내에서 다른 사람들과 함께 있을 때 자기 공격적 행동에서 자기 공격 모델의 영향력을 실험했다. 94명의 성인 표본은 허구의 상대와 경쟁하면서 반응 시간 내에 자기 자신에게 줄 충격의 정도를 선택할 수 있는 권한이 주어졌다. 참여자들은 경쟁자들이 점점 더 강력해지는 충격(자기 공격적 모델 조건) 혹은 지속적인 낮은 충격(비(非)자기 공격적 모델 조건) 둘 중에 하나를 선택하는 것을 관찰하였다. 결과는 사회적 정보가 자기 공격적 행동의 표현에 영향을 미친다는 것을 보여주었다. Berman과 Walley는 참가자들이 두 가지 모델 조건에서 상대방이 선택한 충격의 정도를 보고 모델의 충격과 일치하는 충격을 선택한다는 사실을 발견했다.

그러므로 집단 내에서 사람들이 자해하는 이유 중 하나는 직접적 모델링의 영향일 수 있다. 몇몇의 청소년들은 나에게 "나는 내 친구가 자해하는 걸 봤어요. 그래서 나는 '뭐 어때. 나도 해 보자.'라고 말했어요." 라고 말했다. 이러한 청소년들은 자해를 할 때 일어날 수 있는 만일의 사태에 대해서는 무관심한 것처럼 보였다.

탈억제

전염을 유발하는 데 중요한 역할을 하는 두 번째 집단 효과는 탈억제이다. 이러한 환경에서 한 사람의 자해 행동은 자해에 관련된 다른 사람의 억제 능력을 줄이거나 제거한다. 때때로 한 사람이 다른 사람에게, "자, 해봐, 좋을지도 몰라."라고 말하는 것처럼 사건이 발생이 인과적으로 명시적일 수 있다. 혹은 이러한 일들이 조금 떨어진 관찰을 통해서도 발생할 수 있다. 예를 들어, 한 사람은 "나는 그녀의 팔에 있는 상처를 보았다. 그리고 그녀가 할 수 있다면 나도 할 수 있다는 걸 알았다. 그녀가 특별히 강하거나 한 게 아니니까."라고 말한다.

또래 경쟁

자해하는 몇몇 청소년 집단에서는 경쟁이 발생할 수 있다. 개개인은 이용하는 도구의 종류, 신체적 위험의 정도, 외적으로 드러나는 수준, 상처의 수 혹은 자해를 시도한 신체 부위에 따라서 서로 능가하려고 시도 할 수 있다. 그러한 경우 인간의 전형적인 자기 보호의 본능이 뒤바뀌고 극단적인 행동이 지배하게 된다. 가장 흔한 예는 서로서로를 담배불로 지짐으로써 "담력 겨루기"를 하는 청소년들을 들 수 있을 것이다. "승자"는 가장 고통스러운 것을 참아내고 "포기"하는 것을 거부한 사람이다. 승자는 가장 강하고 용감한 사람으로서의 일정한 지위를 얻는다.

또래 위계의 역할

전염을 이해하는 또 다른 방법은 행동에 영향을 미치는 또래 위계를 이해하는 데 있다. Matthews(1968), Ross와 McKay(1979), Rosen과 나는(Walsh & Rosen, 1988) 모두 높은 지위의 선동자가 그룹 내에 자해의 전파에 역할을 할지도 모른다고 지적했다. 이러한 종류의 또래 영향이 집단 내에 존재하는지를 평가하는 한 가지 방법은 그림 20.1에서 제시된 것과 같은 소시오그램을 만드는 것이다. Rosen과 Walsh(1989)에서 논의되었던 것처럼, 그림의 각각의 상자는 특수 교육 학교에 등록되어 있는 지난 10개월 동안에 자해를 한 학생들을 나타낸다. 이 연구에서, "전염 사건"은 두 명 이상의 사람들이 24시간 내에 자해를 한 경우로 정의된다. 이러한 사건은 두 학생을 연결하는 선으로 소시오그램에 표시된다. 그림 20.1에서 볼 수 있듯이, 학생 8과 9는 가장 많은 전염 사건을 공유했다(10 달 동안 6번).

그림 20.1 10개월간 자해가 어떻게 전염되는지 보여주는 개략도

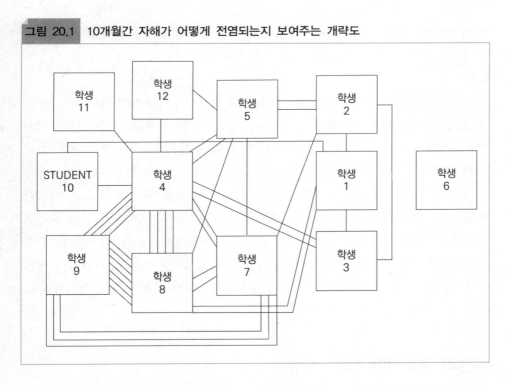

비록 몇몇 자해의 동시 발생은 우연이었을지라도, 만약 자해가 주기적으로 발생했다면, 대인관계적 요소들이 영향을 미쳤을 것이라고 생각한다. 이러한 결론은 우리가 학생들을 인터뷰할 때 학생들이 스스로 이야기했던 것을 통해서 지지되었다. 예를 들어, 학생 4와 7은 학생 8과 9가 그들이 존경하고 "함께 어울리기를" 바라는 사람들이라고 말했다. 그들은 "학생 8과 9 주변에 있을 때는

지겨워질 틈이 없어요. 걔네들은 사람을 미치게 해요."라고 말하면서 학생 8과 9가 그 환경 속에서 만든 "행동"들을 즐긴다고 보고했다. 학생 4와 7은 또한 그들이 자해를 할 때 학생 8과 9로부터 받는 집중을 즐긴다고 말했다. 그 기간 동안, 학생 4와 7은 전반적인 또래 그룹 내에서 더 수용되고 더 중요하게 느껴졌다고 보고했다.

또래 집단의 소시오그램을 구성하고 자해를 한 사람들로부터 보고를 듣는 것은 집단 내에 가장 지위가 높고 영향력이 있는 구성원을 특정 하는 것을 가능하게 해준다. 이 특정은 보호자가 전염을 관리하고 줄이기 위해서 집중해서 개입해야 할 사람들을 선별하는 것을 가능하게 한다. Taiminen 등(1998)은 입원한 청소년들에 관한 자신들의 연구에서 이와 같은 소시오그램 기술을 이용하였다.

Ross와 McKay(1979)는 아마도 역사에 남은 것 중 가장 강력한 전염 사건에서 전염을 분산시키기 위한 시도로서 비슷한 전략을 사용했다. 캐나다의 여자 소년원에서 수행된 그들의 연구에 따르면 투옥된 청소년들의 86%(136명 중 117명)가 적어도 한 번은 자신들의 몸에 상처를 낸 것을 밝혀냈다. Ross와 McKay는 소년원의 행정가들이 자해를 우발적 사건으로 조작하는 것과 같은 다양한 방법으로 전염을 분산시키려고 노력했다고 보고했다. 더 매력적인 상을 나누어 주거나 더 높은 수위의 처벌을 하는 것은 효과가 없었다. 사실, 전염은 더 심각해질 뿐이었다. 오직 직원이 또래집단 내에 높은 지위를 가진 리더에게 문제에 대해 개입을 하도록 "선임"한 것만이 성공했다. 또래의 리더가 개입하자마자, 전염 사건은 눈에 띄게 감소하였다.

집단의 응집력에 대한 소망

집단 내에서 자해 발생의 가속도가 붙는 또 다른 주요한 이유는 응집력에 대한 욕구 때문일 수 있다. 자해하는 많은 사람들은 긋거나, 지지거나 스스로를 위해하는 사람들 사이에 특별한 유대 관계가 있다고 말한다. 응집력의 원천은 내집단에 대한 태도와 외집단에 대한 태도 둘 다로 나타날 수 있다. 자해의 문제들을 공유하는 사람들은 대부분의 사람들이 기꺼이 받아들이려고 하지 않는 계단을 밟아 왔다. 일단 그 모임에 가입한 뒤로 그 구성원들은 강력하고 위험하며, 친밀한 독특한 경험을 공유한다고 느낀다. 그들은 아마도 살을 찢는 느낌이 어떠한지, 피로 무엇을 하는 것이 어떠한지, 혹은 어떻게 상처를 소독하고 깨끗이 하는지에 대한 세부정보를 공유할 수도 있다. 이러한 것들은 다소 외집단에 대한 배타적인 친밀감을 촉진시키는 대화들이다. 즉, 자해를 하지 않는 사람들은 참여할 수 없다. 자해 전염 사건에 참여하게 되는 사람들은 종종 본능적인 수준에서 서로의 고통을 이해한다고 믿는다. 그들은 "어느 누구도 손목을 그은 사람처럼 손목을 그은 사람을 이해할 수 없다"고 말할 수도 있고, 다른 어떤 사람도 그러한 동정적 지지를 할 수 없다고 말할 수도 있다.

전염 사건이 전개될 때, 종종 고조되는 흥분감이 발생한다. 집단 내의 사람들은 다른 수단을 통해서는 결코 성취될 수 없는 기분 전환과 친밀한 감정을 느낄 수 있다. 피할 수 없는 "충돌"이 발생하기 전까지 자해 전염은 심각하게 촉진될 수 있다. 자해 전염은 집단 내에서 진정으로 지속적이고 안정적인 친밀감을 제공할 수 없다.

자해 전염 사례

다음의 사례는 위에서 언급된 대인관계 역동의 많은 부분을 설명해준다.

몇 년 전, 나는 대학 라크로스 팀의 주장인 여성과 작업했었다. 동시에, 나는 같은 팀의 다른 팀원의 치료사인 동료와 함께 전화 상담 업무를 하였다. 동료가 없을 때 내가 이 내담자의 대체 치료사였기 때문에, 나는 제2의 내담자의 상황을 알게 되었다. 나는 라크로스 팀의 5명의 여성과 관련된 지속적인 자해 전염 현상에 대하여 알게 되었다. 이들 여성들은 성적인 친밀감에서부터 개인적인 친밀함까지, 또는 격렬한 다툼과 관계의 깨짐에 이르기까지 매우 격렬한 관계를 형성하고 있는 경향이 있었다.

이들 집단이 겪는 심리적인 고통의 주요한 척도들 중 하나는 자해의 빈도와 강렬함이었다. 이들 5명 모두 대학 생활에서 어느 시점에 자해를 한 경험이 있었다. 나의 내담자는 그러한 행위를 수백 번은 해왔다. 지금까지 그녀는 집단 내에서 자기 파괴적인 행위를 하는 것에서 선두 주자였다. 그 집단의 다른 사람들에 비해(나의 동료 내담자에 비해) 자해의 비율 정도가 적게는 2-3배에서 많게는 50배까지 많았다.

내가 Ms.O라고 불렀던 이 내담자의 치료 초기에, 이 집단 내에서 자해가 전염되기 시작했다. 자해군은 라크로스 팀이 게임에 진 뒤부터 형성되었다. 시즌이 시작되고 많은 복귀선수들이 포함되었고, 작년의 성적이 좋았기 때문에 이 팀에 대한 기대감이 높아져왔었다. 그럼에도 불구하고 팀은 처음 4경기 중 3경기를 패했다. 특히 짜증나는 것은 세 번째 패배였는데, 상대방이 눈에 띄게 약한 전력의 팀이었음에도 불구하고 패배한 경기였다.

패배한 날 저녁, Ms.O는 8번이나 그녀 자신의 팔뚝을 긋고, 종아리를 수십번 그었다. 이러한 행위 직후에 그녀는 기숙사의 홀로 걸어간 뒤, 그녀의 팀원들이 있는 방으로 들어갔다(모델링 효과). 팀원은 동료의 팔다리에 피가 흐르는 걸보고 놀라며 "무슨 짓이야?"라고 말했다. Ms.O는 "진절머리나. 팀도 엿같고, 기록도 엿같고, 무엇보다도 나 자신이 엿같아!!"라고 말했다. (이 진술은 Ms.O가 그 팀에서 최고의 선수임을 명백히 보여준다.) 그러고 나서 그녀는 울음을 터뜨렸다. 나중에 그녀는 나에게 이렇게 말했다. "몇 분 동안 울면서 나 자신을 불쌍하게 만들었어요(제한적인 의사소통 기술)." 그 때 Ms.O가 분통을 터트린 것은 집단 내에서 자해 경험을 두 번째로 많이 한 Ms.Z였다. 내 동료와 치료를 시작한 이후로 그녀는 몇 달 동안 자해를 하지 않았다. 그러나 그 날 저녁에 그녀는 4번이나 그녀의 팔뚝을 그었다. 그 이후에 그녀는 내 동료에게 설명하였다. "그많은 피를 보는 것과 울음소리를 듣는 것은 나에게 너무 많이 부담이 되었다. 나는 더 이상 내 자신의 감정을 억누르고 있을 수 없었다."(탈억제)

그 뒤 Ms.Z는 자해했다는 사실을 Ms.O와 다른 팀원에게 말했다. Ms.O는 Ms.Z가 자기가 아니었으면 자해 행동이 재발되지 않았을 것이라고 믿었기 때문에 죄책감을 느꼈으며, 그날 오후에 또 다시 몇 번이나 자해를 하였다.(제한된 대화 스킬: 경쟁, 응집을 위한 소망) Ms.Z가 말해준 또 다른 사람인 Ms.X는 빠르게 집단 내의 다른 2명의 팀원에게 말했다. "Ms.O가 미친 듯이 자기 자신을 긋고 있어." Ms.X와 다른 두 명의 팀원들은 Ms.O 곁에 모여서, 과장된 방법으로 그들의 걱정스러움을 표현하였다. 그들은 Ms.O에게 꽃을 가져다주고 점심을 같이 먹었다. 이러한 종류의 지지들을 통해 Ms.O는 점차 안정되어 가는 모습을 보였다. 그녀는 지나치게 많은 시간을 그녀를 집중적으로 지지해주는 그녀의 팀원들과 보내는데 썼다.(응집력 달성)

얼마 지나지 않아 Ms.Z는 소외감을 느끼기 시작했다. 그녀는 새롭게 끈끈해진 집단을 보면서 "문이 닫힌" 느낌을 느꼈고, 자신이 뭔가 잘못을 했는지를 고민하게 되었다. 이러한 소외감의 감정에 대한 반응으로 그녀는 자기 자신을 몇 번이나 자해하였고, 다른 두 명의 팀원들과 Ms.X가 이러한 사건에 대하여 확실히 알게끔 하였다(제한된 의사소통 기술; 희소 자원에 대한 경쟁). 그리고 나서 집단의 관심은 다시금 Ms.Z로 옮겨갔다. 팀원 중의 한명은 그녀가 '스트레스를 너무 많이 받는 것' 같아 보여 마사지를 해 주었다. 또 다른 한 명은 그녀에게 저녁을 만들어 주었다. "그 이후로 그녀는 모든 것을 멈출 수 있었다."

결국 팀 내에서 가장 자해 경험이 적었던 Ms.X와 다른 2명의 팀원들도 함께 있는 동안에 자신의 팔을 긁도록 결심하게 되었다(2번 혹은 3번 정도). (탈억제; 제한된 의사소통 기술: 희소 자원에 대한 경쟁, 응집에 대한 소망) 그들은 Ms.O와 Ms.Z에게 제공된 모든 지지에 의해 압도되는 감정을 느낀다고 보고하였다. 그들의 행동은 그 집단 내에서 주의를 끌려는 욕구를 쉽게 달성하기 위한 방법으로 보였다. 비록 그들은 집단 구성원들 내에서 낮은 지위에 있었음에도 불구하고 말이다.(응집력 달성)

이 이야기는 Ms.O의 또 다른 사건이 시작됨으로써 막을 내렸다. 모든 소란에 대한 결과, 그녀는 더 깊게 그었으며 그 결과 왼쪽 팔에 11개의 봉합선이 생기게 되었다. (탈억제, 경쟁) 자해에 의해 생긴 상처의 정도는 집단의 구성원들에게 충격을 주었으며, 자해의 행위로부터 물러서게 만들었다. 몇 주 동안 그 어떠한 추가적인 자해 행위도 발생하지 않았다.

이상하게, 라크로스 팀의 성적은 자해 전염이 발생한 뒤에 더욱 향상되었다. 그녀들 중 한명은 이렇게 말했다. "자신의 몸을 긋는 행위는 잘못된 것이에요. 하지만 이러한 행위가 우리를 다시 함께 하도록 만들었어요. 우리는 우리가 더욱 가까워진 이후로 팀으로서 더욱 잘 경기할 수 있었어요."

전염과 관련된 또 다른 흔치 않은 문제들

위장 전염(pseudocontagion) 사건들

때때로 위장 전염 사건이 발생한다는 것에 대해서도 알아둘 필요가 있다. 위장 전염 상황에서, 집단 내에서의 자해 사건은 대인 관계 문제보다 병렬적으로 진행되는 개인 내적인 딜레마로부터 터져 나온 것일 수 있다. 예를 들어, 또래 집단은 가장 좋아하는 선생님이나 직원들이 곧 떠난다는 것을 알게 될 수 있다. 만약 집단의 응집력이 덜 하다면, 각각의 집단구성원들은 상실과 관련하여 감정적인 고통을 독립적으로 경험할 것이다. 이러한 집단에서는 공통적으로 경험하는 상실에 대해 의사소통이 거의 이루어지지 않는다. 위장 전염 사건에서, 개인들은 공통의 촉발 요인의 경험으로 인해 동시에 자해를 시작한다. 이 사건은 상호작용적인 전염병처럼 보일지 모르지만 그렇지 않다. 오히려 이러한 현상은 동시에 병렬적인 방식으로 발생하는 각각의 독립적인 일련의 사건이다.

전자 통신 전염 사건들

상대적으로 최근의 현상들은 직접 만난 적이 전혀 없는 사람들을 포함한 전염 사건들이다. 이는 메시지 게시판, 채팅, 문자메시지, Youtube와 웹 사이트와 같은 전자통신 미디어들 덕분에 가능해졌다. 나는 종종 심리치료에서 채팅이나 페이스북에서 자해와 관련된 정보를 주고받기 위해 빈번히 대화에 참여하는 여러 내담자를 치료했다. 또 다른 사람들은 빈번히 Youtube에서 다른 사람들이 자해하는 영상를 보곤 하였다(Lewis et al., 2011 참조). 위에서 설명한 대부분 혹은 모든 전염과 관련된 메커니즘은 전자통신 환경을 통해 행동에 영향을 미칠 수 있음을 보여준다. 사용자들은 강렬한 감정을 공유하기 위하여 자해 사실을 드러낼 수 있으며(즉, "네가 이틀 동안이나 나의 메시지를 무시한 것을 믿을 수 없어! 나는 손목을 그어 죽어버리겠어."), 다른 사람들을 조종하며("네가 도와주지 않으면, 나는 자해할거야."), 다른 사람들이 모방할 수도 있는 영향을 미칠 수 있으며("난 항상 X-ACTO 칼을 사용해, 이게 아주 예리하거든"), 다른 사람들과 경쟁하고("그건 아무것도 아냐, 나는 12번 그어봤어."), 다른 사람의 소심함을 덜어줄 수 있다(탈억제)("오늘 네가 자해할 것을 알아. 그건 나도 자해를 할 수도 있다는 것을 의미해"). 우열 관계 또한 이러한 환경에서 나타나는데, 가장 강한 "확신"을 가지고 자해하는 사람들이 가장 높은 지위를 가지게 된다. 심지어 몇몇 자해를 시도하는 사람들은 스스로 자해 웹 사이트를 만들기도 한다. 대부분의 사람들은 이러한 웹 사이트가 다른 사람들을 지지하고 도와주기 위해 만들어졌다고 주장하지만, 사이트에 있는 내용들은 종종 치료에 도움이 되기보다는 자해를 더욱 유발시킨다.

아마도 전염 사건의 전자통신적인 형태의 주요한 특이성은 한 번도 만난

적이 없는 사람들 사이에서 이러한 일들이 일어난다는 것이다. 사용자들은 자해에 대한 폭로가 정확한 사실이라고 믿는 것 같아 보인다. 자해가 실제로 발생하였는지(심지어 사진에 찍힌 "증거"와 같이) 아니면 생생한 상상력에 의해 만들어진 것인지를 확인할 수 있는 방법은 없다. 이렇게 검증하기 어렵다는 특징은 이전에 면대면 집단에서는 있을 수 없는 일이었다.

결 론

- 자해의 사회적 전염과 관련된 복잡한 요인들을 이해하기 위한 궁극적인 목표는 그것을 관리하고 예방하는 방법을 배우는 것이다.
- 사회적 전염은 종종 미숙한 사회적 의사소통 기술과 또래 친구들을 모방한 결과이다. 이는 주로 청소년이나 젊은 성인에게서 나타난다.
- 전염 사건들을 이해하는 것에는 의도되지 않은 정적 혹은 부적 사회적 강화를 주의 깊게 관찰하는 것이 포함된다.
- 최근 들어, 인터넷은 자해의 사회적 전염에서 핵심적인 역할을 하고 있다. 자해를 평가할 때, 전문가들은 자해를 행하는 다른 사람들과의 개인적인 관계뿐만 아니라 인터넷(웹 사이트, 채팅, Youtube)의 영향 또한 같이 확인하는 것이 필요하다.

다음 장에서는 공립학교에서 자해에 대응하기 위한 프로토콜을 제시한다. 이러한 프로토콜의 주요한 목표 중 하나는 학교에서 발생하는 자해의 전염을 예방하는 것이다.

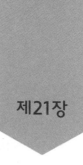

제21장

학교에서 자해를 관리하기 위한 프로토콜

    2006년 이 책의 영문판 초판이 출판된 이후로, 이 장에서 설명된 학교에서의 프로토콜은 Self-Injury Prevention Program developed by Screening for Mental Health and the Bridge(Jacobs, Walsh, & Pigeon, 2009)로 통합되었다. 이 프로그램은 2개로 구성되어 있다. 학교 직원들을 위한 매뉴얼과 교육용 DVD(아래에서 설명하는 프로토콜을 포함함), 고등학생들을 위해 만들어진 교육용 DVD와 토론 지침서이다. 학생들을 위한 DVD에는 젊은 배우들이 또래들 사이에서 자해에 관한 딜레마를 묘사하는 3개의 장 또한 포함된다. DVD에는 청소년들을 위한 교훈이 포함되어 있다. 만약 친구가 자해하고 있다는 것을 당신이 알게 된다면 친구에게 당신이 옆에서 지켜보고 있음을 알게 하고, 책임이 있는 어른에게 알려라(학교 상담사와 같은), 친구들과 자해와 관련하여 세부적인 이야기를 하는 것을 피해라. 이것은 다른 친구들이 그 행동을 하도록 유발하는 요인이 되는 경향이 있기 때문이다(예를 들어 반사회적인 전염 메시지 등).

    나의 동료와 나는 최근에 the Signs of Self-Injury Prevention Program (Muehlenkamp, Walsh, & McDade, 2009)을 평가하였다. 그 연구는 메사추세츠에 사는 274명의 청소년 표본을 대상으로 하였다(평균 나이 = 16.07세, 여성 51.5%, 73% 유럽계 미국인). 우리는 해당 프로그램이 의원성의 영향을 만들어 내지 않았다는 것을 발견하였다(즉, 이 프로그램이 자해를 유발한다는 어떠한 증거도 없었다).

우리는 또한 이 프로그램을 통해 자해에 대한 정확한 지식이 증가하고, 학생들 사이에 도움 추구 태도와 의도가 향상됨을 발견하였다(Muehlenkamp, Walsh, & McDade, 2009). 게다가, 학교 직원들은 해당 프로그램이 교직원들에게 잘 받아들여지고 쉽게 사용된다고 보고하였다.

이 프로그램은 그 때 이후 미국 전역과 독일 그리고 일본에서 사용되어 오고 있다. 그 결과 아래에 제시된 학교 프로토콜은 널리 분포되어 있고 사용되고 있다고 말할 수 있다. 이 프로그램과 관련한 정보들은 온라인에서도 확인할 수 있다(www.mentalhealthscreening.org/programs/youth-prevention-programs/sosi).

문제의 범위

21세기 초부터, 미국을 비롯한 국가들의 중학교와 고등학교에서는 학생들 사이에서 자해 사건이 폭발적으로 증가하는 것을 경험해왔다. 평균적으로 미국과 캐나다의 학교 및 지역 사회 표본에서 추정되는 청소년의 유병률은 15-20% 정도이다(Heath et al., 2009). 이러한 현상은 종종 높은 비율의 자해를 다루는 데 익숙하지 않은 학교 직원들에게 경각심과 혼란을 유발한다. 그러한 반응들은 충분히 이해할 만하다. 학교는 결국 배움을 위한 기관이지 정신건강 클리닉이 아니기 때문이다.

교직원들이 자해에 효과적으로 대응하기 위해서 여기서 제시하는 프로토콜과 같은 체계적인 접근이 필요하다. 해당 프로토콜이 효과적으로 적용되기 위해서는 직원들은 우선 몇 시간의 훈련을 받아야만 한다. 이 훈련은 적어도 다음을 포함해야 한다.

1. 교직원들은 직접적인 그리고 간접적인 자해(3장에서 언급되었던)를 포함한 전반적인 자기 파괴적인 행동에 대하여 배우는 것으로부터 시작한다. 첫 번째 평가의 일선을 담당하는 학교 직원들은 자기 파괴적인 행동의 전반적인 행동들에 대하여 이해하고 물어볼 필요가 있다. 이것은 현재 보이는 문제(예, 자해, 약물 남용, 섭식 장애)를 넘어서서 직접적인 혹은 간접적인 형태의 모든 자해 행동들에 대하여 물어보는 것을 포함한다(3

장 그림 3.2 참조). 이를 통해 직원들은 학생이 하나 혹은 그 이상의 자기 파괴적인 행동들을 하고 있는지를 파악할 수 있게 되며, 만약 하고 있다고 판단될 시, 그 학생이 즉각적인 개입이 요구되는 위기에 처해 있는지 아닌지를 결정할 수 된다. 많은 학교에서 예비 평가를 제공하는 역할은 사회복지사나 심리학자가 맡아서 하지만, 몇몇의 경우에는 상담사나 간호사, 심지어 학교 교감이나 교장이 대신 수행할 수도 있다.

2. 다음으로, 교직원들은 자해 행위를 자살 행동(1, 2장 참조)과 구별할 수 있게끔 훈련을 받아야만 한다. 그들은 어떠한 행동이 자살(예를 들어, 총기 사용, 약물 과복용, 목매달기, 높은 곳에서 뛰어내리기, 독극물 섭취 등)과 관련이 있고, 어떠한 행동이 자해(의도적으로 긋기, 화상, 찰과상, 때리기, 물기, 피부 벗겨내기 등의 형태)와 관련이 있는지를 알아야만 한다. 직원들은 전자의 행위들은 죽음에 이르게 할 수 있지만, 후자의 행위는 그럴 가능성이 적다는 것을 인지하고 있어야 한다. 학교 전문가들은 자해와 자살 행위 간의 구분이 불분명할 때마다 결정을 내리기 위해 항상 정신 건강 전문가들에게 의존해야 한다.

3. 직원들은 특정한 종류의 자해 행위들은 응급정신질환 서비스에 의해 즉각적으로 평가되어야 한다는 것을 이해하고 있어야 한다. 즉, 의학적인 치료(예를 들어 봉합)를 요구하는 심각한 조직 손상과 관련된 상처들 혹은 얼굴, 눈, 가슴 그리고 생식기와 관련하여 생기는 상처들을 포함한다 (9장 참조).

4. 직원들은 신체에 인위적으로 가한 변화(예를 들어 전문가들로부터 받은 문신과 한 신체 피어싱) 등은 자해와 똑같은 것이 아니라는 것을 인지해야 한다(5장 참조).

5. 직원들은 일반적인 자해 행위에 대응하는 최고의 방법은 차분하고 감정에 좌우되지 않는 태도와 정중한 호기심이라는 것을 알아야 한다(7장 참조). 행동들에 대해 병적으로 반응해서도 안 되지만, 묵살하거나 축소하거나 "정상화"해서도 안 된다.

6. 교직원들은 자해의 문제가 복잡하며, 생물학적, 환경적, 심리적인 요소들이 결합하여 나타난 행동이라는 것을 이해해야 한다. 자해와 관련된

행동들을 제거하기 위해서는 이러한 다양한 요소들이 다루어져야 한다 (6장 참조). 치료는 시간을 필요로 하며, 학교 직원들은 행동의 급격한 소멸을 기대해서는 안 된다. 학생들이 자해 행위를 중단하고 난 후에만 학교로 돌아오기를 요구하는 것은 완전히 비현실적이다.

이러한 다양한 교육 주제들이 직원들에 의해 제공되고 나면, 학교는 자해를 다루기 위한 프로토콜을 실행할 수 있는 수준에 있다고 할 수 있다. 서면의 프로토콜을 사용하는 것의 이점은 직원들이 자해가 발생하였을 때 어떻게 전략적으로 그리고 체계적으로 대응해야 하는지를 아는 데 있다. 만들어져 있는 프로토콜은 직원, 학생, 부모 모두를 편안하게 해줄 것이다.

아래에 제시된 프로토콜은 많은 학교 현장에서 효과적으로 사용되고 있다. 그러나 이것이 모든 학교에서 실행되어 온 "표준"을 대표하는 것은 아니다. 각각의 학교는 자기 자신에게 맞는 프로토콜을 결정하는 것이 필요하다. 이러한 프로토콜들은 각각의 교육적인 문화와 환경의 독특한 수요에 맞게 조정되어야 한다. 다음의 프로토콜은 자해를 포함하여 자기 파괴적인 행동을 평가하고 이에 반응하는 단계를 설명한다. 프로토콜은 직원들의 책임감과 가족들 및 학생들과의 예상되는 상호작용을 설명하고 있다.

자기 파괴적인 행위를 다루기 위한 프로토콜

1. 학교 직원들은 누구나 학생이 다음과 같은 행동을 보일 때 즉각적으로 학교에서 지정된 담당자(학교 사회 복지사, 지도 상담사, 심리학자 혹은 간호사)에게 연락을 취해야 한다.
   a. 어떠한 자살 충동 대화, 위협, "농담", 메모, 시, 다른 제작물, 삽화, 문자 메시지, 인터넷 게시글, 혹은 자살을 주제로 한 대화.
   b. 손목, 팔, 신체 절단 등의 어떠한 자해 행위, 긁기, 화상 혹은 때리기, 상처 떼기, 상스러운 자해 문신, 머리카락을 잡아당기거나 제거하면서 망가뜨리기, 과도하게 사고를 당하는 경향
   ※ 이러한 종류의 자해는 일반적으로 의도적인 자살 충동이 아니며 일반적으

로 죽음으로 이어질 가능성이 낮다. 그러나 이러한 행위들은 심각한 정신적 고통을 나타내며, 가능한 한 빨리 전문가의 평가와 치료가 요구된다.

c. 의도적 구토, 지속적인 단식, 눈에 띄는 체중 감소 혹은 증가, 다이어트 약 혹은 변비약의 사용 등의 섭식 장애 행동.

d. 다음과 같은 위험을 각오한 행동들에 관한 노출
- 물리적인 위험(예: 고속도로 걷기, 고가 철도 고가교 걷기, 높은 지붕의 가장자리에 걸터앉기)
- 상황에 따른 위험(예: 낯선 사람의 차에 타기, 늦은 밤 시간에 도시의 위험한 구역에서 혼자 걷기)
- 성적 위험(예: 많은 성적 파트너와 교제, 낯선 사람과의 안전하지 않은 성관계)

e. 평범한 청소년의 호기심을 넘어서는 중독이나 남용을 연상시키는 약물 사용 행위(예: 학교에 가기 전에 취하는 학생들 혹은 일주일에 몇 번씩 음주를 하거나 대마초를 피우는 학생).

f. 의사의 허락 없이 처방된 약의 중단

g. 걷잡을 수 없는 울음, 격정적인 분노, 빈번한 싸움, 사소한 일에 대해 극단적인 반응, 심각한 소외 혹은 극히 빈약한 위생 상태와 같은 심각한 감정적 고통이나 통제 장애를 암시하는 또 다른 행동

2. 학교 사회 복지사, 심리학자 혹은 간호사가 위에 열거된 행동들에 관하여 정보를 받으면 그는 매우 조심스럽게 학생에게 연락을 취하고, 외부로 유출되지 않게 조사할 것이다. 사회 복지사, 심리학자 혹은 간호사는 만약 관련된 학교 직원이 요청한다면 신원을 기밀로 유지해야 한다.

학생, 동료 그리고 학교 직원을 인터뷰한 내용으로부터 얻어진 정보를 바탕으로 아래와 같이 대처할 수 있다.

a. 만약 사건이 사소하거나 이미 해결된 것으로 여겨진다면 학생과의 인터뷰를 넘어서는 어떠한 조치도 없을 것이다. 학생이 만약 또 다시 스트레스를 받는 상황이 온다면, 나중에 사회 복지사, 심리학자, 혹은 간호사에게 연락을 하도록 권장될 것이다.

※ 사회 복지사, 심리학자, 간호사에게 연락을 취한 학교 직원들은 기밀이 유지되는 범위 내에서 가능한 한 빠르게 결과에 대한 조언을 들을 수 있다. 이러한 피드백들은 매우 중요하며, 그 결과 내용을 전해들은 직원들은 그의 제보가 개입으로 이어질 수 있다는 사실을 알 수 있다.

b. 만약 사건이 중요하고 추가적인 개입이 요구된다고 여겨진다면, 사회복지사, 심리학자, 혹은 ·간호사가 아이의 부모나 보호자를 즉각적으로 호출하여 상황에 대하여 설명하게 해야 한다. 가능하면 학생은 사회복지사, 심리학자 혹은 간호사가 부모나 보호자를 호출할 것이라는 사실을 미리 알 수 있다. 이러한 호출의 목적은 학생이 충분한 지지와 보호, 지원을 받고 있다는 사실을 확실하게 설명하기 위함이다. 사회복지사나 간호사는 그 호출이 징계나 처벌적인 목적이 아니라는 사실을 강조할 것이다. 또한 가능하면 학생이 대화의 내용을 구체적으로 알 수 있게 부모나 보호자에 대한 호출은 학생이 있을 때에 해야 한다.

c. 만약 학생이 위에 열거된 자해 행동 중 하나라도 하고 있다면 부모나 보호자는 학생을 돕기 위한 수많은 가능한 선택 사항들을 따르도록 요구된다.

- 학생 혹은 가족을 위한 외래 상담을 시작하기
- 심각한 인지적 혹은 감정적인 장애를 위한 항정신성 약물을 모색하기(예를 들어 우울, 강박 장애(OCD) 혹은 또 다른 불안 장애, 사고 장애)
- 학교 자체 시설에서 학생들이 추가적인 학업 및 상담 지원을 받는 것에 동의하기
- 사회복지사나 간호사가 학생을 돕는 외부 전문가와 의사소통할 수 있도록 학교에 정보를 제공하기

d. 사회 복지사, 심리학자, 혹은 간호사가 전문적인 도움을 받도록 추천했을 때 그는 그 요구대로 진행되고 있는지를 확인하기 위해 부모님이나 보호자에게 1주일 이내에 다시 연락을 할 것이다. 만약 어떠한 것도 행해지지 않았다면 사회복지사나 간호사는 도움을 받는 것과 조치의 필요성의 중대함에 대해 강조할 것이다. 반복적으로 학생의

정신 건강 욕구를 지원하는 조치를 취하지 않는 것은 주정부의 권한을 위임 받은 아동 보호 기관으로부터 부모 혹은 보호자에 대한 태만 또는 학대 신고를 가하는 근거가 될 수 있다.

※ 다시 말하지만, 사회 복지사, 심리학자, 간호사에게 연락을 취한 학교 직원들은 기밀이 유지되는 범위 내에서 가능한 한 빠르게 결과에 대한 조언을 들을 수 있다. 이러한 피드백들은 매우 중요하며, 그 결과 내용을 전해들은 직원들은 그의 제보가 개입으로 이어질 수 있다는 사실을 알 수 있다.

e. 만약 발생한 사건이 임박한 긴급 상황이거나 위기의 순간이라고 간주 되면, 사회 복지사, 심리학자, 간호사는 지역 정신과 응급 서비스나 경찰서에 즉각적인 검사 준비를 해야 한다. 예를 들면 학생이 해당 일에 약물을 과다 복용, 총 쏘기, 목매달기, 위험한 높이에서 뛰어내리기 등의 구체적인 계획을 폭로하는 경우를 포함한다. 그러한 상황에서 부모님 혹은 보호자는 위기의 순간이 통제되고 안정되자마자 그 상황에 대해 통보받게 될 것이다.

※ 반복해서 말하지만, 사회 복지사, 심리학자, 간호사에게 연락을 취한 학교 직원들은 기밀이 유지되는 범위 내에서 가능한 한 빠르게 결과에 대한 조언을 들을 수 있다. 이러한 피드백들은 매우 중요하며, 그 결과 내용을 전해들은 직원들은 그의 제보가 개입으로 이어질 수 있다는 사실을 알 수 있다.

자해에 대한 프로토콜 시행하고 사용하기

위에 제시된 프로토콜은 학교 직원들이 다양한 자해 행위에 대해서 일관된 반응을 보이도록 고안된 공식 언어를 사용한다. 실제 생활에서 프로토콜이 어떻게 사용되는지를 설명하기 위해 다음의 예시를 제공한다.

Amy는 14살이며 고등학교 1학년 학생이다. 어느 날, 그녀의 친구 Beth가 눈물을 흘리면서 학교의 사회 복지사 James에게 Amy가 그녀 자신을 긋는 행위를 해오고 있다고 이야기하였다. Beth는 다른 사람에게 말하지 않기로 Amy와 약속을 하였기 때문에 James에게 Amy의 긋는 행위에 대하여 말하는 것에 대해 자책감을 느낀다고 하였다. 그러나 Beth는 친구의 자살 시도 때문에 친구가 죽을 수도 있다는 것이 두려웠으며, 더 이상 이를 비밀로 간직할 수 없었다고 말하였다. 사회 복지사는 Beth에게 그녀가 옳은 일을 한 것이라고 다시 한번 강조하여 말하였다. 그는 Beth에게 긋는 행위가 대개 죽음으로 이어지지는 않으나, 심각한 고통의 표시라고 말하였다. 그는 Beth에게 지금부터는 이 일을 본인이 맡겠으며 Amy가 도움을 필요로 하는지 살펴보겠다고 하였다. 또한 그는 Beth에게 Amy와의 우정을 계속 유지하기 위해서 그가 들은 내용의 출처에 대하여 다른 사람에게 말하지 않겠다고 다짐하였다.

　한 시간 내에, James는 쉬는 시간에 Amy에게 다가가 함께 이야기하기를 제안하였다. 그는 농담 삼아 "걱정하지 마, 문제가 있어서 그러는 게 아니야"라고 하였다. Amy는 "잘못한 일이 없다"는 말을 듣고 안도감을 낀 것처럼 보였다. 그의 사무실에서, James는 Amy에게 그녀의 긋는 행위에 대해서 알게 되었다고 부드럽게 이야기하였다. Amy는 눈물을 흘리며 물어보았다. "누가 이야기하였나요?" James는 그것이 그녀의 자해 행위에 대해서 더 알아보는 것보다 중요한 사실이 아니라고 이야기하였다. 그러고 나서 그는 그녀의 긋는 행위의 유형을 조사하였다. 그는 그녀가 3개월 동안 왼쪽 팔뚝과 왼쪽 다리를 그었다는 것을 알게 되었다. 그는 그녀의 팔에 난 상처를 보자고 하였고, 조직 손상의 정도가 중간 정도이고 개수가 10개 이하인 것을 확인하고 안심하였다. Amy는 다리에 난 상처에 대해서 "여기도 팔과 비슷하고 상처도 많지 않다"고 이야기하였다. James의 예비 평가에서는 Amy의 자해가 평범한 정도이며, 낮은 치사율 정도이고 정신과 응급 상황이 아닌 것으로 평가하였다.

　James는 비공식적인 평가를 계속 하였으며 Amy가 다른 방법으로 자해를 한 적은 없으며 어떠한 자살 계획이나 내력도 없었고, 위험을 감수하는 사람이 아닌 것을 알게 되었다. 그녀는 간간히 대마초 흡연과 음주를 주말에 하지만, 그녀의 물질 사용은 빈번하지 않다고 이야기하였다. Amy는 섭식 장애가 있는 것을 부정하였으며, 정신적인 약물을 복용하고 있지 않다고 하였다.

　이러한 정보를 통해 James는 Amy가 즉각적인 위험에 처해 있지 않지만, 그녀의 상처에 대해서는 외래 환자에게 제공되는 것과 같은 도움이 필요하다고 결론지었다. 그의 다음 할 일은 Amy가 사무실에 있을 때 Amy의 어머니를 Amy와 함께 부르는 것이다. 그는 그녀의 자해 행위에 도움을 주기 위해 어머니와 연락하겠다고 설명했다.

　어머니와 통화를 하면서 James는 학교의 프로토콜을 따랐다. 어머니와 대화를 하면서 그는 지금의 전화가 학교 징계 문제로 인한 것이 아님을 설명하였다. 그러나 그는 Amy가 팔과 다리를 3개월 동안 면도칼로 그어왔다는 것을 설명하였다. 그녀의 어머니는 충격을 받았다고 표현하였으며, "왜 내 딸이 자기 자신을 죽이길 원하겠어요?"라고 얘기하였다. James는 그녀의 어머니에게 자해는 대개 자살을 동반하지는 않으며, 하지만 심각한 정서적인 스트레스를 의미한다고 설명하였다. 그는 긋는 행위가 불행히도 십대들 사이에서 상당히 흔한 문제가 되었다고 설명하였다. 그러고 나서 그는 어머니에게 딸의 문제를 돕기 위해 외래 상담을 할 의향이 있는지를 물어보았다. 또한 그는 약물 치료와 관련된 검사가 있을 수 있다고 말하였다. Amy의 어머니는 제시하였던 2가지 제안을 즉시 따를 것이라고 확실하게 대답하였다. 그러고 나서 James는 모두 정신과 의사와 관계가 있는 3명의 지역 상담자 이름과 전화번호를 제공해주었다. 그는 어머니에게 약속 시간이 정해진다면 다시 자신에게 전화해 달라고 부탁하였다. 어머니는 동의하였고, 통화는 끝났다.

Amy는 자신의 "큰 비밀이 밝혀진 것"과 "어머니가 이에 대하여 화가 나지 않았다는 것"에 안도하는 모습을 보였다. James는 Amy에게 다시 교실로 돌아가도록 이야기하였으며, 내일 학교에서 그녀가 어떻게 생활하는지를 확인하겠다고 말하였다. 그 뒤에, 그녀의 어머니는 3일 뒤에 치료 스케줄이 잡혔다는 것과 치료사가 복용 약과 관련하여 정신과 상담을 준비하겠다고 한 것을 전화로 알려왔다. James는 Amy의 경과 상태를 지켜보기 위해 어머니와 계속 연락을 취하겠다고 약속하였다.

물론 모든 상황들이 이 예시에서처럼 부드럽게 진행되지는 않는다. 가족 구성원들의 반응은 매우 다양하다. 몇몇 부모나 보호자는 무시하는 태도를 보이거나 "관심받고 싶어서 하는 행동"이라고 주장하거나 "유행의 한 부분"이라고 주장하기도 한다. 이러한 개개인들은 더욱 동정적이거나 반응적인 사람이 되도록 상담을 받는 것이 필요하다. 또 다른 부모나 보호자는 아이들의 '잘못된 행동'이나 '공동체 안에서 가족을 당황케 만드는 행위' 등에 대해서 격분하는 것과 같은 극도의 반응을 보인다. 그러한 반응들은 대개 외래 환자 가족 치료를 통해 해결되어야 할 필요가 있는 가정 문제들을 암시한다. 대개 교직원들이 그러한 가족들에게 "어려움을 겪는 청소년들"을 더욱 효과적으로 다루기 위해서는 "단기 상담"을 받는 것이 필요하다는 것을 부드럽지만 단호하게 제안하는 것이 최선이다. 처음에 문제를 청소년기에 의한 것이라고 정의 내리는 것은 가족이 정신 건강 전문의에 대해 지닌 과거의 방어적인 행동과 불신을 변화시킬 수 있기 때문에 필요할 수 있다.

일부 자해하는 청소년들은 가족이나 가정 자원이 거의 없다. 그들은 단기 위탁 가정, 임시 위탁 프로그램 혹은 최소한의 관계가 있는 친척과 함께 살고 있을 수도 있다. 그러한 경우에 학교는 청소년이 정신 건강 서비스를 받는 것에 주도적인 역할을 해야 할 필요가 있다. 많은 학교들이 지역 정신 건강 센터로부터 권한을 위임받은 정신 건강 임상가를 현장에 두고 있다. 이러한 서비스는 3자 보험을 통하여 보험료를 청구할 수 있다. 이러한 자원들은 이후의 치료를 받아야 할 가족이 없는 학생들을 지원하기 위한 중요한 자원이 될 수 있다.

전염 관리 및 예방

학교가 직면할 수 있는 또 다른 흔한 문제는 20장에서 언급되었던 자해에 관한 유행이나 전염 사건을 다루는 것이다. 이러한 상황에서는 서로서로를 알고 있는 많은 학생들이 단기간 내에 자해를 하게 된다. 그러한 학생들은 종종 자해에 대하여 빈번하게 의사소통을 하는 경향을 보이는데 그 결과 서로가 서로의 행동을 유발하게 된다. 어떤 상황에서는 전염성이 즉각적이고 직접적으로 나타난다. 즉, 청소년들의 자해는 다른 사람들이 보는 가운데 일어난다. 또래 친구들은 같은 도구를 공유할 수도 있고, 서로를 돌아가면서 상처 입힐 수도 있다.

20장에서 언급하였듯이, 청소년들은 서로서로에게 자해를 유발시키는 원인이 될 수 있다. 왜냐하면 (1) 그 행동이 응집력의 느낌을 만들어 내기 때문이다(예를 들어, 한 청소년은 "자기 자신을 긋는 자해 행위를 하는 사람들끼리 특별한 유대감이 있다."라고 말하였다.). (2) 그 행동은 강렬한 의사소통의 측면이 있기 때문이다(예를 들어 "수 없이 자기 자신을 긋는 것으로 보아 화난 것이 틀림없다."). (3) 그 행동이 너무나 충격적이고 도발적으로 보일 수 있기 때문이다(예를 들어, 그런 행위를 했을 때, 부모님을 겁에 질리게 할 수 있다.). (4) 행동이 어른들에 의해 의도치 않게 강화될 수 있다(예를 들어, "드디어 부모님이 내가 엄청난 고통을 받고 있다고 믿어 준다.").

학교 전문가들은 전염의 위험성을 최소화하기 위해서 3가지 주요한 개입방법을 고려해야 한다. (1) 또래 그룹들 사이에서 자해에 관한 의사소통을 줄여야 한다. (2) 학교환경 내에서 상처를 공개적으로 드러내는 행위를 줄여야 한다. (3) 약간의 예외를 제외하고는 집단 상담이 아닌 개별적인 상담을 통해 자해 행위를 다루어야 한다.

자해 행위에 관한 의사소통 줄이기

학생들이 자해에 대하여 서로서로 이야기할 때, 이는 일반적으로 행동을 유발하는 효과가 매우 크다. 청소년들은 서로 경쟁하기 위하여 더 많은 상처와 화상 상처를 내거나 혹은 더 소름끼치는 자해 방법들을 사용할 것이다. 학생들은 또한 교대로 보호자와 자해 피해자의 역할을 가정할 수도 있다. 한 청소년이 나에게 이야기했던 것처럼, "내 친구들은 미쳤어요! 누구는 항상 자해를 해요! 도움이 필요한 친구가 항상 있어요!"

전염을 줄이는 데 때때로 효과가 있는 전략은 교직원들이 개개인의 학생들에게 자해에 대해 말하는 것(또는 문자메시지 혹은 글 게시하기)이 자해를 할 가능성을 훨씬 더 높여 친구들에게 악영향을 미친다는 것을 설명하는 것이다. 많은 학생들이 자기 자신을 자해하는 것은 후회하지 않아도 친구들을 다치게 하는 것에 대해서는 죄책감을 느낀다. 학생들에게 자해에 관한 의사소통을 줄이거나 그만두도록 호소하는 것은 사회적 양심이 있는 학생들에게 효과가 있을 수 있다. 한 청소년이 나에게 말하였듯이, "내 집에서 나 혼자 자해하는 것은 나만의 사정이지만, 이로 인해 자해를 저지른 다른 사람을 책임지고 싶지는 않아요." 물론, 몇몇 청소년들은 다른 사람들에게 자해를 유발시키는 것에 대해 신경을 쓰지 않으며, "소란스럽게 만드는 것"에 대해 즐거워하기도 한다. 그러한 청소년들이 고의적으로 그리고 반복적으로 타인에게 자해 행위를 유발시키게 될 때, 전염이 생기게 되는 환경을 줄이기 위해 징계 조치가 필요하다. 드문 경우이긴 하지만 학생들이 학교생활 내에서 자해를 유발하는 행동을 하지 말 것을 거절하는 것에 대해 정학 조치를 취해야 할 수도 있다. 그러한 학생들이 다시 학교로 돌아오기 위해서는 서면으로 그들의 자해 행동 유발적인 행위들을 줄이겠다는 동의서 작성이 필요할 수도 있다.

자신의 상처나 흉터를 공개적으로 보여주는 학생들 관리하기

관련 문제는 학생들이 학교생활을 하는 동안 그들의 상처를 공개적으로 보여줄 때 발생한다. 그런 학생들은 학교생활을 하면서 공개적으로 자신의 상처를 보여주는 짧은 소매, 짧은 바지 혹은 짧은 치마를 입기도 한다. 이러한 상처를 보는 것은 자해에 취약한 학생들의 행동을 유발시킬 수 있다. 한 학생이 자신의 상처를 보여주는 행위를 할 때의 내가 추천하는 것은 먼저 그 학생을 홀로 만나는 것이다. 학생이 학교에 있을 때는 자신의 상처를 옷, 장신구, 밴드 혹은 다른 도구로 가리도록 직접적으로 요청할 수 있다. 단순히 상처를 커다란 밴드로 가리는 것은 충분치 않은데, 이는 그 아래에 상처가 있다는 것을 더욱 명백하게 해주기 때문이다. 많은 학생들이 사회적 전염성에 관하여 설명을 들으면 그들의 상처를 가리는 것에 동의할 것이다.

동의하지 않는 학생들이 있을 경우, 다음 단계는 부모님들과 함께 이야기하는 것이다. 교직원은 가족 구성원들에게 학교생활을 하면서 눈에 보이는 상처들이 다른 학생들에게 영향을 미친다고 설명한다. 부모들은 자녀가 옷을 고르는 것을 지켜보도록 권유받는다. 대부분의 가족들은 이러한 요청에 호의적이며, 전염 문제는 급속도로 감소한다.

그러나 몇몇 학생들과 가족들은 선뜻 도움을 주지 않을 때가 있는데 이 경우에는 조금 더 많은 제한된 환경이 필요하다. 가족들은 여분의 옷을 학교에 보관하도록 권유받으며, 이 옷들은 학생이 입은 복장이 좋지 않은 날에 사용될 수 있다. 어떠한 경우에는 학생은 집으로 돌아갈 것을 명령받을 수 있으며, 상처가 잘 보이지 않는 옷을 입었을 때만 학교로 돌아올 수 있게끔 조치될 필요가 있다.

집단이 아닌 개인적인 방법으로 자해행위 다루기

몇 년 전, 나는 자해의 전염성을 경험하고 있는 중학교에서 상담을 해달라는 요청을 받았다. 나는 서로서로를 알고 있는 8명의 7학년 여학생들이 몇 달 동안 자해를 해왔음을 알게 되었다. 해당 학교에서 여학생들을 대상으로 일을 하고 있는 사회복지사는 그 아이들이 서로 긋는 행위를 하도록 영향을 미치고 있다는 것을 확신하고 있었다. 그녀는 자신의 용어로 "자해 집단(cutters' group)"

이라 부르며 이러한 상황을 다루려고 하고 있었다. 그녀는 나에게 한 여학생이 "자해 집단에 들어가려면 얼마나 심하게 자해를 해야 하죠?"라고 물었을 때 자신의 방법이 문제가 있다는 사실을 알게 되었다고 말했다.

사회 복지사의 평가는 정확했다. 즉 그녀의 방법은 문제가 있었다. 그녀의 옳은 의도에도 불구하고 그녀는 무심코 전염 사건에 기여하고 있었다. 이 사회 복지사에게 추천한 나의 방법은 그녀가 명명한 "자해 집단"을 해산시키고 그 다음에 그 여학생들을 개별적으로 치료를 실시하도록 위탁하는 것이었다. 그녀는 나의 제안을 따랐으며, 위에서 언급한 프로토콜을 따랐다. 1년 후, 그녀는 8명의 여학생 모두 지금은 자해 행위를 하지 않는다고 보고하였다.

이 일화는 기초적인 메시지를 담고 있다. 즉, 집단으로 자해 문제를 다루는 것은 종종 매우 위험한데, 왜냐하면 이미 일어난 자해 사건, 자해 행위 그리고 그 결과에 대하여 공개적인 토론을 진행할 경우 이는 기대와 달리 자해를 유발시킬 수 있기 때문이다. 훨씬 더 전략적인 방향은 대체 기술, 인지 치료 그리고 트라우마 해결 등 그들의 특별한 욕구에 초점을 맞출 수 있는 개인 치료를 내담자에게 추천해주는 것이다.

이 규칙에 주목할 만한 예외는 대체 기술을 훈련하기 위해서는 집단을 이용해야 한다는 것이다. 이러한 집단은 자해에 대한 자세한 토론을 금지하는 등의 엄격한 규칙에 의하여 통제되어야 한다. 집단의 구성원들은 "자해 행위에 대하여 대단히 자세히 이야기하는 것은 중요하지만, 이는 집단 치료가 아닌 개인 치료에서 이루어져야 합니다."라는 이야기를 듣는다. 이러한 집단의 초점은 일상생활에서 사용할 기술을 배우고 연습하고 일반화하는 것이다. 11장에서 제시한 대체 기술은 집단의 초점이 지속적으로 기술 습득에 맞춰져 있다면 자해 청소년 집단을 상당히 효과적으로 가르치는 데 도움이 될 수 있다. 이러한 초점을 계속 유지하는 것은 종종 치료사들에게 아주 어려운 일인데, 왜냐하면 구성원들이 자해에 대해서 말하는 것을 매력적이라고 생각하기 때문이다. 그 날의 기술 훈련 주제로의 신속한 초점 전환은 집단의 성공에 중요하다. 그룹 세션에서 발췌한 간략한 내용은 다음과 같은 과정을 보여준다.

집단 리더: 여러분, 안녕하세요. 지난주 숙제를 발표해봅시다. 바로 '의식적인 호

흡'이었죠. 의식적 호흡 추적 카드를 가져온 분?

집단원 1: 저요. 호흡 관리 면에서 전 정말 괜찮은 한 주를 보냈어요.

집단 리더: 좋아요! 어떤 일이 있었죠?

집단원 1: 음, 네 번 연습했는데, 다 좋았어요. 긋고 싶을 때도 한 번 해봤어요.

집단 리더: 훌륭하네요! 괴로울 때 호흡 기법을 사용하는 것이 좋죠. 도움이 좀 됐나요?

집단원 1: 네. 진정하고 긋지 않을 수 있었어요.

집단원 2: (끼어들며) 저는 긋고 싶은 충동이 들 때 호흡이 그다지 도움이 되지 않았어요. 정말 화가 나면, 저는 방으로 들어가서 그저….

집단 리더: (빠르게 손을 들어 "정지" 신호를 하면서 부드럽지만 단호하게 끼어들며) 기억하세요. 우리는 집단 내에서 자해 행위의 세세한 점들까지는 이야기하지 않을 것이지만, 여러분이 개인적인 치료 장면에서 그것을 탐구해 보는 것은 중요해요.

집단원 2: 아 그렇죠, 잊고 있었네요.

집단 리더: (집단원 1쪽을 바라보며) 그래요, 호흡 관리에 관해 무엇을 이야기하고 있었죠?

여러 명의 자해 청소년들의 기술 훈련 집단을 운영하는 것에는 일반적으로 공동 리더가 필요하다. 주리더는 그날의 기술 훈련 주제를 담당할 수 있어야 하고, 보조리더는 그 외의 다른 일(괴로워하는 누군가를 위해 집단을 살펴보는 일 등) 뿐 아니라 유발 행동을 막는 것에 주의해야 한다. 기술 훈련은 집단 내에서 효율적으로 습득될 수 있으나, 리더들은 자신의 역할에 중점을 두어야 할 필요가 있으며, 다른 이들에게 옮아갈 수 있는 "되돌아감"에 주의해야 한다. 학교에서 효율적으로 운영되었던 기술 집단의 선례들은 자기 완화 기법, 폭력 방지, 친화력 기술 그리고 비애 집단(부모님 중 한 분이 돌아가신 학생들을 위한 것)을 포함하고 있다. 이 집단들 모두는 자해 청소년들이 자해 행동의 빈도를 낮추도록 하는 새로운 기술을 배우도록 지원해오고 있다.

결 론

이 장은 학교 환경에서의 자해 관리에 중점을 두고 있다.

- 교직원 교육 과정의 구성 요소를 철저하게 검토하였다.
- 학생들의 자해 행동에 대응하기 위한 프로토콜을 논의하였다.
- 마지막으로, 학교 집단에서의 사회적 전염을 방지하고 관리하기 위한 구체적인 제안을 제시하였다.

사회적 전염에 대한 보다 광범위한 논의는 18장과 20장을 참조하라.

질식 위험 감수("기절 놀이")

AMY M. BRAUSCH

청소년들은 수 십 년간 여러 가지 위험을 감수하는 행동을 해왔다. 지난 5년 내에 재등장한 것으로 보이는 위험 감수 행동의 한 가지 유형은 바로 "기절 놀이"이다. 비록 이 행동을 지칭하는 구어적인 표현은 평온하고 즐거운 경험을 의미하고 있지만, 이 행위는 심각한 결과들을 초래하며 심지어는 죽음에까지 이르게 할 수 있다. 특히 의학계에서 발행되는 최근의 출판물은 연구자들과 의료진들에게 이러한 행위를 묘사하기 위해 다른 명칭을 사용할 것을 권한다. 권장되는 용어는 "자기 질식 위험 감수 행위(SAB)"이다. 청소년들의 이러한 행위는 보통 집단적으로 이루어진다. 그들은 어지러움의 긍정적 효과인 "희열"과 "약에 취하는 것"의 유사 경험을 하기 위해 스스로, 혹은 서로 뇌에 이르는 산소를 차단하는 여러 수단을 사용한다. 이러한 행동의 위험성은 의식을 잃는 것 이상이 될 수 있다. 자기 질식 위험 감수 행위(SAB)를 하는 많은 청소년들은 저산소성 발작을 경험하며, 일부는 뇌 손상을 겪으며, 심지어는 이 행위가 급사를 초래할 수도 있다.

청소년들은 원하는 결과를 얻기 위해 여러 방법을 사용해왔다. 한 가지 방법은 과호흡을 한 뒤 의식을 잃을 때까지 목이나 가슴에 압박을 가하는 것이다. 다른 방법들은 순간 의식을 잃도록 상대방에게 "목조르기 기술"을 사용하는 행위와 관련된 것들이다. 또한 청소년들이 목을 압박하기 위한 수단으로 여러 가지 줄(밧줄, 개 목줄, 벨트 등)을 사용한 뒤 심각한 상해를 방지하기 위해 느슨하게 하는 행위 또한 관찰된 바 있다. 이러한 행동에 있어 특히 우려되는 것은 바로 청소년들이 이러한 행위를 담은 영상이나 사진을 Facebook이나 Youtube같은 SNS에 게시한다는 점이다. 최근 연구에서는 Youtube에서 자기 질식 위험 감수 행위(SAB)를 하는 청소년들의 영상을 조사한 바 있다(Linkletter, Gordon, & Dooley, 2010). 연구자들은 65개의 영상을 찾아냈으며 이 영상 모두 두 명 이상의 인물이 등장한다. 이들 중 절반 이상이 12세에서 18세 사이로 추정되며, 72%가 유럽계 미국인들이고, 90%가 남성이다. 의식을 잃었던 등장인물들 모두 다시 의식을 되찾긴 했지만, 절반 이상이 저산소성 발작을 경험했다.

미국의 질병관리센터(CDC)(2008)에 의해 수집된 자료는 자기 질식 위험 감수 행위(SAB)로 인한 사망 위험이 가장 높은 사람들에 대한 통찰을 제시한다. 1995년에서 2007년 사이에 일어난 사망 중 자기 질식 위험 감수 행위(SAB)로 인한 것이라고 밝혀진 사망의 대다수가 11살에서 16살에 이르는 청소년들의 죽음이었다. 남자들이 여자들보다 자기 질식 위험 감수 행위(SAB)로 인해 더욱 많이 사망하는 경향이 있으며 사망한 청소년들은 거의 대부분 사망 당시 혼자 있었다. 적어도 한 연구에서는 자기 질식 위험 감수 행위(SAB)로 인한 사망률이 시골 지역에서 더욱 높다고 밝히고 있으나, 질병관리센터(CDC)(2008)는 미국 전 지역에서 자기 질식 위험 감수 행위(SAB)로 인한 사망이 발생하고 있음을 알리고 있다.

유병률

질병관리센터(CDC)(2008)는 1995년에서 2007년 사이에 자기 질식 위험 감수 행위(SAB)로 인해 어린이와 청소년이 사망한 사건이 82건이었음을 발표했다. 이 사망 중 대다수는 2005년과 2007년 사이에 발생했으며 86%가 남자였다. 일부의 연구에서 이 행동의 발생률을 산출하려는 시도를 한 바 있다. 온타리오와 텍사스의 청소년들을 조사한 연구에서는 7%의 중·고등학생이 이 행위를 해본 바 있으며, 이들 중 68%가 이러한 행위가 익숙하다는 것을 긍정했다고 밝혔다

(Maclab, Deevska, Gagnon, Cannon, & Andrew, 2009). 2008년의 오리건 청소년 건강 실태 조사에서는 주 전체에서 5.7%의 8학년들이 자기 질식 위험 감수 행위(SAB)를 해보았음을 밝혀냈다(Ramowski, Nystrom, Chaumeton, Rosenberg & Gilchrist, 2010). 남자와 여자가 동등한 비율로 보고 했지만, 시골 지역에 사는 학생들 사이에서 참여가 더 흔했다. 자기 질식 위험 감수 행위(SAB)의 가능성을 증가시키는 것으로 보이는 다른 요인에는 자기 보고된 알코올이나 다른 약물의 사용과 적어도 하나 이상의 정신 건강 위험 요인이 있다(Ramowski et al., 2010). 마지막으로, 중서부 시골 지역의 건강과 위험 행동에 관해 수집된 자료를 분석한 한 연구에서는 16%의 고등학생들이 자기 질식 위험 감수 행위(SAB) 경험이 있음을 발견한 바 있다(Brausch, Decker, & Hadley, 2011).

자기 질식 위험 감수 행위(SAB) 기능에 대한 아이디어들

치료자와 연구자들이 자해하는 개인의 촉발사건과 감정 상태를 조사하기 시작하면서 자기 질식 위험 감수 행위(SAB)에 대한 근본적인 원인과 동기의 탐색도 마찬가지로 막 시작되었다. 의학계 밖에서는 자기 질식 위험 감수 행위에 대한 정보가 공개적으로 알려진 경우는 거의 없으며, 공개된 소수의 정보들은 자기 질식 위험 감수 행위의 생리학적 결과와 함께 청소년이 개입되어 있을 수 있다는 경고에 초점을 맞춰왔다. 위에서 언급하였듯이, 오리건 청소년 건강 실태 설문조사는 자기 질식 위험 감수 행위(SAB)와 동시적으로 발생하는 위험행동 사이에서 공통적으로 나타나는 몇 가지 기초적인 연결고리를 확립했는데(Ramowski et al., 2011), 이에는 물질 사용 및 적어도 하나의 정신건강요소(설문조사 저자가 자살사고, 도박, 충족되지 않은 정신건강욕구 및 "적당한" 혹은 "안 좋은"으로 자기 평정된 정신 건강으로 정의한)가 포함된다.

최근 연구는 대규모 고등학생의 표본에서 자기 질식 위험 감수 행위(SAB)와 자해 사이의 잠재적으로 중복되는 부분에 대해 알아보았다(Brausch et al., 2011). 학생들은 자기 질식 위험 감수 행위(SAB)와 자해 둘 다 속해있는 집단, 자해에만 속해있는 집단, 자기 질식 위험 감수 행위(SAB)에만 속해있는 집단, 둘 다 속해있지 않은 집단 이렇게 4집단으로 나뉘어졌다. 통계분석은 자살 사고와 행동, 물질사용 그리고 섭식장애의 측정치에서 네 집단 사이에 유의미한 차이가 있음을 보여주었다. 특히, 위험행동의 두 유형 모두에 속한 청소년의 경우 네 집단 중 가장 높은 수준의 자살 사고를 보고하였다. 또한 이 집단은 가장 높은 수준의 약물 사용뿐만 아니라 가장 높은 수준의 건강하지 않은 식습관과 운동행동을 보여주었다. 따라서 이 연구의 결과는 자기 질식 위험 감수 행위(SAB)와 자해 모두 속해있는 청소년들은 자살 사고와 시도를 포함하는 기타 공존 위험 행동들을 보고할 수도 있음을 나타낸다.

최근의 추적연구는 자기 질식 위험 감수 행위(SAB)와 그 기능에 대한 더 구체적인 정보를 모으려고 시도했다(Brausch, 2011). 이 연구를 위해 개발된 설문지는 자해 행동의 발생과 기능 모두에 초점을 둔 기존 자해 평가 설문을 모델로 하여 개발되었다. 공립 중서부 대학교에서 215명의 대학생이 이 설문지에 답했다. 18명의 학생들은 적어도 한번 "기절 놀이"의 일환으로 스스로 숨 막히게 하거나 누군가 자신을 숨 막히게 한 적이 있다고 응답하였다. 스스로를 숨 막히게 했다고 보고한 모든 설문 응답자들은 당시 집단 속에 있었다고 언급했다. 절반보다 조금 더 많은 응답자는 결과적으로 기절했다고 보고했다. SAB의 빈도는 1부터 20회 사이었고, 최빈값 응답은 2에서 4회 사이었다. 행동이 발생한 연령은 어리면 10살에 처음 경험하였고 가장 최근 발생은 20살로 나타났다. 대부분의 학생들은 11세에서 15세 사이에 이 행동을 했다고 대답했다. "기절 놀이"의 일환으로 다른 사람이 그들을 숨 막히게 했거나 가슴을 눌렀다고 보고한 학생들의 대부분은 결국 의식을 잃었다고 보고했다. 빈도는 1회에서 10회 범위에 있었고, 대부분의 학생들은 1에서 4회의 행동 사례를 보고했다. 연령 범위는 타인에 의한 기절 놀이에서 약간 더 높았는데, 대부분은 13에서 17세 사이에 하였다. 질식 위험 감수가 자기 또는 타인에 의해 이루어졌는지의 여부에 관계 없이, 참가자의 대부분은 그 행동이 위험하다고 믿었고 당시 비디오테이프나 사진을 찍지 않았다고 보고했다. SAB에 참여하게 된 이유는 다양했지만, 몇 가지 응답이 유독 많이 나왔다. 학생들은 놀이를 하게 된 가장 흔한 이유로 "느낌이 어떤지 알기 위해서"에 표시하였고, 다른 흔한 이유에는 "즐기기 위해", "고조된 기분을 느끼기 위해", "그룹에 소속됨을 더 느끼기 위해" 등이 있었다. SAB의 잠재적 기능에 대한 이러한 사전 조사의 결과는 많은 청소년이 호기심이나 집단적 상황의 일부로, 혹은 감각 추구를 위해서 참여하는 것으로 나타났다. 이 분야의 연구는 단지 시작 단계이고 자기 질식 위험 감수 행위(SAB)의 기능과 동기 그리고 의도에 대해 어떠한 확실한 결론을 이끌어 내기에 앞서 훨씬 많은 정보가 필요하다.

경고 신호들

자기 질식 위험 감수 행위(SAB)에 대한 인식이 다른 자해 행동들만큼 잘 알려져 있지는 않지만, 질병관리센터(CDC)(2008)는 자기 질식 위험 감수 행위(SAB)의 몇 가지 위험신호에 대해 발견하였다. 부모, 학교 교직원, 또래친구들 그리고 건강관리 전문가들은 이 신호를 관찰할 수 있다. 청소년이 자기 질식 위험 감수 행위(SAB)에 관여하고 있을 수 있다는 한 가지 경고 신호는 자기 질식 위험 감수 행위(SAB)의 많은 가명들 중 하나로 그 활동이 논의되는 것을 듣게 되는 것이다. 그 행동은 지난 몇 년 동안 인기 있는 언론 매체로부터 "기절 놀이"로 알려져 왔지만, 청소년들 사이에서 다른 여러 이름으로 또한 알려져 있다. 이러한 이름들에는 "기절하는 게임(passed−out game)", "우주 원숭이(space monkey)", "질식 룰렛(suffocation roulette)", "실신 게임(fainting game)", "정전(blackout)", "시체(flat−liner)" 및 "우주 카우보이(space cowboy)"가 포함된다. 자기 질식 위험 감수 행위(SAB)에 참여하는 것은 또한 충혈된 눈, 안면 피하 미세 출혈, 목 주위의 붉은 자국과 같은 관찰 가능한 신체적 특징으로 나타날 수 있다. 또 다른 위기 신호는 청소년이 홀로 시간을 보내고 난 후 보이는 빈번하고 심한 두통과 방향감각 상실에 대한 호소가 포함된다. 몇몇의 부모는 그들의 청소년 아이들이 홀로 보내는 시간이 눈에 띄게 증가하고 있다는 것을 알아챘다고 보고했다. 부모들은 평소답지 않은 과민 반응이 증가하거나 적개심과 같은 행동 변화를 알아차릴 수도 있다. 부모들은 아이가 적절하지 않은 날씨에도 자주 목이 긴 셔츠를 입고 있음을 알아챌 수도 있고, 또는 자녀의 방에서 개 목줄, 노끈 또는 줄넘기와 같은 물건을 찾을 수 있다. 어떤 부모는 자녀의 방 가구에서 밧줄이나 기타 물건을 침대 기둥 등에 여러 번 묶어서 생긴 마모 흔적을 발견했다. 마지막으로, 부모는 자녀 혹은 자녀의 친구가 자기 질식 위험 감수 행위(SAB)를 하는 모습을 자녀의 휴대폰에 저장되었거나 Facebook에 게시된 사진이나 동영상에서 접할 수 있다(질병관리센터(CDC), 2008).

교육, 예방 그리고 개입

　　비록 다른 위험감수 행동들의 결과물들은 학교 교육과정에 통합되었지만(예, 약물 남용 예방을 위한 약 남용 저항 교육[D.A.R.E.]) 자기 질식 위험 감수 행위(SAB)의 경우 학교, 진료소 혹은 정신 건강 기관에서 어떤 특정한 언급도 거의 존재하지 않는다. 최근 몇 년 동안 신문 및 기타 유명한 대중 매체에서 SAB로 인한 우발적인 사망에 대한 보고가 늘어남에 따라 이에 대한 인식을 증가시키는 데 도움이 되었다. 그러나 대부분의 부모들은 이 행동에 대해 알지 못한다고 추측되고, 한 연구는 많은 청소년들이 이 활동을 위험하다고 보지 않는다는 사실을 발견했다(Macnab et al., 2009). 자기 질식 위험 감수 행위(SAB)로 자녀를 잃은 개인적인 이야기를 나눈 많은 부모들은 "기절 놀이"에 대해 들어 본 적이 없다고 말하였고 심지어 그들은 대개 자신의 아이들이 이를 시도할 거라고 생각조차 해본 적이 없다고 보고하였다. 분명히 SAB와 그에 따른 위험한 결과에 대한 인식과 더 많은 교육이 필요하다.

　　부모의 개입과 감독은 자기 질식 위험 감수 행위(SAB)를 예방하는 데 큰 역할을 할 것이다. 자녀의 삶에 관심을 갖는 많은 부모들이 잠재적으로 위험한 자료와 매체에 대한 접근을 제한하는 데 적극적인 역할을 한다. 예를 들어, 전문가들은 부모들이 가정용 컴퓨터에서 자녀 보호 프로그램을 사용하여 아이들과 청소년을 온라인 포르노 및 범죄자로부터 보호할 것을 강력히 권장한다. 자기 질식 위험 감수 행위(SAB)를 예방하기 위한 하나의 추천은 부모가 이러한 감시 도구를 Youtube와 같은 사이트를 검열하는 데 사용해서 청소년들이 "기절 놀이" 비디오에 접근할 수 없게 하는 것이다. 또한 부모가 자녀들과 함께 핸드폰과 facebook 계정에 관한 모니터링 방침과 합의를 하는 것도 좋다. 더욱이, 부모와 교사에게 "기절 놀이"의 많은 가명들에 대해 교육하는 것이 중요한데(위에 있음), 이를 통해 어른들은 청소년들이 문자나 이메일 또는 사회 네트워크에서 이 활동에 대해 언급할 때 알아차릴 수 있다.

아이들을 자기 질식 위험 감수 행위(SAB)로부터 예방하는 데 있어 부모가 할 수 있는 또 다른 편한 방법은 아이들 또래 집단에게 있어서 많은 민감할 수 있는 주제들에 대해 열린 의사소통을 형성하거나 유지하는 것이다. 부모들은 종종 자녀들을 많은 발달 문제(성적 행동, 약물 및 알코올 사용, 따돌림 등)에 관한 대화에 참여 시키도록 권장된다. 또한 전문가들은 부모가 아이들과 텔레비전을 함께 보면서 그들이 무엇을 보고 있는지와 특정한 프로그램이 묘사하는 메시지 그리고 그 메시지가 가족의 가치 체계에 어떻게 부합하는지에 대해 이야기 하도록 권장한다. 문제해결, 비판적 사고 그리고 건강한 선택을 하는 데 초점을 맞춘 부모와 아이 사이의 빈번하고 진실한 의사소통은 청소년들이 위험을 잘 인지하고 이에 따라 행동할 수 있도록 한다. 활동에 대한 예방방안이 연구되어 왔지 않아서 그 당시 이용 가능한 자료가 한정되어있었기 때문에, "기절 놀이"에 관해 질병관리센터(CDC)(2008)는 아이들과 이 활동에 대해 직접적으로 이야기하도록 권장하지 않았다. 대신, 질병관리센터(CDC)는 부모가 이런 활동, 가명, 그리고 위험신호를 알아차리고 만약 자녀가 이런 행동들에 가담되어 있다고 의심된다면 이에 대해 자녀와 이야기하도록 권유한다. 이러한 권고사항들은 유병율, 위험요인, 예방에 대한 더 많은 정보가 확인되고 유포됨에 따라 바뀔 것이다. 하지만 다른 위험한 활동의 잠재적 위험에 대해 부모님과 이야기를 나눈 청소년은 또래 집단들 사이에서 자기 질식 위험 감수 행위(SAB)에 맞닥뜨리게 될 때 참여하지 않기로 선택할 수도 있다. 부모에 의한 지지를 더 많이 느끼고 더 높은 가족 응집력을 가진 청소년들은 전반적으로 위험 감수 행동에 대한 참여가 감소하는 것으로 보인다(Garnefski & Diekstra, 1996).

보다 광범위한 차원에서, 최소한 하나의 기관은 자기 질식 위험 감수 행위(SAB)에 대한 교육을 제공하고, 인식을 강화하고, 예방을 도모하는 유일한 임무를 위해 설립되었다. 가장 활발한 조직은 GASP라고 불리는 비영리단체로, 이는 청소년들이 해서는 안 되는 게임 'Games Adolescents Shouldn't Play'(www.gaspinfo.com)을 의미한다. 이 단체는 자기 질식 위험 감수 행위(SAB)에 결과로 인해 직접적으로 영향을 받은 지원자들에 의해 설립되었고 운영된다. GASP의 교육적 노력은 주로 세 집단을 향한다. 교직원, 부모 그리고 의학 전문가들. 이 기관은 웹사이트에서 다운로드 받거나 메일 요청을 통해 이용할 수 있는 교육

도구를 개발했다. 이 도구는 책자, 학교 장면에서 사용되는 PPT, 십대 청소년들에게 이 활동의 위험성을 강조한 짧은 비디오를 포함한다. 이 기관의 주요 목표는 미국 전역의 학교들에 현존하는 D.A.R.E. 커리큘럼에 SAB에 대한 정보를 통합하는 것이다. 다른 목표는 GASP가 인증한 공식적인 훈련 프로그램을 구성하는 것뿐만 아니라 50개 모든 주와 캐나다의 모든 지역과 영토에 자기 질식 위험 감수 행위(SAB) 예방 프로그램을 시행하는 것을 포함한다.

교육적인 노력은 (스스로의 행동이든 다른 청소년의 행동이든 간에) 신뢰할 수 있는 어른에게 드러낼 수 있도록 격려하여 교육과 개입이 개별적 기준에서 일어날 수 있도록 하게 한다. 유사하게 청소년이 부모에게 행동을 드러내면 부모는 이 상황에 포함된 다른 아이나 그 아이의 부모와 대화할 생각을 할 수 있을 것이다. 일단 부모나 교사가 어린 청소년들이 자기 질식 위험 감수 행위(SAB)에 참여한다는 것을 알게 되면, 아이들은 더 면밀하게 감독되고 적절한 서비스와 개입에 의뢰될 수 있다.

자기 질식 위험 감수 행위(SAB)에 대한 구체적인 개입에 관한 정보는 꽤 한정되어 있다. 하지만 중요한 첫 번째 단계는 행동과 행동의 빈도, 역사 그리고 기능에 대한 조심스럽고 구체적인 평가다. 이전 연구들은 자기 질식 위험 감수 행위(SAB)와 약물사용, 자살 사고, 섭식장애증상 그리고 기타 충동적인 행동들 사이의 적어도 몇 가지 공통점을 발견했다(예, Braush et al., 2011). 개입방법과 기법은 SAB와 또 다른 공존 위험 감수 행동과 관련된 청소년의 참여 동기에 기초해서 선택하기를 권장한다. 예를 들어, "취하는 것"을 자기 질식 위험 감수 행위(SAB)를 하는 주요 동기로 말한 청소년들은, 다른 약물을 실험해보았을 수도 있고 물질 남용 치료 체계로부터 효과를 얻을 가능성이 높을 것이다. 집단에 소속되고 싶어 하는 동기를 가진 청소년들은 근원적인 자존감 문제나 또래 관계에 있어 문제가 있을 수 있다. 이러한 문제들은 그들 스스로가 문제 해결 기법과 사회 기술 훈련, 자기 주장 훈련, 또는 자신감 키우기를 사용하도록 권하는 바탕이 될 수 있다. 더욱이, Walsh의 "다중 자기 파괴적 청소년"이론에 따르면, 한 가지 위험 감수 행동을 하는 하위그룹 청소년들은 추가적인 위험 감수 행동을 할 가능성이 높다(Walsh & Frost, 2005). 아드레날린의 솟구침을 즐기고 그들이 천하무적이라고 강력하게 믿는 청소년들에게 "기절 놀이"는 그저 또 다른 자극 추구 경험일 수 있을 것이다. 이러한 청소년들에 대한 치료는 위험 행동의 잠재적 결과와 그 결과가 자신들의 미래에 대한 목표에 미치는 영향을 인지하도록 돕기 위한 동기 유발 인터뷰로부터의 기법들에 의존할 수 있다. 마지막으로, 위험 감수 행동을 하는 것은 내적 고통의 지표일 수 있다. 자해가 부정적인 감정을 줄이기 위해서 또는 스트레스와 불안의 감정을 완화시키기 위해서 청소년들에 의해 일반적으로 사용된다는 점은 잘 알려져 있다. 자기 질식 위험 감수 행위(SAB)와 자해사이의 가능한 연결고리에 관한 경험적인 연구가 비록 시작단계일지라도, 예비조사 결과는 자기 질식 위험 감수 행위(SAB)와 자해를 함께 연구했을 때, 다른 위험 감수 행동의 증가와 행동 사이의 겹침을 보여준다. 만약 청소년이 자기 질식 위험 감수 행위(SAB)를 하는 것으로 나타나면, 임상가와 학교 교직원은 자해를 포함한 다른 위험 감수 행동에 대해 주의 깊게 평가해야 한다. 두 가지 행동 유형 모두에 속한 청소년들은 인지행동과 문제해결 기법과 같이 자해에 대해 효과적이라고 알려진 기법들로부터 효과를 얻을 수도 있다.

개입 없는 사례

캐빈은 부모와 여동생과 함께 시골지역에 살고 있던 14살 소년이다. 그는 농구와 트랙을 포함한 학교 활동에 참여하고 있었고 성적은 항상 평균 또는 평균보다 높았다. 케빈은 대규모의 또래 집단에 속해 있는 것처럼 보였고 학교 밖에서 또래들과 많은 시간을 보냈다. 어느 토요일 아침에 그는 몇몇 트랙팀 친구들과 함께 친구 집에서 밤을 보내고 집으로 돌아왔다. 그의 엄마는 그가 친구 집에서 보냈음에도 꽤 피곤해 보여 오후를 어떻게 보냈는지 물어보았다. 케빈은 웅얼거리듯 답하고는 그의 방에 계속 있었다. 나중에 그의 엄마는 케빈이 친구와 통화를 하며 Youtube에 올린 무엇인가에 관한 이야기를 하며 웃고 있는 것을 엿들었다. 그녀는 또한 "우주 원숭이(space monkey)"라는 놀이에 대해 말하는 것을 들었다. 그녀가 나중에 케빈에게 그 대화에 대해 물었을 때, 케빈은 그것을 대수롭지 않게 여겼고 "그냥 바보같은 놀이일 뿐이에요"라며 아무것도 아니라고 말했다. 그녀는 그가 Youtube에 영상을 올리는 것에 대해 주의를 주며 앞으로는 아무것도 올리지 말라고 했다.

몇 주 후, 케빈은 그의 친구들과 많은 시간을 보냈지만 부모님과는 많은 것을 말하려고 하지 않았다. 부모는 케빈이 "지나가는 시기"를 보내는 것이라고 생각했고 홀로 내버려 두었다. 몇 주 후, 케빈은 집에 있을 때 자신의 방에서 많은 시간을 보내기 시작했고, 그의 여동생과 부모님에게 평소보다 더 자주 딱딱거리기 시작했다. 어느 날 케빈은 어머니에게 심한 두통에서 대해 호소했고, 그녀는 타이레놀을 먹고 쉬는 것이 어떻겠냐고 했다. 그녀는 케빈의 방에 따라 들어갔고 바닥에서 몇 개의 벨트를 보았다. 케빈은 대개 특별한 경우에만 벨트를 착용했기에 그녀는 왜 벨트가 옷장 밖에 있는지 물어보았다. 케빈은 어머니에게 대들며 내버려 두라고 무례하게 말했다. 그녀는 또다시 "청소년기에 지나가는 단계"라고 생각해서 그를 쉬게 내버려 두었다. 며칠 후, 케빈의 부모님과 여동생은 여동생의 학교일을 마치고 집으로 돌아왔고 거실에 텔레비전이 켜있는 것을 발견했다. 케빈은 거실 어디서도 보이지 않았고, 그의 노트북은 커피 테이블 위에 몇 개의 웹사이트를 켜놓고 있었을 뿐이었다. 부모님은 케빈을 불렀고 결국 케빈이 있는지 확인하기 위해 방에 올라갔다. 부모님은 케빈이 한쪽 끝이 침대 기둥에 묶인 벨트를 목에 두른 채 숨을 쉬지 않고 있는 것을 발견하였다. 부모님은 911에 전화했으나 케빈은 산소 없이 너무 오랫동안 있었다. 부모님은 케빈이 파티에서 친구들과 함께 "우주 원숭이(space monkey)" 놀이를 했다는 것과 그러고 나서 혼자서도 그 놀이를 하기 시작했다는 것을 전혀 알지 못했다. 부모님은 케빈의 핸드폰에서 "그 놀이를 하는 것"에 대한 문자 메시지와 함께 케빈과 친구가 "기절한" 사진을 발견했다. 비슷한 내용이 그의 Facebook에서도 발견되었다. 부모님들은 그 "놀이"에 대해 알고 놀랐을 뿐만 아니라 그들의 아들이 그러한 위험한 활동을 했다는 것에 충격을 받았다.

교육과 개입이 된 사례

15세인 크리스티는 작은 중서부 마을의 고등학교 1학년 학생이다. 그녀는 친구들이 몇 있었지만, 수줍음이 많고 내성적이었다. 그녀의 부모님이 그녀에게 동아리에 가입하라고 계속 부추겼음에도 그녀는 학교에서 외부활동을 하지 않았다. 그녀의 부모는 그녀가 세상과 거리를 두고 그녀의 방에서 혼자 많은 시간을 보내고 있는 것 같아 몇 달 동안 걱정해 왔다. 부모님은 크리스티가 내성적이고 자신의 사생활과 공간을 얻기 원한다는 것을 알지만, 좀 더 관여를 해야 하는 것은 아닌지에 대해 의문을 가졌다. 어느 날 빨래를 하고 있는 동안 그녀의 어머니는 크리스티의 청바지 주머니에서 한 조각의 쪽지를 발견했다. 처음에 언뜻 보기에 크리스티의 많은 그림과 낙서들 중 하나처럼 보였지만, 쪽지에 몇몇 글들이 있다는 것을 깨달았다. 그녀는 "고통"과 "헐떡거리다"라는 단어를 알아보았다. 그녀는 오후에 크리스티에게 쪽지를 보여주었고 크리스티는 매우 화냈다. 크리스티는 자신의 사생활을 침해했다고 엄마를 비난했고 그림과 글의 의미에 대해 말하기를 원치 않아 했다. 어머니는 걱정을 표현했고 학교에서 괜찮은지 물어보았다. 크리스티는 눈물을 흘렸고 그녀의 방으로 뛰어 들어갔다.

그 다음날 어머니는 딸의 명백한 고통의 다른 증거들을 찾기 위해 크리스티의 방을 둘러보았다. 그녀는 책상 서랍에서 몇 개의 면도날을 발견했고, 즉시 크리스티가 자살에 대해 생각했을 수도 있다고 걱정했다. 그녀는 10대 딸이 있으며 학교에서 상담가로 일하고 있는 친구에게 이야기를 했다. 그녀의 친구는 자해에 대해 알려주었고 딸과 더 많이 대화하도록 권유했다. 크리스티의 엄마가 발견한 쪽지에 대해 언급했을 때, 친구는 크리스티가 "기절 놀이"에 대해 쓴 것일 수도 있다고 알아차렸다. 크리스티의 어머니는 몇 달 전 뉴스에서 그것에 대해 본 적 있다고 생각했지만, 그녀의 딸이 자해와 이 "놀이" 모두에 참여했다는 사실에 대해 충격을 받았다. 그날 오후에 그녀는 크리스티와 다시 이야기했고, 이때 크리스티는 더 마음을 터놓았다. 크리스티는 다시 눈물을 흘리며 그녀의 엄마에게 최근에 스트레스를 받았고 학교에서 몇몇 여자 아이들과 문제가 생겼다는 것을 인정하였다. 자신의 친구 중 한 명이 기분이 좋아지기 위해 손목을 긋는 것에 대해 이야기했고, 그래서 이를 시도해 보았다고 하였다. 그녀는 또한 중학교 여자아이들과 함께한 파티에서 "기절 놀이"를 했던 것과 그 놀이의 "격앙된" 느낌을 기억했고, 그래서 최근에도 몇 차례 그 놀이를 시도하려 했다. 어머니와 크리스티는 둘다 크리스티의 스트레스와 압도적인 감정에 대해 추가적인 도움이 필요하다는 것에 동의했다. 크리스티의 어머니는 치료사와 약속을 했고, 첫 회기에 함께 참석했다. 크리스티가 치료사와 작업하면서, 자신의 부정적인 감정에 대처하는 좀 더 효과적인 다른 방법을 배웠다.

결 론

- 자기 질식 위험 감수 행위(SAB) 또는 "기절 놀이"는 청소년들이 대개 집단적으로 모험을 하는 행위이다. 자기 질식 위험 감수 행위(SAB)는 유해하고, 잠재적으로 치명적인 결과를 보일 수 있다.

- 일화적인 정보에 따르면 청소년들이 파티나 집단 모임에서 그러한 행동을 접할 수 있고, 그런 이후 혼자 할 수도 있다. 그들은 자기 질식 위험 감수 행위(SAB)로부터 느끼는 "고양되고", "흥분되는" 감정을 중독성이 있다고 묘사했다.

- 청소년들, 부모들, 선생님들, 그리고 청소년들과 전문적으로 작업하는 어른들에게 교육과 예방 정보를 제공하는 GASP와 같은 활동가 집단에 의해서 몇몇 조치들이 행해지고 있다.

- 자기 질식 위험 감수 행위(SAB)에 대한 개입 기법은 다른 공존하는 위험 행동과 행동의 기능에 따라 결정되며, 모든 위험 행동에 대한 철저한 평가를 필수적으로 요구한다.

제23장

각종 이물 섭식(Foreign-Body Ingestion)을 이해하고, 조정하고, 다루기

With ARIANA PERRY

주목할 만하고 놀라운 자해 행동 중 하나는 각종 이물 섭식(FBI)이다. 이 활동은 의도적으로 연필, 칫솔, 면도날, 너트와 볼트, 동전, 배터리 그리고 다양한 물건들을 삼키는 것이다. 이물 섭식(FBI)은 정신 병원이나 교정 시설과 같이 어느 정도 격리가 수반되는 제도적 장면에서 가장 흔히 발견된다. 지난 몇 년 동안 나는 다양한 병원과 교도소들로부터 이러한 매우 위험한 행동을 보이는 사람에 관해 자문을 요청받았다. 이러한 자문을 제공하는 과정에서 문헌, 안전한 세팅 그리고 환자와 수용자 그들 스스로로부터 많은 것을 배웠다.

이 장은 이물 섭식(FBI)이 다른 유형의 자해와 어떻게 관련되는지에 대한 논의로 시작한다. 다음으로 이물 섭식(FBI)에 대한 문헌들을 간략하게 확인하였다. 9개의 FBI의 사례들은 부정적인 어린 시절 경험과 최근 임상적 이물 섭식(FBI) 프로파일의 관점에서 논의됐다. 이 행동의 기능적 부분은 내적정서 조절 과정부터 사회적 그리고 환경적인 영향과 통제에 이르는 것으로 조사됐다. 이 장은 행동에 대한 예방, 관리, 치료에 대한 제언으로 마무리된다.

이물 섭식(FBI) 분류하기

3장에서 직접적이고 간접적인 자해의 구별에 대해 논의했고 각각의 범주 안에서 무수히 많은 행동에 대해 검토해왔다. 이물 섭식(FBI)은 평범하지 않은 특징들을 가지고 있기 때문에 분류하기가 조금 곤혹스럽다. 많은 사람들은 '이물 섭식(FBI)은 자살행동인가, 비자살적 자해 또는 다른 형태의 자해의 한 예인가?'와 같은 질문을 하였다. 나는 이것에 대해 다음과 같은 이유로 이례적이고, 비자살적 자해의 심각한 형태라고 믿는다.

- 이것은 의도적인 자기 파괴 행위이지만, 대부분의 사람들은 자살을 의도했다는 것에 대해 부인한다.
- 이러한 보고와 일관되게 이물 섭식(FBI)으로 인해 죽는 사람은 거의 없다.
- 다른 자해형태와 유사하게, 이것은 직접적인 신체적 해를 가져온다. 가장 흔히 위염, 식도염 또는 역류성식도염(GERD)을 야기한다. 드물게는 폐색, 천공, 복막염 또는 다른 심각한 결과를 가져올 수 있다(American Society for Gastrointestinal Endoscopy, 2002). 몇몇의 경우에 피해정도가 극히 적을 수 있다.

그러나 이물 섭식(FBI)은 신체적 해가 당사자 혹은 타인에게 즉각적으로 드러나지 않는다는 점에서 자해의 다른 형태와는 다르다. 이것은 사지나 다른 신체 부위에서 부상이 즉시 눈에 띄는 모든 다른 자해의 형태와 매우 다르다. 사실, 이물 섭식(FBI)은 몇 시간, 며칠 또는 심지어 몇 주 동안 자신과 타인에게 보이지 않을 수 있다. 그럼에도 불구하고, 대부분의 이물 섭식(FBI)은 1장에서 제공된 자해의 정의를 고수한다. 이것은 "심리적 고통을 경감시키고 전달하기 위해 행해지는 사회적으로 수용될 수 없는 특성의 의도적이고, 자신에게 효과를 주며, 치명성이 낮은 신체적 해"이다.

이물 섭식(FBI)에 대한 문헌

비록 지역사회 장면의 많은 정신건강 전문가들이 이물 섭식(FBI) 내담자를 마주할 일이 없는 직장에서 일할 수도 있겠지만, 병원이나 관련 장면에 고용된 사람들은 이 행동이 놀라울 정도로 흔하다고 보고한다. 이물 섭식(FBI)에 대한 방대한 문헌이 존재하며 대부분은 개인적인 사례보고서로 구성되어있다. 일부 사례는 믿을 수 없을 만큼 극단적인 것이지만, 내담자의 자기 보고뿐만 아니라 독립적인 의학적 데이터를 통해서도 입증될 수 있는 충분한 증거가 있다 (X-ray, 자기 공명 영상, 내시경 보고 등을 통해).

물건을 삼키는 유형

개인들이 섭취하는 이물질의 범위는 상당히 놀랍다. 다음은 놀라운 몇몇 이물질의 예이다.

- 204개의 실탄을 삼킨 사람(McNutt, Chambers, Dethlefsen, & Shah, 2001)
- 4-5인치 쇠막대 5개와 두개의 바늘을 삼킨 사람(Khan & Ali, 2006)
- 내시경 검사를 통해 손목시계를 삼켰음이 밝혀진 어떤 사람은 삼킨 뒤 1 개월이 지나도 여전히 일하고 있다.
- 렌치, 와이어 스프링, 버튼, 램프 피니얼, 안경 등 71개의 금속 물체를 삼켜 버린 사람(Slovis, Tyler-Worman, & Solightly, 1982)
- 적어도 21개의 바느질 바늘을 삼킨 여성(Nicoll, 1908)
- 461개 동전을 삼킨 사람(Bennett et al., 1997)
- 1927-1929년도 기간 동안에 미주리 정신 병원에 거주했던 여성은 453개 못, 9개 볼트, 115개 머리핀, 42개 나사, 갖가지 단추, 많은 자갈, 그리고 942개의 갖가지 금속을 삼켰다(Capello, 2011). 그녀는 그녀가 삼켰던 물건들의 수만큼의 기초적인 수술 때문에 수술대에서 죽었다.

이물 섭식(FBI) 관련 문헌에서 보고된 다른 물건들은 개방형 안전핀, 바늘, 압정, push pins, 면도날, 펜, 각종 사이즈 배터리, 칫솔, 종이클립, 나사, 볼트,

못, 와서, 고리, 목걸이, 체인, 머리핀, 헤어클립, 게임 조각, 유리 조각들, CD와 CD 케이스 파편, 조약돌, 돌, 스프레이 손잡이, 매트리스의 환기구, 칼, 온도계가 있다.

인구 통계학적 특성 및 진단 특성

물건을 삼킨 대부분 사람들은 전에 언급했던 것과 같이 정신과 장면의 환자이거나 교정시설의 수감자이다. 큰 샘플의 연구들이 부족하기 때문에 성차가 뚜렷하지 않다. 연령 범위는 몇몇 청소년들과 소수의 노인이 보고되긴 했지만 주로 젊은 성인에서 중년처럼 보인다. 유병률은 알 수 없다. 대만의 한 연구는 6,112명의 정신과환자 중 7명(표본의 0.12%)이 이물 섭식(FBI)을 보인다고 보고하였다(Tsai, 1997). 하지만 다른 연구에서는 환자(Hindley, Gordon, Newrith & Mohan, 1999)나 교도소 장면(Best, 1946)에서 이물 섭식(FBI)의 높은 비율과 사회적 전염 에피소드를 보고했다. 내가 자문을 했던 한 병원에서는 환자 96명 중 6명(6%)이 반복적인 이물 섭식(FBI)을 보인다고 보고했다. 많은 논문들은 시간이 지남에 따라 이물 섭식(FBI)의 다양한 사건을 가진 개인들에 대해 인용하고 있다. 예를 들어, O'Sullivan 등(1996)은 36명의 내담자 중의 14명(39%)에서 이물 섭식(FBI)이 반복적으로 나타난다는 것을 발견했다.

문헌에서 이물 섭식(FBI)과 관련된 정신과적 진단의 범위는 광범위하다. 이물 섭식(FBI)을 지닌 개개인들은 유병률 순으로 4개의 주요 진단 집단으로 분류되는 경향이 있다. (1) 성격장애, 특히 경계선 성격장애(BPD)와 반사회적 성격장애, (2) 주요우울 또는 양극성장애, (3) 물질 사용 장애 또는 섭식 장애(신경성 과식증이 더 자주 나타나면서) 그리고 (4) 정신분열증 또는 기타 정신병. 주요 발달 장애 진단을 받은 다른 집단은 여기서 논의되지 않는다.

의료적 절차와 치료 과정

당연하지만 섭취할 수 없는 것을 먹었을 경우 대개 의료적 과정으로 이어진다. 문헌에 나온 가장 평범한 의료적 개입들은(영향력과 위험이 적은 것부터) 반복적인 X-rays, 완화제 사용, 전체 위장관 세척, 시경 검사(입과 식도를 통해), 개복술(복벽을 통한 수술) 그리고 식도, 위, 장을 포함한 광범위한 수술이다.

많은 보고서에 의하면 이물질의 80-90%가 의학적 개입 없이 소화관을 통과한다고 한다(Velitchkov, Grigorov, Losonoff, & Kjossev, 1996; Palta et al., 2009). 더 구체적으로, Palta 등(2009)은 이물질의 80-90%가 자발적으로 위장관을 통과한다는 것을 알았다. 10-20%는 내시경검사를 요구한다. 그리고 오직 1%는 외과적 탐사 및 추출이 필요하다. 따라서 대부분의 의사는 의학적인 관리에 대해 현상 유지적 관점을 추천한다(Tsai, 1997; Palta 등, 2009). 장애물 혹은 물체의 움직임을 모니터링하기 위해 자주 엑스레이를 사용하는 것이 좋다. 날카로운 물체(예: 핀, 바늘, 면도날, 펜, 그리고 압정)는 충격, 막힘 및 천공에 있어 위험성이 있다.

치료-제공자의 부정적인 반응들

이물 섭식(FBI)에 대한 치료 제공자의 부정적인 반응들은 보편적으로 문헌에 인용되어 있다. 전문가들은 내담자가 의도적으로 물건들을 삼키는 것에 대해 매우 고통스러워함을 발견하고는 충격을 받고 경악하는 경향이 있다. 또한 이물 섭식(FBI)은 종종 치료 제공자의 좌절, 동정 불감증, "부정적인 역전이", 또는 "치료 방해 행동"을 초래한다(Linehan, 1993a). "꾀병", "조종하는", "관심 끌기", "통제되는", "책임 축소"와 같은 용어를 포함한 경멸적인 언어가 문헌에서 자주 발견된다. 의사와 기타 치료 제공자들은 종종 이물 섭식(FBI)을 지닌 환자가 "'진짜' 환자로부터 시간을 빼앗는다"고 불평한다. 그들은 이물 섭식(FBI)에 대한 결정적이고 주도적인 대응을 보여주기 위해 "뭔가를 하도록" 강요당한다고 한탄한다. 치료 제공자 좌절이 어떻게 점차 증가될 수 있는지의 한 예로서 다음 인용문을 고려해보아라.

이물 섭식(FBI)은 해를 입혔다는 외부적 증거가 부족하다는 점에서 교묘한 느낌을 갖고 있다. 게다가 절단이나 연소에 사용되는 물체에 대해서는 환자의 주변 환경을 제어할 수 있지만 이물 섭식의 경우, 잠재적으로 섭취 할 수 있는 모든 물체에 대한 접근을 막는 것은 거의 불가능하다. 이물 섭식(FBI)은 [이러한 환자의] 치료자로 하여금 더욱 좌절감을 자아내는데, 이 물체를 빼낼 수 없다면 치료자들은 물체가 안전하게 배설되기까지 불안에 떠는 기간을 보내며 효과적으로 '인질로 붙잡히게' 된다(Gitlin 등, 2007, pp.162, 163).

치료−제공자의 정서적인 반응 이외에, 추가적인 이물 섭식(FBI)을 막기 위한 강력하고 강압적인 개입은 종종 예외가 아니라 표준임을 알아두는 것이 중요하다. 이물 섭식(FBI)을 없애기 위해 치료−제공자와 교정 직원들은 종종 구속, 격리, 일대일 또는 두 명의 환자에 한명의 직원 감독, 방 전체 및 몸수색, 모든 개인 소유물의 압수 및 (기구가 필요 없는) 핑거 푸드 식이요법과 같은 방법에 의지한다. 이러한 방법의 의도치 않은 그리고 아마도 의사의 부주의로 인한 결과는 아래의 관리 및 치료 부분에서 논의된다.

이물 섭식(FBI)에 관한 작은 샘플연구

우리는 최근에 지난 몇 년에 걸쳐서 이물 섭식(FBI)을 가진 개인들에 대한 비공식적인 연구를 완료했다. 그 결과는 매우 작은 표본 크기(N=9)로 인해 명백한 제한점이 있다. 그럼에도 불구하고, 이러한 개인으로부터 얻은 교훈들은 임상적 유용성을 지니고 있다. 적어도 다른 연구자들은 유사한 변수를 살펴보기를 원할 것이고, 시간이 흐를수록 이물 섭식(FBI)에 대한 지식을 넓히기를 원할 것이다.

9명의 모든 참여자는 적어도 한 시간 이상 인터뷰했다. 몇몇 사례의 참여자는 여러 번 인터뷰를 했다. 나는 또한 이 개인들 각각에 대한 광범위한 사례 자료를 검토했다. 모든 참여자들은 2년에서 10년 동안에 걸쳐 주에 속한 병원에서 장기간 거주해왔다. 그들의 입원 횟수는 7회에서 30회에 이른다. 아홉 명 중 8명은 여성이었다. 모든 사람들은 유럽계 미국인이었다. 8명의 여성은 20세에서 29세 사이의 나이였으며, 평균은 24세였다. 유일한 남성은 46세였다. 개개인의 IQ는 72에서 108까지 다르지만, 9명의 환자 중 3명의 IQ수치에 대한 자료는 없었다.

어린 시절 트라우마

우리는 이물 섭식(FBI) 발생을 불러일으킨 것이 무엇인지 알아보길 원해서 그들의 어린 시절에 대해 조사했다. 우리는 9명 모두(100%)가 어린 시절 성적으로 학대받았음을 발견했다. 게다가, 아홉 명 중 여섯 명(67%)은 신체적으로 학대받았다. 이러한 개개인들은 극도로 문제 있는 어린 시절을 경험해왔다.

정신질환 및 의학 진단

이러한 개인들이 성인이 됐을 때 그들은 장기간의 정신질환의 경험이 있었다. 정신질환 진단의 수는 개인 당 3가지에서 11가지에 이른다. 9명 중 7명(78%)은 외상 후 스트레스 장애(PTSD)진단을 받았다. 경계선 성격 장애 (BPD) 진단을 받은 비율도 동일했다. 게다가, 9명 중 4명(44%)은 주요 우울장애나 양극성 장애를 포함해서 기분 장애를 진단받았다. 동일한 비율로 분열정동장애나 조현병을 진단받았다. 이러한 다소 일관성 없고 혼란스러운 진단들의 집합은 전문가들이 이러한 개인을 이해하고 적절히 지원하기 위해 분투하고 있음을 암시한다.

9명의 환자는 또한 개인 당 1개에서 6개에 이르는 다중 의학 진단을 받았다. 여기에는 GERD, 역류성 식도염, 대동맥 동맥류, 천식, 만성 두통, 심근 경색 증후군 그리고 태아 알콜 증후군을 포함한다.

이물 섭식(FBI)이외의 자해 행동

9명의 개개인을 보면서, 우리는 특히 그들이 지닌 이물 섭식(FBI) 이외의 다른 자해 행위에 대해 더 많이 배우는 데 관심이 있었다.

자살과 공격성 행동

이 개인들의 100%가 적어도 한 번의 자살 시도를 했음이 분명히 밝혀졌다. 이러한 시도의 범위는 개인당 1번에서 4번에 이른다. 그들의 방법은 약물의 과다 복용(9명 중 7명), 목조름(9명 중 6명), 목매기(9명 중 4명), 높은 곳에서 뛰어내리기(9명 중 2명), 익사 시도(9명 중 1명)를 포함한다. 자살행동을 포함해서 모두는 직원이나 다른 환자들에게 폭력적이었다. 이러한 행동의 조합은 개인들이 이물 섭식(FBI)을 가졌을 때 왜 치료-제공자의 실망이 그렇게 높게 나오는지에 대한 설명을 돕는다. 섭식행동 이외에, 이러한 개인들은 되풀이되는 자살경향성과 타인을 향한 폭력성을 드러낸다. 이러한 행동은 보호자의 피로와 소진을 일으킬 가능성이 높다.

비전형적이고 일반적인 비자살 자해

자살시도와 공격성 이외에 이러한 개인들은 3장에서 정의되었던 주된 혹은 비전형적인 자해를 보인다. 이러한 심각한 자해의 형태로 80개 이상의 봉합이 필요한 절단, 눈, 얼굴, 가슴에 대한 자해, 의도적으로 손가락을 끊는 여러 사례, 봉합사를 제거한 절개 부위의 피부를 반복해서 벗겨내는 것 그리고 치유되지 않은 상처에 물건을 반복적으로 삽입하는 것을 포함한다. 게다가, 이 개인들 9명 모두가 절단, 머리 찧기, 긁기, 피부 벗겨내기, 찌르기, 자기 물기, 화상과 같은 보다 일반적인 형태의 자해를 나타냈다.

간접적인 자해

9명의 개개인은 간접적인 자해의 다양한 형태 또한 나타냈다. 더 구체적으로, 9명 중 6명(67%)는 물질 남용역사를 가지고 있었다. 4명(44%)은 섭식 장애 진단을 받았다. 4명(44%)은 약물 순응도 또는 중단에 대한 빈번한 문제가 있었다. 그리고 두 명(22%)은 신체적인 위험과 함께 성적 위험을 가지고 있다.

요약하면, 이러한 환자는 우리가 "자포자기 행동"이라고 불렀던 행동을 한다. 각자는 여러 형태의 직접적 간접적인 자해를 조합하여 행동했다. 그들은 말 그대로 "걸어 다니는 자해 행동 목록"이었다. 이는 17장에서 좀 더 자세하게 다루었다. 개인이 그러한 다양하고 높은 수준의 자해와 공격성을 보일 때, 치료 제공자가 그들에게 극도의 어려움과 피로를 느끼는 것은 당연하다. 이것이 우리가 19장에서 치료사와 다른 치료 제공자의 반응을 관리하는 데 집중한 이유다. 자포자기한 개인과 작업하는 사람들은 자비롭고 숙련된 마음의 틀을 유지하기 위해 다양한 지원과 자기 관리가 필요하다.

연구 참가자의 이물 섭식(FBI)

물론 우리는 특히 연구 참여자의 섭식 행동에 관심이 있다. 9명중 2명이 오직 1−2번 이상한 물체를 섭취해왔다는 것을 알았다. 다른 7명은 3−19번 섭취했다. 전체적으로, 9명의 참가자는 69개(개인 평균 7.7개) 물체를 섭취해왔다. 이 69가지 섭취 중 오직 1건만 천공을 일으켰다. 15건의 내시경 수술을 했다.

위절제술 및 흉부절제술 1건 그리고 장의 일부를 제거한 장 수술 1건이었다. 섭취된 물체는 작은 (열리지 않는) 배터리(n=7), 게임 조각(n=5), 면도날(n=3), 그리고 CD 파편, 날카롭지 않은 연필, 핀, 나사, 압정, 돌/자갈들, 시계 걸쇠(각각에 대한 n=2)였다.

몇몇 환자는 매우 높은 비율로 이물 섭식(FBI)행동을 보인다. 9명중 3명은 10번 이상 반복하여 진정한 만성적인 문제를 나타냈다. 섭취 된 대상의 크기 및 관련 위험도는 광범위했으며 일부 환자는 날카롭고 큰 물체를 삼켰다. 이러한 것들은 의학적 합병증을 야기할 가능성이 높았다. 다른 사람들은 이물 섭식 행동을 작고 날카로운 물건에만 국한시켰다. 이 환자들은 의학적 위험에 대한 인식이 있었고 위장관에 심각한 손상을 피하고자 하는 동기가 있었다.

직원 개입들

위에서 검토한 이물 섭식(FBI)에 관한 문헌과 일관되게, 여러 병원의 직원들은 빈번하게 이물 섭식(FBI)을 막으려고 집중적이고 강압적인 방법을 사용했다. 9명의 환자 중 6명(67%)은 일대일 직원 관찰과 방 구속을 자주 경험했다. 기타 개입들은 물건을 모두 없앤 방, 신체적 제한들, 방 압수수색, 2대1 직원감독 그리고 식기류에 접근할 수 없는 식습관 제한을 포함한다.

이물 섭식(FBI)의 기능들

이 환자들에 관해 병원과 상의하면서, 우리는 특히 이물 섭식(FBI) 기능에 관심이 있었다. 개인이 이 행동에 관여하도록 유도하는 결정적인 요소는 무엇인가? 기능을 평가하는데, 우리는 표 23.1에 제시된 것처럼 Nock과 Prinstein의 네 가지 구성 모델을 적용했다. 이 개인들에게서 이물 섭식(FBI)의 기능을 살펴볼 때 특히 눈에 띄는 것은 사회적 강화 요인이 일반적으로 내부 강화 요인보다 훨씬 더 중요하다는 것이다. 이 결과는 이물 섭식(FBI)에 대한 주요 동기가 내적 정서 조절인 다른 대부분의 자해 연구와는 매우 다르다(예, 이 책의 앞선 챕터뿐만 아니라 Klonsky, 2007을 보라). 이 연구에서는 9명의 환자 중 2명만이 이물 섭식(FBI)의 이유로 내적 정서 조절을 언급했으며, 이는 2차적으로 중요했다.

환자가 가장 흔하게 하는 말은 정신과 병동에서 의료 시설로 옮기기 위해 이물질을 섭취한 것이었다. 어떤 경우에는 의료진이 병동 직원보다 더 보살펴 주고 동정심이 많았기 때문에 이 이동을 원했다. 다른 환자들은 '그 영역이 마음에 들었'거나 내시경 검사와 관련된 진정제가 좋았다고 표현했다. 그리고 많은 환자들은 직원 및 다른 환자들과의 지속적인 대인 갈등 때문에 정신과 병동을 벗어나고자 하는 소망을 표현했다.

표 23.1.   9명의 개인에 대한 이물 섭식(FBI)기능

긍정적인 자기 강화	부정적인 자기 강화
"위장에 음식이 있다는 느낌을 갖기 위해"	"안정된 느낌" "배터리가 폭발하고 나를 죽일 것이라고 생각해." "긋기와 같은 기능"
긍정적인 사회적 강화	부정적인 사회적 강화
"나는 응급실에 가야 하는 누군가를 질투했다." "나는 의료 시설을 더 좋아 한다." "나에게 주는 진정제를 끊어버린다." "나는 내 치료제를 통제하고 싶다." "러시아 룰렛을 하고 신의 얼굴을 때리는 것과 같다."	"여기에 있고 싶지 않다. 의료병원에 가고 싶다." "물건을 삼키면 의료기관으로 이송되었다." "정신 병동에서 의료병원으로 이송되었다." "내가 강간당할 때 그의 성기가 잘게 찢어지도록 나의 항문에 박혀있는 날카로운 물건을 원한다."

관리와 치료를 위한 권유

강제적인 개입 재평가

우리가 연구했던 개인들의 경우는 강제적인 개입이 일반적이었지만 이물 섭식(FBI)을 다루는 데 비효과적인 것 같았다. 우리는 환자와 직원이 격렬하고 고조되는 권력투쟁을 벌이다가 결국 이물 섭식(FBI)이나 다른 자해 행동들에 이르게 되는 것을 자주 관찰했다. 몇몇 환자들은 가장 엄격한 중재를 받았을 때조차도 자해할 수 있다는 것이 눈에 띄었다. 예를 들어, 한 젊은 여성 환자는 물체를 섭취하지 못하도록 네 곳을 막았다. 이 개입에 반대하여 그녀는 자신의 어깨의 살점을 크게 물어뜯었다. 그녀의 메시지는 명백하다. "당신들이 나를 통제하려고 어떤 짓을 하더라도 나는 나 자신에 해를 입힐 수 있다." 그리고 그것이 맞는 것처럼 보였다.

치료적 장면에서 강제적인 개입을 줄이도록 노력하는 것에 있어 하나의 문제는 병원 정책과 규약이 변화될 필요가 있다는 점이다. 그러한 변화는 책임과 관련하여 불리한 사건 보고를 우려하는 고위 관리자의 허가를 필요로한다. 이러한 관리자들은 이물 섭식(FBI)에 대해 훈련받고, 규약의 변화가 더 나은 보살핌과 이물 섭식(FBI) 및 다른 형태의 자해로 인한 사고 감소를 가져올 것임을 납득해야 한다.

게다가 직원들은 그러한 도전적인 환자와 함께 작업하는 것에 대한 많은 지지와 정당화를 필요로 한다. 정기적인 직원 관리감독과 팀 미팅은 직원의 소진을 관리하고 막기 위해 필요하다. 환자기록을 사건 이야기 중심으로 검토하고, 이러한 개인의 광범위한 외상기록을 직원에게 상기시키는 것은 유용한 활동이 될 수 있다. 환자들은 그냥 아무렇게나 자포자기하지도 않고, 삶의 일상적인 좌절 때문에 자포자기하지도 않는다. 그보다는 보통 수년에 걸쳐 극도의 잘못된 치료와 "복합적 남용"의 대상이 된다. 이러한 환자들의 정신사회적 역사를 검토하는 것은 동정심을 되찾는 역할을 할 수 있다. 그러나 직원(제한을 통해서)과 환자(이물 섭식(FBI)과 기타 자해를 통해서) 간의 강제적인 상호작용이 최고조에 달하면, 환자들을 다른 병실에 이송하는 것은 양측에게 새로운 시작이 될 수 있다.

일부 정신 의학 병원이 성공적으로 사용한 또 다른 혁신적인 접근 방법은 현장에서 엑스레이 및 내시경을 제공할 수 있는 역량을 개발하는 것이다. 이것은 의료기관으로의 이전의 필요성을 현저하게 줄여서 부정적인 측면과 긍정적 측면 모두를 보다 전략적으로 관리할 수 있다.

능동적 기술 훈련

이물 섭식(FBI)을 막기 위해 노력하기보다 더 도움이 될 만한 접근은 환자에게 새로운 기술을 가르치는 것이다. 이것은 문제를 해결하는 데 있어 금지적이고 강압적인 전략에서 벗어나 협력적 기술 훈련을 강조한다. 예를 들어, 직원이 자해 위험이 있는 환자에 대해 수동적인 (흔히 비언어적인) 일대일 관리를 제공하기보다는, 집중적인 기술 훈련을 제안하는 것이 훨씬 더 생산적인 활동이다. 이러한 기법의 예는 11장에서 길게 다루었다. 몇몇의 환자는 변증법적 행동치료(DBT)(Linehan, 1993a)나 회복지향 질병관리 프로그램(IMR)(Dartmouth Psychiatric Center, 2008)과 같은 증거기반의 훈련모델을 성공적으로 시행했다. 17장에서 논의된 이러한 치료들은 환자가 자해충동을 관리하거나 타인과 성공적으로 상호작용하도록 돕는 많은 기법들을 제공한다.

주목해야 할 것은 나의 작은 표본에 있는 환자들이 내적 강화 요인보다는 사회적 강화 요인과 관련하여 훨씬 더 자주 이물 섭식(FBI)을 행한 것 같다는 점이다. 이러한 결과를 보면 흔히 감정 조절 기술을 더 강조하는 것과는 달리 대인 관계 효율성 및 갈등 해결 기술을 목표로 삼는 것이 특히 중요할 수 있다.

결 론

요약하면, 이물 섭식(FBI)은 비전형적이고 심한 비자살 자해의 범주에 속하는 비정상적인 형태의 자해 행위다. 이 장에서 다루는 이물 섭식(FBI)의 다른 중요한 요소는 다음과 같다.

- 이물 섭식(FBI)은 자살시도, 일반적인 자해, 위험 감수행동과 같은 기타 자해의 형태와 연관되어서 종종 발견되는 복합적인 행동이다.
- 이물 섭식(FBI)은 일반적으로 정신과 입원병동 또는 교정 시설에서 보고된다.
- 기능 분석을 사용하여 이물 섭식(FBI)을 평가하는 것이 중요한 출발점이다.
- 비자살적 자해의 많은 다른 형태와는 달리, 이물 섭식(FBI)은 사회적 강화 요인에 의해 주로 유지될 수 있다.
- 강제적인 직원 개입(방 제한과 규제)은 매우 일반적이지만, 종종 비효과적이고, 비생산적이거나 심지어 의인성 문제를 일으킬 수 있다.
- 행동을 규제하기보다는, 환자가 어떻게 해야 하는지 가르치는 것이 더 전략적이다(예: 매우 구체적인 기법 훈련을 제공하기).

- 이물 섭식(FBI)은 사회적 강화 요인과 강하게 연관되어 있기 때문에, 대인 관계 효율성과 갈등 해결 기술을 우선시할 필요가 있다.
- 이물 섭식(FBI)은 낮은 목소리와 감정에 치우치지 않는 태도로 정중하게 대응해야 한다(7장 참조).
- 직원들은 이물 섭식(FBI)을 가진 환자와 효과적으로 작업하기 위해 상당한 훈련, 지원, 슈퍼비전을 받아야 한다.

교정 환경(Correctional Settings)에서의 자해

KENNETH L. APPELBAUM

감옥이나 교도소 내에서 발생하는 자해 행동은 지역 사회 장면에서 일어나는 자해 행동들과 많은 공통점이 있다. 다른 장에서는 교정 환경과도 관련이 있는 지역사회 장면 내에서의 정의, 평가, 치료적 이슈들에 대해 자세한 보고들을 제공한다. 그러나 본 장에서는 동기와 운영의 특별한 측면들을 포함하여 지역사회 장면과 다른 몇 가지 중요한 맥락적 차이들을 검토하고자 한다.

맥 락

자해하는 수감자들에게 교정체계는 당면한 가장 어려운 문제들 중 하나이다. 그들의 행동은 건강과 안전을 위협하고, 운영과 서비스에 악영향을 미치며, 재정 자원을 고갈시킨다. 각 사건은 기관의 혼란을 상당히 야기할 수 있다. 보호 관리(custody)와 의료진들은 그 사건에 대처하기 위해 기존에 계획한 스케줄을 중단해야 할 수도 있다. 보통은 기관 전체에서 상황이 해결될 때까지 다른 직원들과 수감자들의 활동이 완전히 멈추게 된다. 수감자들이 입은 피해 이외에도 직원들과 다른 수감자들은 부상과 체액에 대한 노출될 위험이 있다. 기관 의무실로 옮겨가는 것은 교도소 자원의 유출을 발생시키는데, 즉 만약 수감자가 심각한 부상을 입었을 경우 응급실로 옮기거나 입원하는 것은 상당한 보안 문제를 형성하며, 직원과 재정적 자원들에 대한 추가적인 고려를 동반하게 된다.

국가 교도소 시스템을 감독하는 정신 건강 관리자에 대한 최근 연구는 교정 기관들에서의 자해의 중요성과 어려움을 입증하였다(Appelbaum, Savageau, Trestman, Metzner, & Baillatgeon, 2011). 51개 주(state)의 3/4 이상과 연방 교정 관련 기관의 설문 응답이 이 주제에 대한 중요성을 반영하고 있다. 연구들은 매해 자해행동을 하는 수감자들은 2% 미만 정도밖에 안 되지만, 그들이 자해를 주목할 만한 빈도로 한다는 것을 발견하였다. 설문에 응답한 주(state)들과 연방 교정 시스템들의 85%에서 이러한 행동들은 적어도 매 주 발생하고 있고, 모든 기관에서 일주일에 몇 번씩, 하루에 한 번씩, 하루에 한 번 이상으로 각각 50%, 6%, 15%씩 발생하고 있다. 자해 행동은 또한 상당한 체계적인 어려움들을 초래한다. 예를 들어, 응답자의 70%와 47%는 보통 정도에서부터 심각한 정도까지의 자해 행동이 정신건강 서비스와 기관 운영 각각에 지장을 준다고 보고하였다.

수감자들의 자해로 인한 심각한 문제들에도 불구하고, 조사에 의하면 국가의 교도소 체계의 거의 절반 정도가 이러한 사건들에 대한정보를 보유하지 않고 있으며, 나머지는 제한되고 일관성 없는 방식으로 정보를 추적한다고 밝혔다. 이러한 결함에 기여하는 측면은 두 가지이다. 먼저, 어떤 정보를 수집할지에 대한 합의가 이루어지지 않았다. 교정 분야는 아직도 개인, 관계 그리고 이러한 행동들에 지대한 영향을 미치는 환경적 특성에 대해서 파악하지 못하고 있다. 유사하게 어떠한 결과 변수들을 추적할 것인지에 대한 광범위한 합의가 존재하지 않는다. 그 결과로 우리는 촉발 요인들, 수감자들과 직원들의 부상에 대한 심각성, 수감자들에게 제공되는 의학적 개입, 시설 운영의 장애 혹은 비슷한 결과들에 대한정보가 부족하다. 두 번째로, 교정체계는 아직 일치된 정보 수집 방법을 설정하지 않았다. 교정 체계와 연구자들은 무언가를 문서화하기 위한 실제적이고 믿을만한 접근 방법을 아직 개발하지 못했으며, 현재는 무계획적으로 진행하고 있다.

수감자들의 자해와 자살의 특징들과 관련된 자료의 부족은 교정체계에서 수감 인구에 대한 정보의 부족으로 이어진다. 광범위한 임상적, 인구학적 그리고 동기적 분야에서 수감자들의 속성들은 아직 잘 정립되지 않았으며, 유용한 분류 체계의 개발이 여전히 필요하다. 잠재적으로 중요한 수감자의 속성에 대한 보다 좋은 정보를 얻는다면 교정체계는 수감자들의 하위그룹을 확인하고, 더욱 세심하게 개별화된 개입들을 연결시킬 수 있을 것이다.

비록 구체화된 양적 자료들이 전반적으로 부족하지만, 국가 연구의 결과는 두 가지의 잘 알려진 의견들을 지지한다. 먼저 자해하는 대부분의 수감자들은 DSM-Ⅳ-TR 정신 의학의 진단을 받았다. 군집 B 성격 장애(50% 이상), 기분 장애(15.5%), 혼합된 성격 장애들(12.2%), 정신 이상(7.6%) 그리고 정신지체/만성적 발달 장애들(3.2%). 두 번째로, 격리와 다른 감금 제재들은 자해 행동 발생의 가장 높은 비율을 차지하고 있었다. 이러한 제재들은 징계 사유를 들어 일반적으로 수감자들을 하루 23시간 동안 감방에 가두고, 오직 샤워와 개인 운동을 할 경우에만 나가도록 허용한다.

감금 제재 대상자들에서 나타나는 자해의 높은 비율은 자신의 삶을 끝내려는 타고난 경향성을 반영할 뿐만 아니라 아마도 감금 환경 자체에서의 역효과들도 반영될 것이다. 일반적으로 교정 환경에서의 조건들은 수감자들의 정신질환 증상들을 종종 악화시킨다. 감금 대상자로 분류된 사람들은 다른 수감자들보다 더 형편없게 지낼 뿐만 아니라 급성 심부전을 보다 빈번하게 겪는 경향이 있고 규칙 위반으로 인한 징계 보고서를 더 많이 받을 수 있는데, 이는 결국 격리 처벌로 이어진다(Morgan, Edwwards, & Faulkner, 1993; Santamour & West, 1982; Toch & Adams, 1987). 이러한 독방 환경의 수감자 가운데 심각한 정신 질환의 유병률은 일반적인 수감자 인구단위에서 나타나는 유병률을 훨씬 넘어선다(Lovewell, 2008; O'Keefe & Schnell, 2007). 몇몇의 시스템에서, 격리된 수감자들 중 절반 이상이 심각한 정신질환을 앓고 있다(Abramsky, Fellner, & Human Rights Watch, 2003). 이러한 격리 환경 자체가 격리 대상자들의 상태를 더욱 악화시킬 수 있다. 계속되는 고립은 어떤 수감자에게도 심리적으로 해로운 영향들을 미칠 수 있다. 여기에는 불안, 기분 장애, 인지적 어려움, 인지 왜곡 또는 심지어 정신병까지 포함될 수 있다(Grassian, 1983; Pizarro & Stenius, 2004; Rhodes, 2005; Smith, 2006). 잠재적으로 정신 질환을 앓고 있는 수감자들에게 고립은 자해를 포함한 행동들을 더욱 악화시키는 원인이 될 수 있다(Abramsky et al., 2003).

반복적이거나 심각한 규율 위반을 한 몇몇의 수감자들은 전부는 아니더라도, 대부분의 수감 시간을 격리된 채로 보내게 될지도 모른다. 격리 기간은 몇 달 혹은 심지어 몇 년까지도 지속될 수 있다. 게다가 이러한 수감자들 중 일부는 격리된 상태에서도 계속해서 규칙을 위반하여 결국 추가적인 제재를 받게 된다. 예를 들어, 부정 행동을 하여 격리된 수감자들은 TV, 라디오, 또는 대부분의 읽기 자료 등 특혜와 기분전환 거리에 대한 접근을 박탈당한다. 시스템이 더욱 가혹한 곳에서는 특혜 박탈 기간이 몇 달 또는 몇 년까지 누적될 수 있다. 이와 같은 매우 엄격한 제재는 의미가 빠르게 없어지고 오히려 역효과가 된다. 특혜를 몇 달간 박탈당하는 것은 누적되는 상실에 깊이 빠져있는 수감자의 부정행동을 줄일 수 있는 요소로 거의 작용하지 못한다. 그리고 특권을 다시 얻을 수 있다는 전망은 좋은 행동의 장려책이 되기에는 너무 동떨어져 있다.

동기

　수감자의 자해는 다양한 이유로 발생한다. 대부분의 이유들은 이 책의 다른 곳에서도 살펴볼 수 있는 이유들과 동일하다. 그러나 본 장에서는 주로 교정 환경과 연관된 동기에 집중할 것이다. 수감 상황에서는 자율성을 상당히 상실하게 된다. 일반적으로 수감자들은 그들이 원하는 것을 얻을 능력이 제한된다. 이러한 환경에서 자해는 수감자들에게 일정한 통제권을 돌려줄 수 있다. 자해 행동들은 원하는 결말을 얻는 수단으로서 이용될 수 있다. 예를 들어, 심각한 사고들은 의무실 또는 병원으로의 이동 또는 허가를 요구하는데 둘 중 어느 것이라도 수감자가 있었던 환경보다는 더 좋을 것이다. 수감자는 대개 더 나은 병원 시설들, 직원들을 만나게 된다. 수감자들에게 이러한 만남은 일반적으로 교도소의 경우와는 반대로 환영받는다. 외부 병원 시설에 혼자 실려 가는 것은 상쾌한 기분전환을 하는 것처럼 느껴질 수 있다. 이동은 또한 위협적이거나 실제적인 성적 폭행, 타인의 것을 빼앗는 다른 동료들과의 접촉 또는 연체된 채무를 갚는 것에 대한 압박과 같은 상황적 스트레스 요인들로부터 일시적인 여유를 제공할 수 있다. 이러한 위험으로부터 피하고자 하는 욕구가 수감자로 하여금 자해 행동의 리스크를 극복하도록 하게 한다.

　그러나 아마도 가장 큰 상황적 스트레스 요인은 장기간 격리된 수감자들에게서 발생할 것이다. 고립이 주는 해로운 심리적 영향은 종종 수감자들을 위기 일발 직전의 순간까지 몰고 간다는 점이다. 가혹하게도 특혜 박탈, 기분전환거리의 박탈이 합쳐진다면 장기간 지속된, 끝나지 않는 고독이 결국 그 값을 지불하게 된다. 처음에는 그러한 환경에서 참아왔던 수감자들이 몇 달 혹은 몇 년이 지난 뒤 그들의 한계를 맞닥뜨리게 되는 것이다. 그들은 대처능력이 고갈되면서 몇 가지의 이유로 자해에 의지하게 될 수도 있다. 신체적인 고통과 상해는 그들의 심리적인 고통으로부터 안정을 취하고 고통에 집중하지 않도록 해준다. 뒤이은 직원의 대응과 소란 또한 그들이 느끼는 단조로움과 존재의 고독을 깰 수 있게 해준다. 극단적인 자해의 경우, 보다 덜 엄격한 환경으로 이동하게 되는 수단이 된다. 위에서 언급했듯이 일반적으로 임상 장면은 격리된 대상자들은 경험할 수 없는 서비스, 특혜 그리고 대인간 접촉을 제공한다. 심지어 수감자들이 격리된 환경에서 나가게 될 때 심각하게 불쾌한 기분, 불안, 또는 정신병적인 증상들이 종종 빠르게 해결된다. 따라서 몇몇의 수감자들은 자해와 자해의 결과가 제공하는 안정을 얻고자 하는 강력한 동기를 갖는다.

약물치료를 원하는 것이 자해의 또 다른 동기를 제공한다. 심각한 외상 또는 외과적 수술들은 마약성 진통제 또는 다른 바라던 물질들의 치료로 연결된다. 이러한 약물들로부터 얻을 수 있는 심리적인 영향들은 몇몇의 수감자들에게 자해를 할 수 있는 유인물로서 작용한다. 다른 사람들은 자신의 이익으로 전환할 수 있는 약물에 대해 접근할 방법을 찾는다. 통제된 물질, 또는 다른 약물은 수감시설 내에 가치 있게 여겨지는 상품이다.

분노 역시 자해 행동에 불을 지필 수 있다. 이 경우, 수감자들은 시설 운영에 지장을 주거나 직원들에게 심리적 고통을 야기시킨다. 이 행동은 종종 부당한 제재, 특혜의 상실 등 모욕이라고 지각된 일과 불공평에 대한 앙갚음이 되기도 한다. 이러한 사건들은 최대한의 영향을 일으키기 위해 시간을 맞추기도 한다. 예를 들어, 시설에 의료 약품이 충분하지 않았을 때, 늦은 밤에 심각한 상해를 입어 응급실로 가는 것이 요구되는 경우가 있다. 이는 몇몇의 수감자들이 의도대로 직원을 피로하게 만들고 재정적 자원들을 소모시킨다. 게다가 교도소 관리자들의 잠을 방해하기를 원하는 수감자들에게는 기쁘게도 이러한 사건들은 빈번하게 교도소 최고 관리자 또는 교도소장에게 알리는 것을 요구한다. 별로 시간을 투자하지 않고도 취미를 즐길 수 있도록 하는 것이다.

관리

심각하게 자해하는 수감자들을 관리하는 것은 모든 교정 시설에서 일종의 도전이다. 앞서 말했듯이 수감자들은 그들 스스로를 해칠 강한 동기가 있을 것이다. 많은 경우에 쉬운 해결책은 존재하지 않는다. 심지어 대다수의 격리된 상태의 제한된 상황 아래에서도 수감자들은 여전히 자신의 신체에 접촉할 수 있고 해할 수 있다. 수감자들은 충분한 시간과 독창성 속에서 손쉽게 사용할 수 있는 많은 물품들을 자해를 위한 도구로 변형시킬 수 있다. 예를 들어, 벽에서 나오는 페인트 부스러기가 칼날이 될 수 있다.

불행하게도 자해하는 수감자들은 종종 임상가들과 교도소 직원들 사이에서 불화의 중심이 될 수 있다. 이러한 행동들이 보호제공자에게 불러일으킬 수 있는 반응 중 일부는 본 책의 19장에 설명되어 있다. 교정 환경에서는 운영 책임을 넘어서 직원들 간의 갈등의 가능성을 더해진다. 이러한 행동들이 정신건강 문제 또는 안전 문제를 만들어 내는지의 여부에 대한 논쟁이 일어날 수 있다. 그러나 대부분 모든 경우에서는 현재 진행 중인 정신건강 서비스의 개입과 구치소 직원의 즉각적인 참여의 통합적인 접근이 요구된다.

수감자들의 자해 행위 대부분의 경우는 근원적인 정신의학적 장애로부터만 발생하지 않고, 많은 경우 이전에 설명한 것과 같이 숨은 동기들의 맥락 안에서 발생한다. 그렇다고 해서 의학, 정신 건강 그리고 구치소 직원의 공동 책임에 대한 필요성을 무효화하는 것은 아니다. 불화와 분열이 발생했을 때 개입들이 성공적인 경우는 거의 없다.

정신 건강 전문가들의 가장 명확한 초기 역할은 진단적 평가를 포함하여 수감자들의 행동 이면에 있는 촉진요인을 평가하는 것이다. 이것은 행동의 원인이 되거나 행동을 강화하는 수감자들의 동기와 환경적인 요인들을 명료화하는 데 도움이 될 것이다. 이러한 특성들을 설명하고 난 다음에 규율 전반을 관리하는 직원들은 자해 상황에 대한 대응을 구축하는 일을 함께 할 수 있다.

자해의 이유에 상관없이 처벌적인 접근을 취하는 것에 대해서는 부작용이 있다. 수감자들은 주에 속해있다는 법적 해석을 바탕으로, 수감자에 대한 처벌은 때때로 주(state)의 인적 자원의 파괴로 여겨져 징계 처분으로 이어질 수 있다. 이는 뻔한 이면의 목적이 있는 행동이거나, 수감자들과 직원들 간의 기싸움의 일부분으로서 발생되는 행동인 경우에 주로 발생한다. 어떤 수감자들은 종종 "조종자"라고 낙인찍히기도 한다. 이러한 낙인 그리고 때로는 낙인과 함께 행해지는 제재들은 상황을 악화시키기만 한다. 수감자들의 행동을 "조종자"로 묘사하는 것은 그 수감자를 요구가 많은 사람 또는 개인적으로 도전적인 사람으로 설정하여 적대적 관계를 유발하는 경향이 있다. 이는 직원들이 양보하는 것을 어렵게 만든다. 직원들이 수감자들과의 싸움에서 뜻을 굽힐 의향이 없기 때문에 타협하지 않겠다는 태도는 더욱 공고해지고, 결과적으로 감정에 치우치지 않는 대처는 불가능하게 될 것이다. 협상이 조건부 항복처럼 느껴지는 순간, 전문적인 접근은 끝난 것이다.

　　보다 더 생산적인 관점에서는 수감자들이 자해 이외의 대안들을 거의 모를 때 자해에 의지하는 것으로 받아들인다. 이러한 상황에서 자해는 그들이 가질 수 없는 관심을 집중시켜줄 수 있으며, 다른 사람에게 영향력을 행사할 수 있게 해준다. 비록 그들이 자신의 동기들을 알고 있을 수도 있지만, 종종 생생한 고통 또한 그들이 자해를 하기로 결정하게 되는 연료가 된다. 그들은 자신들의 목적을 달성하기 위해 영구적인 부상이나 죽음을 감수할 정도로 절박할 수 있다. 효과적인 대응은 그들이 원하는 것과 더불어 그들의 고통의 근원을 찾음으로써 시작된다. 그들의 목적을 이해하는 것은 관리 방법과 치료 개입 방법들을 만드는데 기초가 된다.

　　개별적인 행동 관리 계획들은 대부분의 자해 행동의 빈도와 심각성을 감소시키는 데 도움이 될 수 있다. 그러나 이러한 접근은 규율들과의 조화와 협조를 요구한다. 교도소 직원은 보통 수감자들의 동기가 될 수 있는 행동적 보상과 혜택의 종류들을 통제한다. 이러한 보상을 유연하게 사용하지 못한다면 행동을 바꾸는 것이 불가능하지는 않아도 어려워진다. 형벌 기간 동안 이러한 유연성에는 합리적인 한계가 포함될 필요가 있으며, 따라서 보상들은 항상 획득될 수 있는 것처럼 보여야 한다. 그러기 위해서는 이미 불량 행동으로 인해 최대 형벌 수준에 도달한 수감자의 특권시간을 추가로 박탈시키는 것을 포기해야 할 필요가 있을지도 모른다.

　행동 관리 대상자들을 따로 분류하는 주가 늘어나고 있는데, 이는 특히 공격적인 행동과 함께 자해하는 수감자들에 대한 대안적 환경으로서, 보통 이들은 격리 대상자들로서 감금될 수감자들이다. 이러한 추세는 영향력 있는 연방 법원의 일련의 판결들에 의해서 주도되었는데, 이는 장기간의 격리로 인해 정신적 장애가 생긴 몇몇 수감자들 집단이 생기지 않도록 하라는 내용이다. 1995년 캘리포니아에서 발생한 Madrid v. Gomez(1995)는 여기에 해당하는 첫 사례인데, 최고 보안시설이지만 덜 고립되었으며, 상주하는 정신치료사가 있는 시설을 교도소 관내에 있도록 하는 발전을 이끌었다. 이는 정신 장애를 가지고 있는 수감자들을 문이 항상 잠겨있는 환경에서 벗어나게 했을 뿐 아니라, 이러한 안전하고 분리된 공간을 제공할 필요가 있는 대상자들의 기저의 행동들과 장애들을 다루었다고 볼 수 있다. 치료 계획들은 수감자들이 일반적인 교도소 환경에서 그리고 출소 후 지역사회에서 성공적으로 기능하게 하는 전반적인 목표를 지니고 수감자들에게 대안적인 대처 기술들을 제공하도록 시도하였다. 1995년 이후로 캘리포니아와 더불어 많은 주들은 각각의 법원의 판결 또는 협정의 결과에 따라서 유사한 발전을 밟아나갔다. 정신병이 있고 행동적인 장애가 있는 수감자들의 욕구를 다룰 수 있는 대안적 환경들에 대한 강력한 지지는 정부(Collins & National Institute of Corrections, 2004), 민간 연구와 인권 기관들(Abramsky et al., 2003; Gibbons & Katzenbach, 2006), 전문적인 단체들(National Commission on Correctional Health Care, 2004) 그리고 개인 평론가들(Mentzer & Fellner, 2010)에 의해 시작되었다.

　일반적인 치료 계획들에 따르면 협력과 유연성은 행동 관리 대상자들의 성공에 중요하다. 정신 건강 전문가들은 교도소 직원들과 더불어 이러한 대상 단위들을 구성하고 이를 운영하는 데 있어 적극적인 역할을 할 필요가 있다. 이것은 보통 일반적인 교도소 규정의 완화를 통해 행동 변화를 위한 긍정 강화물을 사용하도록 허용할 것을 요구한다. 이러한 강화물은 남은 징계 시간 감소 또는 보류, 레크리에이션 및 기타 여가시간의 증가, TV 혹은 다른 기분전환 거리 제공, 프로그래밍이나 집단 치료 활동 등을 포함한다. 성공적인 치료는 1년 혹은 그 이상을 필요로 할지 모른다.

행동적 개입 대상자들을 위해 특별하게 고안된 분류가 따로 없는 교정 기관은 일반적으로 해결할 수 없는 딜레마에 봉착한다. 격리 대상자들이 처한 조건은 자해 행동의 연료가 될 수 있다. 최소한의 기준에서 조차 이러한 기관들은 심각한 정신 건강 문제가 있는 수감자들을 다룰 준비가 되어있지 않다. 결과적으로 몇몇의 수감자들은 연장된 격리 기간 동안에 자해를 할 높은 위험성이 있다. 한편, 이와 같은 수감자들의 상당수는 보안이 덜 엄격한 임상 및 병원 환경들에서도 심각한 안전 문제들을 만들어내는 위협적 또는 공격적인 경향성이 있다. 이러한 수감자들은 보안이 강한 격리 체계에서는 지나치게 병들고, 임상적 환경에서는 지나치게 위험하기 때문에 위험한 환경과 적합하지 않은 두 환경 사이를 왔다 갔다 할지도 모른다. 많은 시스템들에 그들에게 필요한 것, 즉 안전하고 치료적인 곳은 선택지에 없다.

교정 전문가들(임상전문가와 교도관 둘 다) 모방행위들을 촉진할 것에 대한 우려 때문에 자해를 한 수감자들에 대한 제재 방식을 바꾸거나 보상을 주는 것을 반대한다. 전문가들은 다른 수감자들이 동료들이 받는 긍정적인 결과를 보고 그러한 행동을 따라할 수도 있을 것이라고 믿는다. 그러한 확산에 대한 걱정들은 이해할만하지만 대부분 정당화되지 않는다. 대부분의 수감자들은 단순히 심각한 자해를 이용하기로 결정할만한 체력이 있거나 또는 절망적이지 않다. 수감자들은 동료들과 목적을 공유하지만, 그러한 목적들을 성취하기 위해 비슷한 방법들을 채택하는 것은 불가능하거나 꺼려한다. 수긍하기 어렵겠지만, 심지어 모방 행동이 널리 퍼질 위험이 있다고 하더라도 완화된 행동적 개입을 금하지 않는다. 만약 수감자들이 궁극적으로 원하는 결과들을 얻을 수 있다면 신중하고 효과적인 개입을 마다할 필요가 없다. 더욱 극단적인 사례들에서 적용되는 원칙들도 기본적인 접근 방식과 같은 효과가 있다.

수감자의 심각한 자해 사건에서 약물 제한 또는 정신 건강 제재들의 역할에 대한 의문들이 종종 제기되는 경우가 있다. 그러나 실제 임상 장면에서는 처벌적 혹은 부정적 자극으로서 이러한 개입들 중 어느 하나도 사용하지 않는다. 그렇지 않는 의사들은 기본적인 윤리 규정들을 위반한 것이며, 자신의 면허를 위태롭게 한다. 항정신성 의약품에 대한 적절한 처방은 기저의 정신 질환 치료를 포함하고 있으며, 드물게 위급한 위해를 예방하기 위해 긴급 화학 약품을 복용하는 경우가 많다.

불행하게도 교정 체계는 정신건강 관련 규제들에 있어서 의문스러운 기준들이 있었던 적도 있었다. 이에 대응하여 미국 정신의학회는 몇몇 지침을 제공하는 문서를 만들었다(Metzer et al., 2007). 이 문서는 교정 기관들이 지역 건강시설들과 비슷한 수준의 보호서비스를 제공해야만 한다고 주장한다. 몇 가지 예외를 제외하면, 이러한 요구사항은 비교정적 환경에서 이루어지는 지시 사항, 금기, 장소, 기술, 시간, 관찰, 돌봄, 의사 결정 그리고 직원 훈련에 대한 제한의 관행을 따른다.

심지어 정신건강 제재들을 사용하는 것이 긴급 상황 그리고 지역사회의 기준과 유사한 수준으로 국한되어있을 때조차도 교정 환경에서 정신건강 제재들의 역할에 대한 논란은 계속되고 있다. Metzner 등(2007)의 증거 문서들은 구급시설과 교도소에서의 중재와 관련하여 몇 가지 임상적 도전 과제들이 있음을 인정한다. 다른 편에서는 본질적으로 치료적이지 않은 교정환경들에서 임상적 제재의 금기를 더욱 정교화하였다. 이러한 고려들 때문에, 나는 특히 수감자를 정신병원으로 수송하는 시간 동안 불안전한 상황의 안정을 위하여 정신 건강 제재들의 사용을 제한할 것을 주장해왔다. 비슷한 이유로 영국의 교도소들에서는 정신 건강 제재들을 일반적으로 사용하지 않는다(O'Grady, 2007).

사례 예시

A씨는 34살의 남성으로 10년 전에 그가 저지른 살인 때문에 종신형을 선고받았다. 그는 수감 생활에 적응하기 어려워했고, 교정 근무자의 명령을 어기는 것에서부터 직원과 다른 수감자들을 공격하기 위해 기물을 파손하는 것까지 다양한 규범을 위반하였다. 7년 전 그가 교정 직원에게 심각한 부상을 입힌 이후, 교도소 관계자들은 그를 경비가 삼엄한 격리 시설에 장기간 가두었다. 그는 고립된 독방 안에서 하루의 23시간을 보냈고, 단 1시간만 혼자 운동하거나 샤워하기 위해, 혹은 진찰을 받는 것과 같은 다른 특별한 이유들로 밖에 나올 수 있었다.

A씨는 격리되어 있는 동안 교정 직원들과의 갈등을 포함하여 계속 파괴적인 행동을 해왔다. 그는 몇몇의 직원들이 7년 전에 그가 한 교도관을 부상 입혔다는 이유로 자신을 괴롭혀왔다고 주장한다. 그는 격리되어 있는 동안에 한 파괴적인

행동들의 대부분이 그가 주장하고 있는 괴롭힘에 대한 정당한 반응이라고 믿고 있다. 그러나 지속적인 잘못된 행동의 결과로, 그는 TV, 라디오, 잡지 그리고 대다수의 책들에 대한 접근이 금지를 포함하여 추가적인 제재들을 받았다. 그는 지난 5년 동안 지속적으로 이러한 부분들 없이 살았고, 그리고 현재 앞으로 4년의 제재가 남아있다. 그는 용납되지 않는 행동에 대한 각각의 사건들 때문에 추가적인 제재를 적어도 30일을 받았으며, 이러한 제재들이 서서히 누적되었다. 그러나 잘못된 행동으로 인해 받게 될 수 있는 추가적인 제재 시간에 대한 걱정은 그를 멈추지 못했다. 왜냐하면 남은 4년이 이미 영원한 시간처럼 느껴졌기 때문이다. 그는 자신에 대한 제재를 불공정한 또 다른 괴롭힘이라고 생각한다.

6개월 전, A씨는 자해를 하기 시작했다. 주로 칼로 긋는 것이었지만 날카로운 물건들을 삼키고, 요도에 이물질을 삽입하고, 비밀리에 비축한 약물을 과다복용하기도 하였다. 이러한 행동들의 빈도는 최소한 하루에 한 번 이상 증가하였다. 그의 부상은 종종 심각해서 병원이나 응급실로 이송할 필요가 있었다. 몇 주가 지나자 그는 늦은 밤 또는 아침 일찍 규칙적으로 심각한 자해를 하게 되었다.

교도소 정신 건강 서비스들은 A씨를 평가해왔으며 그가 반사회적 성격 장애가 있다고 진단하였다. 비록 그는 긴장, 불쾌 그리고 분노를 표현하고 있지만, 자살 의도는 없었다. 대신에 그는 자해만이 자신에게 가해지는 제재들에 항의를 할 수 있는 유일한 방법이라고 하였다. 그는 직원들에게 정신적 고통 유발하는 것과 시설의 운영을 방해하는 것을 즐긴다. 그는 교정 정책들이 심각한 사건이 발생할 때면 언제든 시설 관리자에게 즉각적인 보고를 하도록 되어있다는 것을 알고 있는데, 이러한 사건에 수감자의 응급 의료 처치로 인한 이송이 포함된다. 그는 자신의 고통에 대한 복수로 매일 밤 시설 관리자의 잠을 방해할 수 있다는 것을 기쁘게 느끼고 있다. 그는 또한 계속되는 고립과 특혜 상실로 인해 피해를 입고 있다는 사실을 인정하였으며, 더 이상 지루함과 고통을 참을 수 없었다. 그는 지역 내 응급실 또는 교도소 병원으로의 이동을 고대하고 있다. 그의 방에서 나오는 소란과 움직임들은 그의 지루함과 불쾌감을 다소 덜어준다.

비록 교도관들은 A씨가 원하는 것을 해주는 것이 꺼려졌지만, 정신 건강 직원의 권고사항을 받아들여서 몇 가지 변화들을 승인하였다. 30일을 제외하고 관계자들은 A씨의 여가 활동 박탈에 대한 제재를 철회하였다. 그들은 또한 좋은 행동에 대해 보다 적절한 보상을 제공하기 위하여, 이러한 제재의 누적이 30일을 넘지 않는다는 상한선을 두는 것에 동의했다. 나아가 관리자들은 교정 직원들에 의한 A씨의 잠재적인 불합리를 줄이기 위한 절차들을 밟았다. 이러한 변화들이 실행되고 난 후, A씨의 자해와 다른 파괴적인 행동들의 빈도와 심각도는 눈에 띄게 감소하였다.

결 론

비록 소수의 수감자들만이 자해 행동을 하지만, 그들은 교정체계에 심각한 건강, 안정, 관리 그리고 재정적 문제를 발생시킨다. 지역 사회에서의 자해 사건들과 많은 공통점이 있지만, 교정 환경은 맥락적, 동기적 그리고 관리적 측면에서 특이성을 가지고 있다. 그럼에도 불구하고 이러한 수감자들의 특성들과 그들의 행동, 그리고 관리는 비교적 연구 관심을 거의 받지 못하고 있다.

일반적으로 자신이 필요로 하거나 원하는 것을 얻기 위한 수단이 거의 없는 수감자가 자해하는 이유는 다음과 같다.

- 의무실 또는 병원으로 이송을 통해서 스트레스가 많은 상황에서 일시적으로 벗어나기 위해서
- 격리된 시설에서의 지속되는 고립으로부터 오는 심리적인 고통에 대처하기 위해서
- 마취제 또는 다른 원하는 약물들을 얻기 위해서
- 권위자에 대한 분노의 표현으로서 시설의 혼란을 야기하기 위해서

자해하는 수감자들을 효과적으로 운영하기 위한 방법들은 다음과 같다.

- 정신 건강, 의료 그리고 교도소 관리 직원들 간의 책임 공유와 협력적인 접근
- 처벌적, 적대적인 반응들을 피하기
- 수감자들의 동기들을 이해하고 받아들이기
- 개별화된 행동 운영 계획
- 안전한 행동 관리 체계들을 개발하기
- 융통성 있게 행동적 보상과 보상을 사용하기

- 적절한 임상적 기준들이 있을 때만 약물을 사용하기
- 정신 건강 제재들의 사용을 제한하고, 지역 건강 시설들과 유사한 기준을 적용하기

제25장

주요 자해 다루기

KENNETH L. APPELBAUM

본 장은 주요 자해(major self-injury)에 초점을 맞추고 있기 때문에 이 책에서 가장 읽기 어려운 부분 중 하나이다. 이 장은 학교에서 일하는 사람 또는 잘 기능하는 내담자들과는 관련이 없다. 여기에서 나오는 내용들은 교정 시설, 정신병원, 그룹홈, 주거지원 프로그램, Program of Assertive Community Treatment 팀, 클럽 회관 그리고 심각한 정신 질환이나 성격 장애를 가진 사람들에게 제공되는 프로그램에 종사하는 사람들에게 유용할 수 있다.

정 의

Favazza(1996, p.233)는 "주요 자해는 안구 적출, 거세 그리고 팔 절단과 같이 중요한 신체 조직을 망가뜨리는 드문 행동들과 관련이 있다"고 말했다. 이러한 유형의 자해는 "자기 절단(self-mutilation)"이라고 언급하는 것이 적절할 수 있는데, "결함이 있도록 만들기 위해 완전히 자르거나 개조하는 것", "불구로 만들기 위해 심각한 손상을 주는 것"을 의미하는 "인체를 심하게 훼손하다(mutilate)"라는 단어의 사전적 정의와 부합하기 때문이다(Merriam-Webster Dictionary, 1995, p.342). 본 장에서는 "주요 자해"와 "자기 절단"이라는 용어가 대체 가능한 의미로 사용된다.

의 도

주요 자해가 중요한 조직 손상을 포함한다는 정의에도 불구하고, 이러한 행동은 대개 자살 의도를 포함하지 않는다. 주요 자해하는 사람들은 일반적으로 아주 심각한 심리적 고통 또는 극도의 흥분 상태에 있다. 극단적인 행동들은 종종 그들이 중요한 인생의 문제를 해결하려고 하거나, 스스로 변화하려고 하거나 혹은 강력한 외부의 힘(예, 신 또는 악마)으로부터의 지각된 지시를 따르고자 노력하는 것을 나타낸다. 그러한 사람들의 의도에 죽고 싶은 욕망은 명백히 없다(Menninger, 1938/1966; Walsh & Rosen, 1988; Favazzam 1996; Grossman, 2001). 아래의 제공된 사례들은 종종 주요 자해를 동반하는 개인마다 다른 고유한 의도의 유형들을 제시하고 있다.

유병률

주요 자해의 전체 유병률은 알려져 있지 않다. 다행스럽게도 이러한 행동은 매우 드물다. 예를 들어, Grossman(2001, p.53)은 단지 "19세기 말부터 영국과 미국, 일본 문헌에서 115건의 남성 생식기 자기 절단 사례들이 보고되었다"고 언급했다. 또한 그는 같은 시기에 현대 문헌에서 90건의 안구 자기 절단 사례들을 확인하였다. 이것이 아주 드문 행동이기 때문에, 주요 자해와 관련된 문헌은 거의 대부분 개인 사례 보고들로 구성되어 있다. 나는 주요 자해의 실증적인 연구들을 잘 알지 못한다. 일부 저자들은(예, Greilsheimer & Groves, 1979; Kennedy & Feldman, 1994; Grossman, 2001; Large et al., 2008) 생식기 또는 안구 자기 절단과 같은 분야의 사례 보고들에 대한 종합적인 논의들을 제공하였다. 이러한 연구들은 주요 자해하는 개인의 집단을 일반화하려고 시도할 때 가장 유용하다.

행동의 형태

Grossman(2001)은 문헌에서 보고된 4가지 주요 자해의 유형들을 언급했다.

- 생식기(예, 남성의 음경 절단, 거세, 생식기 제거, 여성의 요도와 질을 찢음)
- 안구(예, 적출, 구멍 내기, 찢기, 자기 스스로 때려서 실명)
- 손(발)가락과 팔다리 절단(예, 손가락과 사지 제거)
- 그 외의 (드문) 형태(예, 코, 혀, 입, 얼굴을 자해하기, 자기 신체를 먹기)

진단 다양성

사람들은 이러한 끔찍한 행동들에 대한 이야기를 들으면 그런 행동들은 당연히 거의 대부분 정신병과 관련이 있을 것이라고 속단한다. 실제로 문헌에서는 개인들의 주요 자해에 대한 많은 예시들을 서술하고 있는데, 예시들에서의 개인들은 놀랄 만큼 광범위한 정신병적 진단 범주에 속한다. Favazza(1996)는 자해의 주요 형태들은 "대부분 공통적으로 정신병(급성 정신병 삽화, 조현병, 조증과 우울증)과 관련되어 있다"고 언급했다(p.234). 그러나 그는 또한 주요 자해는 "급성 도취" 그리고 "신중하게 계획된 성전환자 거세"로 보고되어 왔다고 언급했다.

자신의 문헌 연구를 기반으로, Grossman(2001)은 생식기 자기 절단을 한 사람의 약 80%가 그러한 행동을 했을 당시 정신병적 상태였음을 언급했다. 그는 그들이 5가지 일반화된 집단으로 나뉜다는 점을 보여주었으며, 진단의 다양성 및 그러한 사람들이 처한 환경에 대하여 요약했다.

1. 급성 정신병이 있는 젊은 남성
2. 급성 흥분 중에 충동 경향이 있는 남성
3. 성전환을 원하는 남성 성전환자
4. 정신병적 우울과 신체적 질환을 가지고 있는 중년 남성
5. 분노 감정을 표출하는 심각한 성격 장애를 가진 개인

또한 Large 등(2008)의 연구에서는 주요 자해와 정신병 간의 강력한 관련성에 대하여 언급했다. 그들은 주요 자해(눈 또는 고환의 제거, 생식기의 절단, 또는 사지절단을 포함) 189건의 사례 리뷰를 통해, 이러한 사람들 중 143명(75.6%)이 정신적 질환으로 진단받았다는 것을 발견하였다. 143명 중에 119명(83.2%)은 "정신분열 스펙트럼 정신병"으로 진단을 받았다(Large et al., 2098, p.1012). Large 등의 연구에서 중요한 것은 검토된 사례들 중 53.5%의 사례들이 "초발정신병"이라는 발견이다. 따라서 그들은 "정신병적 질병의 초기 치료는 주요 자해의 발생을 감소시킬 수도 있다"고 제안했다(p.1012).

Grossman(2001)은 안구 자기 절단을 하는 사람들의 75%가 그 행위를 할 당시 정신병적인 상태라는 것을 지적하였다. 남은 25%는 우울 장애, 뮌하우젠 신드롬, 물질 남용, 그리고 강박 장애(OCD)로 진단을 받았다(Grossman, 2011; Kennedy & Felman, 1994). 따라서 주요 자해하는 개인들은 정신병, 성격 장애, 약물 남용 장애, 외상 후 스트레스 장애(PTSD), 강박 장애(OCD), 그리고 심지어 강박장애를 동반한 뚜렛 장애를 포함하여 넓은 범위의 정신의학적 진단을 보이고 있다(Hood, Baptista-Neto, Beasley. Lobis, & Pravdova, 2004). 이러한 진단적 정보들의 철저한 검토를 하려면, Greilsheimer와 Groves(1979), Kennedy와 Feldman(1994), 그리고 Grossman(2001)의 연구를 보면 된다.

이러한 발견에 나의 개인적 경험을 더하면, 지속적으로 성적 학대를 당해서 (해리 상태와 관련된) 외상 후 스트레스 장애 (PTSD)에 시달리는 내담자들 또한 주요 자해를 보이기도 한다. 몇몇의 사례들에서 그들의 해리 증상은 처음에는 정신병처럼 보이기도 하지만, 그렇지 않다. 오히려, 이러한 내담자들은 순수하게 외상 후 스트레스 장애(PTSD)를 경험하고 있기 때문에 거기에 맞게 치료되어야만 한다(16장 참조). 이런 유형의 사례 예시가 아래 제공되어 있다.

예방과 위험 평가

주요 자해를 할 수 있는 사람과 작업할 때의 주요 목표는 미리 그런 행동이 발생하지 않게 예방하는 것이다. 문헌은 실증적 연구가 아닌 사례 보고에 기반을 두고 있기 때문에 주요 자해에 대한 경고 신호는 정확하게 정의되어 있지 않다. 더욱이 위험 평가 행동의 대부분은 다른 진단들 보다 정신병적 장애에 초점이 맞춰져 있다.

> 주요 자해 행동(self-injurious behavior; SIB)의 정확한 예측은 불가능하지만, 특정 요인들은 이러한 행동 발생의 가능성에 대해 임상가가 우려 수준을 높여야 한다는 것이 명확하게 인식되어야 한다. 일반적으로 정신증의 양성 증상이 증가함에 따라 주요 자해 행동(SIB)의 위험도 증가한다.(Grossman, 2001, p.58)

Rosen과 나는 정신증과 관련된 자해를 평가하기 위한 프로토콜을 제시했다(Walsh & Rosen, 1988). 이 프로토콜은 Grossman(2001)이 제시한 위험 요소 항목과 비슷하지만, 더욱 광범위하고 포괄적이다. 나는 이 프로토콜을 개정하였으며 아래에 제시하였다. 프로토콜은 실증적으로 입증되지는 않았지만 주요 자해/자기 절단의 임상적인 경험과 문헌에서 얻은 정보를 바탕으로 한다.

주요 자해의 위험을 평가하기 위한 계획서

1. 역사적 정보의 핵심
- 이전의 자해와 주요 자해의 내력
- 자신 또는 타인을 향한 충동적인 공격성 내력
- 어린 시절의 박탈, 신체적 학대, 또는 성적 학대 내력
- 최근의 대인 관계적 상실 또는 삶의 환경의 주요한 변화
- 최근의 자진해서 한 신체적, 외모적 변화(예, 머리를 깎는 것, 군복을 입는 것)

2. 정신 상태의 평가
- 자해 내용의 환청 존재(예, "너는 너 자신을 다치게 해야 돼. 왜냐하면 그럴 만하니까. 너는 쓸모없는 인간이야"라고 하는 목소리를 들음)
- 환청의 근원을 신뢰하고 믿음(예, "이 목소리는 신으로부터 왔기 때문에 복종해야만 한다" 이것은 돌아가신 부모님, 천사 또는 전지전능하다고 인식되

는 다른 존재의 목소리이다.)

- 자해 내용과 관련된 망상 존재(예, "나의 자해는 우주의 계획 중 일부이다")

- 종교적 망상 존재. 특히 죄악, 속죄, 가치 없음 등과 관련된 것(예, "나는 내 속죄를 위해 나의 몸 일부를 공격하거나 없애야 한다.")

- 피해망상의 존재(예, "사람들은 나를 쫓고 있고 내가 내 눈을 없애야만 멈출 것이다")

- 신체 망상의 존재(예, "나의 음경은 썩고 있고 그것은 제거되어야만 한다." "나의 질은 더럽고 구역질난다. 이것은 깨끗해져야 하고 처벌되어야만 한다.")

- 과장된 망상의 존재(예, "만약 내가 눈을 없앤다면, 나는 앞으로 고통을 경험하지 않고 신의 오른편에 앉게 될 것이다")

- 이러한 망상들 중 어떤 것이라도 신뢰하는 믿음(예, "현실의 본질이 오직 나에게만 있음이 밝혀졌다." "신은 복종되어야만 한다." "나의 아버지는 내가 이때까지 잘한 것이 하나도 없다고 말했고 이것은 사실임에 틀림없다.")

- 마술적 사고(예, "내가 만약 나를 다치게 한다면, 나의 모든 문제들이 해결될 것이다.")

- 위에서 설명된 정신 상태의 어떤 것이라도 악화시키는 약물 사용 또는 극도의 도취

- 위에서 언급한 증상 중 어느 하나의 부작용이라도 악화시키는 승인되지 않은 약물 치료

3. 주요 자해와 관련된 세부사항들

- 자해와 관련된 의식들의 존재

- 어떤 신체적 부분이나 신체적 부위들에 대한 선입견

- 어떤 자해의 방법들이나 도구들에 대한 선입견

- 자해의 내용을 담고 있는 성경의 구절들에 대한 선입견과 인용, "만일 네 오른 눈이 너로 실족케 하거든 빼어 내버려라. 만일 네 오른손이 너로 실족케 하거든 찍어 내버려라."(마태복음 5:29−30)

- 어떤 역사적 또는 미신적 자해를 한 사람들에 대한 선입견(예, 반 고흐,

달마, 오이디푸스)
* 성전환 문제들에 대한 선입견(특히나 다른 성으로의 전환을 원함)
* 원치 않는 성적 환상, 충동, 행동에 대한 선입견과 불편감
* 어떤 과거의 자해와 관련해서도 신체적인 고통이 부재함

평가와 관련된 사례 예시

나는 앞에서 자기 절단 사례에 대해 자세하게 설명하였다(Walsh & Rosen, 1988). 이 사람을 처음 알게 되었을 때, 나는 그 행동 바로 직후에 중대한 사건 수사를 요청받은 상태였다. 나중에 이 사람은 나의 에이전시에 치료를 받으러 왔고, 심각하고 지속적인 정신 질환을 앓고 있는 성인들을 위한 그룹홈에서 머물게 되었다. 그가 이 프로그램에 참여한 것은 주요 자해를 한 사람을 그 이후에 몇 년 동안 지켜볼 수 있는 평범하지 않은 기회를 제공하였다. 나는 이 사례를 두 부분으로 나누어 설명하고자 한다. (1) 위에 나와 있는 프로토콜과 연관하여 사례 예시를 설명하는 것. (2) 그의 자기절단 이후에 개인의 삶(그리고 죽음)에 대한 최신 정보를 제공하는 것.

그가 자기절단을 하였을 때(Circa 1986), M씨는 미혼의 31살 유럽계 미국인 남성으로 지역 정신 건강 시스템에 잘 알려져 있었다. 그는 오랜 정신 질환 내력이 있었고 지역 병원에서의 많은 입원 경험이 있었다. M씨의 첫 정신과 입원은 그가 18세 때 발생하였다. 그때 이후로 병원에 입원하지 않을 때는 어머니와 함께 집에서 살았다. 비록 M씨가 몇 년에 걸쳐 다른 후천적인 질환들을 얻었을지라도, M씨의 주요 진단은 조현병이었다. 지난 13년간 그의 패턴은 정신병리적 대상부전, 지속적인 실업, 치료 프로그램 및 투약 요법을 잘 지키지 않는 것, 제한된 사회적 관계, 돈 관리 및 개인위생과 같은 자기 관리를 잘 하지 못하는 것이었다. 그의 강점은 좋은 지능, 유머 감각, 예술에 대한 흥미 그리고 긍정적인 태도를 포함하고 있다.

가장 최근의 입원기간 동안에 M씨를 퇴원시키기 위한 계획들이 다른 기관과 함께 지역 주거 프로그램 내에서 이루어졌다. 변화의 이유는 그의 위험한 흡연 행동, 일관되지 않은 잠자리 버릇들, 집안일을 거부하는 것, 열악한 개인위생

그리고 고립 때문에 그의 엄마가 그를 관리하는 데 있어 어려움이 증가하고 있었기 때문이다. 따라서 M씨가 자기 절단을 했을 때, 그는 관리되는 지역 거주지에 살게 되었다. 프로그램 참여에도 불구하고 그의 정신 상태는 지난 몇 개월간 악화되어 갔다. 우리가 나중에 알게 된 것과 같이 그는 정기적으로 항정신성 약물을 중단하였다.

그 행동을 하기 이틀 전, 직원들은 그가 "평소보다 더 편집적"으로 되었음을 느꼈다. 그러나 그는 어떤 자기절단 사고 또는 행동을 보이지 않았다. 사실 M씨는 그 어떤 자기절단 이력도 없었다.

직원들은 그의 약물 복용을 주의 깊게 살펴보았다. 왜냐하면 약물에 대한 그의 "뻔뻔스러움"이 악화의 일부 원인으로 보였기 때문이다(즉, 볼에 약을 넣었다가 곧 뱉는 것). 녹음 자료들은 M씨가 우울한 것처럼 보이며, 그가 안전하며 거주지 내에서 누구도 그를 해치려고 하지 않는다고 안심시켜주길 요구했다고 되어있다.

그가 자기절단을 했던 아침에, 야간 상담자는 M씨가 쓴 어지럽고 모호하지만 불길한 내용의 메모들을 발견했다. 그 메모에는 다음과 같은 내용이 쓰여 있었다. (1) "Julie 나를 용서해." (2) "아마도 좋은 집이었던 거 같다. 그게 최고였다." (3) "Julie야 잘가." (4) "항상 좋은 집에 살려고 노력했다. 나는 겁쟁이다." (Julie는 그가 10년 동안 보지 못한 고등학교 지인이다)

M씨는 그날 아침에 동행자 없이 떠났고, 지역의 정신 의학 응급실로 갔다. 그가 도착했을 때 그는 "독약"을 받기를 요청했다. 이 시점에서 M씨는 주(state) 병원에 재입원을 허가받았다.

그는 병동에 오후 3시에서 11시에 사이에 도착했고 불안을 위한 소량의 푸로릭신(Prolixin)을 받았다. 간호 평가 메모에서는 M씨가 "나는 독약을 원한다." 그리고 "나는 더러운 사생아이다"라는 말을 했다고 기술되어 있다. 그의 계속되고 집착적인 죽음에 대한 생각 때문에 그는 소량의 푸로릭신을 추가적으로 받았지만 또 다시 눈에 보일만한 긍정적인 효과는 없었다. 추가적인 소량의 푸로릭신 복용은 아무런 변화를 만들어내지 못했다.

밤새도록 M씨는 계속 걸으면서 횡설수설했고 망상에 빠져 있었다. 어느 시점에 그는 소리 지르면서 병동의 홀로 뛰어 내려왔고, 탁자 주변을 돌았고, 신체적으로 제지되어야만 했다. 그는 여자 친구를 십자가에 못 박는 것에 대하여 반복적으로 말했고, 그가 살인자이고 어린 소녀들을 납치했다고 했다. 그리고 여러 명의 사생아를 낳았다고 했다. 또한 그가 곧 죽을 것이고, 곧 "유대의 흑인 왕자"

로 환생할 것이라고 말했다. 하지만 그에게 자신을 해칠 계획이 있냐고 물었을 때 그는 단호하게 "아니요"라고 말했다.

M씨는 이후 12시간을 정신병적이고 기이한 상태로 있었고, 직원들은 그를 유심히 관찰했다. 그러나 그는 어떤 한 순간에 동행자 없이 화장실에 슬쩍 들어 갔다. 곧바로 직원은 M씨가 소리 지르는 것을 들었다. 화장실의 문을 열어본 직 원은 M씨가 오른 쪽 눈에서 많은 피를 흘리며 한쪽 손으로 감싸고 서있는 것을 보았다. 무엇을 했는지 물어보니, M씨는 화장실에서 자신의 눈을 변기에 흘려보 냈다고 이야기했다. M씨는 집중 관리 의료 시설로 보내졌다.

주요 자해의 위험요인 평가

M씨의 사례는 주요 자해의 위험요인을 평가하는 데 좋은 예시이다. 비록 앞서 제시한 프로토콜에서 적용되지 않는 다른 항목들도 많이 있지만, M씨는 프로토콜의 많은 경고 신호들을 보여준다. 예를 들어, 프로토콜의 첫 번째 부분 을 보면(과거 내력), M씨가 5개의 기준 중 2개만 충족했다는 것을 볼 수 있다. 그는 과거의 자해 이력이 없다. 그는 또한 학대나 결핍의 이력이 없다. 최근에 그의 신체적 외모를 바꾸려고 한 적도 없다. 그는 자해하기 이전에는 병실에서 비교적 보통의 신체적 폭력을 보였고, 확실히 최근에 그의 엄마로부터 처음으 로 분리되는 상실을 경험하였다. "좋은 집에 사는 것"의 중요성에 대한 그의 말 과 아마도 엄마의 집을 "최고"라고 표현한 것에서, M씨는 명확하게 상실에 대 해 슬퍼하는 것처럼 보였다.

M씨의 정신 상태를 평가하는 프로토콜의 두 번째 부분에서 기술된 것에 따르면 그는 심각한 위험요인들을 나타내는 다수의 문제들을 보였다. 그의 횡 설수설하는 언어적 내용들은 종교적("유대의 흑인 왕자"), 성적 집착(납치를 하였 고 사생아들의 아빠) 그리고 피해망상(그룹홈에서의 안전에 대해서 보장받기를 원하는 것)들을 포함하고 있다. 치명적인 독극물 또는 약물을 다양한 상황들에서 한다 는 점에서 그는 또한 여러 가지의 매우 특이한 자기 파괴적인 생각들을 표출하 였다. 또 다른 경고 신호는 그가 몰래 항정신성 약물들을 꾸준하게 먹지 않았다 는 것이다. 하지만 그는 어떤 약물도 사용하거나 남용하지 않았다. 따라서 프로

토콜의 두 번째 부분에서는 전문적인 평가를 진행하는 사람에게 경고했어야만 하는 많은 "중요 정보"들이 있었다. 프로토콜의 이러한 부분은 M씨의 정신 상태로 인한 주요 자해의 위험요인을 가장 직접적으로 가리킨다.

프로토콜의 세 번째 그리고 마지막 부분은 자해에 대하여 세부사항을 다루고 있다. 이 부분은 M씨가 이전 자해의 내력이 없기 때문에 진단에 특별히 도움이 되지 않을 수 있다. 또한 그는 신체 부분, 도구, 또는 성전환 주제에 대해 심취해 있어 보이지 않는다. 그러나 M씨가 눈을 빼어버리라는 성경의 구절을 인용한 시점은 며칠 뒤의 일이었다. 그는 분명 성적인 것에 사로잡혀 있었고, 성범죄들을 상상하는 것에 대한 죄의식을 경험하는 것처럼 보였다.

M씨는 행동을 한 다음날, 그의 눈을 적출하고자 하는 동기들에 대하여 추가적인 정보를 제공했다. 예를 들어, 그는 동성애에 대한 두려움과 그의 그룹홈에서 룸메이트를 갖게 되는 것에 대한 소망들을 말했다. 그는 여전히 어린 소녀들에게 해를 가하거나 임신을 시키는 것에 사로잡혀 있었다. 결국 그는 자신의 죄를 속죄하고자 눈을 적출하여 살아남도록 허락을 받아야 한다는 어떤 "초자연적 협상/합의"와 같은 것에 사로잡혀 있었다(Menninger, 1938/1966). 그는 또한 몇몇 괴로운 생각들을 드러냈는데, "그의 눈을 제거할 필요가 있어, 그렇지 않으면 폭격기 조종사가 그 눈을 맞출 거야"라고 하였다. 그의 대부분의 생각들은 매우 정신병적이어서 다른 사람들은 그 의미를 해독할 수가 없었다. 이 내용들의 대부분은 자기절단 이후 단지 며칠 만에 생겨난 것이라는 점을 알고 있어야 한다. 이러한 사고가 그 행동 이전에 유발된 것이 아니었다면, 예방에 도움이 되지 않았을 것이다.

요약하면, M씨의 사례는 임상가들에게 주요 자해 평가를 위한 프로토콜이 위험을 대비하는 데 있어 유용한 도구가 될 수 있다는 것을 보여준다. 그러나 온도를 측정하는 온도계처럼 정확해지려면 아직 한참 멀었다. 프로토콜은 일부 유용한 지침을 제공하지만, 단지 소수의 빈틈없는 전문가 팀만이 M씨의 자기절단을 막을 수 있었을 것이다. 주요 자해의 정확한 예측요인들을 찾는 것은 아직도 머나먼 여정이다.

M 씨 사례에 대한 최신 정보

그가 자신의 안구를 적출한 직후에, M씨는 내가 소속된 기관에서 운영하는 거주 프로그램에 참가하였다. 이후의 그의 삶은 대체로 안정적이었다. 그는 여전히 조현병으로 고통받았지만, 약물치료와 치료 프로그램을 잘 따랐다. 그의 어머니가 매일 치료에 덜 개입하게 되자 치료를 따르는 태도가 좋아진 것처럼 보였다. M씨는 조금씩 어머니와 떨어져 사는 것을 받아들이게 되었고 마침내 자신의 높은 수준의 자립에 대해 자랑스럽게 여겼다. 그는 정신 질환을 가진 사람들을 위한 지역 클럽 모임 프로그램에 적극적으로 참여하였다.

가끔 M씨는 높은 수준의 분노와 불안을 보였고 초조해했다. 이 시기에 M씨는 종종 그의 "좋은 눈이 아파요(good eye hurt)."라고 말했다. 또한 그는 "저의 좋은 눈에 아무 일도 일어나지 않기를 바라요."와 같은 자기 위협을 은근히 드러냈다. 이때 거주 프로그램 직원들은 놀랐으며 예민해했다. 그들은 어떤 것이든 M씨가 경험하고 있을지도 모르는 좌절감들에 대해 말하도록 M씨를 부추겼다. 또한 그들은 위에 제시된 프로토콜들을 따랐다. 또한 예외 없이 곧장 약물치료에 관한 회의를 하였다. 증가된 약물치료는 비교적 짧은 기간 동안 처방되었다. M씨가 프로그램에 참여하면서 지냈던 10년 동안 또 다른 자해 행동을 단 한 번도 하지 않았다. 그는 1990년 중반에 심장마비로 자연사하였다.

정신병을 가진 내담자들에 대한 치료

정신약리학(psychopharmacology)

정신병으로 고통 받는 사람들에게 있어 주요 자해를 예방하기 위한 치료적 선택은 정신약리학이다. 14장에서 Gordon Harper가 언급한 것처럼 항정신질환 치료제 투약은 자해망상을 가진 내담자에게 필요하다. 그는 리스페리돈(리스페달), 클로자핀(클로자릴)과 그 외 다른 항정신질환 치료제를 사용하는 것의 잠재적인 이점들을 설명하였다. Gorssman(2001)은 주요 자해의 약물요법에 대해 자세히 제시해왔다. 그는 자해 예방을 위한 약물치료의 기본원리는 (1) 정신병의 신속한 치료, (2) 최대한 치료를 잘 준수하게 하는 식이요법의 확립과 (3) 극심한 불안 시기동안의 진정제 투여라고 제안해왔다. (이 원칙들은 우리가 거주 프로그램에서 M씨를을 치료하는 과정에서 지켜 온 원칙들이라는 것에 주목해라.) 또한, Grossman(2001)은 주요 자해 치료에서의 벤조디아제핀, 기분 안정제와 항우울제의 사용에 대해 제시하였다.

심리치료

심리치료는 주요 자해의 예방과 자해를 하고 있는 사람들을 관리하고자 하는 두 가지 목적을 위해 계획되었다. 몇몇 내담자들은 주요 자해의 오랜 내력이 있다. 심리치료는 진단에 따라 부분적으로 새로운 혹은 반복되는 주요 자해의 위험이 있는 사람들에게 제공된다. Grossman(2001)이 언급한 것처럼, 대다수의 사례는 정신병 중 하나로 진단된다. 이러한 사람들의 경우 치료적 선택(약물치료와 더불어)은 보통 증상 관리 기술 훈련 접근법이다(Liberman, 1999; Mueser et al., 2006). 예를 들면, Liberman(1999)은 경험적으로 타당화 및 지침이 있는 치료를 사용하였으며, 이 치료에서는 정신병을 가진 사람들에게 증상 관리와 재발 방지 기술을 가르친다. 그는 (1) 약물치료 관리, (2) 여가를 위한 레크레이션, (3) 증상 관리와 (4) 4가지 대화 기술 모듈을 사용한다. 만약 내담자들이 그들의 약물 치료를 제대로 관리하고 대상부전의 적신호를 알아채며, 지속적인 증상들에 대처하고, 술과 마약을 멀리하는 법을 배운다면(Liberman, 1999), 정신병이 재발 혹은 악화될 가능성은 훨씬 낮아진다. 정신적 보상 작용의 상실을 예방했을 때, 이와 관련된 주요 자해의 위험은 줄어들게 된다. Liberman의 모델보다 더 정교한 모델인 회복지향 질병관리 프로그램 IMR(Mueser et al., 2006)은 17장에서 다루었다.

인지-행동 치료

증상 관리 접근은 종종 인지 행동 치료와 결합된다. 인지 치료에 대한 기본적인 설명은 12장에서 설명하였다. 12장에서 설명한 것처럼, 인지 치료는 (1) 자해를 지지하는 자동적 사고, 중간 믿음과 핵심 믿음을 대상으로 하며, (2) 이러한 인지 유형들에 관한 정보를 수집하며, (3) 행동을 뒷받침하는 역기능적 사고를 지지하고 위배하는 내담자 증거로부터 이끌어낸다. 증거가 역기능적 사고와 반대될 때, 내담자는 새롭고 더 정확하고 더 유용한 사고를 만들기 위한 도움을 받는다. 정신병적 망상을 작업할 때의 예측은 개인이 얼마나 확고하게 망상을 믿고 있는지, 새로운 정보를 수용하는데 망상이 얼마나 유연한지 그리고 개인의 일상생활에서 망상이 얼마나 만연한지와 관련되어 있을 수 있다 (Kingdon & Turkington, 2005). 정신병을 가진 사람과 작업할 때 인지적 치료 접근에 대한 일부 기본적인 수정이 이루어질 필요가 있다(Kingdon & Turkington, 2005; Merlo, Perris, & Brenner, 2004). 예를 들면, Kingdon과 Turkington(2005)은 조현병을 가진 내담자들과 망상적인 내용들을 다룰 때의 네 가지 단계를 발견하였다.

1. 덜 강력하게 지배해온 신념부터 목표로 삼아라.
2. 망상적 내용들과 직접적으로 대립하는 것을 피하라.
3. 망상 그 자체에 대한 내용이 아닌, 망상에 대한 증거에 집중하라.
4. 내담자가 자신의 의심들에 대해서, 혹은 신념의 반론에 대해서 말로 표현하도록 격려하라.

　　조현병이 주요 자해로 이어진 한 남성의 치료의 예시가 아래에 제시되어 있다.

　　또한 심리 치료가 현재 "정신병의 첫 번째 삽화"에 목표를 두고 있다는 것에 주목할 필요가 있다(Penn et al., 2011). 이러한 치료는 사회적 및 역할 기능과 삶의 질에 중점을 두고 있다. 초기 개입은 인지적 왜곡을 감소시키고, 사회적 고립감을 미연에 방지하며, 극심한 정신병 증상들의 한계를 정할 수 있는 잠재력을 가진 것으로 생각된다. 만약 정신병이 진행되지 않았다면 심각한 자해 또한 예방될 수 있을 것이다.

Z 씨와의 인지 치료

　　나는 내가 제공하던 거주 치료 프로그램의 상담 장면에서 45살의 유럽계 미국인 Z씨를 처음 만났다. Z씨의 자해 행동은 자신의 다리, 팔과 가슴을 치는 것,

그리고 놀랍게도 자신의 눈을 주먹으로 치는 행동까지도 포함되었다. 눈 때리기 행동은 현재 맹인이 될 정도로 수년 간 Z씨의 심각한 시력 손상을 초래하였다. Z씨는 여전히 읽을 수는 있었지만, 글을 얼굴에 아주 가까이 가져갔을 때만 가능했다.

나는 상담 장면에서 Z씨를 면담했을 때, 몇 가지 중요한 정보를 알아냈다. 반복적이거나 만성적인 자해(self-mutilation)에 개입된 사람들과의 일반적인 면담은 15장에서 논의한 것처럼 그들에게 신체 이미지의 6가지 차원에 관해서 물어보는 것이다. 그러므로 나는 그에게 (1) 매력도, (2) 효능감(스포츠에 대한 열정), (3) 건강, (4) 성적 특징, (5) 성적 행동과 (6) 신체 통합성(body integrity)의 차원들에 관해 물어보았다.

내가 Z씨에게 성적 행동에 대해 물었을 때, 그는 이전에 들어본 적 없는 거주 프로그램의 간병인들에 대한 정보를 이야기하였다. Z씨는 대학생이었을 때 몇 번 "창녀들과 어울려왔으며," 포르노 잡지도 봐왔다고 말했다. 그는 여전히 이러한 것들이 벌 받을만한 큰 죄를 지은 것으로 간주하였다. 누가 그를 벌주고 있냐고 물었을 때, Z씨는 "악마들"이라고 대답하였다. 프로그램 직원은 이러한 망상적 내용에 매우 익숙해있었다.

상담 결과 나는 두 가지 제안을 하였다. 첫 번째는 직원이 Z씨의 자해의 두 범주, 즉 작은 조직 손상을 유발하는 타격과 시력을 앗아간 눈 때리기를 구분해야 한다는 것이었다. 새로운 계획은 그가 눈을 주먹으로 칠 때마다 진단을 위해 거주 프로그램에서 나와 외부에 일시적으로 보내는 반면, 그 이외에 자신을 덜 손상시키는 행동에 대해서는 내부에서 계속해서 다루도록 하였다. 이 단순한 일관성 있는 관리 기술은 주요 자해에 대한 Z씨의 회피적 결과를 야기하기 위해서 고안되었다. 우리는 이것으로 인해 덜 심각한 자해의 방향으로 그가 반응하기를 바란다.

또한 나는 직원이 매일 프로그램에서 두 가지 자해의 범주들에 대한 자료를 모으는 것과 그의 치료사가 치료에서 성적 내용 및 이와 관련된 죄책감을 계속적으로 추적하는 것을 권장하였다. 치료의 목표는 그의 비합리적인 생각과 과거에 지은 "죄"에 관한 죄책감을 줄임으로써 자해에 대한 동기를 감소시키는 것이었다.

약 일 년 후, 그를 장기간 상담한 치료사가 프로그램을 떠났기 때문에 나는 Z씨의 개인 치료를 요청받았다. 그 후에 나는 Z씨를 몇 년 동안, 한 달에 두 번씩 만났다. Z씨와의 회기는 일반적으로 약 30분 정도 진행되었는데, 이 시간은 그가 견딜 수 있는 만큼이었다. 회기 동안 Z씨는 내 모든 질문들에 성심성의껏

답하려고 노력하였고 직접적이고, 정직하고 사려 깊은 답변을 주는 등 협조적이었다. 그는 내가 너무 광범위하게 악마들과 그의 관계에 관한 질문을 밀고 나갈 때만 비협조적이었다. 그리고 나면 Z씨는 "악마에 대해서 그렇게 많이 말해줄 수가 없다"고 말했으며 주제를 바꾸고 다시 그 주제로 돌아가기를 거부했다.

Z씨와 첫 번째 치료 만남에서의 나의 관심은 14개월 동안 그는 나를 본 적이 없었음에도 불구하고 그가 나에게 창녀들에 대한 주제를 꺼낸 것이었다. 조금 당황했지만 나는 그 주제를 밀고 나갔고, 그가 20년 전부터 성적인 무분별한 행동을 한 것에 대한 벌을 받고 있는 중이라고 계속해서 믿어왔다는 것을 알게 되었다. 이 행동이 Z씨를 상당히 불편하게 만들어온 이후로 이것이 그의 자해 행동과 직결되어 나타났기 때문에 나는 가능한 각 회기에서 이 부분에 대해 다루기로 결심했다.

시간이 가면서 Z씨는 악마들을 통해서 그가 받고 있는 벌에 대해 계속해서 논의했다. 더 구체적으로 그는 악마들이 "[그의] 신체를 장악하였고 창녀들과 섹스한 것에 대해서 [그를] 벌주고 있다"고 표현하였다. 이 시점에서 Z씨는 악마들이 그의 몸을 완전히 통제해왔으며, 그들에게 저항하거나 그들에 의해 가해지는 자해 행동을 막을 힘이 없다고 말했다.

악마와 관련된 내용들은 흥미로웠고 나는 그와 함께 그의 종교적인 배경을 탐색하였으며, Z씨가 로마 가톨릭 집안에서 성장하였음을 알게 되었다. 그는 어린 시절에 매우 신실하게 종교 생활을 했지만 거주 치료를 받기 시작한 이후로 신앙을 버렸다고 밝혔다.

Z씨의 종교적 배경과 관련한 대화는 내가 거주 프로그램 직원에게 제안한 치료 전략으로 이어졌다. 나는 Z씨가 그의 "죄"를 고백하도록 신부님과 만나는 것을 제안하였다. 나는 만약 Z씨가 자신의 죄를 흔쾌히 고해성사 하고 나면 그에게 매우 필요한 휴식을 조금 얻을 수 있고, 자해에 대한 동기를 줄일 수 있는 면죄를 받을 거라고 추측하였다.

내가 치료 팀과 이러한 치료안을 공유했을 때, 나는 이것이 기껏해야 추측에 근거한 것이기 때문에 효과가 있을지에 대해서는 자신이 없음을 강조하였다. 내 목표는 그가 기본적으로 죄가 많다는 것과 벌이 필요하다는 Z씨의 핵심 신념들을 바꾸는 것이었다. 치료팀은 이 계획에 동의하였지만 정신적 망상을 가진 한 남자의 고해성사를 편안하게 들어줄 신부님을 찾기까지는 몇 달이 걸렸다. 마침내 Z씨와 나는 고해성사를 기꺼이 들어줄 지역 신부님을 찾아냈다. 이 만남에서 우리 셋 모두는 논의의 첫 부분을 위해 참석하였다. 나는 앞서 Z씨에게 허락을 구하고 신부님에게 창녀들과 포르노물에 대한 그의 경험을 설명하였다. 또한 나는 Z씨가 여전히 그가 이러한 죄들에 대한 벌을 받고 있는 중이라고 믿고 있다는 것을 말하였다. 이러한 소개가 끝나고 신부님은 Z씨와 직접 말했다. Z씨는 그의 행동을 "최악의 죄 중 하나인" 간통이라고 언급하였고 신부님은 그와 관련된 어느 누구도 결혼을 하지 않았기 때문에 이것은 간통이 아니라고 말함으로써 그를 바로잡아주었다. 또한 신부님은 Z씨에게 만약 그가 죄를 고해성사하고 성실한 태도로 임한다면 신이 보는 바로는 그의 죄가 영원히 용서받을 것임을 분명히 말해주었다. 추가적인 논의 이후에 나는 방을 나갔고, 신부님은 Z씨의 고해성사를 듣고 면죄 선언을 하였다.

일주일 후에 Z씨를 만났을 때, 그는 만남과 고해성사 모두 만족스러웠으며 도움을 받았음을 느껴졌다고 말했다. 또한 그는 고해성사를 한 이후로 자해를 덜 하고 있다고 믿는다고 말했다. 하지만 이후 몇 달 동안, 프로그램에서 수집된 자료는 자해율의 감소나, 머리를 공격하는 행동에 대한 감소가 없었음을 보여주었다. Z씨의 확고한 망상을 수정하는 것이 쉬운 일이 아니라는 것이 명백해졌다. 그의 망상은 Kingdon과 Turkington (2005)이 언급한 것처럼 강한 확신, 탄력성과 침투성의 특징이 있기 때문에 특히 바꾸기 힘들었다.

또한 그는 "악마들과의 관계"에 대한 그의 신념에 대해 심하게 몰아붙이면 불안해했다. 사실 나는 그가 자신을 폭행하는 것을 두 번 보았는데, 가끔씩 "[그에게] 자비를 내려주고 [그에게] 긍정적인 것들을 가르쳤다"고 말하는 등 악마들에 대해 긍정적으로 말했다. 악마들이 가끔씩 그에게 "힘이 된다"라는 사실은 그의 신념 체계에 내민 도전을 더욱 어렵게 만들었다.

Z씨에게 내가 추구한 또 다른 전략은 Kingdon과 Turkington(2005)과 Mueser 등(2009)이 추천한 것처럼 "그의 신념들에 대한 근거"를 탐색하는 것이었다. Z씨는 학부생 때 과학 분야에서 훈련을 받았다. 그는 생물과 화학에 대한 이해력이 좋았다. 나는 우리가 조현병과 망상의 증상에 대한 과학적 설명들을 논의하는 전략을 밀고 나갔다. Z씨는 과학적 설명들이 일반적이고 그 자신에게 적용되지 않는 한 이러한 논의에 적극적으로 참여하였다. 대화가 점차 사적인 대화로 넘어가려할 때 그는 단순히 주제를 바꾸거나 "악마들이 내 자해를 유발한다", "뇌 화학은 이것과 관련해서 할 수 있는 것이 없다"처럼 강하게 주장하였다. 즉, 이러한 접근법을 사용한 인지 재구조화(CR)의 노력들 역시 실패했다.

Z씨와의 작업에서 가장 생산적인 전략은 기술 훈련에 집중하는 것이었다. 나는 인지 전략들이 효과적이지 않다는 것을 알게 된 이후로 대체 기술 훈련 몇

가지를 시도하기로 결심했다. 첫 번째로 나는 11장에 제시한 몇 가지 호흡법을 그에게 가르쳤다. 처음에 그는 이러한 배움에 협조적이었지만 연습하는 것에 실패하였고 악마들이 이를 반대한다고 말하며 결국 더 이상 배우는 것을 거부하였다.

다음으로 나는 시각적인 전략을 밀고 나가기로 결심하였다. 솔직히 말하면, 나는 지푸라기라도 잡는 심정이었다. 각 회기에서 나는 그의 일상 경험들과 관련된 시각화를 그에게 보여주고자 하였다. 예를 들면, 나는 그가 거주지의 거실에 앉아있고, 평화로움을 느끼고, 안정되고, 자해로부터 벗어난 하루를 설명했다. Z 씨는 그가 이러한 시각화를 듣는 것이 좋고, 편안함을 느꼈다고 말했다. 그러나 그는 스스로 이것들을 실시해보려 하거나 할 수 없었다. 그는 각각의 "새로운 이야기"들에 대해 나에게만 의존하였다.

놀랍게도, 시각화에 꾸준히 참여하여 치료를 한 몇 개월 후, Z씨는 훈련했던 언어들을 나에게 반복해서 사용하기 시작하였다. 예를 들면, 그는 거주지에서 "더 평화롭고", "더 안정되고" 그리고 비교적 "자해에서 벗어난 것"같은 감정을 느꼈다고 보고하였다. 이것은 마치 그 자신과 세계를 다른 방식으로 경험하도록 간접적으로 제안하는 것이 그의 망상의 핵심 신념들에 직접적으로 도전하는 것보다 더 생산적이라는 것을 보여주는 것처럼 보였다.

그 직후에 그가 다른 장소로 옮기면서 우리의 치료가 종결되었기 때문에, 나는 Z씨의 향상이 일시적인 것인지 지속적인 것인지에 대해 확실히 알지 못한다. 이 사례 예시가 설명하고자 하는 바는 심각한 자해를 지지하는 망상을 바꾸는 것이 매우 어려울 수 있다는 것이다. 많은 다른 기술들이 개인의 아주 기이한 세계관에 일치하게 그리고 너무 도전적이지 않게 시도될 필요가 있다.

정신병이 아닌 내담자 치료

정신병이 없는 자해 내담자를 위한 치료 전략들은 일반적으로 본 책의 Part Ⅱ에서 설명한 치료 전략에서 큰 수정 없이 적용 가능하다. 경계선 성격장애(BPD), 외상 후 스트레스 장애(PTSD), 반사회적 성격장애, 강박장애(OCD), 다른 불안 장애들 혹은 우울과 같은 진단을 받은 내담자들은 대개 몇 가지 일관적인 관리, 대체 기술 훈련, 인지 치료와 정신약리학의 결합에서 효과를 볼 것이다. 지속적인 트라우마가 있는 사람들을 위한 신체 이미지 작업과 노출 치료 또한 중요하다. 이 장은 한 정신병이 아닌 자해 내담자의 사례로 마치고자 한다.

　　Rosa는 매우 힘든 삶을 살아온 삼십대 여성이다. 어렸을 때 수년 동안 성적 학대를 당했었던 그녀는 학습장애가 있었고, 고등학교를 마치지 못했다. 그녀는 십대 때 술, 대마초와 코카인을 포함한 약물에 손을 대기 시작했다. 그녀는 마약(crack)에 중독되었고 약물을 마련하기 위해 성매매를 하였다. 십대 후반과 이십대에 그녀는 세 명의 다른 남자들과의 관계에서 세 명의 자녀를 두게 되었다. 아이들은 모두 주(state) 보호 서비스에 의해 분리되었다.

　　결국 Rosa는 코카인 소지 및 매매와 매춘으로 감옥에 들어가게 되었다. 그녀는 감옥에 잘 적응하지 못했고, 자주 다른 사람들을 폭행하고 자신을 해쳤다. 그녀의 자해는 대개 그녀의 팔과 허벅지를 날카로운 물건으로 베어내는 형태로 나타났다. 그녀는 특히 괴로울 때 자신의 팔뚝을 폭력적으로 물었다. 이러한 상처들로 많은 봉합과 피부 이식수술을 받게 되었으며, 동전크기의 깊은 상처를 남겼다.

　　Rosa는 그녀의 늘어가는 기이한 행동으로 결국 주립 병원 법의학 부서(state hospital forensic unit)로 옮겨가게 되었다. 그녀는 지속적으로 다른 사람을 폭행했고, 자신을 물고 할퀴었다. Rosa 문제의 핵심은 이모의 남자친구와 다른 사람들에 의해 고통 받은 끔찍한 학대였다. 그녀는 자주 폭력과 심각한 자해로 이어지는 플래시백과 악몽을 경험하였다. Rosa는 트라우마를 다룰 수 있기 전에 그녀의 극심한 분노, 수치심, 죄책감과 자기혐오를 관리할 수 있는 몇 가지 기술들이 간절하게 필요하였다. 법의학부서에서의 집단 및 개인 치료에서, Rosa는 몇 가지 호흡법을 배웠다. 그녀는 특히 이모와 함께 해변에 갔던 어린 시절에 대한 시각화를 좋아했다. 또한 그녀는 미술을 통해 감정을 표출하였고, 팔을 붓으로 쓰다듬는 것이 마음을 달래준다는 것을 알게 되었다. 이러한 기술들은 Rosa가 자신과 다른 사람들에 대한 지속적인 폭행이 감소하는 데 도움이 되었다. 자기 자신을 물어뜯는 그녀의 심각한 자해는 멈추었지만 몸을 베는 것은 여전히 가끔씩 발생하였다.

　　점진적으로 Rosa는 인지 치료를 생산적으로 활용하였다. 그녀는 자기혐오, 분노, 폭력을 강하게 지지하는 엄청나게 부정적인 핵심 신념들을 알아차리기 시작했다. 또한 그녀는 자신의 신체 이미지 작업을 시작했고 신체를 파괴하기보다는 자신의 신체를 "소중히 보살피는" 몇 가지 전략들을 개발하였다. Rosa를 위한 목표는 결국 16장에서 설명했던 외상 후 스트레스 장애(PTSD)를 위한 인지 재구조화(CR)(Mueser et al., 2009) 혹은 지속적 노출 치료(PET)(Foa et al., 2000)를 위한 준비를 시키는 것이다. 만약 그녀가 몇 가지 주요한 트라우마 내력들의 요인들을 해결할 수 있다면, Rosa가 그녀의 형(刑)을 마친 이후에 사회에서 생산적인 삶을 살아갈 희망은 여전히 있다.

결 론

- 안구 적출 혹은 성기절단과 같은 주요 자해는 임상가들이 마주하는 가장 도전적인 행동들 중 하나이다.
- 가장 좋은 예방 행동으로는 항정신병(antipsychotic) 약물 혹은 다른 항정신제(psychotropic) 약물이 있다.
- 도움이 될 수 있는 보조 치료로는 인지 치료, 대체 기술 훈련이 있고, 트라우마가 관여된 사례일 경우 외상 후 스트레스 장애(PTSD)를 위한 인지 재구조화(CR) 혹은 지속적 노출 치료(PET)(16장 참고)가 있다.
- 다행이도 주요 자해 사례는 드물다. 특히 정신병 징후를 보이는 극심한 자기절단 행동에 직면한다면 보통 잊어버리기 힘들다.
- 적어도 대다수의 사례에서 내담자들이 심각한 자해 행동에서 살아남았다는 것은 관련된 개인, 가족, 그리고 치료자에게 작은 위안을 준다.

선불교(Zen Buddhism)에서 가장 잘 알려진 두 가지 이야기는 심각한 자해와 관련이 있다. 약 서기 526년 인도에서 중국으로 선(Zen)을 들여왔다고 전해지는 보리달마(Bodhidharma)가 두 이야기에 모두 등장한다. 이 선사(Zen master)는 계몽을 이루는 데 매우 전념했기 때문에, 9년 동안 홀로 동굴에서 명상을 하며 수행하였다. 그는 졸음 때문에 수행을 "소홀히"하게 되자, 자신의 눈꺼풀을 잘라버렸다. 이처럼 수행에 오롯이 전념한 결과 마침내 그는 목표하였던 깨달음(satori)을 얻게 되었다.

몇 년 후, Hui K'o라는 이름의 승려가 보리달마에게 배움을 구하기 위해 동굴로 찾아왔다. 보리달마는 그를 돌려보냈다. 이 승려는 제자로 인정받기 위해 거듭 찾아와 호소하였고, 보리달마는 한결 같이 거절하였다. 어느 날, 동굴 밖 눈보라 속에서 서있던 승려는 그의 의지와 신념을 보리달마에게 보여주기 위해 자신의 팔을 잘라버렸다. 그제야, 그는 제자로 받아들여졌고 마침내 보리달마의 법통을 계승하게 되었다.

눈꺼풀 제거 혹은 팔 절단은 다른 어느 누구에 의해서도 절대로 모방되어서는 안 된다. 하지만 이러한 신화적인 행동 속에는 상징적인 중요성이 있다. 자해하는 사람들은 목숨을 건 열정을 가지고 탐색을 추구하는 것으로 보일 수 있다. 목적이 고통으로부터 벗어나기 위한 것인지, 트라우마를 해결하는 것인지, 변성 의식 상태(altered state of consciousness)이든지 간에 자해하는 사람들은 대부분의 사람이 피하는 행동들을 한다. 그들은 신체에서 신념의 정도를 찾는다. 신체적인 변화는 신체적 혹은 심지어는 영적인 갱신의 목적을 가질 수도 있다. 우리는 그들의 굳은 의지와 유망함을 나타내는 강렬함을 존경해야 한다.

자해하는 사람들과 함께한 작업은 여러 차례 반복하여 고통을 확인으로 변

화시킬 수 있는 사람들로부터 위대한 일들이 가능하다는 가르침을 주었다. 이
러한 사람들의 인생 이야기들은 종종 괴로움, 고립 그리고 성취, 제휴, 자기방
어를 위한 신체적 상해로부터 시작되었다. 우리 전문가들이 이러한 탐색자들을
더 높은 곳을 발견할 수 있도록 돕는 역할을 할 수 있다면 그것은 행운이다.

부 록

호 흡 법

　　부록 A에서는 스트레스에 대처하고 자해를 막을 때 사용할 수 있는 몇 가지 호흡법에 대해 소개하고자 한다. 제시된 예시들은 심리학, 심리치료학, 사회복지학, 불교적 명상법 등을 포함한 서로 다른 배경을 기반으로 한다. 처음에 제시된 다섯 개의 기술들은 비교적 단순하다. 그 후에 제시된 다양한 종류의 호흡법들은 임의적인 순서로 제시되어 있다. 편안하고 유용한 몇 가지를 찾아서 그 방법으로 자주 훈련하는 것을 추천한다. 그 어떤 것도 훈련 없이는 효과적이지 않을 것이다. 하지만 모든 기술들이 자해 행동을 감소시키고 줄이는 데 있어 유용한 도구가 될 수 있다. 모든 기술들은 유익한 효과를 얻으려면 적어도 20분씩 일주일에 세 번 훈련하는 것이 가장 좋다.

　　Thich Nhat Hanh(1991)은 다음과 같이 말했다.

　　의식적인 호흡을 훈련하는 동안 우리의 생각은 느려지며 스스로가 진정한 휴식을 취할 수 있게 한다. 대부분의 경우, 우리는 생각이 너무 많기 때문에 마음챙김 호흡법은 우리가 차분해지고 편안하고 평화로워질 수 있도록 돕는다. 이 호흡법은 우리가 지나치게 많이 생각하는 것과 과거의 비애와 미래의 걱정에 사로잡히는 것을 막는 데 도움을 준다. 이 호흡법은 우리가 지금 이 순간의 삶을 살 수 있게 한다(p.11).

또한 Nhat Hanh(1991)은 다음과 같이 말했다.

> 우리의 호흡은 우리의 몸과 마음을 이어주는 연결고리이다. 때로 우리의 마음은 어떠한 것을 생각하고 있지만 몸은 다른 행동을 하면서 따로 논다. "들이쉬고 내쉬는" 호흡에 집중함으로써 우리는 몸과 마음을 다시 한 곳으로 모으며 온전한 하나가 된다. 의식적인 호흡은 중요한 다리 역할을 한다(p.9).

※ Walsh(2012)로부터 인용. The Guilford Press가 저작권을 가지고 있음. 이 부록을 복사하는 것은 개인적인 용도를 위해 이 책을 구매한 사람들에게만 허락되어 있음(자세한 사항은 저작권 관련 페이지를 확인하시오). 이 책의 구매자들은 The Guilford Press 홈페이지에서 이 책의 부록을 확대한 버전을 다운로드 할 수 있음.

호흡 기술

"들이쉬고 … 내쉬고" 호흡법

숨을 들이쉬면서 마음속으로 "들이쉬고"라고 말하라. 내쉬면서 마음속으로 "내쉬고"라고 말하라. 몇 분 동안 반복하라.

– 참고: 가장 단순한 형태인 이 호흡법은 많은 사람들에게 마음챙김 호흡법의 도입으로 알려져 있다. 이 호흡법은 단순하기 때문에 집중력이 흐트러질 수 있다는 단점이 있다. 이 호흡법은 더 복잡한 기술을 기억하는 것을 어려워하는 인지적인 한계가 있는 사람들에게 특히 유용하다. 하지만 그 외의 사람들도 이 기술을 효과적으로 사용해 왔다.

"나는 현재에 존재한다 … 나는 침착하다" 호흡법

이 호흡법은 약간의 설명을 필요로 한다. "나는 현재에 존재한다"는 "나는 아무런 판단 없이 지금 현재 이 순간에 존재한다"의 약칭이다. 이 문장은 "호흡함으로써 나는 과거에 대해 생각하고 있지 않으며 미래에 대해 걱정하고 있지도 않다. 나는 지금 현재 이 순간에 살고 있다."는 의미를 가지고 있다. "아무런 판단 없이"는 "나는 나 자신과 타인에 대해 판단하는 것을 지금 당장 중단한다. 나는 나 자신과 타인을 비판하는 것으로부터 완전한 휴식, 휴가를 가질 것이다."를 의미한다. 이 활동을 하며 숨을 들이쉬면서 스스로에게 "나는 현재에 존재한다"라고 말하라. 숨을 내쉬면서 "나는 침착하다"라고 말하라.

　- 참고: 왜 그런지 모르겠지만 이 호흡법은 내가 속해 있는 기관인 The Bridge의 내담자들에게 가장 인기가 많은 호흡법이다. 나는 이 호흡법이 마음챙김의 정수를 간단하고 간결한 방식으로 전달하기 때문에 사람들이 좋아한다고 믿는다. 이 호흡법은 내담자의 주의를 끌 만큼 충분히 복잡하며 동기부여가 될 만큼 충분히 의미있다.

1부터 10까지 내쉬기 호흡법

　숨을 들이쉬면서 호흡의 신체적 감각에 집중하라. 숨을 내쉬면서 "1"이라고 말하라. 그 다음에 숨을 들이쉬면서 다시 호흡에 집중하고 숨을 내쉬면서 "2"라고 말하라. 숨을 내쉴 때만 숫자를 세면서 이 방법을 10까지 반복하라. 10에 도달하면 1로 돌아가라. 숫자를 까먹거나 10을 넘어갔다면 1로 되돌아가 다시 시작하라.

　- 참고: 이 호흡법은 "들이쉬고 … 내쉬고" 호흡법의 좋은 대안적 입문 호흡법이다. 이 호흡법은 더 복잡하며 집중력을 더욱 필요로 한다. 하지만 이 호흡법은 여전히 꽤 단순하며 쉽게 기억된다. 이 기술은 2,500년 된 기술이며 다양한 명상적 배경에서 가장 처음 배우는 기술이다.

1부터 10까지 들이쉬고 내쉬는 호흡법

　들이쉬면서 1로 시작하고 내쉬면서 2로 넘어가며 10까지 반복하라. 그 후 반대로 호흡하라. 들이쉬면서 9, 내쉬면서 8, 이렇게 1까지 갔다가 다시 올라가기를 반복하라.

　- 참고: 이 호흡법은 마음을 달래주는 위아래로 흘러가는 리듬이 있어 많은 사람들이 선호한다. 이 호흡법은 내담자의 주의를 끌기에 충분히 복잡하며 휴식을 촉진시키기에 충분히 단순하다.

깊은 호흡법

　대부분의 사람들은 하루 종일 폐의 능력을 일부만 사용하여 비교적 얕은 방식으로 호흡한다. 이 호흡법은 의도적으로 숨을 깊게 쉬게 한다. 침착하게 호흡을 깊게 하는 것은 긴장을 완화시킨다. 또한 더 많은 산소가 뇌에 공급되기 때문에 각성 수준도 향상된다. 호흡에 집중하면서 시작하라. 의도적으로 호흡을 느리게 하고 숨을 더 깊게 들이쉬어라. 그 다음 더 깊게 숨을 내쉬어라. 의도적으로 평소보다 더 많은 공기를 내쉬어라. 이 호흡법을 훈련하면서 깊게 호흡하기 위한 더 편안하고 새로운 리듬을 찾아라.

　− 참고: 일부 사람들은 이러한 방식의 호흡법을 사용했을 때 약간 어지러워할 수 있다. 숨이 가빠지거나 다른 불편을 겪기 시작한다면 "얕은" 호흡으로 돌아가라. 훈련을 통해 적절한 리듬을 찾을 수 있을 것이다.

대나무 호흡법

　대나무 호흡법을 배우기 위해 그림 A.1.을 참고하라. 이 호흡 기술은 Sekida (1985)에서 비롯되었다. 이 호흡법이 "대나무 호흡법"이라고 불리는 이유는 그림에서 볼 수 있듯이 대나무는 구획이 분명하게 그려져 있기 때문이다. 도표에 그려져 있는 수평선들은 호흡에서의 짧은 휴식을 의미한다. 긴 대각선들은 길고 깊은 호흡을 의미한다. 짧은 대각선들은 짧고 얕은 호흡을 의미한다. 구체적으로 말해서, 호흡은 두 번의 긴 들숨으로 시작하며 두 번의 짧은 날숨으로 이어지고, 그 후에는 두 번의 짧은 들숨으로 이어진다. 이 과정은 다섯 번 반복되며 네 번의 긴 날숨으로 마무리된다.

　− 참고: 이 호흡법은 복잡하며 성공적으로 완료하고 반복하기 위해서 좋은 기억력과 집중력을 필요로 한다. 이 호흡법은 지속적으로 집중력이 흐트러지는 문제를 겪는 사람들에게 굉장히 유용하다. 대나무 호흡법을 처음 배운다면 도표를 참고하는 것이 좋다.

　이 호흡법은 일부 사람들에게는 매우 어려울 수 있다. 또 다른 일부 사람들은 처음엔 적절한 리듬을 찾지 못해 숨이 가빠질 수 있다. 만약 숨이 가빠지거나 그 외의 다른 불편을 경험한다면 일반적이고 편안한 호흡법으로 돌아가라. 일반적으로 흡연을 많이 하거나 천식이 있는 사람들은 더 복잡한 호흡 기술을 사용하는 데 있어 어려움을 겪을 수 있다

그림 A.1. 대나무 호흡법

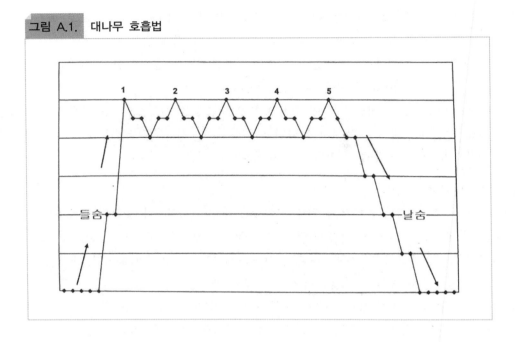

"들이쉬고, 몸을 진정시키고, 내쉬고, 웃기" 호흡법

이 호흡법은 Nhat Hanh(1991)의 또 다른 호흡법이다. 반복해서 "들이쉴 때 나는 몸을 진정시킨다. 내쉴 때, 나는 웃는다."라고 말하라.

– 참고: Nhat Hanh은 웃는 것이 얼굴의 모든 근육을 이완시킨다는 이유로 이 호흡법을 추천한다.

"… 을 놓아준다" 호흡법

숨을 들이쉬면서 "마음챙김 호흡"이라고 말하라. 숨을 내쉬면서 "X를 놓아준다 …"(불안, 긴장, 화, 평가, 추억, 완벽주의 등과 같이 당신이 덜 가지고 있고 싶은 것 중 무엇이든 X에 넣어라)라고 말하라. 당신이 놓아주고 싶은 것 한 가지를 선택해서 반복적으로 말하거나 또는 숨을 연이어 내쉴 때마다 각각 다른 감정을 놓아줄 수도 있다. 여기서 중요한 것은 그 어떤 감정이라도 "사라지게" 하거나 금지하는 것 대신, 그것들을 인정하고 그들이 가던 길로 놓아주는 것이다.

– 참고: 많은 사람들이 이 호흡법을 원치 않는, 지속적이고 부정적인 생각

또는 감정들을 방출하는 가장 좋은 방법으로 꼽는다.

"X를 성장시킨다 …" 호흡법

이 호흡법은 "… 를 놓아준다" 호흡법과 유사하지만, 놓아주는 대신 긍정적인 무언가를 (인내심, 침착함, 이완감, 마음챙김, 열정, 등) "성장시킨다". 이 경우, 숨을 내쉬면서 "성장시킨다"라고 말하고 숨을 들이쉬면서 "인내심"(또는 당신이 성장시키고자 하는 그 무언가)이라고 말한다. 비유적으로 당신이 숨을 들이쉬면서 당신이 바라는 상태가 몸으로 들어와 증가한다는 것이다.

– 참고: "X를 놓아준다 …" 호흡법을 먼저 가르친 후 이 호흡법을 가르치는 것이 대개 더 효과적이다.

"가만히 두고, 놓아준다" 호흡법

이 호흡법은 Kabat-Zinn(1990)이 개발하였다. 이 호흡법은 감정이 떠오름에 따라 이러한 감정을 다루는 데 도움을 주기 위해 만들어졌다. 감정을 인식하게 됨에 따라 내적으로 다음과 같이 말하라.

들이쉬며: "[적절한 감정을 삽입하라. 예를 들어, 화, 불안]을 본다."
내쉬며: "가만히 둔다."
들이쉬며: "[동일한 감정을 삽입하라]를 본다."
내쉬며: "놓아준다."

– 참고: 이 호흡법은 심리치료와 정신건강에 대한 기본적으로 중요한 메시지를 전달한다. 상담 기간 동안 (그리고 일반적으로 삶에 있어서) 감정은 부딪혀지며 경험될 수밖에 없다(가만히 둔다). 그들은 단순히 부정되거나 무시되거나 또는 억압될 수 없다. 그러한 전략은 절대 효과적이지 않다. 그 감정은 다시 돌아와 계속해서 우리를 괴롭힌다. 하지만 어느 순간, 그 감정을 온전히 경험한 후 우리는 그것들을 놓아줄 필요가 있다.

파도 호흡법

이 형태의 호흡법 또한 Kabat-Zinn(1990)으로부터 영감을 받았다. 그의

"안내된(유도한) 마음챙김 명상" 녹음물에서 그는 "호흡의 파도를 타는 것"이라는 관용구를 사용한다. 나는 이 관용구가 무언가를 연상시킨다고 생각하여 시각화를 위해 사용하였다. 숨을 들이쉬면서, 바다가 해안에 밀려오는 것을 상상하라. 숨을 내쉬면서 바다가 부드럽게 멀어진다. 바다의 움직임을 상상할 때 당신은 시각, 청각, 후각 그리고 촉각을 포함시킬 수 있다.

기분 좋은 단어 호흡법

당신에게 매력적인 단어를 선택하여 숨을 내쉴 때 마다 반복하라. 나의 동료는 특이하게도 "의성어(onomatopoeia)"라는 단어를 좋아한다. 또 다른 사람들은 "침착(함)", "바다", "평화(로운)", "위로(하는)", "휴식(을 취하는)"과 같은 단어들을 선택하였다.

가볍게 두드리며 호흡하기

일부 사람들은 더 활발하게, 촉각을 이용하여 호흡하는 것을 선호한다. 이러한 방법 중 하나로, 숨을 들이쉬면서 왼쪽 다리를 왼쪽 손가락으로 부드럽게 두드리고 숨을 내쉬면서 오른쪽 다리를 오른쪽 손가락으로 부드럽게 두드리는 것이 있다. 당신에게 편안한 리듬으로 두드려라.

팔 올리며 호흡하기

움직이며 호흡하기의 변형된 방법으로, 손끝을 무릎 가까이에 두고 팔을 각 다리에 편안하게 올리고 앉는 것을 포함 말한다. 숨을 들이쉬면서 천천히 어깨에 가까운 편안한 높이까지 팔을 들어라. 숨을 내쉬면서 팔과 손을 다리에 돌려놓아라. 반복하라.

몸을 점검하는 호흡(Body Scan Breathing)

이 형태의 호흡법은 점진적인 신체 인식을 포함한다. 나는 이 호흡법을 Soto Zen 목사인 Issho Fujita로부터 배웠다. 의자, 바닥, 또는 쿠션으로 지지된 당신의 신체 부위들에 당신의 주의를 조심스럽게 두는 것으로 시작하라. 이러한 감각을 인지한 후에 당신의 발과 다리가 지지되고 있는 곳에 집중하라. 몇 분 후에 각각의 들숨과 날숨 시에 복부의 오르내림에 집중하는 것으로 주의를 전환하라. 몇 분이 더 지난 후에 각각의 들숨과 날숨 시에 흉부 상부의 오르내림에 집중하는 것으로 주의를 돌려라. 몇 분이 지난 후에 콧구멍으로 주의를 돌려 각 호흡마다 공기가 들어가고 나오는 것을 인지하라. 당신은 들어갈 때 공기가 더 차갑고 나갈 때 공기가 더 따뜻하다는 것을 알아차릴 수 있을 것이다. 몇분 후에 전신으로 주의를 돌려라. 당신의 몸을 감싸고 있는 하나의 막을 상상하라. 당신의 몸이 단세포의 아메바, 하나의 세포라고 상상하라. 전신을 인지하라. 이렇게 몇 분간 집중한 후에 이 호흡법은 끝이 난다.

－ 참고: 이 기술은 신체적 기초 교육에 사용하기 좋다. 이 호흡법은 어디에 집중할지에 대한 여러 개의 단계를 제공하기 때문에 쉽게 주의가 흐트러지는 사람들에게 특히 더 유용하다.

일시정지 호흡법(Pause Breathing)

깊은 호흡을 할 때의 편안한 리듬을 찾는 것으로 이 호흡법을 시작하라(위를 참고하라). 이 리듬을 찾았다면, 들숨의 끝자락과 날숨의 시작점 사이의 공간 또는 일시정지된 부분에 집중하라. 의도적으로 평소 정지했던 기간보다 더 길게 멈추는 것이 유익하다.

일부 사람들은 호흡 사이의 이 짧은 순간이 계속되는 생존의 분투로부터의 휴식을 상징한다고 주장한다(e.g., 산소, 음식, 정보를 받아들이는 것, 이산화탄소를 방출하는 것, 작품을 만드는 것, 타인과 이야기하는 것). 이 짧은 순간은 내면과 외부세계의 균형을 잡으려는 노력의 간주를 표현한다.

－ 참고: 이러한 종류의 호흡법은 특이한 생각, 감정, 또는 통찰을 야기할 수 있다. 하지만 일부 사람들은 애초에 일시정지된 순간을 찾거나 유지하는 것부터 어려워한다.

걷기 명상 호흡법

Nhat Hanh(1975)는 걷기 명상을 앉은 자세에서 하는 명상적 호흡을 보완할 명상 기법으로 강력하게 추천한다. 걷기 명상은 평소보다 느린 속도로 걷는 것과 관련된다. 또한 이 호흡법은 당신의 몸이 그러한 속도로 걸어갈 때의 호흡에 초점을 두는 것을 수반한다. 걷기 명상을 하는 방법 중 하나는 엄지손가락을 안쪽으로 넣은 채 주먹을 쥔 당신의 오른 손을 흉골에 놓는 것이다. 그 후 당신의 왼손으로 오른손을 감싸라(Issho Fujita, 개인적 소통). 걷기 시작함에 따라 발뒤꿈

치부터 바닥에 닿으며 왼쪽 다리를 매우 느리게 펴라. 의도적으로 다리와 발의 신체적 감각에 집중하라. 먼저 발등에, 그 후 엄지발가락 아래쪽의 동그란 부분 그리고 마지막으로 왼쪽 발 발가락으로 당신의 몸무게를 점진적으로 옮겨가며 계속해서 집중하라. 오른 다리, 발 그리고 발가락으로 계속 진행하라. 몇 분 뒤 리듬이 형성될 것이다.

걸어가면서 발걸음을 호흡과 맞추는 것이 도움이 될 것이다. 이를 하는 방법 중 하나는 각 들숨과 날숨마다 한 발자국씩 걸어가는 것이다. 하지만 당신만의 자연스러운 조화를 찾는 것이 좋다.

정지 신호 또는 전화기 호흡법

Nhat Hanh(1975)은 정지 신호 또는 울리는 전화기를 마음챙김 호흡을 위한 짧은 순간을 알리는 명상 종소리로 사용하기를 제안한다. 이는 자기진정과 마음챙김 집중을 일상적 활동에 녹이는 훌륭한 방법이다.

건강 회복 호흡법

Cindy Sanderson은 DBT 집중 훈련에서 이러한 종류의 호흡법을 가르쳤다. 그녀는 암 치료를 받던 중 이 호흡법을 배웠다고 보고했다. 그녀는 질병의 재발로 현재는 사망했지만 만트라의 후반기를 더 의미 있게 만들었다.

들숨: "몸과 마음이 하나가 되길."
날숨: "치유되길."
들숨: "더 이상 고통 받지 않길."
날숨: "평안하길."

– 참고: 때때로 "만트라"라고 불리는 반복적인 관용구들은 많은 마음챙김 호흡과 명상 활동의 일부이다. 이들은 모두 마음을 진정시켜주며 집중할 수 있게 한다.

마음 비우기 호흡법

이 기술은 일반적으로 마음챙김 호흡에 경험이 많은 사람들을 위한 것이다. 호흡에 집중하게 됨에 따라 완전하게 아무것도 생각하지 않으려고 시도하라. 모든 생각, 감정, 추억, 이미지, 걱정, 감각을 날려 보내라. 아무런 생각도 행동도 하지마라.

－참고: 당신은 진정한 마음 비우기에 이르기 위해 오랜 기간 동안 마음챙김 호흡을 해야 할 수도 있다.

스트레스 용인 호흡법

Nhat Hanh(1991)으로부터 유래한 이 호흡법은 DBT의 "스트레스 용인"(Linehan, 1993b) 개념과 매우 일치한다. 방법은 아래/다음 말들을 스스로에게 말하는 것이다.

"들이쉬며, 나는 나의 화를 인지한다[또는 어떠한 감정]."
"내쉬며, 나는 나를 화를 인지한다."
"들이쉬며, 나는 나의 화와 함께 있다."
"내쉬며, 나는 나의 화와 함께 있다."
"들이쉬며, 나는 나의 화가 지나갈 것을 안다."
"내쉬며, 나는 나의 화가 지나갈 것을 안다."
"들이쉬며, 나는 나의 화를 긍정적인 무언가로 변형시킬 것이다."
"내쉬며, 나는 나의 화를 긍정적인 무언가로 변형시킬 것이다."

참고: 다른 호흡법과 마찬가지로 이 호흡법은 개개인의 필요에 응하기 위해 변형될 수 있다(단순화되고, 간략해지고, 확장되고, 등).

호흡 재훈련

이 기술은 외상 생존자들을 위한 치료에서 Foa와 그의 동료들(Foa & Rothbaum, 1998; Meadows & Foa, 1998)에 의해 사용되었다.

천천히 숨을 들이쉬면서(조용히) 4까지 세어라. 천천히 숨을 내쉬면서 "침착해" 또는 "긴장을 풀어" 등의 단어를 아주 오래 끌면서 말하라－예를 들어, "치이이이이임차아아아악해애애애애." 호흡이 완전히 내쉬어졌다면 다시 숨을 들이쉬기 전에 잠시 멈추고 4초를 세어라. 적어도 10분 동안 이를 반복하라. 이

기술은 불안에 대처하고, 생리적으로 신체를 진정시키고, 불쾌한 감정을 통제하는 방법을 가르치기 위해 고안되었다.

"하얀 불빛, 까만 연기" 호흡법

나는 티벳 수도승 Venerable Lobsang Phuntsok으로부터 이 호흡법을 배웠다. 숨을 들이쉬면서 한 줄기의 하얀색 불빛이 당신의 몸으로 들어와 당신의 생각, 감정, 습관 그리고 행동을 정화시키고 세척하는 것을 상상하라. 그 후, 숨을 내쉬면서 까만 연기가 당신의 몸으로부터 떠나가는 모습을 마음속에 그려라. 이 까만 연기는 모든 독소, 부정적인 생각, 판단, 감정, 행동 그리고 습관을 가져간다. 이 호흡법은 숨을 들이쉬면서 "하얀 불빛, 열정" 그리고 숨을 내쉬면서 "까만 연기, 화" 또는 "판단" 또는 "불안"이라고 당신 스스로에게 말함으로써 단순화 될 수 있다. Phuntsok은 빛이 몸에 들어오는 것과 까만 연기가 폐에서 나가는 장면을 가능한 가장 생생하게 시각화하는 것이 중요하다고 강조한다.

– **참고**: "하얀 불빛"과 "검은 연기"의 은유적 이미지는 특히 암시적이기 때문에 많은 사람들이 흥미를 느낀다.

"이 또한 지나가리라" 호흡법

숨을 들이쉬며 "이 또한"이라고 말하고, 숨을 내쉬며 "지나가리라"라고 말한다.

단순 호흡법

훈련을 하다보면 다른 것 없이 그냥 숨 쉬는 단계에 비로소 도달한다. 숫자 세기, 단어, 구절, 문장, 이미지 등의 기술이 필요 없어진다. 호흡에 집중하면서 그저 호흡하게 된다.

신체 태도 척도(BAS)

다음 질문은 신체 이미지와 만족에 관한 것이다. 각 질문 옆의 빈칸에 적절한 번호를 쓰시오.

1	2	3	4	5
매우 동의하지 않음	동의하지 않음	동의도 부정도 안함	동의함	매우 동의함

_____ 1. 대부분의 사람들은 나를 매력적으로 느낀다.

_____ 2. 내 건강을 위협하는 어떤 것도 하지 않으려고 노력한다.

_____ 3. 가끔 나는 내 몸과 동떨어진 느낌을 받는다.

_____ 4. 대부분의 날에 나는 신체적으로 아프다고 느낀다.

_____ 5. 나는 대부분의 스포츠 활동을 잘한다.

_____ 6. 나는 종종 의도치 않게 건강에 피해를 입는다.

_____ 7. 모든 사람들은 성적인 기쁨을 누려야 마땅하다.

_____ 8. 나는 잘생기지 않았다.

_____ 9. 나는 내 자신이 신체 밖에 있는 것 같은 느낌을 경험해본 적이 없다.

_____ 10. 건강은 내 삶에서 가장 중요한 것 중 하나이다.

_____ 11. 때때로 내 몸이 통제되지 않는다고 느낀다.

_____ 12. 나는 지구력이 좋지 않다.

_____ 13. 몸이 아플 때는 내 몸을 챙긴다.

_____ 14. 내 몸은 성적으로 매력적이다.

_____ 15. 가끔 몸이 원수인 것 같다.

_____ 16. 나는 다른 사람이 나를 만지는 것을 싫어한다.

_____ 17. 나는 현재 몸무게가 마음에 든다.

_____ 18. 나는 내 본연의 외모가 좋다.

_____ 19. 나는 미래의 만족스러운 성 생활을 누리는 것을 상상할 수 있다.

_____ 20. 나는 거울을 볼 때마다 못생겼다고 생각한다.

_____ 21. 나는 몸 없이 사는 것이 나을 것 같다.

_____ 22. 나는 신체적으로 성숙한 몸을 갖고 싶다.

_____ 23. 나는 성적으로 흥분되는 것을 즐긴다.

_____ 24. 나는 성숙해지기 전 내 몸이 더 좋았다.

_____ 25. 나는 신체적으로 조직화된 개인이 아니다.

_____ 26. 나는 현재 정상 체중이다.

_____ 27. 나는 다른 사람에게 매력적으로 보이기 위해서 열심히 노력해야 한다.

_____ 28. 성 경험은 나에게 기쁨을 준다.

_____ 29. 내 모습이 종종 역겨운 때가 있다.

_____ 30. 사람들은 내가 운동을 잘 한다고 생각한다.

_____ 31. 나는 내가 더 성적으로 매력적이었으면 좋겠다고 생각한다.

_____ 32. 나는 종종 내 몸과 싸우고 있다고 느낀다.

_____ 33. 나는 건강할 때보다 신체적으로 아플 때가 더 많다.

_____ 34. 나는 성 경험을 피하고 싶다.

_____ 35. 나는 내 몸이 튼튼하다고 생각한다.

_____ 36. 나는 내 자신이 성적으로 매력적이라고 생각한다.

※ 저작권은 Barent W. Walsh(1999)에게 있음. Walsh(2012)가 재판(reprint)함. 본 부록의 복사 허가는 오로지 개인적으로 사용하기 위해서 본 책을 구매한 사람에게 있음(자세한 사항은 저작권 관련 쪽 참고). 구매자는 The Guilford Press 웹사이트의 책 관련 페이지에서 큰 버전의 부록을 다운받을 수 있음.

자해 평가의 임상 척도

자해 평가를 위한 임상척도

자기변형의 기능적 평가(FASM: Functional Assessment of Self-mutilation)

A. 지난 1년 동안 스스로를 의도적으로 해치기 위해 다음과 같은 행동을 하였습니까? (해당 항목 모두 표시)

	아니다	그렇다	횟수	의료적 치료를 받으셨습니까?
1. 자신의 피부를 긋거나 피부에 새김				
2. 의도적으로 자신을 때림				
3. 머리카락을 뜯음				
4. 자체적으로 문신을 함				
5. 상처 부위를 뜯음				
6. 피부에 화상을 입힘(담배, 성냥 혹은 다른 뜨거운 물질을 이용하여)				
7. 손톱이나 피부 밑으로 이물질을 삽입함				
8. (입 또는 입술을) 물어뜯음				

9. 피가 날 때까지 몸을 뜯음				
10. 피부를 긁음				
11. 피부에 마찰을 가함 (지우개로 쓸 듯이)				
12. 기타:				

※ Lloyd, Kelly & Hope(1997) 지음. Walsh(Guilford Press, 2012)의 저자들로부터의 허가를 받아 재판을 발행함. 이 척도의 복사에 관한 허가는 오직 개인사용을 위해 이 책을 구입한 사람에게만 주어짐(자세한 사항을 위해서는 책의 판권면 참고). 구매자들은 Guilford Press 웹사이트 상의 이 책의 홈페이지를 통해 이 척도의 확장판을 다운 받을 수 있음.

B. 지난 1년 동안이 아니더라도 위와 같은 행동들을 한 적이 있습니까?
  □ 네
  □ 아니오

* 만약 과거에 위와 같은 행동을 한 적이 있다면 다음 C-H 문항에 대답하시오.

C. 위와 같은 행동(들)을 통해서 당신은 자살하고자 하였습니까?
  □ 네
  □ 아니오

D. 위 행동(들)을 실행하기 전까지 당신은 얼마나 오랫동안 고민하였습니까?
  □ 고민하지 않았다
  □ 몇 분
  □ 한 시간 이내
  □ 한 시간 이상 24시간 미만
  □ 하루 이상 일주일 미만
  □ 일주일 이상

E. 위와 같은 행동을 할 때, 술이나 마약을 섭취하였습니까?
   □ 네
   □ 아니오

F. 이러한 자해를 하면서 고통을 느꼈나요?
   □ 매우 심한 고통
   □ 보통의 고통
   □ 경미한 고통
   □ 고통 없음

G. 몇 살 때 처음으로 위와 같은 방식으로 자해하였나요?

H. 아래에 나열된 이유들 가운데 어떤 이유로 당신은 자신에게 위해를 가했습니까?(해당 항목 모두 표시)

0 절대로 아님	1 거의 아님	2 조금	3 자주

이유	점수
1. 학교, 직장, 또는 기타 활동에 빠지기 위해서	
2. 멍하고 공허한 느낌을 없애기 위해	
3. 관심을 끌기 위해	
4. 고통일지라도 어떤 것이라도 느끼기 위해	
5. 하기 싫은 불쾌한 일을 피하기 위해	
6. 상황을 통제하기 위해	
7. 부정적인 반응일지라도 누군가로부터 반응을 얻기 위해	
8. 부모나 친구들로부터 더 관심을 끌기 위해	
9. 사람들과 함께 있는 것을 피하기 위해	
10. 스스로에게 벌을 주기 위해	
11. 타인을 다르게 행동하도록 만들기 위해	
12. 존경하는 누군가를 닮기 위해	

13. 처벌이나 대가를 치르는 것을 피하기 위해	
14. 나쁜 감정을 멈추기 위해	
15. 타인에게 내가 얼마나 절박한지 표현하기 위해	
16. 소속감을 더욱 느끼기 위해	
17. 부모가 나에게 관심을 주거나 나를 이하도록 하기 위해	
18. 혼자 있을 때 할 일이 필요해서	
19. 다른 사람들과 함께 있을 때 할 일이 필요해서	
20. 도움을 청하기 위해	
21. 타인을 화나게 하기 위해	
22. 편안함을 느끼기 위해	
23. 기타:	

응답해주셔서 감사합니다!

알렉시안형제 자해 충동 척도(ABUSI: Alexian Brothers Urge to Self-injure Scale)

아래의 질문들은 지난 1주일 동안에 적용됩니다. 가장 적절한 문장의 옆에 있는 BOX(□)에 X표시 하시오.

1. 자해에 관한 생각 혹은 자해하고 싶다는 생각을 얼마나 자주 하였나요?
   □ 절대로 안함(지난 일주일간 0번)
   □ 거의 하지 않음(지난 일주일간 1−2번)
   □ 가끔(지난 일주일간 3−4번)
   □ 때때로(지난 일주일간 5−10번 혹은 하루에 1−2번)
   □ 자주(지난 일주일간 11−20번 혹은 하루에 2−3번)
   □ 대부분의 시간(지난 일주일간 20−40번 혹은 하루에 3−6번)
   □ 거의 항상(지난 일주일간 40번 이상 혹은 하루에 6번 이상)

2. 지난 일주일 동안, 자해하고자 하는 충동의 강도가 최고조에 달했을 때 충동의 정도는 어떠했나요?
   □ 충동 없었음
   □ 아주 경미한 충동
   □ 경미한 충동
   □ 보통의 충동
   □ 통제 가능한 강한 충동
   □ 통제하기 어려운 강한 충동
   □ 강한 충동 및 가능하다면 자해를 했을 수도 있음

3. 자해에 관한 혹은 자해를 하고 싶다는 생각을 얼마나 많이 하였나요?
   □ 생각하지 않음
   □ 20분 이하
   □ 21-45분
   □ 46-90분
   □ 90분-3시간
   □ 3-6시간
   □ 6시간 이상

4. 지난 일주일 동안 자해 행위를 참기가 얼마나 어려웠나요?
   □ 전혀 어렵지 않음
   □ 아주 조금 어려움
   □ 조금 어려움
   □ 보통 어려움
   □ 매우 어려움
   □ 극도로 어려움
   □ 참을 수 없었음

5. 이전 문항들의 답변을 고려하였을 때, 지난 일주일 동안의 자해에 대한 당신의 전반적이고 평균적인 충동 혹은 욕구를 평가하시오.

   ☐ 자해에 관한 생각을 전혀 하지 않았으며 충동을 전혀 느끼지 않음

   ☐ 자해에 관한 생각을 거의 하지 않았으며 충동을 거의 느끼지 않음

   ☐ 가끔 자해에 관한 생각을 하였으며 가끔 충동을 느낌

   ☐ 때때로 자해에 관한 생각을 하였으며 때때로 충동을 느낌

   ☐ 자해에 관한 생각을 자주 하였으며 충동을 자주 느낌

   ☐ 대부분의 경우 자해에 관한 생각을 하였으며 대부분의 경우 충동을 느낌

   ☐ 거의 항상 자해에 관한 생각을 하였으며 거의 항상 충동을 느낌

※ Washburn, Juzwin, Styer & Aldridge(2010) 지음. Walsh(Guilford Press, 2012)의 저자 들로부터의 허가를 받아 재판을 발행함. 이 척도는 공유 부문에 들어가 있으며 자유롭 게 복사 가능함. 구매자들은 Guilford Press 웹사이트 상의 이 책 홈페이지를 통해 이 척도의 확장판을 다운받을 수 있음.

자해와 관련된 유용한 웹사이트

- www.selfinjury.bctr.cornell.edu

자해와 행동에 관한 Cornell 연구 프로그램 웹사이트. 자해와 관련된 최신 연구기반 정보들을 제공한다. 해당 웹사이트는 즉각적인 도움 혹은 지지를 찾는 사람들을 위한 웹사이트는 아니다. 프로그램은 보건학 석사, 박사인 Janis Whitlock이 총괄하였다.

- www.selfinjury.com

웹사이트는 교육학 박사인 Wendy Lader와 임상사회복지 전문가이자 사회복지학 석사인 Karen Conterio와 Michelle Seliner가 운영한다. 사이트는 그들의 치료 프로그램, 온라인 회의(webinars)와 저서를 홍보한다. 그들의 치료 모델은 S.A.F.E로 알려져 있다. 또한 웹사이트는 전국적으로 치료사들에게 추천링크와 참여 전화번호(call—in number)(1—800—DONT —CUT)를 제공한다.

- www.insync-group.ca

캐나다 청소년 네트워크의 학제간 국가 자해를 위한 웹사이트이다. 청소년, 가족 그리고 전문가의 지원뿐만 아니라 연구 정보를 포함하는 다면적인 웹사이트이다. 주 공헌자들에는 FRCPC 의학박사인 Mary K. Nixon과 박사 Nancy Heath 등이 있다.

■ www.wjh.harvard.edu/~nock/nocklab

박사 Metthew Nock이 총괄하는 하버드 대학교의 임상과 발달 연구를 위한 연구실 웹사이트이다. Nock 박사는 자살과 자해에 대한 선도적인 연구자이며 거의 모든 그의 간행물은 웹사이트의 "간행물" 탭에서 볼 수 있다.

■ www.mentalhealthscreening.org

매사추세츠 주, Wellesley의 정신건강 회사의 검사를 위한 웹사이트이다. 자살과 자해와 관련된 다양한 예방 프로그램들을 제공한다.

■ www.isssweb.org

자해 연구를 위한 국제협회 웹사이트이다. 웹사이트는 여전히 걸음마 단계에 있지만, 협회의 국제 전문가 멤버십을 고려한다면 이 사이트는 향후 중요한 자원으로 발전할 것이다.

■ www.helpguide.org/mental/self_injury.htm

몇 가지 자가 도움 팁을 비롯한, 자해의 위험신호와 대응방식 등 자해에 관한 몇 가지 기본 정보를 제공하는 간결하면서도 상당히 유용한 웹사이트이다.

자해하는 사람들을 위한 권리장전

서 문

약 1%의 미국인들이 스트레스 대처 방법으로서 신체적 자해를 한다. 다른 산업 국가들의 자해율도 아마 비슷할 것이다. 여전히 자해는 기이하거나 이상하게 간주되는 행동으로 금기시되는 주제이며, 의학 전문가들과 전문 지식이 없는 대중들은 자해에 대해 상당한 편견을 가지고 있다. 자해 행위, 자기에 의한 폭력 혹은 자기-변형이라고 불리는 자기손상은 조직손상을 유발하거나 몇 시간 안에 사라지지 않는 눈에 보이는 흉터를 남길 수 있을 정도로 충분히 심각하므로 자기에 의한 신체적 손상으로 정의될 수 있다. 자살의 목적 혹은 의식(rituals), 성적 혹은 장식의 목적으로 행해진 행동들은 자해로 간주되지 않는다. 이 문서는 일반적으로 보통 혹은 경미한 수준의 자해, 특히 반복적인 자해로 알려진 것들과 관련이 있다. 이러한 지침은 심각한 자기-변형(self-mutilation)의 경우는 적용되지 않는다(예, 거세, 안구적출, 혹은 절단).

자기 손상에 관한 정보의 부족과 낙인으로 인해, 자해 환자들은 종종 그들의 삶을 사실상 나아지게 하기보다는 악화시킬 수 있는 의사(특히 응급실 의사)와 정신건강 전문가들에게 치료를 받는다. 자해하는 사람들이 보고한 부정적인 수백 개의 경험들을 바탕으로, 다음의 권리장전을 작성하였다. 이는 의료인과

정신보건 의료인들에게 정보를 제공하기 위한 시도이다. 이 계획의 목적은 그들이 자해의 기저를 이루는 정서들을 더욱 분명하게 이해할 수 있도록 하고 실무자뿐만 아니라 환자를 보호할 수 있는 방법으로 자해 행동에 반응하는 것이다.

자해하는 사람들을 위한 권리장전

1. **인도적인 병원 치료와 돌봄을 받을 권리** 자해하는 사람들의 상처는 사고로 부상을 당한 사람들의 상처와 동일하게 다루어져야 한다. 절차는 다른 환자를 대하는 것처럼 부드럽게 진행되어야 한다. 만약 봉합이 요구된다면, 국소 마취가 이루어져야 한다.

2. **(어떤 사람의 목숨이 위급한 상황에 있지 않는 한) 긴급 심리치료에 관한 결정에 충분히 참여할 권리** 자상 행위로 한 사람이 응급실에 나타났을 때, 심리 평가의 필요에 대한 당사자의 의견을 고려해야 한다. 만약 그 사람이 괴로워하지 않고, 자살충동을 느끼지 않는다면, 그 사람을 지치게 하는 심리 평가를 해서는 안 된다. 의사들은 자살경향성/살인경향성 평가를 위해 훈련받아야 하며, 외래환자 후속조치(follow-up)를 위한 소개는 권장될 수도 있지만, 자해 행동만으로 입원하는 것은 드물다는 것을 알아야 한다.

3. **신체 프라이버시에 대한 권리** 자상 행위의 빈도와 정도를 측정하기 위한 육안 검사는 꼭 필요할 때만 시행되어야 하며, 환자의 존엄성을 유지하는 방법으로 이루어져야 한다. 많은 자해하는 사람들은 학대를 받아왔다. 알몸 수색의 굴욕은 수색을 당한 환자가 흉터를 숨기기 위한 더 좋은 방법을 찾는 과정에서 향후 자해의 강도와 양이 증가할 가능성이 있다.

4. **자해 행동의 이면의 감정들을 인정받을 권리** 자해는 외부와 단절된 상태에서 발생하지 않는다. 자해하는 사람은 대개 고통스러운 감정들에 대한 반응으로 자해를 하며, 이러한 감정들은 인식되고 인정되어야 한다. 비록 의료진은 특정한 상황이 매우 분노를 유발하는 이유를 이해하지 못할 수도 있지만, 적어도 고통스럽다는 것을 이해할 수 있어야 하며, 자해하는 사람들의 분노할 수 있는 권리를 존중해야 한다.

5. **그들이 선택한 것만을 선택한 사람에게 공개할 권리** 어느 의료진도 환자의 허락을 구하지 않은 상태에서 상처가 자해에 의한 것이라고 다른 사람에게 공개해서는 안 된다. 상처가 자해에 의한 것이라는 정보가 적절한 치료를 위해 꼭 필요한 정보일 때, 팀 기반 병원 치료 혹은 다른 의료 진료 제공자 등에게는 예외적으로 공개할 수 있다. 환자는 의료진이 자신의 자해 사실을 타인에게 말했을 때 공지받아야 하며, 의료진은 어떤 환자에 대해서든 절대 험담을 해서는 안 된다.

6. **그들이 사용할 대처 기제들에 대해 선택할 권리** 어떤 사람도 자해와 치료 둘 중에 하나를 선택하도록 강요당해서는 안 된다. 외래 환자 치료자들은 내담자들이 해를 끼치지 않을 접촉의 신호를 보내는 것을 절대로 요구해서는 안 된다. 대신, 내담자와 의료진은 치료 동안 자해 충동과 행동들을 다루기 위한 계획을 발전시켜야 한다. 어느 내담자도 [자신이] 자해에 대해 거짓말해야겠다고 느끼거나 외래 치료에서 쫓겨날 것이라고 느껴서는 안 된다.

7. **자해에 대한 사적인 감정으로 인해 치료를 왜곡하지 않는 의료진을 배정받을 권리** 자해하는 내담자들과 일하는 의료진들은 자신의 두려움, 혐오감, 분노 그리고 불안으로 치료에 영향을 주지 않도록 해야 한다. 자해로 인한 부상들에 대한 기본적인 치료도 중요하지만, 이를 치료자들이 감내하는 것 또한 중요하다. 자해로 고전하고 있는 사람은 치료자들의 편견과 선입견 없이도 충분한 짐을 지고 있다.

8. **자해가 타당화된 대처 기제로서 역할하도록 할 권리** 어느 누구도 자해했다는 이유로 수치심을 느끼거나, 꾸지람을 받거나, 비난받지 않아야 한다. 종종 다른 대처방법이 없는 사람들에게 자해는 대처기제로서 작용한다. 이들은 자해를 자살을 피하기 위한 필사적인 노력으로 사용한다. 자해하는 사람은 자해의 긍정적인 면보다 부정적인 면이 더 크며, 파괴적이고 삶을 방해하지 않는 대처법을 배우는 것이 가능하다는 것뿐만 아니라 자해가 자신에게 준 긍정적인 것들을 중시하는 법을 배워야 한다.

9. **단순히 자상행위 때문에 자동적으로 위험한 사람으로 고려되지 않을 권리** 어느 누구도 부상당한 것이 자해로 인한 것이기 때문에 제약을 받거나

홀로 응급실 내(內) 치료실에 감금되어서는 안 된다. 어느 누구도 단순히 자해 때문에 본의 아니게 병원에 수감되어서는 안 된다. 의사들은 정신질환, 자살경향성, 혹은 살인의 발현여부에 기반을 두고, 수감에 대한 결정을 내려야 한다.

10. **자해를 조종이 아닌, 대화의 시도로서 간주할 권리** 자신을 다치게 하는 대부분의 사람들은 달리 말할 방법이 없는 것들을 표현하려고 노력한다. 비록 이러한 대화 시도들은 종종 조종하려는 것처럼 느껴질 수도 있지만, 그들을 오로지 조종해서 치료하려는 것은 상황을 더 악화시킬 뿐이다. 치료자들은 자해의 대화기능을 존중해야 하며, 반대되는 분명한 증거들이 있을 때까지 조종하는 행동이 아님을 추정해야 한다.

※ www.selfinjury.org/docs/brights/html에서 가져옴. 1998–2001 저작권은 Deb Martinson 에게 있음. 허가하에 재판함.

저자 소개

Barent W. Walsh 박사(PhD)는 Worcester의 The Bridge of Central Massachusetts의 총괄 감독자이자 Harvard Medical School(하버드 의학대학교)의 정신의학과 수업 조교(Teaching Associate)이다. The Bridge는 공공 부문 장면에서의 강령에 따른 증거-기반 치료 모형 시행에 특화되어있다. 이 기관은 특수 교육, 거주 치료, 지역사회 기반 서비스, 주택 지원 서비스, 게이, 레즈비언, 양성애자 그리고 성전환자 10대들을 위한 방문 기관; 또한 무주택자들을 위한 과정 등을 포함한 무려 40개가 넘는 프로그램들로 정신 건강 또는 발달 능력에 어려움이 있는 사람들을 돕고 있다.

National Association of Social Workers(미국사회사업가협회) 메사추세츠 지부로부터 2011년 공로상(Lifetime Achievement Award)을 수상한 Walsh 박사는 40년 이상에 걸쳐 자해하는 사람들과 작업해왔고, 연구와 광범위한 저술에 힘써왔으며 자해에 대하여 국제적으로 소개해왔다. 그는 이 주제에 관하여 수없이 많은 학교, 외래 클리닉, 집단 주거지, 정신의학과 병원, 그리고 교정 시설에서 자문을 해왔으며, 또한 Simmons and Boston 사회복지대학에서 임상 및 연구 교원으로 활동하고 있다.

역자 소개

이동훈

성균관대학교 교수(교육학과)
University of Florida 박사 (Ph.D.)
성균관대학교 카운슬링센터장 역임
성균관대학교 외상심리건강연구소 소장
전국학생생활연구소협의회 회장 역임
한국상담학회 대학상담학회 회장 역임
한국상담심리학회 1급, 한국상담학회 수련감독급

Treating Self−Injury, Second Edition: A Practical Guide
Copyright © 2012 The Guilford Press
A Division of Guilford Publications, Inc.
Korean translation copyright © 2018 by PYMATE
Korean translation rights published by arrangement with The Guilford Press

이 책의 한국어판 저작권은 Guilford Press 사와의 독점계약으로
'주식회사 피와이메이트'가 소유합니다.
저작권법에 의하여 한국 내에서 보호를 받는 저작물이므로
무단전재 및 복제를 금합니다.

자해상담 및 심리치료 실무지침서

초판발행	2019년 1월 30일
중판발행	2020년 3월 10일
지은이	Barent W. Walsh
옮긴이	이동훈 성균관대학교 외상심리건강연구소
펴낸이	노 현
편 집	안희준·강민정
기획/마케팅	노 현
표지디자인	김연서
제 작	우인도·고철민
펴낸곳	㈜ 피와이메이트
	서울특별시 금천구 가산디지털2로 53, 한라시그마밸리 210호(가산동)
	등록 2014. 2. 12. 제2018-000080호
전 화	02)733-6771
f a x	02)736-4818
e-mail	pys@pybook.co.kr
homepage	www.pybook.co.kr
ISBN	979-11-89005-34-4 93370

* 잘못된 책은 바꿔드립니다. 본서의 무단복제행위를 금합니다.
* 역자와 협의하여 인지첩부를 생략합니다.

정 가	23,000원

박영스토리는 박영사와 함께하는 브랜드입니다.